예제로 배우는 스프링 부트 입문

JSP, Oracle, MyBatis와 연동한 웹 애플리케이션 만들기

예제로 배우는 스프링 부트 입문

JSP, Oracle, MyBatis와 연동한 웹 애플리케이션 만들기

이재환 지음

서문

많은 사람들이 스프링을 너무 어렵게 배우다 보니 스프링 부트를 처음 대할 때 이 어려운 걸 또 하나 더 배워야 돼? 라고 하면서 지레 어려워합니다. 그래서 이 책의 기획 의도는 처음부터 '스프링 부트는 어렵지 않다'로 잡았습니다.

스프링이 어려운 것은 스프링이라는 프로젝트가 워낙 방대한 내용을 다루고 있고 이론이 유독 많기 때문이라고 생각합니다. 그래서 스프링의 어떤 기술들을 배우고 뭔가를 만들어 보려면 이미 지쳐 있는 경우가 많습니다. 그런데 우리가 웹 애플리케이션을 개발할 때 사용하는 스프링의 기술들은 많은 이론에 비해 실제로 만들어보면 그렇게 어렵지 않습니다. 그리고 스프링 부트는 이런 스프링을 쉽게 사용하라고 나온 기술이라 더욱 쉽습니다.

무언가를 익힐 때 이론을 배우고 익히는 방법도 있지만, 어떤 것은 어느 정도 익히고 나서 이론을 보면 이론이 이해가 더 잘되고 더욱 확장되는 경우도 있습니다. 필자는 스프링 부트가 그렇다고 생각합니다. 그래서 예제를 통해 쉽게 배울 수 있도록 이 책의 내용을 구성했습니다.

이 책의 예제들은 많은 이론보다는 기능을 구현하기 위한 핵심 이론 하나씩을 담아 짧은 예제로 구성하였습니다. 그렇게 개별 기능을 만들어 보면서 스프링 부트의 전체적인 기능을 배울 수 있도록 쿡북(CookBook) 형태로 구성하였습니다. 하지만 전체적으로는 다 연결되기 때문에 초보 개발자라면 순서대로 공부하는 것을 추천합니다. 그래서 JSP/Servlet을 배운 개발자라면, 이 책의 예제만 따라 만들어 보아도 어느새 스프링 부트를 편안하고 자연스럽게 사용하고 있는 자신의 모습을 발견하게 될 것이라고 확신합니다.

이 책을 통해 핵심 기능들을 배우고 익혔다면 개인 프로젝트를 통해 배운 기술을 어디서 어떻게 사용해야 하는지를 익히고, 필요하다면 응용하기 바랍니다. 이 책과 함께 공부하는 여러분의 성장을 응원하겠습니다.

저자 소개

이재환

26년차 개발자로 최근 10여년간 더조은컴퓨터아카데미에서 모바일 앱 개발과 강의를 겸하고 있다. 현재 인프런에서 '예제로 배우는 스프링 부트 입문', '디자인 패턴 with JAVA(GoF)', '자바 : 클래스의 이해와 객체지향 프로그래밍' 등의 온라인 강의를 진행하고 있으며, 여러 직업 훈련 기관에서도 취업자를 위한 자바 개발자 과정을 가르치고 있다.

베타 리더 리뷰

현재 직업 훈련 기관에서 스프링 부트를 강의하고 있는 강사의 입장에서 이 책을 리뷰했습니다. 항상 학생들에게 보다 좋은 교재를 추천해야 하는 의무도 있지만, 좋은 책이 가져다주는 신선함과 새로운 내용에 대한 갈증이 이 책을 통해 많이 해소되었습니다. 학생들에게는 기초가 중요합니다. 스프링 부트를 다루는 가장 중요한 개념들을 어떻게 학생들이 소화할 수 있도록 전달할지 늘 고민하고 있습니다.

강사 개인 역량도 중요하지만 수업에 필요한 질 좋은 교재가 얼마나 중요한 것인가는 강의해본 사람들은 너무 잘 압니다. 짧지만 정확히 개념을 전달하고 개념을 이용한 예제까지 일사천리로 진행하기 위한 최소한의 준비가 바로 좋은 교재입니다. 이 책은 많은 내용을 담기보다 기초에 충실하게 한 걸음씩 안내하고, 초보자들이 실습을 제대로 실행할 수 있도록 관련된 이미지도 풍부하게 제공하고 있습니다. 스프링 부트가 처음인 분들은 그냥 이 책이 안내하는 대로 따라가면 됩니다.

복종순

직업 훈련소나 국비 지원 교육에서 6개월에 걸쳐 배우는 내용을 하나의 책에 담은 느낌입니다. 독학으로 빠르게 학습하려는 의지가 있는 분들에게 좋은 길잡이가 되어 줄 수 있을 것 같습니다. 더 깊은 내용을 학습하기 위해 기초를 닦는 데 충실한 책입니다.

이동건

입문서로 처음부터 많은 내용을 담는 도서는 지양하는 편입니다. 물론 체계적으로 많은 내용을 다루고자 하는 의도가 있겠지만, 그 두께만큼 학습에 오랜 인내를 요하기 때문에 양이 많은 입문 도서를 접하는 것은 오히려 부담스러운 면이 있습니다. 그런 관점에서 이 책이 확실히 다른 도서와 비교되는 점은, 군더더기 없이 핵심 사항 위주로 내용이 구성되어 있어 요점 파악이 쉽습니다. 그리고 실습 위주의 내용으로 32 단계의 계단을 하나하나 따라 가면 자연스럽게 스프링 부트 문법을 배울 수 있습니다.

가령 의존성 관리와 스프링 부트의 다양한 어노테이션이 하나의 벽으로 다가왔는데, 단계마다 새로운 어노테이션을 소개함으로써 이해와 확장에 도움을 주었습니다. 후반부 MyBatis 연동을 통해 게시판을 구축하고, 다양한 MVC 서비스 상황을 고려하여 실무에서 사용할 수 있는 서비스 구성을 만드는 방법도 설명하고 있습니다. 전후 내용이 이어지기 때문에 빠르게 학습을 진행한다면 단기간 내에 스프링 부트를 마스터할 수 있는 책입니다.

이진

저는 현재 부산에서 스프링 개발자로 10년 정도 개발을 하고 있는 현업 개발자입니다. 이전에 진행했던 프로젝트에서 테스트용 RestAPI 접속 웹 프로그램을 스프링 부트로 만들어서 고객사에 제공한 적이 있었습니다. 스프링 관련 xml의 복잡한 설정 없이 빠르고 간편하게 개발했던 기억이 있습니다. 그리고 요즘엔 스프링 부트를 사용해서 기존 스프링에서 제공했던 실사용 서비스를 만든다는 소식도 접하게 되었습니다. 그만큼 스프링 부트의 활용도가 많아졌다고 생각됩니다.

이 책은 새롭게 스프링 부트를 배우려고 하는 개발자에게 좋은 입문서가 될 거라 생각합니다. 이 책의 장점은 스프링 부트에 있는 여러 개념을 설명하면서 각각의 스프링 부트 프로젝트를 생성하며 설명하고 있다는 것입니다. 또한 기초 개념부터 해당 개념을 응용하는 프로젝트까지 해당 방식으로 설명을 하고 있습니다. 예를 들어 DB 관련해서는 jdbcTemplate 사용부터 시작해서 실무에서 자주 사용하는 myBatis 사용법으로 넘어가며 설명하고 있습니다.

그리고 해당 예제들은 간편하게 그리고 효율적으로 구성되어 있습니다. 해당 개념이나 기능을 이해하는데 불필요한 소스 없이 쉽게 구성되어 있어 이해하기 쉬웠습니다. 이 책은 처음 스프링 부트를 배우고 싶으신 분들, 목차에 나오는 스프링의 기능을 소스를 보며 배우고 싶으신 분들, 스프링의 xml 설정이 어렵게 느껴지는 분들에게 추천 드립니다. 저자의 소스를 같이 타이핑하며 스프링 부트의 기능을 하나하나 살펴보실 수 있을 거라 생각됩니다.

황제원

이유와 방법을 알려주어 시간을 아껴주는 책입니다. 군더더기 없는 명확한 개념 설명, 의미 있는 주석, 상세한 단계별 설명 예시까지, 실무에 필요한 예제를 통해 알려주는 섬세한 노하우가 담긴 입문서입니다. 미리 이 책을 알았더라면 조금 더 헤매지 않았을 터라는 생각을 계속 갖게 만들었습니다. "그냥 그렇게 사용하는 거야"가 아닌 근거를 알려줌으로써 개념이 명확해지고, 머릿속에서 내용이 정리되는 것을 느낄 수 있습니다. 그동안 인터넷을 찾아 헤매던 시간이 아쉬운 개발자라면 꼭 읽어보기를 추천합니다.

현진원

목차

서문 iv
저자 소개 vi
베타 리더 리뷰 vii

CHAPTER 01 스프링 부트 사용하기   1

- 01 JSP 사용하기 2
- 02 스프링 프로젝트 만들기 23
- 03 의존 주입의 이해 36

CHAPTER 02 Web 기초   77

- 04 정적 리소스 사용하기 78
- 05 JSP 사용하기 87
- 06 모델 사용하기 100
- 07 폼 데이터 사용하기 112
- 08 롬복 사용하기 127

CHAPTER 03 Form 값 검증   141

- 09 Validator 사용하기 142
- 10 ValidationUtils 사용하기 157

11 initBinder 사용하기 170
12 Valid 어노테이션 사용하기 178

CHAPTER 04 JdbcTemplate 187

13 JdbcTemplate 사용하기 188
14 간단한 게시판 만들기 208

CHAPTER 05 MyBatis 229

15 MyBatis 기초 230
16 MyBatis로 간단한 게시판 만들기 248
17 MyBatis에서 파라미터 사용하기 263
18 MyBatis에서 쿼리 결괏값 사용하기 271
19 MyBatis로 SQL 로그 출력하기 281

CHAPTER 06 트랜잭션 291

20 서비스의 개념과 사용 292
21 트랜잭션 미적용 시 에러 상황 304
22 트랜잭션 매니저 사용하기 325
23 트랜잭션 템플릿 사용하기 334
24 트랜잭션 전파 속성 343

CHAPTER 07 시큐리티 367

- 25 시큐리티 기초 368
- 26 시큐리티 커스텀 로그인 폼 385
- 27 시큐리티 상태 체크 396
- 28 시큐리티 태그 라이브러리 사용하기 413
- 29 시큐리티 데이터베이스 사용하기 421

CHAPTER 08 기타 433

- 30 WebJars 사용하기 434
- 31 외부 라이브러리 사용하기 445
- 32 War 파일 배포하기 463

찾아보기 479

CHAPTER

01

예제로 배우는 스프링 부트 입문

스프링 부트 사용하기

01 JSP 사용하기

1.1 자바 웹 애플리케이션 개발자 학습 로드맵

자바 웹 애플리케이션(Java Web Application)을 개발하기 위한 일반적인 학습 로드맵은 다음과 같다. 약간의 순서 변경은 있을 수 있지만, 많은 직업훈련기관이나 학원에서 운영하는 커리큘럼도 보통은 이 로드맵을 바탕으로 만들어진다.

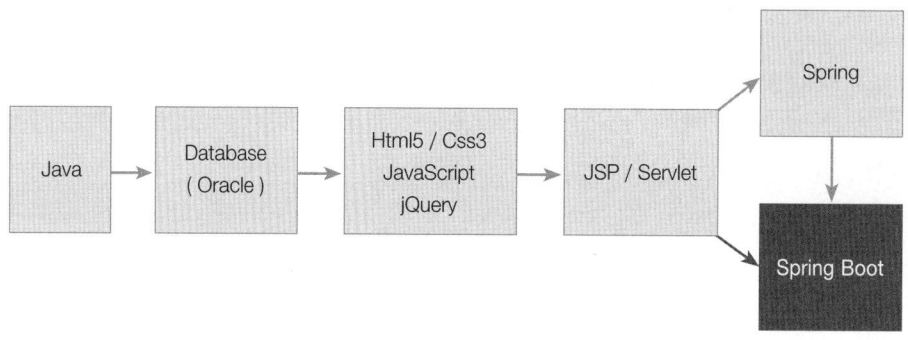

[그림 1-1] 자바 웹 애플리케이션 개발자 학습 로드맵

여기서 알아야 할 것은 스프링을 배워야 스프링 부트(Spring Boot)를 배울 수 있는 건 아니라는 점이다. 실제로는 스프링 대신 스프링 부트를 배워야 한다. 기존의 스프링이 학습에 어려움이 있기에 쉽게 배울 수 있도록 개발된 것이 스프링 부트이기 때문이다.

필자의 경우, 직업훈련기관에서 교육을 할 때 시간적 여유가 된다면 먼저 스프링을, 그 다음으로 스프링 부트를 교육하곤 한다. 이렇게 스프링과 스프링 부트를 둘 다 교육하면 똑같은 내용을 두 번 배우게 되는 셈이라 자연스럽게 복습의 효과를 얻을 수 있다. 그리고 시간이 충분치 않다면 스프링을 생략하고 스프링 부트만 교육한다. 스프링과 스프링 부트의 차이점은 웹 애플리케이션 프로젝트를 구성하는 방법의 편리성 때문이지 구성 내용 자체가 다른 것은 아니어서다.

다만, 앞의 로드맵에서 살펴볼 수 있듯이 초보자가 바로 스프링 부트를 배운다는 것은 상당히 어렵다. 자바 및 데이터베이스에 대한 기초는 물론이거니와, 무엇보다 JSP와 Servlet에 대한 이해가 필요하다. JSP와 Servlet이 혼자서 집 짓는 방법을 배우는 것이라면, 스프링 및 스프링 부트는 JSP와 Servlet에서 배운 지식을 바탕으로 자동화된 공정으로 고층 빌딩을 효율적으로 짓는 방법을 배우는 것과 같다.

1.2 스프링 부트

스프링은 EJB(Enterprise Java Beans)의 무겁고 복잡한 플랫폼에서 벗어나, POJO(Plain Old Java Object) 기반의 경량화된 개발 환경을 제공하는 오픈소스 프레임워크이다. 스프링 프레임워크가 처음 나왔을 때는 단순히 애플리케이션 운용에 필요한 객체들을 생성하고, 객체들 사이에 의존성(Dependency)을 주입해주는 단순한 컨테이너로서의 기능만 제공했다. 하지만 현재의 스프링은 엔터프라이즈 시스템 개발에 필요한 모든 분야를 지원하는 하나의 플랫폼으로 발전했다. 또한 국내에서는 전자 정부 표준 프레임워크로 채택되면서 자바 개발자들이 알아야 할 사실상 표준이 되었다.

스프링 홈페이지에서 1번 위치의 [Projects] 메뉴를 선택하면 스프링에서 현재 진행 중인 서브 프로젝트들을 2번 위치에서 확인할 수 있다.

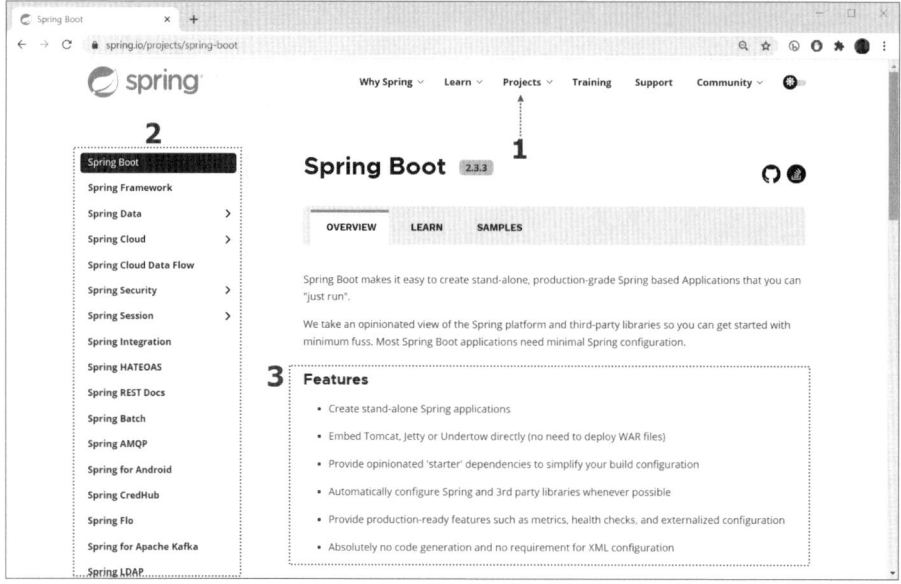

[그림 1-2] https://spring.io

스프링은 이처럼 다양한 기술들을 구현하기 위해 사용해야 할 라이브러리가 많아졌고 그에 따라 관련 설정이 더욱 복잡해졌다. 따라서 우리가 앞으로 만들게 될 웹 애플리케이션은 스프링의 이런 다양한 서브 프로젝트들을 여러 개 포함해서 만들게 되는 만큼, 설정이 더 복잡해진다.

이러한 이유로 스프링을 처음 시작하는 사람들 대부분이 스프링의 복잡하고 방대한 설정에 대해 부담을 느끼는 경우가 많다. 그리고 이러한 복잡한 설정은 필연적으로 오류를 발생시킬 가능성을 높인다. 다음은 기존의 스프링으로 만든 간단한 게시판의 메이븐 프로젝트 구조이다.

[그림 1-3] 프로젝트 구성

[그림 1-4] 여러 가지 설정 xml들

프로젝트에 포함되어 있는 라이브러리들은 다음과 같다. 이 라이브러리들을 설정하기 위한 pom.xml은 다음과 같다. 비즈니스 로직으로 본다면 비교적 간단한 프로젝트이지만, 기본적인 라이브러리가 모두 필요하다.

또한 이런 라이브러리를 사용하기 위한 설정이 다음과 같이 172라인이나 된다. 이는 스프링을 처음 시작하는 사람들이 아니고 능숙한 개발자가 본다고 해도 복잡하고 부담을 느낄 정도로 많은 양이다.

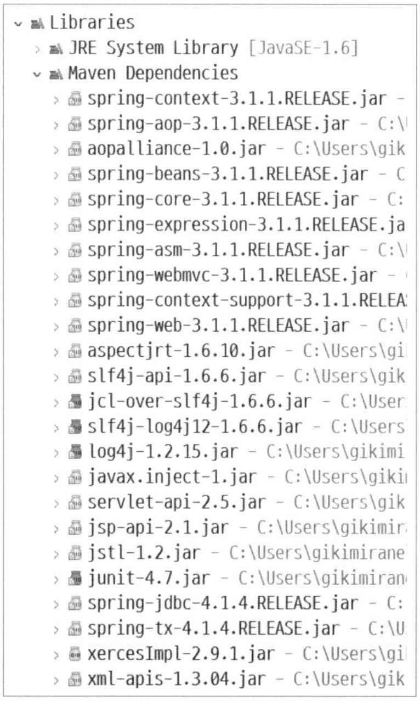

[그림 1-5] 프로젝트에서 사용되는 라이브러리들

01장 스프링 부트 사용하기 **5**

[코드 1-1] pom.xml

```
001  <?xml version="1.0" encoding="UTF-8"?>
... 생략 ...
016  <dependencies>
017      <!-- Spring -->
018      <dependency>
019          <groupId>org.springframework</groupId>
020          <artifactId>spring-context</artifactId>
021          <version>${org.springframework-version}</version>
022          <exclusions>
023              <!-- Exclude Commons Logging in favor of SLF4j -->
024              <exclusion>
025                  <groupId>commons-logging</groupId>
026                  <artifactId>commons-logging</artifactId>
027              </exclusion>
028          </exclusions>
029      </dependency>
030      <dependency>
031          <groupId>org.springframework</groupId>
032          <artifactId>spring-webmvc</artifactId>
033          <version>${org.springframework-version}</version>
034      </dependency>
... 생략 ...
093      <!-- Servlet -->
094      <dependency>
095          <groupId>javax.servlet</groupId>
096          <artifactId>servlet-api</artifactId>
097          <version>2.5</version>
098          <scope>provided</scope>
099      </dependency>
100      <dependency>
101          <groupId>javax.servlet.jsp</groupId>
102          <artifactId>jsp-api</artifactId>
103          <version>2.1</version>
104          <scope>provided</scope>
105      </dependency>
106      <dependency>
107          <groupId>javax.servlet</groupId>
```

```
108            <artifactId>jstl</artifactId>
109            <version>1.2</version>
110        </dependency>
… 생략 …
133    </dependencies>
… 생략 …
172 </project>
```

그리고 설정 xml이 이 pom.xml 하나만 있는 것도 아니다. [그림 1-4]에서 보듯이 설정 xml이 다수 있는 것을 확인할 수 있다. 아무리 간단한 기능의 웹 애플리케이션을 개발한다 하더라도 앞에서 본 것처럼 이렇게 많은 라이브러리에 대한 XML 설정이 필요하고, 이런 부분을 직접 다 만들진 않는다 해도 이로 인해 개발자가 처리해야 할 일들이 너무나 많고 복잡하다. 기존 스프링을 통한 개발의 이런 문제점을 해결하기 위해 스프링 부트가 탄생한 것이다.

1.3 스프링 부트의 특징

[그림 1-2]의 3번으로 표시된 부분을 통해 스프링 부트의 특징을 간단하게 살펴볼 수 있다. 스프링 부트는 톰캣(Tomcat)이나 제티(Jetty)와 같은 웹 서버를 내장하고 있어 복잡한 외적인 환경 설정과 실행을 간소화했다. 따라서 직접적인 개발과 상관이 적은 개발 환경 설정보다는 개발 자체에 더 집중할 수 있게 되었다.

스프링 부트로 프로젝트를 생성할 때 이를 제공하는 스타터는 필요한 라이브러리들을 관련된 것끼리 묶어서 패키지처럼 제공한다. 따라서 프로젝트에서 사용하고 싶은 모듈이 있으면 그 모듈에 해당하는 스타터만 의존성으로 추가하면 된다. 그러면 스프링 부트가 자동으로 관련된 라이브러리들을 다운로드하고 라이브러리들 사이의 의존성 문제를 해결한다. 스프링을 사용하여 개발할 때 가장 문제가 되는 것이 라이브러리들의 충돌을 막기 위한 버전 관리인데, 이 기능 덕분에 어떤 라이브러리의 버전이 높거나 낮아서 충돌해서 정상적으로 동작하지 않는 상황을 피할 수 있다.

스프링 부트는 기본적으로 모든 빈(Bean) 설정을 XML이 아닌 어노테이션(annotation)으로 처리한다. 이렇게 어노테이션을 사용하면 빈 등록을 위한 복잡한 XML 환경 설정 파일을 작성할 필요가 없다. 또한 스프링 부트는 라이브러리 관리와 빌드 자동화 도구로 메이븐과 그레이들을 둘 다 지원하는데, 이 책에서는 이 가운데 그레이들(GRADLE)을 사용할 것이다. 그레이들을 사용하면 라이브러리 세팅을 위한 pom.xml도 만들 필요가 없다.

스프링 부트의 특징

- 실행 가능한 단독 애플리케이션을 만들 수 있다.
- 외부 와스 없이 내장된 톰캣, 제티 또는 언더토우 서버를 사용할 수 있다.
- 라이브러리 관리를 위한 스프링 부트 스타터를 제공한다.
- 스프링 라이브러리와 서드 파티 라이브러리를 위한 자동설정을 지원한다.
- Xml 설정을 사용하지 않는다.

1.4 스프링 부트 애드온 설치

앞서 로드맵에서 살펴보았듯이, 스프링 부트는 JSP/Servlet의 지식이 바탕이 되어야 한다. 그러므로 JSP/Servlet까지의 개발 환경은 갖추어져 있다고 가정한다. 따라서 여기서는 기존 개발 환경에 스프링 부트에 대한 설정을 추가하는 방법을 설명한다.

스프링 부트 2.0이상에서는 반드시 Java 8 이상을 사용해야 한다. 현재는 기존의 어떤 책이나 학원에서도 자바 설치를 Jdk 8 이상으로 설치하고 있어서 이 부분은 문제가 없을 것이다. 그리고 현재 LTS 버전은 11이므로 11버전 이상의 설치를 권한다. 각각의 버전은 다음과 같이 확인할 수 있다.

- Java SE 11(LTS) - jdk-11.0.8 등으로 설치
- Java SE 8 - jdk-8u261 등으로 설치(1.8.0_261)

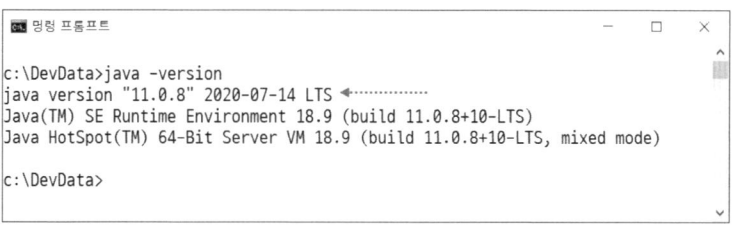

[그림 1-6] 설치된 자바 버전 확인

필자의 이클립스 버전은 책의 집필 시점인 2020년 시월 말, 2020-09이다. 여기에 스프링 부트를 사용하기 위한 애드온을 다음과 같이 설치한다. 필자와 같은 버전을 설치할 수도 있겠지만, 시간이 지나면 소프트웨어들은 버전업이 될 것이므로 다음에 설명하는 요령으로 이후 버전을 설치하면 된다. 먼저 이클립스 메뉴에서 다음과 같이 마켓플레이스를 선택한다.

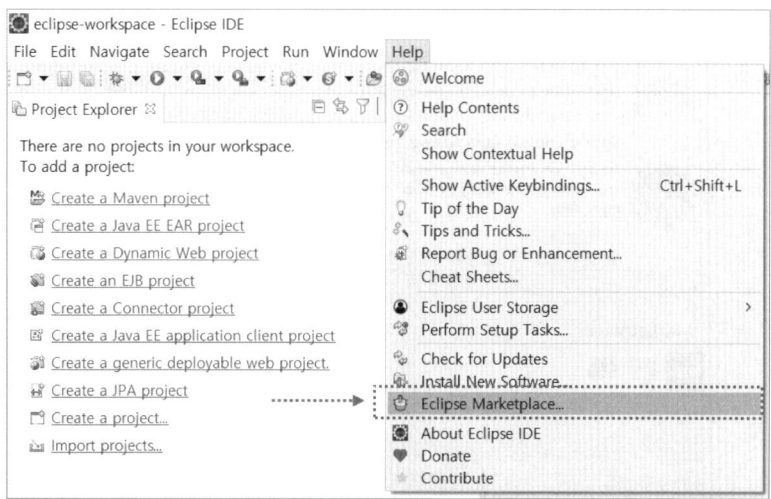

[그림 1-7] 마켓플레이스 메뉴 선택

[그림 1-8]과 같이 STS를 입력하고 엔터를 입력하면 애드온이 검색되는데, 검색된 결과에서 [Spring Tools 4 ~]를 선택하고 [Install] 버튼을 선택해 설치를 진행한다. 기존 스프링의 Legacy Project를 생성하고 싶다면 이 애드온을 설치하고, 다음 그림에서 첫 번째로 검색된 [Spring Tools 3 Add-On for Spring Tools 4 ~]를 추가로 설치한다(설치 순서에 주의해야 한다).

[그림 1-8] 마켓플레이스에서 애드온 검색

설치가 잘못되었다면, Installed 탭 선택 후 언인스톨하고 다시 설치한다.

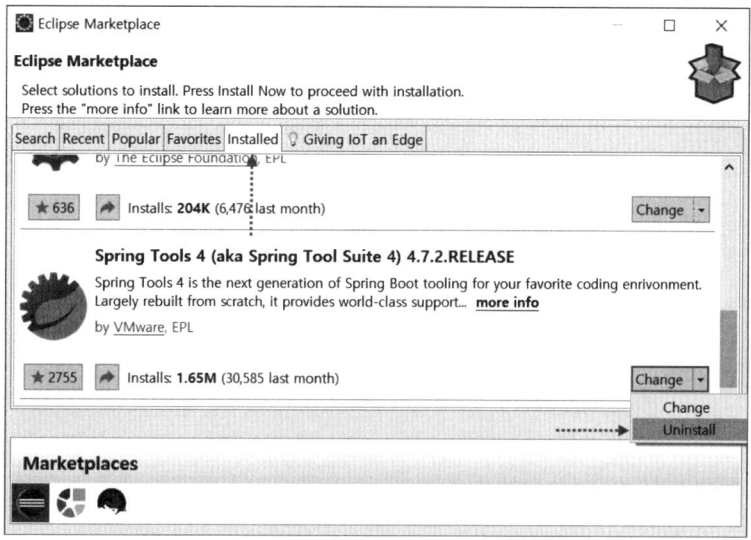

[그림 1-9] 설치한 애드온 언인스톨

인스톨을 선택하면 다음과 같은 화면이 나타나면서 애드온 설치가 진행된다.

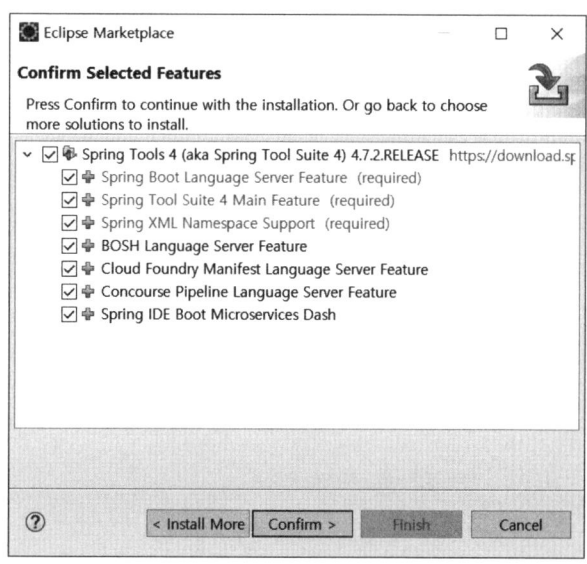

[그림 1-10] 설치될 라이브러리 선택

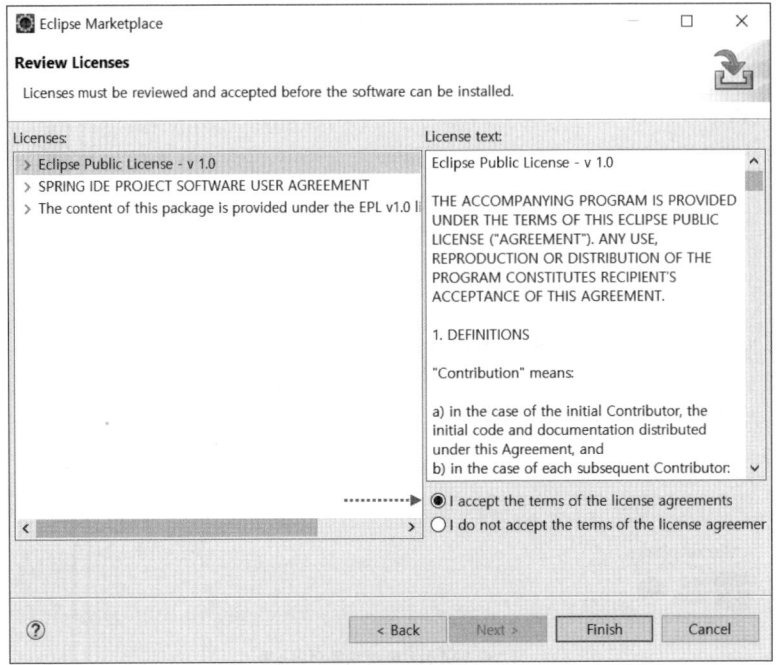

[그림 1-11] 라이센스 동의

라이센스에 동의를 하고 설치를 진행하면 이클립스의 우측 하단에 진행 상황이 표시된다.

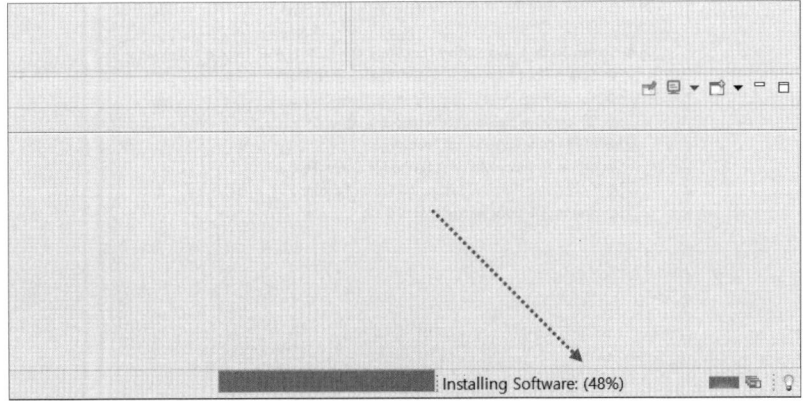

[그림 1-12] 설치 진행 과정

설치가 완료되면 이클립스를 재시작한다.

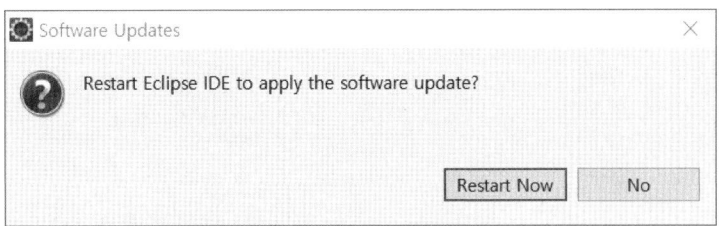

[그림 1-13] 설치 적용을 위한 재시작

스프링 부트로 프로젝트를 생성하고 관리하기 위해서는 우선 이클립스의 퍼스펙티브(Perspective)를 변경해야 한다. [Window] → [Perspective] → [Open Perspective] → [Other] 메뉴를 순서대로 선택하고, [Web] 퍼스펙티브를 선택한 후 [Open] 버튼을 클릭한다.

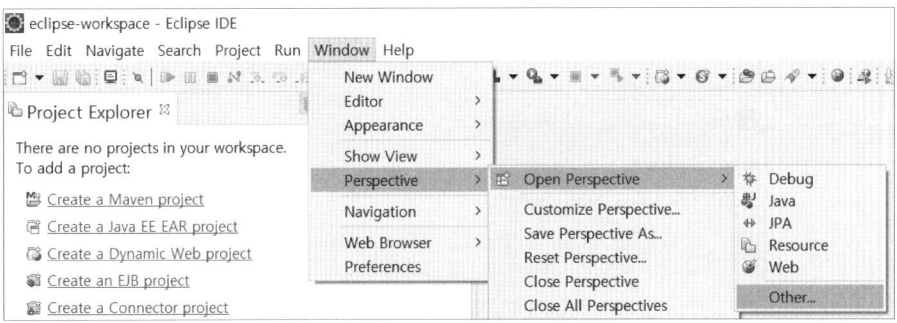

[그림 1-14] 퍼스펙티브 변경

그런 다음 [그림 1-15]와 같이 메뉴에서 스프링 부트 프로젝트를 만들 수 있는지 확인한다.

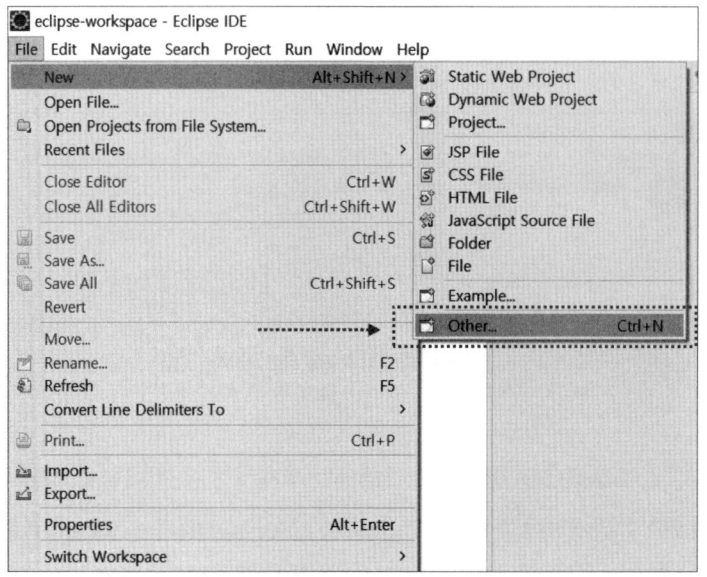

[그림 1-15] 스프링 부트 프로젝트 만들기

spring을 입력하면 [그림 1-16]과 같이 관련해서 만들 수 있는 프로젝트 위저드가 검색된다. [Spring Starter Project]를 선택하고 진행을 계속한다.

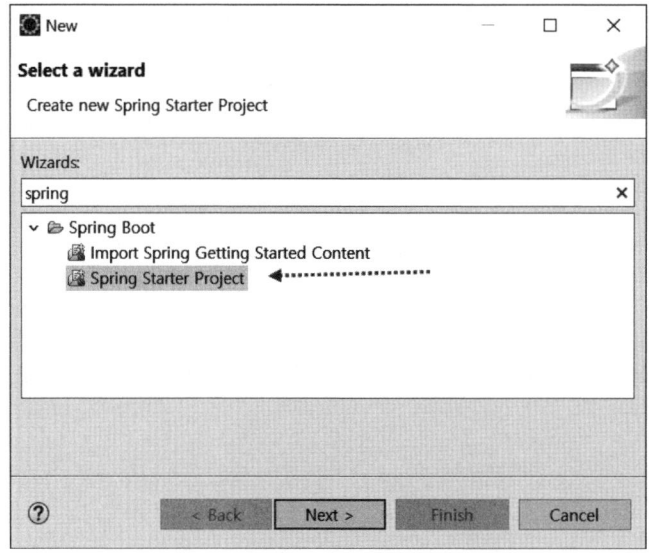

[그림 1-16] 스프링 부트 프로젝트 템플릿 검색

[그림 1-17]과 같이 스프링 부트 프로젝트 위저드가 정상적으로 떴다면, STS 애드온이 정상적으로 설치된 것이다.

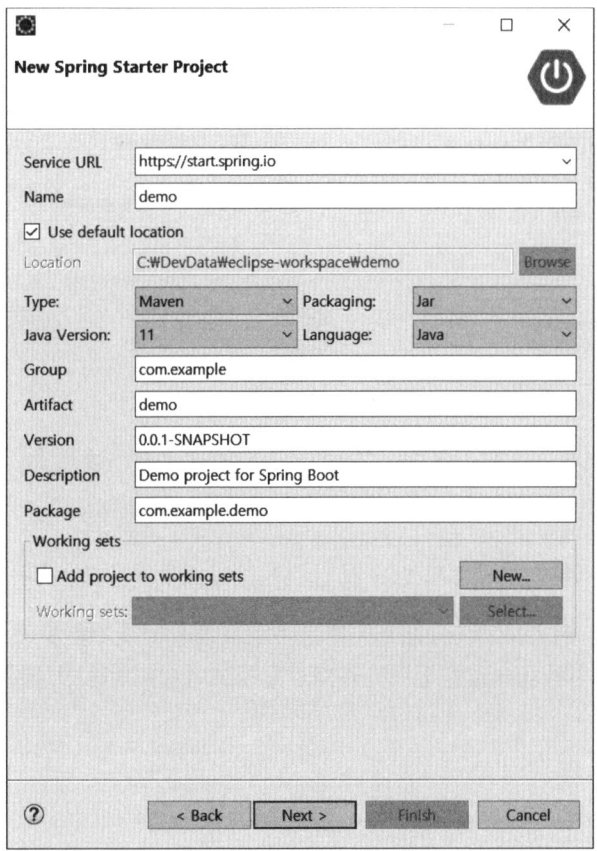

[그림 1-17] 스프링 부트 프로젝트 위저드

1.5 스프링 전용 STS 설치

앞에서 기존 이클립스 개발 환경에 애드온을 설치하는 방법을 보았다. 이 방법이 어려운 사람들을 위해 이클립스에 애드온이 미리 설치되어 있는 전용 툴을 다운로드할 수도 있다. 다음의 URL에서 다운로드할 수 있다.

다운로드 링크: https://spring.io/tools

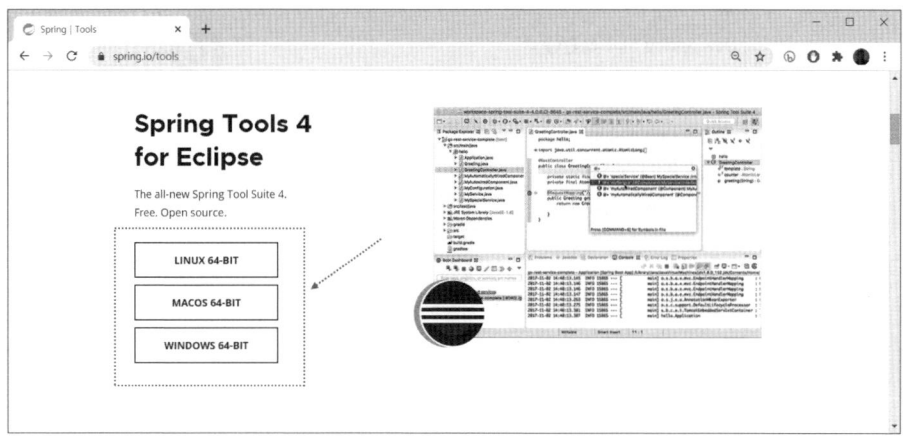

[그림 1-18] 스프링 전용 STS 다운로드

윈도우용을 선택하고 다운로드 받아 보면 특이하게 확장자가 .jar이다. 명령 프롬프트를 열고 다음과 같이 입력하고 실행을 하면 압축이 풀리면서 이클립스 폴더가 생긴다. 파일 이름이 길지만 spring만 입력하고 탭키를 누르면 나머지는 자동으로 입력된다.

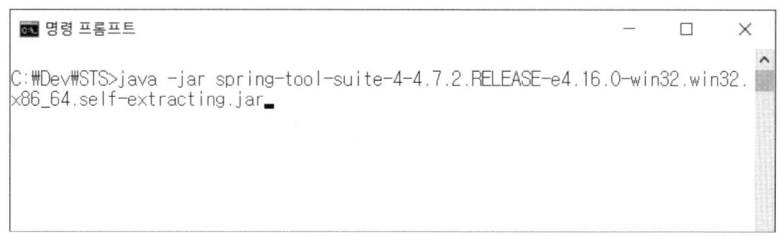

[그림 1-19] 압축 풀기

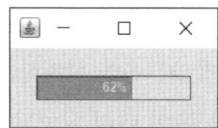

[그림 1-20] 압축 풀기 진행 상황 표시

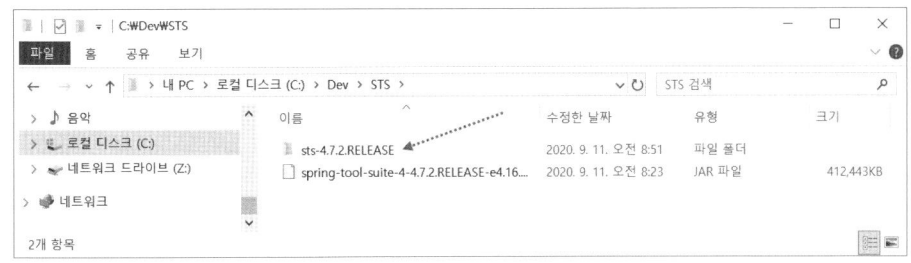

[그림 1-21] 생성된 스프링 전용 이클립스 폴더

이클립스를 실행하기 위해서는 해당 폴더에서 다음의 파일을 실행하면 된다.

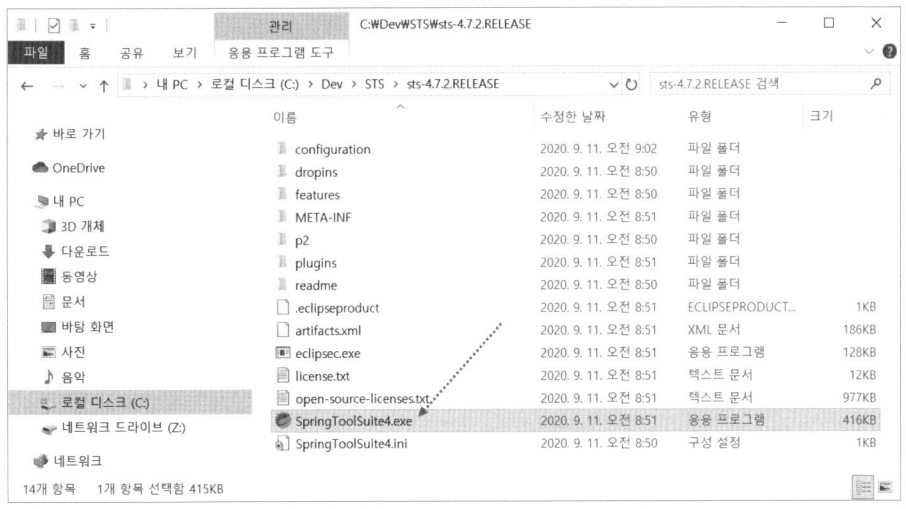

[그림 1-22] 이클립스 실행

1.6 이클립스 환경 설정

자바 웹 애플리케이션을 만들기 위해서 팀에서 협업한다면 다음과 같이 환경 설정을 똑같이 맞추어야 한다. 특히나 윈도우와 맥에서 파일을 공유하기 위해서는 다음과 같이 문서 인코딩을 맞춰야 상호 간 한글 깨짐 현상을 피할 수 있다. 다음 그림처럼 이클립스나 STS의 메뉴에서 설정 메뉴를 선택한다.

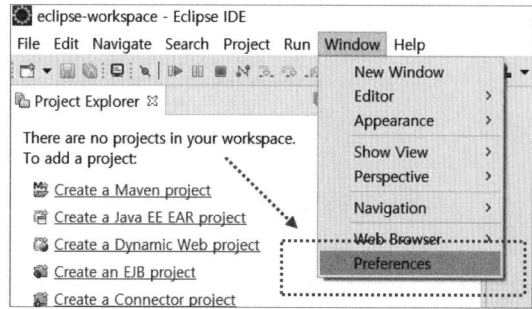

[그림 1-23] 설정 메뉴 선택

먼저, 이클립스에서 사용되는 문서에 대한 전체적인 인코딩 설정을 UTF-8로 설정한다.

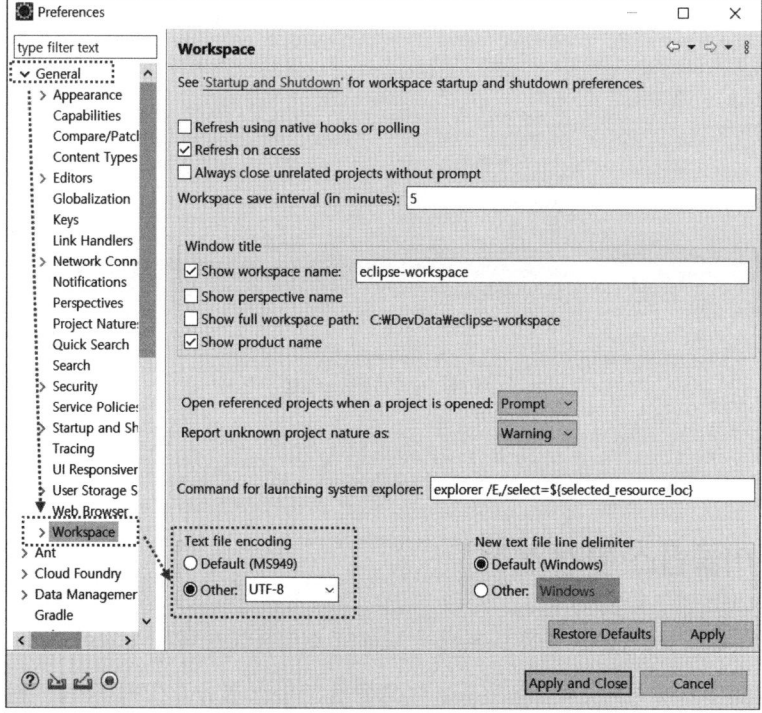

[그림 1-24] Workspace 전체 인코딩 설정

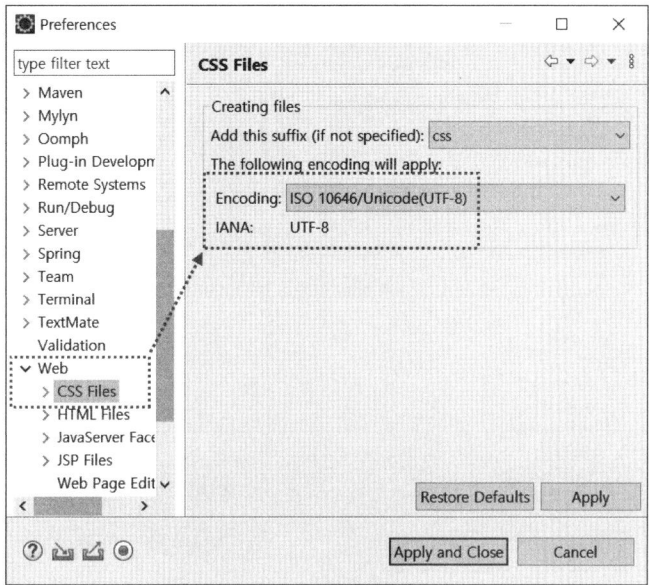

[그림 1-25] CSS 인코딩 설정

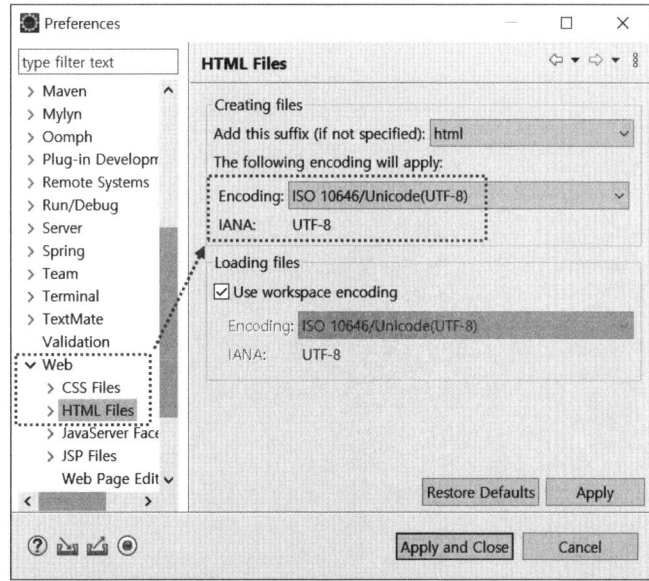

[그림 1-26] HTML 인코딩 설정

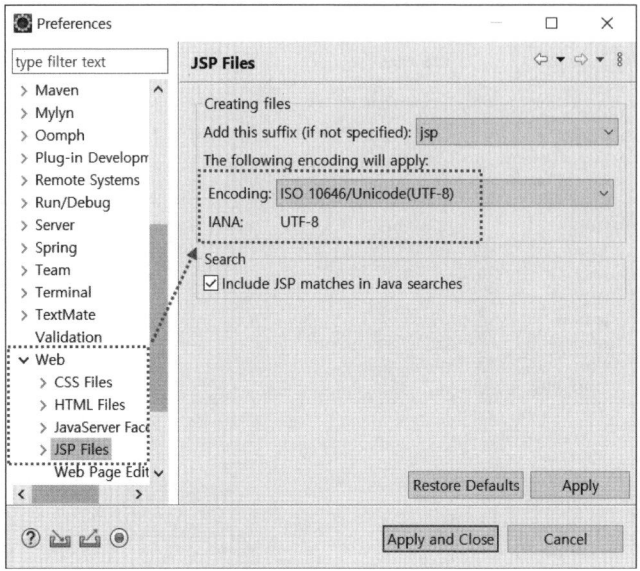

[그림 1-27] JSP 인코딩 설정

웹 애플리케이션 프로젝트에서 데이터로 사용될 수 있으므로 [그림 1-28]과 같이 인코딩을 UTF-8로 설정한다.

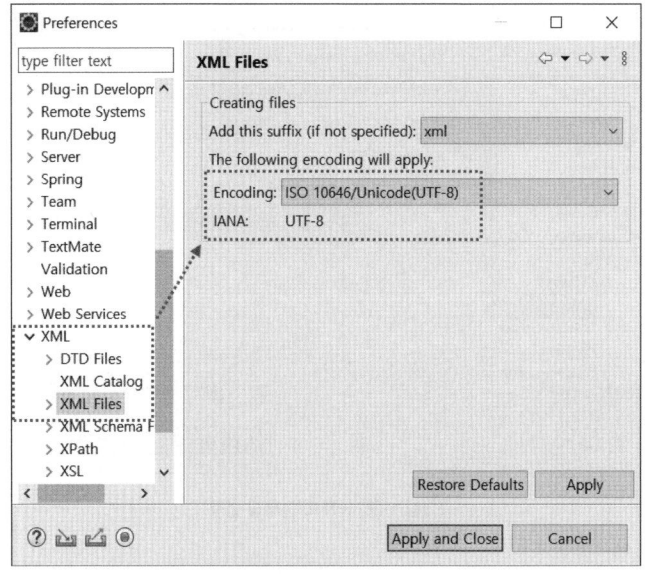

[그림 1-28] XML 인코딩 설정

JSON도 웹 애플리케이션에서 데이터로 사용될 수 있으므로 [그림 1-29]와 같이 인코딩을 맞춘다.

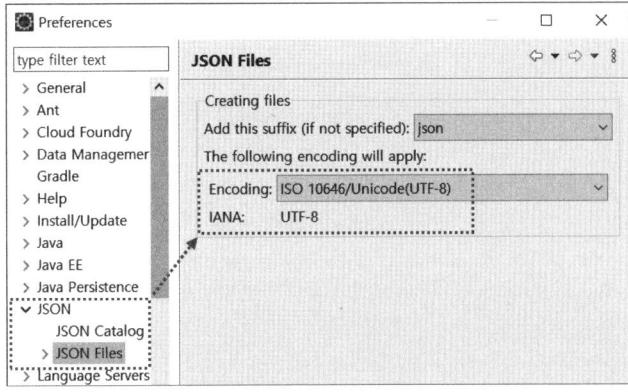

[그림 1-29] XML 인코딩 설정

스프링 부트를 이용한 개발 시, 이클립스나 STS에 내장된 웹 브라우저 기능을 사용할 수도 있지만 성능이 그렇게 훌륭한 편은 아니므로 [그림 1-30]과 같이 외부 웹 브라우저를 연결해준다.

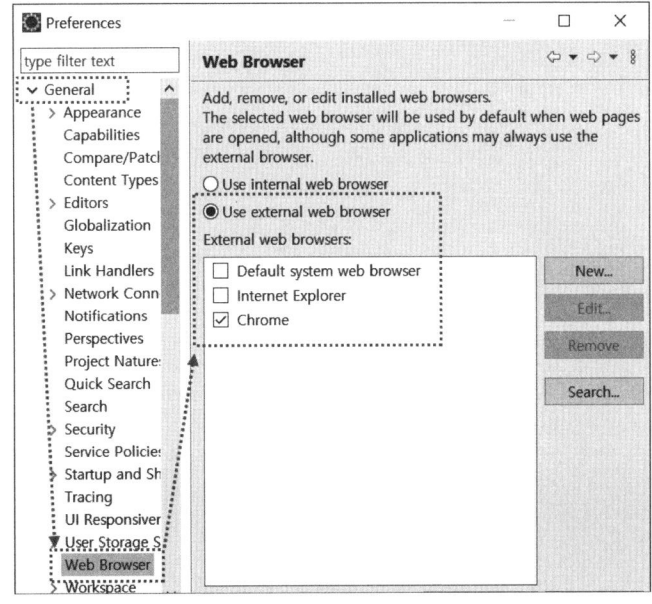

[그림 1-30] 외부 웹 브라우저 연결 설정

이제, 기본적인 설정을 마쳤다. 이 외의 설정은 개인의 편의와 취향에 따라 달리할 수 있다.

02 스프링 프로젝트 만들기

2.1 스프링 부트로 프로젝트 만들기

이번 장에서는 스프링 부트를 이용하여 프로젝트를 만들어 보고 스프링 부트 프로젝트의 구조에 대해서 간략히 알아본다. 스프링 부트 프로젝트는 [그림 2-1]과 같이 웹사이트에 접속해서 만들 수 있다. 프로젝트를 생성하기 위한 정보를 선택하거나 입력하고, 하단의 [GENERATE] 버튼을 클릭하면, 프로젝트 파일이 압축된 파일 형태로 다운로드된다. 다운로드한 파일의 압축을 풀고 이클립스에서 임포트해서 웹 애플리케이션을 개발할 수 있다.

https://start.spring.io

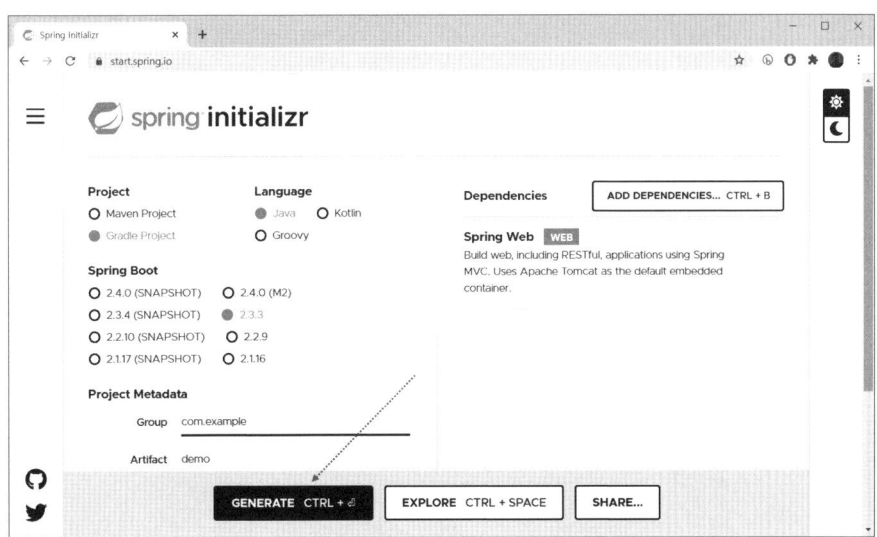

[그림 2-1] 웹에서 스프링 부트 프로젝트 생성

그러나 이클립스나 STS를 사용하면 이 과정을 좀 더 유연하게 처리할 수 있다. 프로젝트 생성 위저드에서 설정을 하면 GET 방식으로 이 URL에 파라미터를 보내고 해당 파일을 다운로드해서 압축을 풀고 자동으로 임포트까지 해준다. 이 책에서는 예제를 만들기 위한 프로그램으로 이클립스 대신 STS를 사용했다. 스프링 프로젝트를 생성하기 위해 [File] → [New] → [Spring Starter Project]를 선택한다.

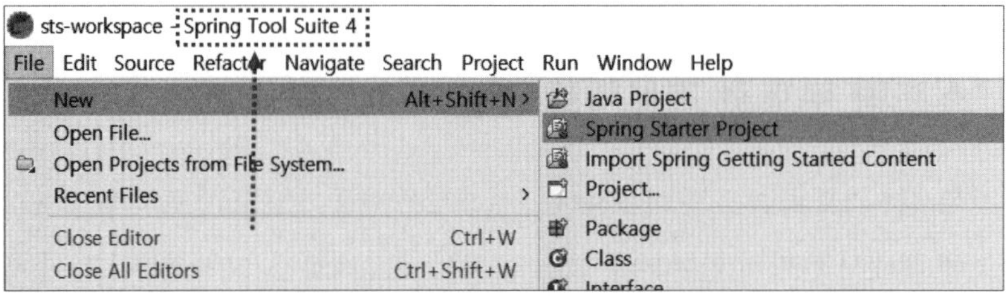

[그림 2-2] 스프링 부트 프로젝트 생성 (1)

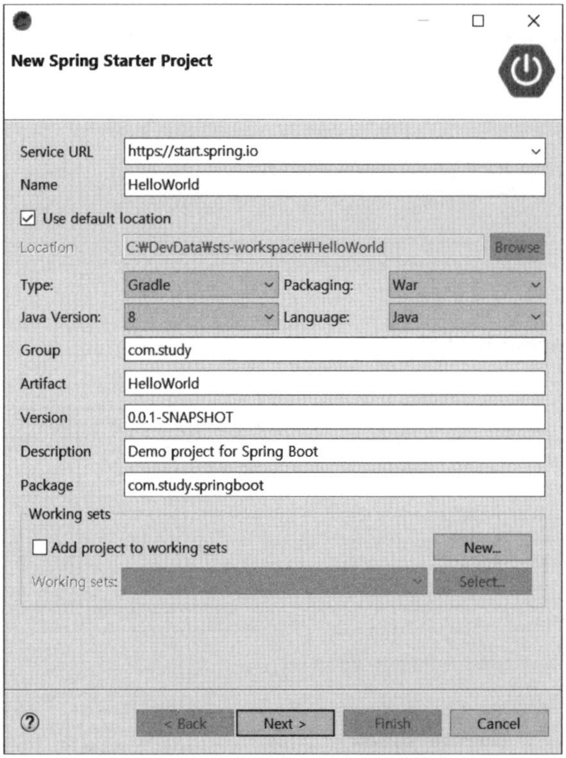

[그림 2-3] 스프링 부트 프로젝트 생성 (2)

프로젝트 생성 위저드가 실행되면 프로젝트와 관련된 정보를 [그림 2-3]과 같이 입력한다.

[표 2-1]

구분	설명	설정값
Name	프로젝트의 이름	HelloWorld
Type	라이브러리 관리 도구	Gradle
Packaging	패키징 파일의 형식	War
Java Version	자바 버전	8
Group	프로젝트를 만들고 관리할 단체나 회사 정보	com.study
Package	패키지명	com.study.springboot

라이브러리 관리 도구로 그레이들을 선택하면 라이브러리 관리를 xml이 아니고 간단한 설정 파일을 통해서 할 수 있다. 또한 이 책에서는 웹 애플리케이션을 개발할 때 JSP를 사용하는데, 스프링 부트는 기본 템플릿 언어로 JSP를 지원하지 않는다. 실행 가능한 jar 파일로 만들었을 때 JSP가 동작하지 않기 때문이다. 하지만 실행 가능한 war 파일 타입으로 만들면 내장 와스(WAS, Web Application Server)에서 실행하거나 외부 와스에 배포를 하더라도 JSP가 정상적으로 동작한다. 그런 이유로 War 타입을 선택한다. 프로젝트 생성 정보를 입력했으면 [Next] 버튼을 클릭하여 의존성을 추가한다.

스프링 부트 버전을 선택할 수 있는데, 기본으로 지정되어 있는 2.3.3 버전을 그대로 사용한다. 그리고 웹 애플리케이션을 만들기 위한 라이브러리를 추가해야 한다. Web을 입력하면 관련된 라이브러리들이 검색된다. 여기서 [Spring Web]을 선택하면 웹 애플리케이션 개발에 필요한 라이브러리들이 프로젝트에 포함된다. 오른쪽에 선택한 항목이 보이게 된다.

의존성을 추가했으면 [Next] 버튼을 클릭하여 생성 정보를 확인한다.

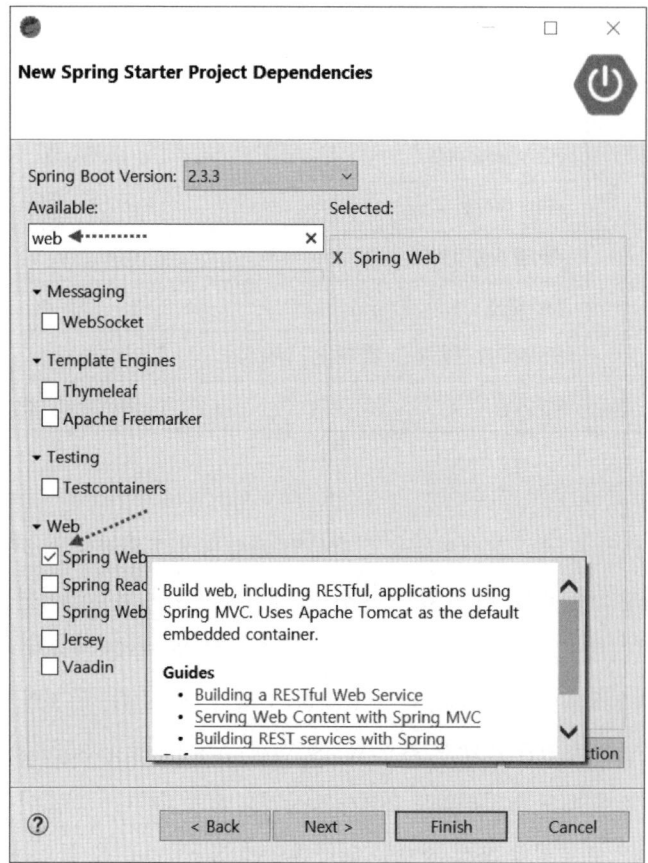

[그림 2-4] 스프링 부트 프로젝트 생성 (3)

우리가 입력하고 선택한 설정들이 파라미터로 지정되었음을 확인할 수 있다. [Finish]를 클릭하면 파일이 다운로드되고, STS에 임포트된다. 진행율은 STS 우측 하단에서 확인할 수 있다.

[그림 2-5] 스프링 부트 프로젝트 생성 (4)

[그림 2-6] 스프링 부트 프로젝트 생성 (5)

임포트가 완료가 되면 다음과 같이 프로젝트명 옆에 [boot] 표시가 붙으면서 프로젝트의 패키지 구조가 [그림 2-7]과 같이 구성된다.

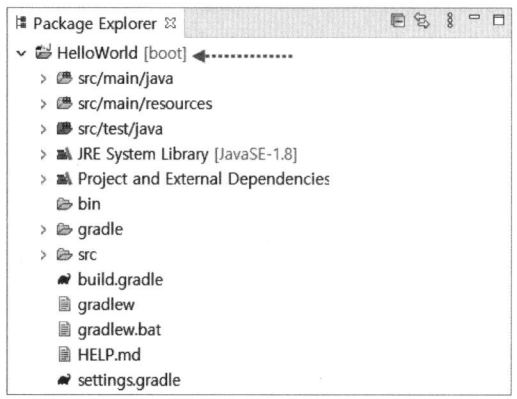

[그림 2-7] 스프링 부트 프로젝트 생성 (6)

2.2 스프링 부트 프로젝트 구조

이제, 스프링 부트로 만들어진 프로젝트의 구조를 살펴본다. 우리가 JSP로 웹 애플리케이션을 만들기 위해 사용하는 것만 간략히 알아보도록 한다.

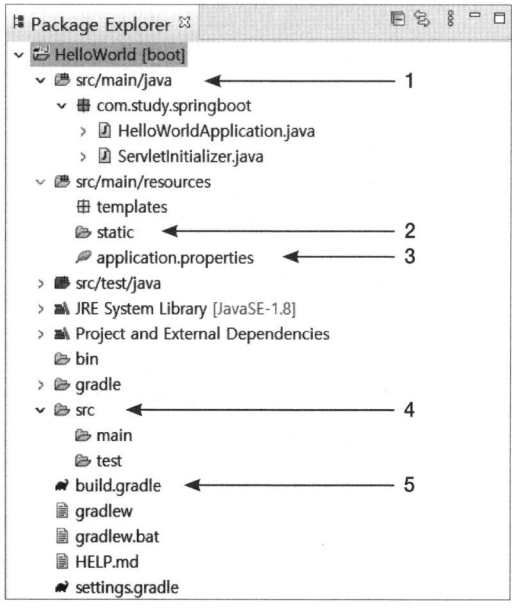

[그림 2-8] 스프링 부트 프로젝트 구조

- 1번 위치: 우리가 만들 자바 소스 파일을 위치시킨다.
- 2번 위치: 정적인 웹 리소스를 위치시킨다. Html, CSS, JavaScript 및 이미지 파일 등이 정적인 웹 리소스이다.
- 3번 위치: application.properties 파일에는 프로젝트 전체에서 사용할 여러 가지 속성 정보들을 저장한다.
- 4번 위치: 동적인 웹 리소스인 JSP 파일을 위치시킨다.
- 5번 위치: build.gradle 파일에는 라이브러리 의존성 설정 등 프로젝트 전반의 환경을 설정하는 내용이 들어 있다.

build.gradle을 더블 클릭하면 우측의 에디터 창에서 파일 내용을 확인할 수 있다.

```
build.gradle
1 plugins {
2     id 'org.springframework.boot' version '2.3.3.RELEASE'
3     id 'io.spring.dependency-management' version '1.0.10.RELEASE'
4     id 'java'
5     id 'war'
6 }
7
8 group = 'com.study'
9 version = '0.0.1-SNAPSHOT'
10 sourceCompatibility = '1.8'
11
12 repositories {
13     mavenCentral()
14 }
15
16 dependencies {
17     implementation 'org.springframework.boot:spring-boot-starter-web'
18     providedRuntime 'org.springframework.boot:spring-boot-starter-tomcat'
19     testImplementation('org.springframework.boot:spring-boot-starter-test') {
20         exclude group: 'org.junit.vintage', module: 'junit-vintage-engine'
21     }
22 }
23
24 test {
25     useJUnitPlatform()
26 }
27
```

[그림 2-9] build.gradle의 내용

프로젝트를 생성할 때 선택한 web 스타터가 디펜던시의 17라인에 추가되어 있음을 확인할 수 있다. 1장 스프링 레거시 프로젝트의 설정 파일인 pom.xml 파일에서 보았던 엄청난 양의 라이브러리 설정에 비하면 매우 간단하다는 것을 볼 수 있다.

하지만 실제로는 다음과 같이 많은 라이브러리들이 포함되어 있음을 확인할 수 있다. 이처럼 스프링 부트의 스타터를 이용하면 관련된 라이브러리들을 알아서 포함시키고, 버전 충돌도 막아준다.

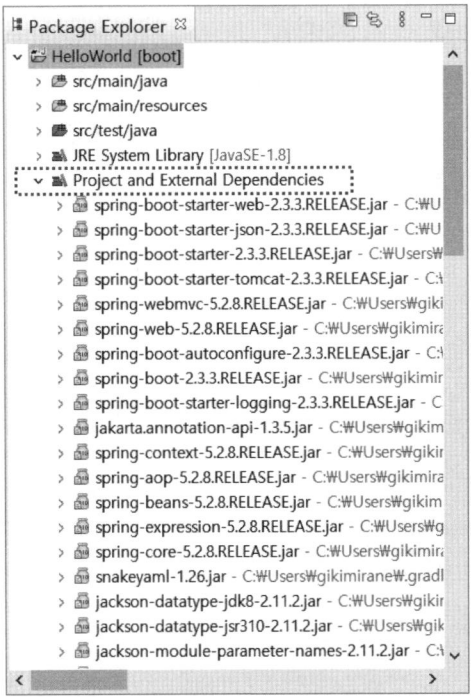

[그림 2-10] 프로젝트에 실제로 포함된 라이브러리들

2.3 스프링 부트 프로젝트 실행

이제, 프로젝트를 실행시킬 볼 차례다. 스프링 부트는 내장된 톰캣 서버를 이용하여 실행되기 때문에 외부의 서버를 설치하거나 환경 설정 없이도 바로 실행시킬 수 있다. 내장 서버가 실행될 때 사용하는 기본 포트 번호는 8080이다. 그런데 오라클을 설치한 경우라면 오라클이 이미 8080 포트를 사용하고 있기 때문에 내장 서버가 실행될 때 사용

하는 포트 번호를 바꿀 필요가 있다.

application.properties 파일을 더블 클릭하여 파일을 열고 다음과 같이 내용을 작성한다. 파일을 열면 아무 내용이 없으므로 [그림 2-11]과 같이 한 줄만 입력하고 저장하면 된다. 내장된 톰캣 서버를 8081 포트 번호를 이용해서 실행시키라는 설정이다.

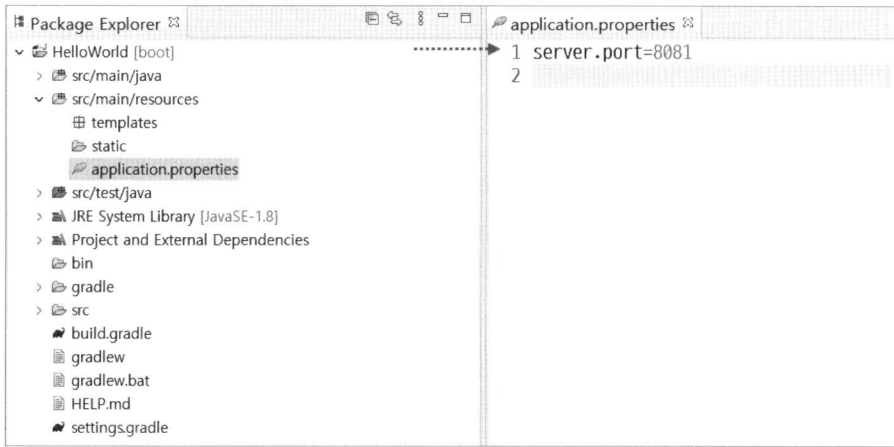

[그림 2-11] application.properties 파일에 설정 내용 입력

이제 STS에서 화면 설정을 바꾸지 않았다면 좌측 하단에 [Boot Dashboard]가 보일 것이다. 혹시라도 [Boot Dashboard]가 보이지 않는다면, 다음 위치의 아이콘을 선택하면 [Boot Dashboard]를 확인할 수 있다.

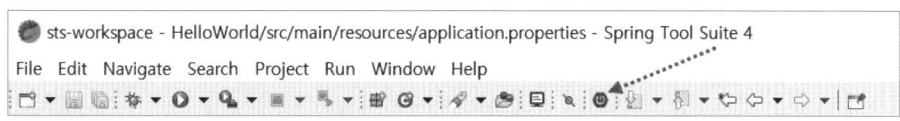

[그림 2-12] Boot Dashboard 창 꺼내기

[그림 2-13]과 같이 화살표 부분이 가리키는 부분을 클릭하여 펼치면 우리가 만든 프로젝트명이 보인다. 프로젝트를 선택한다.

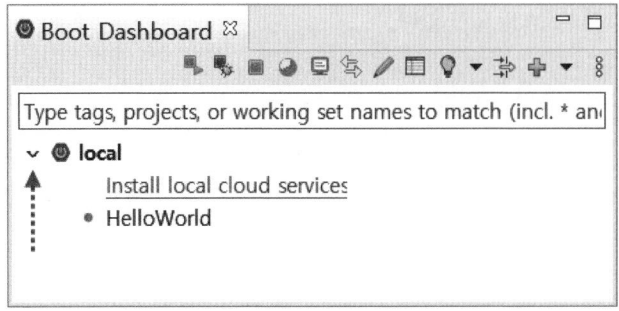

[그림 2-13] Boot Dashboard 창

프로젝트를 선택하면 [Boot Dashboard]의 아이콘들이 활성화된다. [그림 2-14]와 같이 화살표가 가리키는 시작 아이콘을 클릭한다.

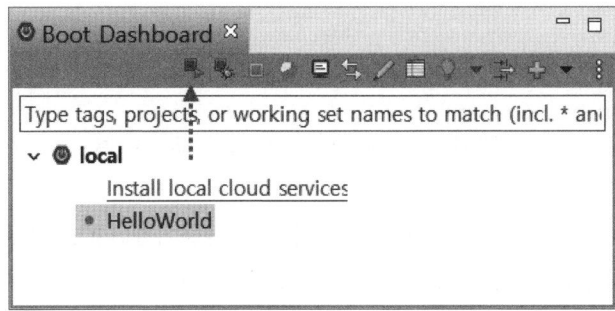

[그림 2-14] 스프링 부트 프로젝트 실행

콘솔창이 열리지 않은 상태라면, 콘솔창이 열리면서 [그림 2-15]와 같이 로그가 출력된다. 다음은 콘솔창을 최대화해서 본 내용이다. 내장된 아파치 톰캣 서버가 포트 번호 8081을 이용해서 실행되었다는 내용이 출력되고 있다. 아파치 톰캣 서버의 버전이 9.0.37인 것도 확인할 수 있다.

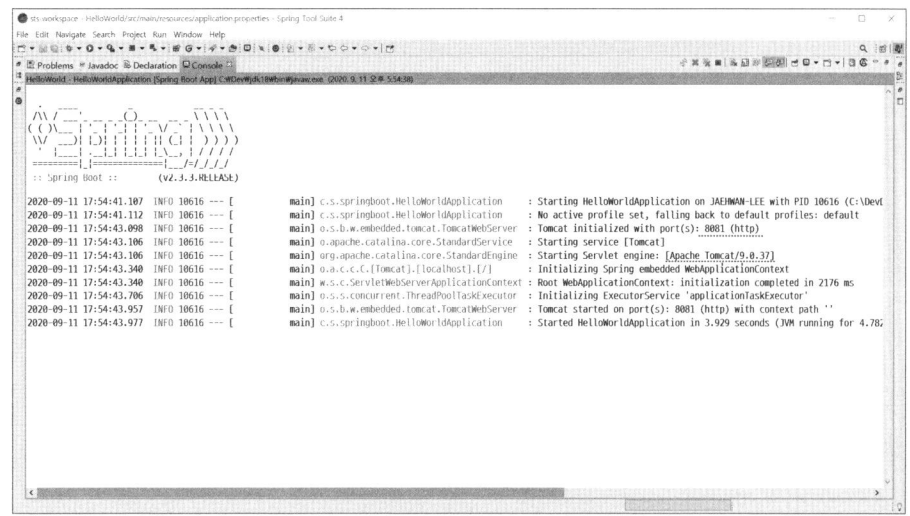

[그림 2-15] 스프링 부트 프로젝트 실행 로그

[그림 2-16]과 같이 웹 애플리케이션이 실행된 것은 [Boot Dashboard]의 프로젝트명 옆에 [:8081] 표시가 나타나는 것으로도 확인할 수 있다. STS에서 만들어 놓은 프로젝트가 여러 개일 때 프로젝트명 옆의 포트 번호 표시로 현재 실행된 프로젝트를 확인할 수 있다.

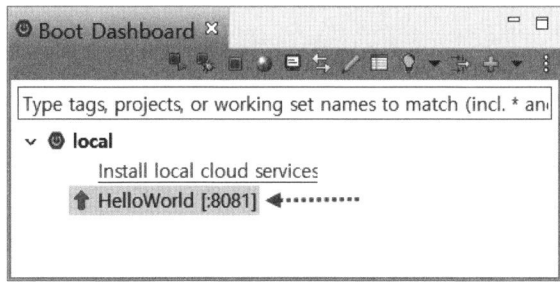

[그림 2-16] 스프링 부트 프로젝트 실행 확인

웹 브라우저를 통해서 웹 애플리케이션의 실행을 확인하기 위해 [그림 2-17]의 아이콘을 선택해서 웹 브라우저를 실행시킨다.

01장 스프링 부트 사용하기 **33**

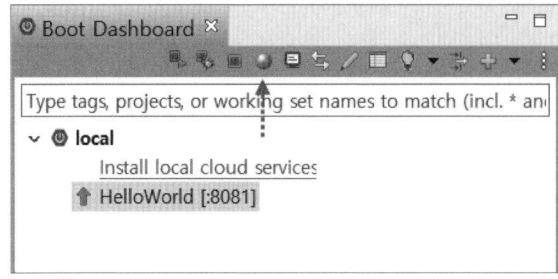

[그림 2-17] 웹 브라우저 실행

앞의 설정에서 외부 웹 브라우저로 크롬을 등록해 놓아서 [그림 2-18]과 같이 크롬이 실행된다. 그렇지만 아직 우리가 작성한 내용이 없으므로 에러 표시가 뜬다.

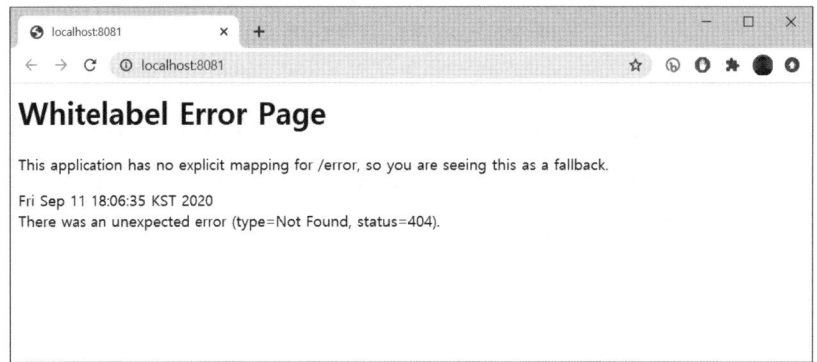

[그림 2-18] 웹 브라우저 실행된 모습

마지막으로, 다음 아이콘을 선택해서 프로젝트를 종료한다.

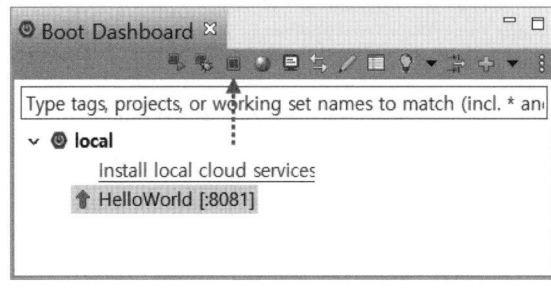

[그림 2-19] 스프링 부트 프로젝트 종료

웹 애플리케이션이 종료되면 [그림 2-20]과 같이 프로젝트명 옆의 [:8081] 포트 번호가 사라진다.

[그림 2-20] 스프링 부트 프로젝트 종료 확인

이 상태에서는 내장 톰캣 서버가 종료된 것이므로 웹 브라우저에서 재접속을 시도하면 [그림 2-21]과 같이 사이트에 연결할 수 없다는 내용이 나온다.

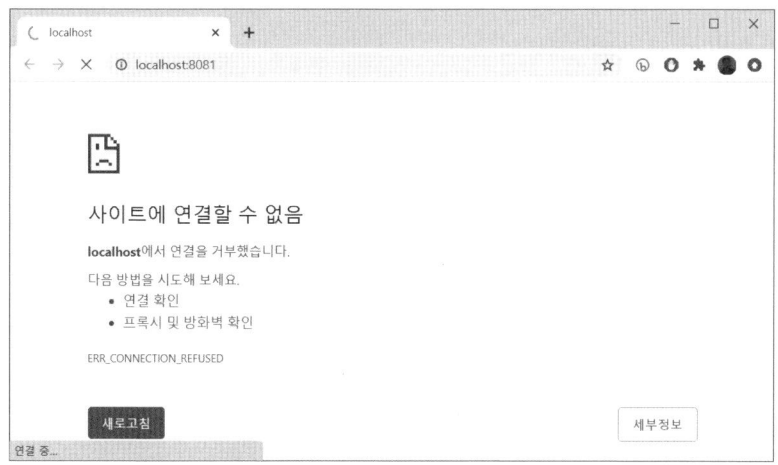

[그림 2-21] 스프링 부트 프로젝트 종료 확인

NOTE

기존에 스프링을 사용해본 개발자라면 스프링 부트로 프로젝트를 만들었을 때 설정이 거의 없다는 점에 놀랄 것이다. 이처럼 스프링 부트로 프로젝트를 만들면 라이브러리 추가 및 의존성 관리 등이 쉬워진다. 그러므로 개발자들은 비즈니스 로직에 좀 더 집중할 수 있는 여건이 만들어진다.

03 의존 주입의 이해

3.1 의존 주입의 개념

이번 장에서는 스프링에서 중요하게 사용하는 개념인 DI(Dependency Injection), 우리말로 의존 주입에 대해서 알아본다. 의존 주입은 스프링뿐 아니라, 자바 객체 프로그래밍에서 매우 중요하게 생각하는 개념이다. 실제로는 그렇게 어려운 개념이 아니다. 객체지향 프로그래밍에서 다른 객체를 사용하는 것을 다르게 표현하면 '다른 객체에 의존한다'라고 표현한다.

[그림 3-1] 의존 주입의 개념 (1)

- A객체가 B, C객체를 이용한다.
- A객체는 B, C객체의 기능에 의존한다.

다른 객체를 사용하기 위해서는 사용하려는 A 객체가 B, C 객체를 직접 생성하여 사용할 수도 있고, 미리 만들어져 있는 것을 할당받아서 사용할 수도 있다.

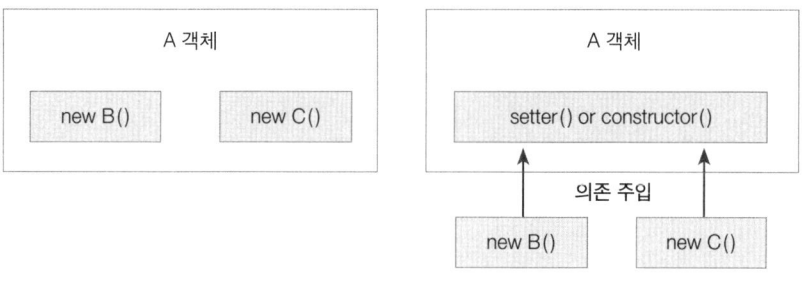

[그림 3-2] 의존 주입의 개념 (2)

- A 객체가 B, C 객체를 직접 생성한다.
- B, C 객체가 외부에 생성되어 있고, A 객체에 주입된다.

오른쪽 그림은 미리 만들어져 있는 객체인 B, C의 기능이 A에게 필요할 때 A의 세터나 생성자를 통해 A에게 B, C의 객체를 주입시켜 기능을 사용할 수 있게 만드는 구조이다. 이때 사용되는 용어가 의존 주입인 것이다.

여기서 B, C 객체를 생성하고 B, C 객체의 라이프 사이클을 관리하고 A 객체에 의존 주입을 관리해주는 무엇인가를 컨테이너라 부른다. 개발자가 직접 객체를 제어하지 않고 컨테이너로 객체의 제어권이 넘어갔다는 의미로 제어의 역전(Inversion Of Control : IoC)이라는 용어가 사용된다.

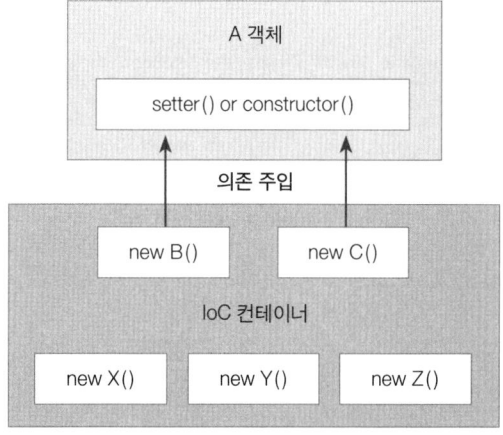

[그림 3-3] 의존 주입의 개념 (3)

스프링이 이 IoC 컨테이너의 역할을 한다. 스프링은 객체를 생성, 라이프사이클 관리 및 필요로 하는 객체에 의존 주입을 하는 컨테이너이고, 라이브러리들의 집합체라고 할 수 있다.

3.2 강한 결합 vs 약한 결합

객체 간의 의존 관계에서 직접 객체를 생성하면 생성부터 메모리 관리를 위한 소멸까지 해당 객체의 라이프사이클을 개발자가 다 관리해야 하므로 강한 결합이 된다. 그리고 이미 누군가가 생성한 객체를 주입받을 경우, 사용하기만 하면 되므로 약한 결합이 된다. 객체 지향 프로그래밍에서 약한 결합(느슨한 결합)을 사용하게 되면 개발자가 관리할 것이 적어진다는 장점이 있다.

예제를 들어 약한 결합의 장점을 설명하겠다. 간단한 구조로 만들어 살펴볼 것이므로 스프링 프로젝트 대신에 일반 자바 프로젝트로 만든다. 프로젝트 이름은 Ex01_DI로 생성한다.

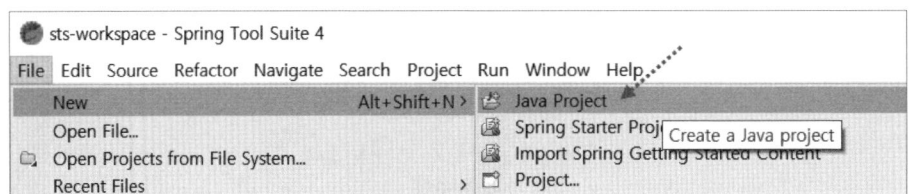

[그림 3-4] 자바 프로젝트 생성 (1)

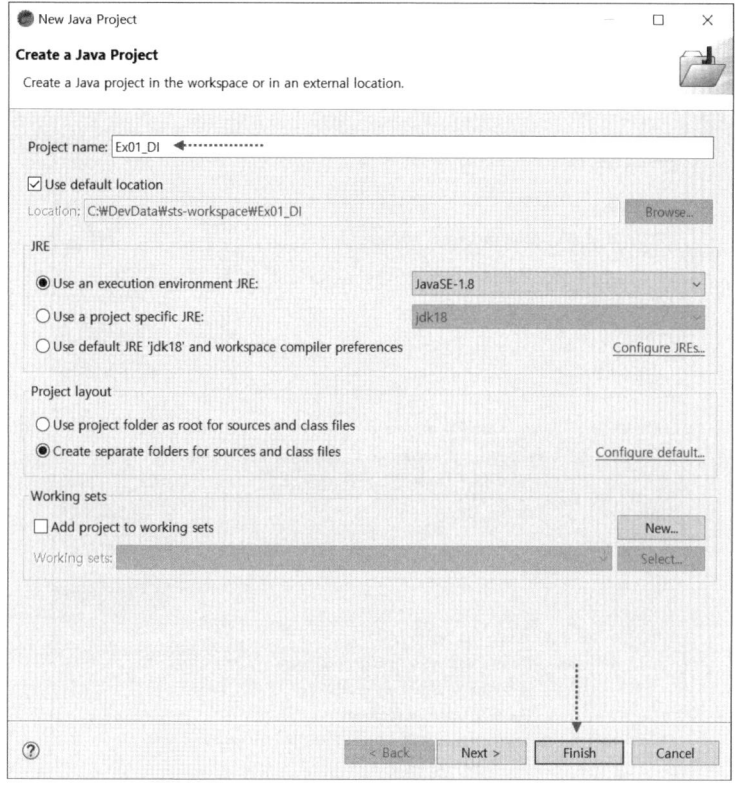

[그림 3-5] 자바 프로젝트 생성 (2)

프로젝트에서 src 부분을 선택하고 우클릭하여 팝업 메뉴를 띄운 다음, 클래스를 추가한다.

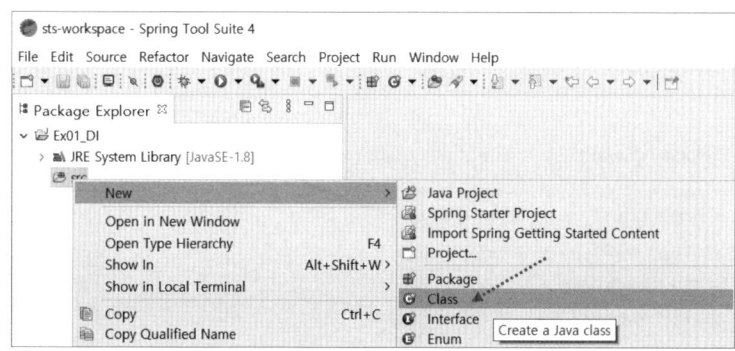

[그림 3-6] 자바 클래스 생성 (1)

UnderstandDI로 클래스를 만들어 main 메서드가 실행될 수 있게 public static void main을 체크한다.

[그림 3-7] 자바 클래스 생성 (2)

의존해야 할 기능이 있는 클래스를 먼저 만들기 위해 기존 코드 앞부분에 Member 클래스를 다음과 같이 작성한다.

[코드 3-1] UnderstandDI.java

```
01  class Member {
02      String name;
03      String nickname;
04      public Member() {}
```

```
05 }
06
07 public class UnderstandDI {
08
09     public static void main(String[] args) {
10
11     }
12
13 }
```

- 기존 코드에 01라인에서 05라인까지 추가한다.

다음으로는 UnderstandDI 클래스에 Member 클래스를 사용하는(의존하는) 메서드를 만든다. 첫 번째는 강한 결합을 만들고, 다음으로는 약한 결합을 만들어보도록 하겠다. 기존 코드에 다음과 같이 코드를 추가한다.

[코드 3-2] UnderstandDI.java

```
01 class Member {
02     String name;
03     String nickname;
04     public Member() {}
05 }
06
07 public class UnderstandDI {
08
09     public static void main(String[] args) {
10
11     }
12
13     public static void memberUse1() {
14         // 강한 결합 : 직접 생성
15         Member m1 = new Member();
16     }
17
18     public static void memberUse2(Member m) {
```

```
19          // 약한 결합 : 생성된 것을 주입 받음 - 의존 주입 (Dependency Injection)
20          Member m2 = m;
21      }
22 }
```

- 13라인에서 21라인까지가 추가된 부분이다.

생성자를 직접 호출[15라인]해서 객체를 만들게 되면 강한 결합이 된다. 이에 비해 약한 결합은 의존할 객체를 주입받아야 하므로, 메서드의 파라미터로 받아들여[18라인] 객체에 할당[20라인]하는 코드를 작성하면 된다.

이런 강한 결합, 약한 결합의 대상은 개발자가 만든 클래스뿐만 아니라, Date와 같이 기존에 만들어져 있는 API나 프레임워크의 기능에도 똑같이 적용된다.

[코드 3-3] UnderstandDI.java

```
01 import java.util.Date;
02
03 class Member {
04     String name;
05     String nickname;
06     public Member() {}
07 }
08
09 public class UnderstandDI {
10
11     public static void main(String[] args) {
12         // 날짜를 구하기 위해서는 Date 클래스에 의존해야 한다.
13         Date date = new Date();
14         System.out.println(date);
15     }
16
17     public static void getDate(Date d) {
18         Date date = d;
19         System.out.println(date);
```

```
20      }
21
22      public static void memberUse1() {
23          // 강한 결합 : 직접 생성
24          Member m1 = new Member();
25      }
26
27      public static void memberUse2(Member m) {
28          // 약한 결합 : 생성된 것을 주입 받음 - 의존 주입 (Dependency Injection)
29          Member m2 = m;
30      }
31 }
```

- 01라인, 12라인에서 20라인까지가 추가된 부분이다.

지금부터는 약한 결합이 프로그래밍을 할 때 왜 유리한지 조금 억지스럽지만 간단한 예를 만들어 살펴보겠다. 전체가 static 메서드로 이루어져 있는 유틸 클래스들은 객체를 인스턴스화할 필요가 없어 흔히 클래스를 만들 때 인스턴스화를 막기 위해 생성자를 private으로 만든다.

> int num = Integer.parseInt("123");
>
> 이런 코드에서 Integer 클래스를 객체화해서 변수로 만들어 사용하지 않고 "클래스명.메서드명"으로 바로 사용하는 것을 말한다.

우리 Member 클래스가 유틸 클래스는 아니지만 테스트를 위해 생성자의 public 부분을 private으로 변경하면 강한 결합의 경우 에러가 발생하는 것을 볼 수 있다. 하지만 약한 결합의 경우에는 에러가 발생하지 않는다.

```
class Member {
    String name;
    String nickname;
    public Member() {}
}
```
[그림 3-8] public 생성자

```
class Member {
    String name;
    String nickname;
    private Member() {}
}
```
[그림 3-9] private 생성자

```
public static void memberUse1() {
    // 강한 결합 : 직접 생성
    Member m1 = new Member();
}
public static void memberUse2(Member m) {
    // 약한 결합 : 생성된 것을 주입 받음 - 의존 주입 (Dependency Injection)
    Member m2 = m;
}
```
[그림 3-10] 강한 결합에서만 발생하는 에러 확인

이처럼 약한 결합을 사용하는 프로그래밍은 다른 클래스의 변화에 더욱 안전하고 유연하게 대처할 수 있는 프로그래밍이 될 수 있다. 의존 주입을 통해 약한 결합을 사용하는 이유이다. 실제 스프링 프로젝트에서는 스프링 컨테이너가 웹에서 사용할 수 있는 공통 기능에 대한 많은 클래스들을 미리 만들어 두고, 우리가 필요한 곳에 의존 주입을 해주는 역할을 하므로 많은 라이브러리들을 안전하게 이용해서 웹 애플리케이션 개발을 손쉽게 할 수 있도록 도와준다.

3.3 자바 코드로 DI 사용하기

스프링에서는 다음과 같이 다양한 방법으로 의존 주입이 가능하다.

- 빈 설정 xml을 이용한 의존 주입
- 자바 코드를 이용한 의존 주입
- 어노테이션을 이용한 의존 주입

스프링에서는 보통의 경우 xml을 이용한 의존 주입이 많이 이용된다. 그래서 프로젝트의 규모가 커질수록 빈 설정을 위한 xml 설정도 과도하게 많아진다. 이에 반해, 스프링 부트는 xml의 과도한 설정을 없애기 위해서 xml을 이용한 의존 주입을 사용하지 않고 다음의 두 가지 의존 주입을 많이 사용한다.

- 자바 코드를 이용한 의존 주입(필요할 경우에만)
- 어노테이션을 이용한 의존 주입

어노테이션을 이용한 의존 주입은 다음 예제에서 자세히 알아볼 것이고, 이번 예제에서는 자바 코드를 이용한 의존 주입 방법을 알아본다. 프로젝트를 만들기 위해 Spring Starter Project를 선택한다.

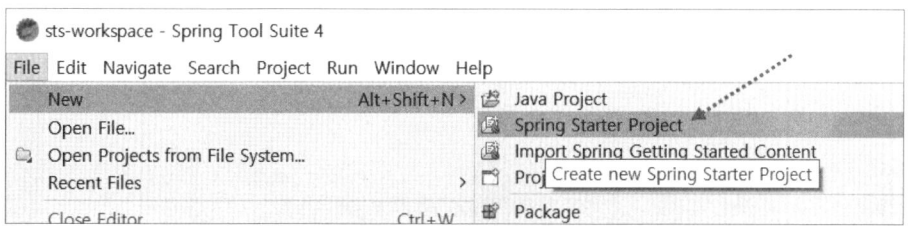

[그림 3-11] 스프링 부트 프로젝트 생성

프로젝트 이름은 Ex02_JavaCodeDI로 생성한다. 스프링 부트 프로젝트 생성 위저드의 경우는 이전 프로젝트 생성 시 정보가 그대로 남아 있어서, 프로젝트 이름만 변경하면 된다. 혹시라도 다른 정보로 되어 있다면 [그림 3-12]를 참고하여 수정한다.

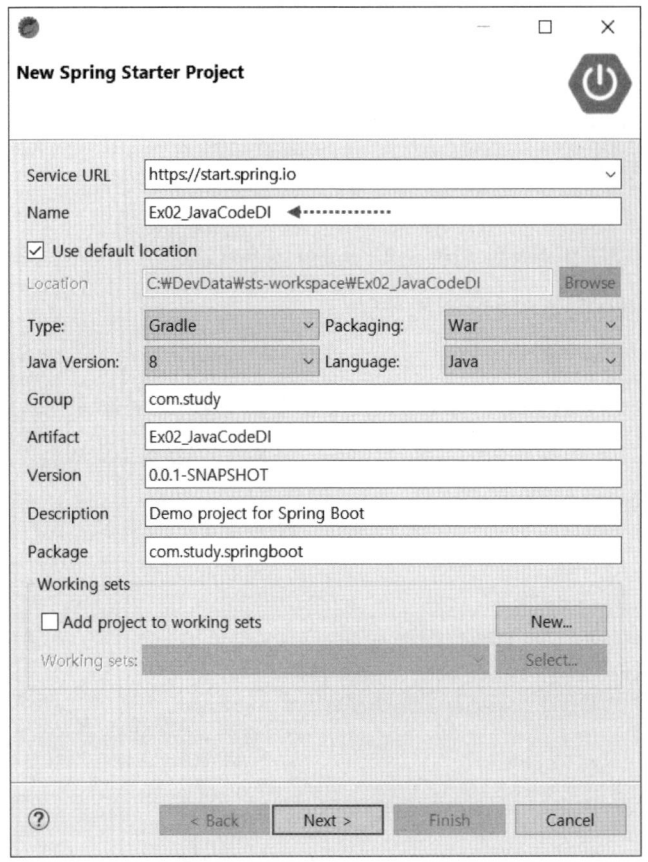

[그림 3-12] 프로젝트 생성 정보

[Next] 버튼을 클릭하면 의존성 추가 화면으로 넘어간다. 이전 프로젝트에서 한번이라도 사용한 스프링 부트 스타터 의존성은 [Frequently Used]에 즐겨찾기처럼 추가가 되어 있는 것을 볼 수 있다. 이번 예제는 자바 코드를 이용하여 의존 주입을 어떻게 사용하는지 살펴보는 것이 목적이기에, 여기서 무엇인가를 선택해서 별도의 의존성 주입은 하지 않는다.

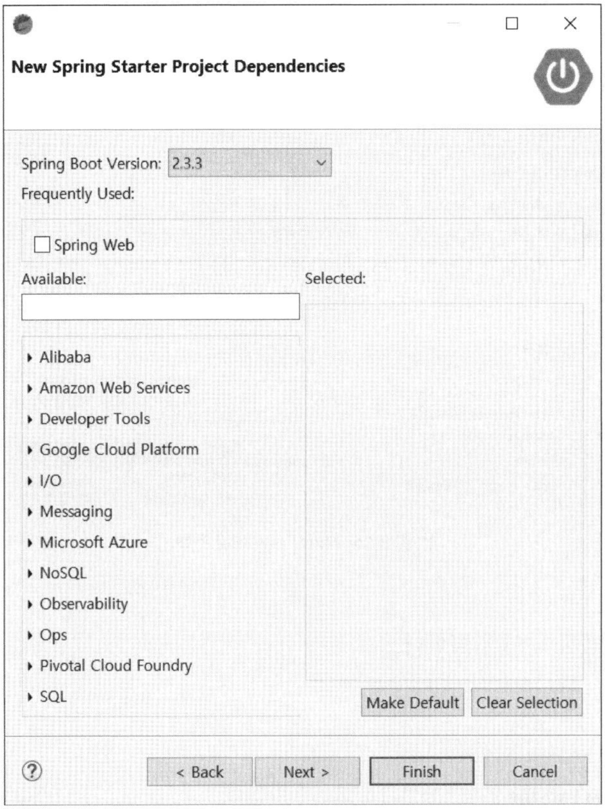

[그림 3-13] 의존성 주입 선택

아무것도 선택하지 않고 [Finish] 버튼을 클릭하여 프로젝트 생성을 하면 [그림 3-14]와 같이 패키지 익스플로러 창에서 프로젝트를 확인할 수 있는데 프로젝트명 옆에 [boot] 표시가 떠야 프로젝트 생성이 완료된 것이다. [boot] 표시가 보이지 않는다면 표시될 때까지 잠시 기다린다.

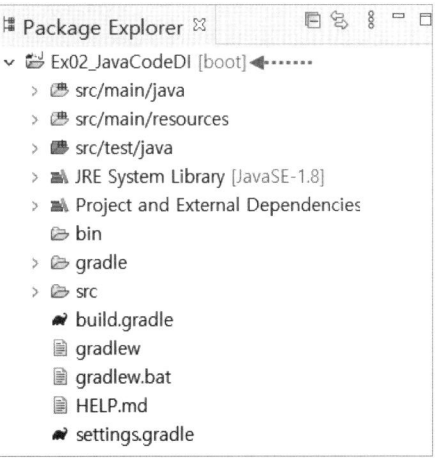

[그림 3-14] 생성된 스프링 부트 프로젝트

[그림 3-15]와 같이 프로젝트에서 src/main/java를 선택하고 우클릭하여 팝업 메뉴를 띄운 다음, 패키지를 추가한다.

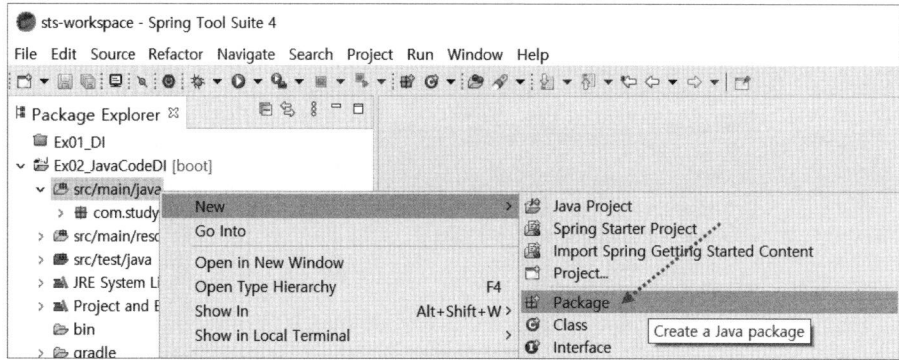

[그림 3-15] 패키지 추가 메뉴 선택

패키지명은 다음과 같이 입력한다.

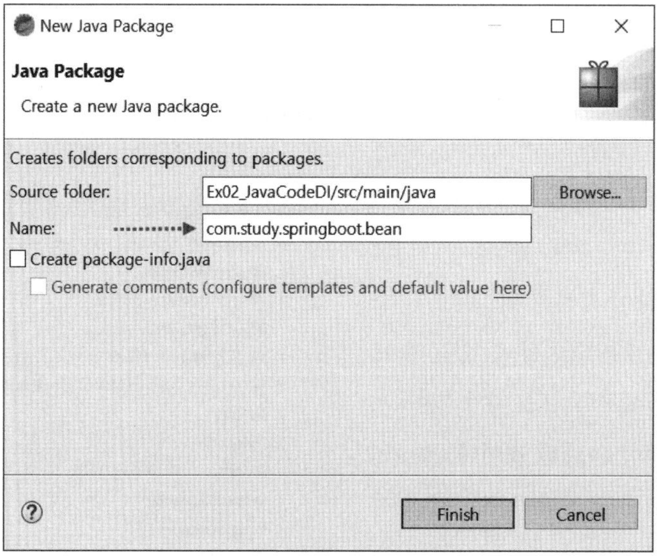

[그림 3-16] 패키지명 입력

[그림 3-17]은 패키지가 추가된 모습이다. 추가된 패키지에 우리가 빈으로 사용할 클래스들을 등록할 것이다.

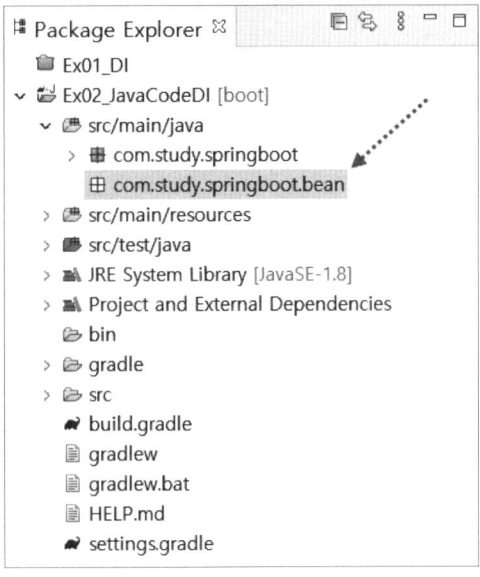

[그림 3-17] 프로젝트에 패키지가 추가된 모습

이제 빈으로 사용할, 즉 스프링 컨테이너에 등록하고 사용할 클래스들을 만든다. 비슷한 기능을 하므로 하나의 인터페이스를 만들고, 이 인터페이스를 구현하여 두 개의 클래스를 만든다.

- Printer.java - 인터페이스
- PrinterA.java - 클래스
- PrinterB.java - 클래스

[그림 3-18]과 같이 추가한 패키지를 선택하고 우클릭하여 팝업 메뉴를 띄우고 인터페이스를 선택한다.

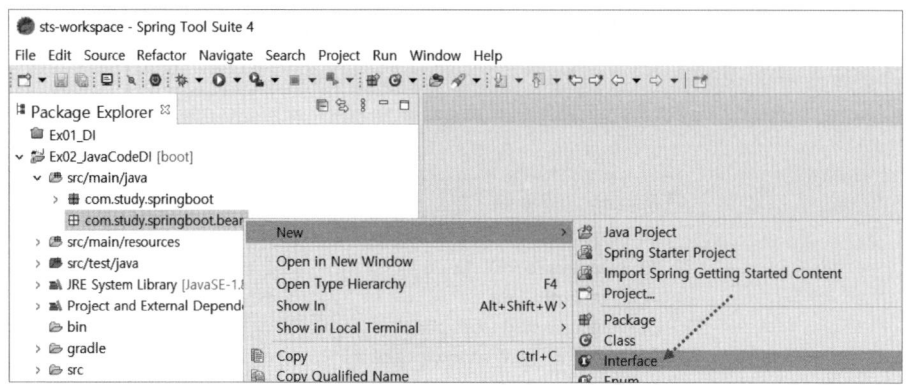

[그림 3-18] 인터페이스 생성

패키지명을 확인하고 인터페이스 이름에 Printer를 입력한다.

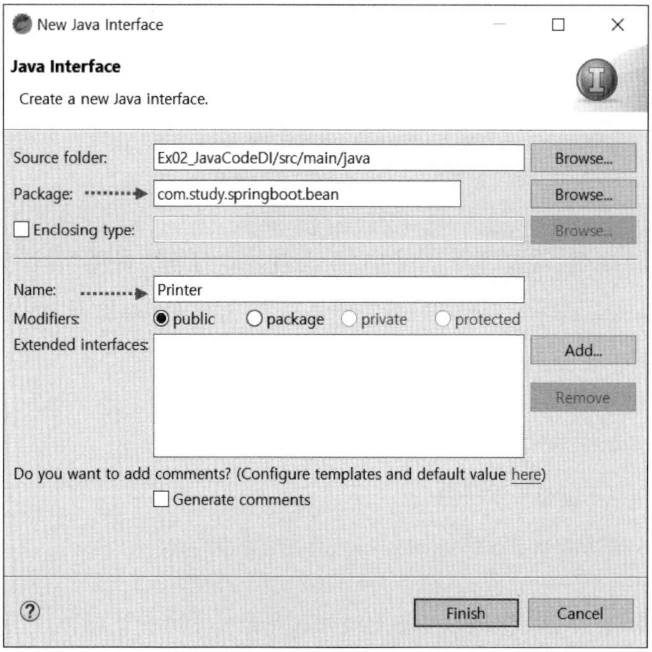

[그림 3-19] 인터페이스 정보 입력

인터페이스의 코드는 다음과 같이 작성한다.

[코드 3-4] Printer.java

```
1  package com.study.springboot.bean;
2
3  public interface Printer {
4      public void print(String message);
5  }
```

이번에는 클래스를 추가할 차례이다. 클래스 추가는 [그림 3-20]과 같이 한다. 패키지를 선택하고 우클릭하여 팝업 메뉴를 띄우고 클래스를 선택한다.

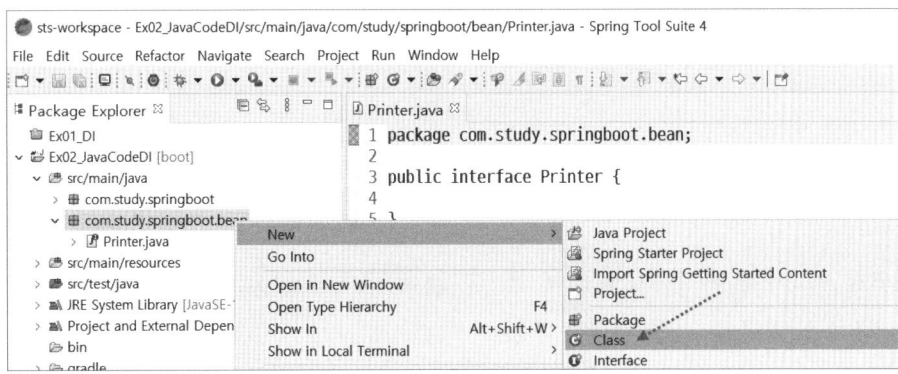

[그림 3-20] 클래스 생성

패키지명을 확인하고 클래스 이름에 PrinterA를 입력한다. 프로젝트가 시작과 동시에 바로 실행되는 클래스가 아니므로 public static void main은 체크하지 않는다. 그리고 우측의 [Add] 버튼을 클릭하여 인터페이스를 지정한다.

[그림 3-21] 클래스 정보 입력

[그림 3-22]와 같이 검색어 입력 후 엔터를 쳐서 인터페이스를 검색한 다음 우리가 만든 인터페이스를 선택한다. 비슷한 이름의 인터페이스가 많을 수 있으니, 선택할 때 패키지명 등을 확인하여 정확히 선택하자.

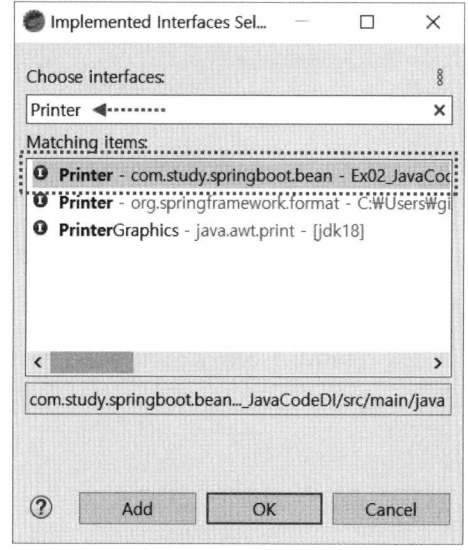

[그림 3-22] 인터페이스 검색 및 선택

> **NOTE**
>
> 필자도 이런 메뉴를 이용하는 방식으로 인터페이스를 구현하지는 않는다. 클래스 코드에서 직접 전부 다 입력해서 인터페이스를 구현한다. 이런 방법도 있다는 것을 보여주려 한 것이다.

[그림 3-23]은 인터페이스가 선택된 모습이다.

[그림 3-23] 구현할 인터페이스가 지정된 클래스 생성 정보

PrinterA 클래스 코드는 다음과 같이 작성한다. 앞의 과정을 통해 이미 구현할 메서드가 오버라이딩되어 있어서 입력할 내용은 매우 간단하다.

[코드 3-5] PrinterA.java

```
01 package com.study.springboot.bean;
02
03 public class PrinterA implements Printer {
04
05     @Override
06     public void print(String message) {
07
08         System.out.println("Printer A : " + message);
09     }
10
11 }
```

5번 라인의 @Override 같은 것을 어노테이션이라고 한다. 컴파일러에게 정보를 알려주거나 추가적인 지시를 하는 지시어로, 어노테이션의 종류는 다양하다. 여기서 사용된 @Override 어노테이션의 의미는 부모 클래스나 인터페이스로부터 어노테이션 바로 다음의 메서드를 오버라이딩했다는 의미이다. 이와 같은 어노테이션이 없고 개발자가 메서드명을 직접 입력하여 오버라이딩했는데 메서드명에 오타를 냈다면 개발자는 오버라이딩했다고 착각을 하겠지만 자바 컴파일러는 오버라이딩을 한 것이 아니고 새로운 메서드로 인식하게 된다.

그러므로 메서드에 @Override 어노테이션을 지정하면 부모 클래스나 인터페이스에 해당 메서드가 없을 때 에러 처리가 되고 개발자의 오타를 예방할 수 있다. 같은 방법으로 PrinterB 클래스를 추가한다. PrinterB 클래스의 코드도 다음과 같이 간단하게 작성한다.

[코드 3-6] PrinterB.java

```
01 package com.study.springboot.bean;
02
03 public class PrinterB implements Printer {
04
05     @Override
```

```
06    public void print(String message) {
07
08        System.out.println("Printer B : " + message);
09    }
10
11 }
```

이번에는 Member 클래스를 추가한다. 앞의 클래스 생성 방법을 참고하여 추가하도록 한다.

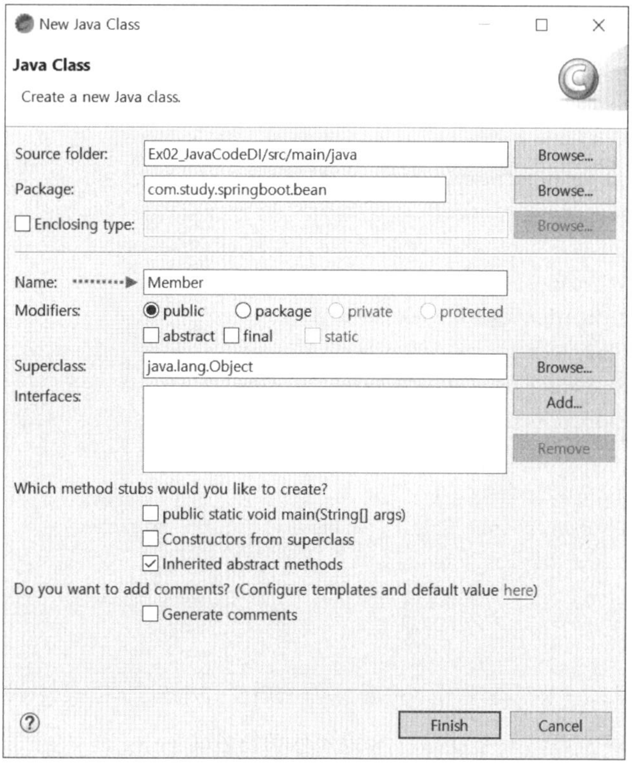

[그림 3-24] Member 클래스 생성 정보

Member 클래스의 코드는 다음과 같이 작성한다.

[코드 3-7] Member.java

```java
01 package com.study.springboot.bean;
02
03 public class Member {
04     private String name;
05     private String nickname;
06     private Printer printer;
07
08     public Member() {}
09
10     public Member(String name, String nickname, Printer printer) {
11         this.name = name;
12         this.nickname = nickname;
13         this.printer = printer;
14     }
15
16     public void setName(String name) {
17         this.name = name;
18     }
19     public void setNickname(String nickname) {
20         this.nickname = nickname;
21     }
22     public void setPrinter(Printer printer) {
23         this.printer = printer;
24     }
25     public void print() {
26         printer.print("Hello " + name + " : " + nickname);
27     }
28 }
```

Member 클래스는 생성자와 각 변수에 대한 세터로 구성되었다. 생성자는 기본생성자 8라인와 파라미터를 받는 생성자10라인, 두 가지를 만들었다. print 메서드25라인를 통해 변수에 저장된 정보를 출력하는 메서드도 구현했다.

이제 이와 같은 기능들을 사용할 수 있도록 설정 내용을 담은 Config 클래스를 만든다. 역시 앞의 클래스 생성 방법을 참고하여 추가하자.

[그림 3-25] Config 클래스 생성 정보

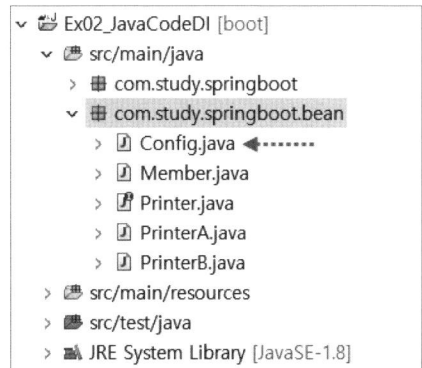

[그림 3-26] 프로젝트에 생성된 클래스

01장 스프링 부트 사용하기 **57**

Config 클래스 코드는 다음과 같이 작성한다. 이 예제는 자바코드를 이용한 의존 주입 예제이고 뒤에 어노테이션을 이용한 예제가 나오기는 하지만, 스프링 부트는 기본적으로 어노테이션을 이용한 구조로 실행되기 때문에 몇 개의 어노테이션이 미리 등장한다.

[코드 3-8] Config.java

```
01  package com.study.springboot.bean;
02
03  import org.springframework.context.annotation.Bean;
04  import org.springframework.context.annotation.Configuration;
05
06  @Configuration
07  public class Config {
08      // 빈(bean) : Spring이 IoC 방식으로 관리하는 객체
09      // 빈 팩토리(BeanFactory) : 스프링의 IoC를 담당하는 핵심 컨테이너
10      // 어플리케이션 컨텍스트(ApplicationContext) : 빈 팩토리를 확장한 IoC 컨테이너
11
12      @Bean
13      public Member member1() {
14          // Setter Injection (Setter 메서드를 이용한 의존성 주입)
15          Member member1 = new Member();
16          member1.setName("홍길동");
17          member1.setNickname("도사");
18          member1.setPrinter(new PrinterA());
19
20          return member1;
21      }
22
23      @Bean(name="hello")
24      public Member member2() {
25          // Constructor Injection (생성자를 이용한 의존성 주입)
26          return new Member("전우치", "도사", new PrinterA());
27      }
28
29      @Bean
30      public PrinterA printerA() {
```

```
31          return new PrinterA();
32      }
33
34      @Bean
35      public PrinterB printerB() {
36          return new PrinterB();
37      }
38  }
```

- 06라인: @Configuration 어노테이션이 붙은 클래스는 스프링 설정으로 사용됨을 의미한다.
- @Bean 어노테이션이 붙은 메서드의 리턴값은 빈 객체로 사용됨을 의미한다.
- 03번과 04번 라인의 임포트 정보는 직접 입력하지 않고 에러 표시된 코드에서 Ctrl + Shift + O 키를 동시에 누르면 자동으로 임포트 시킬 수 있다. 다만, 비슷한 것이 여러 개 있으면 선택을 해야 하는데 코드를 보고 정확히 선택한다.
- 23라인: 어노테이션에 이름을 주면 해당 클래스를 빈으로 등록할 때 입력한 이름으로 빈의 이름을 변경할 수 있다. 34라인처럼 별도의 이름을 지정하지 않으면 메서드 이름이 빈의 이름으로 등록된다.

그리고 Ex02JavaCodeDiApplication.java의 main 메서드에 이 클래스들을 사용하는 코드를 만들어본다.

[코드 3-9] Ex02JavaCodeDiApplication.java

```
01  package com.study.springboot;
02
03  import org.springframework.context.ApplicationContext;
04  import org.springframework.context.annotation.AnnotationConfigApplication
    Context;
05
06  import com.study.springboot.bean.Config;
07
08  //@SpringBootApplication
```

```
09  public class Ex02JavaCodeDiApplication {
10
11      public static void main(String[] args) {
12          //SpringApplication.run(Ex02JavaCodeDiApplication.class, args);
13
14          // 1.IoC 컨테이너 생성
15          ApplicationContext context =
16                  new AnnotationConfigApplicationContext(Config.class);
17      }
18
19  }
```

- 08라인: 기존 코드를 주석 처리한다.
- 12라인: 기존 코드를 주석 처리한다.
- 주석 처리하고 Ctrl + Shift + O 키를 동시에 누르면 사용되지 않는 임포트 내용이 제거된다.
- 14라인에서 16라인까지 추가된 부분이다.

스프링 부트는 @SpringBootApplication 어노테이션에 의해 자동으로 설정이 이루어지고 컴포넌트가 등록이 되기 때문에 먼저 주석 처리하여[8라인] 자동 등록을 막는다. 이 후 수작업으로 어플리케이션 컨텍스트를 만들고[15라인] 우리가 앞에서 작성한 설정용 자바 파일을 AnnotationConfigApplicationContext에 파라미터로 넘겨서[16라인] 어플리케이션 컨텍스트를 만들어 ApplicationContext 클래스 타입의 context 변수에 할당한다. AnnotationConfigApplicationContext 클래스 타입으로 객체를 생성하고 ApplicationContext 클래스 타입의 변수에 할당하는 것은 객체 지향 프로그램에서 전형적으로 사용되는, '자식 객체를 부모 객체에 대입할 수 있다'라는 디자인 패턴이 적용된 모습의 코드이다.

[Boot Dashboard]에서 프로젝트를 선택하고 실행 아이콘을 클릭하여 실행한다.

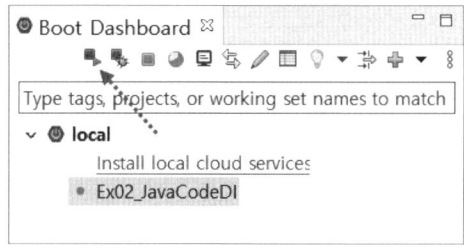

[그림 3-27] 프로젝트 실행

실행시켜 콘솔창에서 로그를 확인하면 15번, 16번 라인의 코드에 의해 우리가 만든 클래스가 빈으로 등록된 것을 [그림 3-28]에서처럼 확인할 수 있다. 생성된 빈은 Singleton 형태로, Spring 컨테이너에서 기본적으로 객체 생성은 Singleton 형태로 제공된다.

```
DefaultListableBeanFactory - Creating shared instance of singleton bean 'config'
DefaultListableBeanFactory - Creating shared instance of singleton bean 'member1'
DefaultListableBeanFactory - Creating shared instance of singleton bean 'hello'
DefaultListableBeanFactory - Creating shared instance of singleton bean 'printerA'
DefaultListableBeanFactory - Creating shared instance of singleton bean 'printerB'
```

[그림 3-28] 빈으로 등록된 로그 출력

이후의 코드는 등록된 빈을 가져와서 사용해보는 코드이다. 클래스를 지정해서 가져올 수도 있고, 가져온 후에 형변환을 해도 사용해도 된다.

[코드 3-10] Ex02JavaCodeDiApplication.java

```
01 package com.study.springboot;
02
03 import org.springframework.context.ApplicationContext;
04 import org.springframework.context.annotation.AnnotationConfigApplicationContext;
05
06 import com.study.springboot.bean.Config;
07 import com.study.springboot.bean.Member;
08 import com.study.springboot.bean.Printer;
09
10 //@SpringBootApplication
```

```
11  public class Ex02JavaCodeDiApplication {
12
13      public static void main(String[] args) {
14          //SpringApplication.run(Ex02JavaCodeDiApplication.class, args);
15
16          // 1.IoC 컨테이너 생성
17          ApplicationContext context =
18                  new AnnotationConfigApplicationContext(Config.class);
19
20          // 2.Member Bean 가져오기
21          Member member1 = (Member)context.getBean("member1");
22          member1.print();
23
24          // 3.Member Bean 가져오기
25          Member member2 = context.getBean("hello", Member.class);
26          member2.print();
27
28          // 4.PrinterB Bean 가져오기
29          Printer printer = context.getBean("printerB", Printer.class);
30          member1.setPrinter(printer);
31          member1.print();
32      }
33
34  }
```

- 추가된 코드에 의해 임포트 내용이 추가되었다.
- 10라인: 기존 코드를 앞에서 주석 처리했다.
- 14라인: 기존 코드를 앞에서 주석 처리했다.
- 19라인에서 31라인까지 추가된 부분이다.

21번 라인에서는 빈을 가져올 때 스프링 컨테이너로부터 빈을 리턴받아 형변환하여 사용하고 있고, 29번 라인에서는 미리 형을 지정하여 빈을 리턴받는 방법을 보여주고 있다. 25번 라인에서는 Config.java에서 빈 어노테이션을 지정할 때 별도의 이름을 지정하였으므로, 그 이름으로 빈을 요청하고 리턴받는 방법으로 사용하고 있다. 그리고 30번 라인의 세터를 통해 빈에 등록된 값을 나중에 변경할 수도 있다.

여기까지 작성했다면, 다시 실행을 해서 콘솔창에서 로그를 확인하자. member1 객체의 정보를 출력해 주던 객체가 printerA에서 printerB로 바뀐 것을 확인할 수 있다.

```
Printer A : Hello 홍길동 : 도사
Printer A : Hello 전우치 : 도사
Printer B : Hello 홍길동 : 도사
```

[그림 3-29] 실행 로그 출력

이제 마지막 코드를 입력해서 두 객체를 비교해본다.

[코드 3-11] Ex02JavaCodeDiApplication.java

```
01 package com.study.springboot;
02
03 import org.springframework.context.ApplicationContext;
04 import org.springframework.context.annotation.AnnotationConfigApplication
   Context;
05
06 import com.study.springboot.bean.Config;
07 import com.study.springboot.bean.Member;
08 import com.study.springboot.bean.Printer;
09
10 //@SpringBootApplication
11 public class Ex02JavaCodeDiApplication {
12
13     public static void main(String[] args) {
14         //SpringApplication.run(Ex02JavaCodeDiApplication.class, args);
15
16         // 1.IoC 컨테이너 생성
17         ApplicationContext context =
18                 new AnnotationConfigApplicationContext(Config.class);
19
20         // 2.Member Bean 가져오기
21         Member member1 = (Member)context.getBean("member1");
22         member1.print();
23
24         // 3.Member Bean 가져오기
```

```
25        Member member2 = context.getBean("hello", Member.class);
26        member2.print();
27
28        // 4.PrinterB Bean 가져오기
29        Printer printer = context.getBean("printerB", Printer.class);
30        member1.setPrinter(printer);
31        member1.print();
32
33        // 5.싱글톤인지 확인
34        if (member1 == member2) {
35            System.out.println("동일한 객체입니다.");
36        } else {
37            System.out.println("서로 다른 객체입니다.");
38        }
39
40    }
41
42 }
```

- 32라인에서 39라인까지 추가된 부분이다.

코드를 작성했다면 다시 실행을 해서 콘솔창에서 로그를 확인해본다.

```
18:57:07.756 [main] DEBUG org.springframework.beans.factory.
18:57:07.757 [main] DEBUG org.springframework.beans.factory.
Printer A : Hello 홍길동 : 도사
Printer A : Hello 전우치 : 도사
Printer B : Hello 홍길동 : 도사
서로 다른 객체입니다.
```

[그림 3-30] 실행 로그 출력

34번 라인에서 객체 비교를 하면 같은 객체가 아니라는 결과를 얻게 된다. 같은 클래스 타입의 변수지만 서로 다른 메서드에서 각각 new를 통해 생성되었으므로, 같은 객체가 아니다.

3.4 어노테이션으로 DI 사용하기

이번 예제에서는 어노테이션을 이용한 의존 주입을 알아본다. 스프링 부트에서 가장 많이 사용되는 방식이다.

New → Spring Starter Project를 선택하여 프로젝트를 만든다.

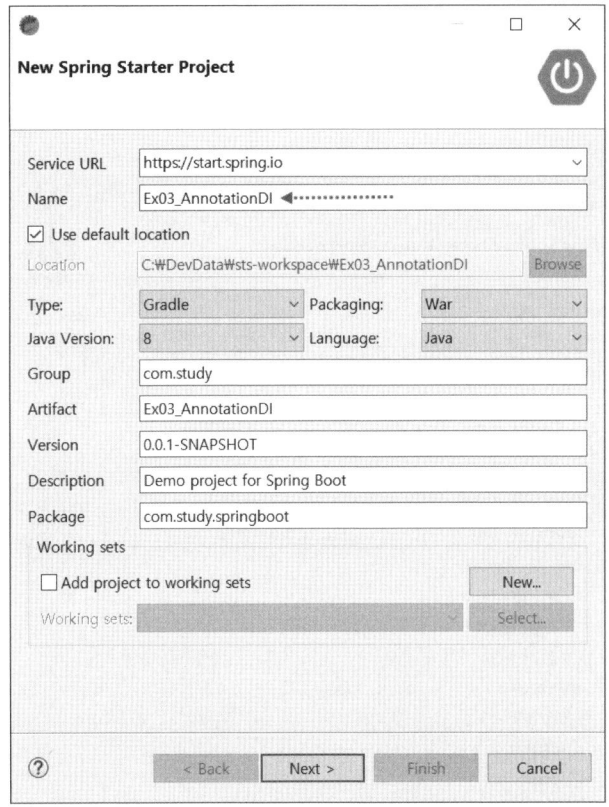

[그림 3-31] 프로젝트 생성 정보

스프링 부트는 이전에 만들어 놓았던 프로젝트의 정보를 그대로 보관하고 있으니, 여기서 이름만 Ex03_AnnotationDI로 변경하면 된다. 패키지명은 그대로 사용한다. 이번 예제에서 사용할 많은 클래스가 이전 예제의 클래스를 사용하므로 이전 예제와 같은 부분은 복사해서 사용하겠다.

NOTE

코드를 복사해서 붙여 넣을 때 안드로이드 스튜디오 등과는 다르게 패키지명이 자동으로 수정되지 않는다. 그래서 같은 패키지명을 계속 사용하면 이전 예제들에서 클래스나 인터페이스를 복사해와서 사용할 때 수정할 필요가 없어 편하다.

[그림 3-32]와 같이 이번 예제도 디펜던시는 하나도 체크하지 않는다. [Finish] 버튼을 클릭하면 프로젝트가 생성된다.

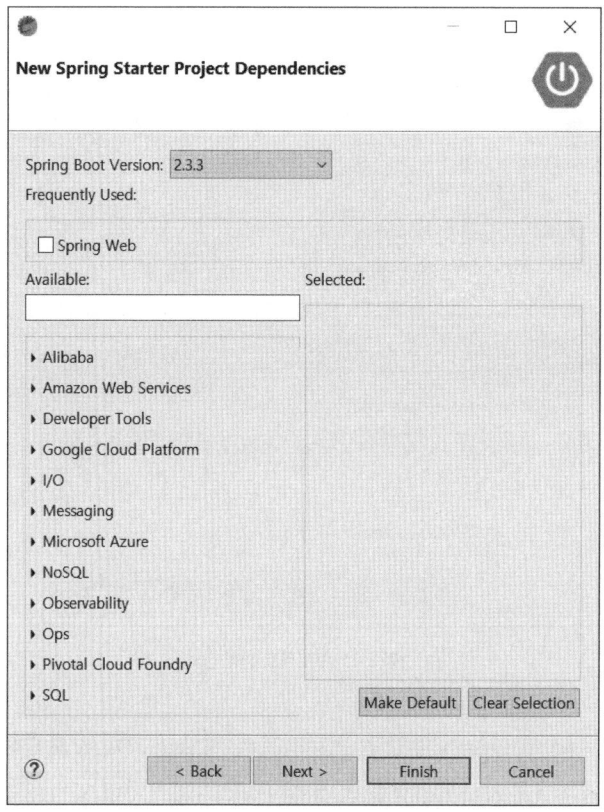

[그림 3-32] 의존성 주입 선택

3.4 어노테이션으로 DI 사용하기

이번 예제에서는 어노테이션을 이용한 의존 주입을 알아본다. 스프링 부트에서 가장 많이 사용되는 방식이다.

New → Spring Starter Project를 선택하여 프로젝트를 만든다.

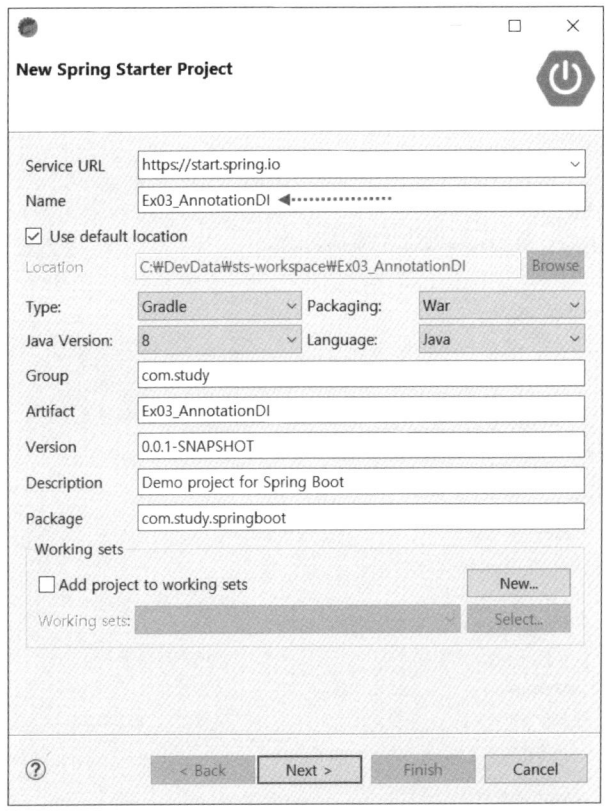

[그림 3-31] 프로젝트 생성 정보

스프링 부트는 이전에 만들어 놓았던 프로젝트의 정보를 그대로 보관하고 있으니, 여기서 이름만 Ex03_AnnotationDI로 변경하면 된다. 패키지명은 그대로 사용한다. 이번 예제에서 사용할 많은 클래스가 이전 예제의 클래스를 사용하므로 이전 예제와 같은 부분은 복사해서 사용하겠다.

> **NOTE**
>
> 코드를 복사해서 붙여 넣을 때 안드로이드 스튜디오 등과는 다르게 패키지명이 자동으로 수정되지 않는다. 그래서 같은 패키지명을 계속 사용하면 이전 예제들에서 클래스나 인터페이스를 복사해와서 사용할 때 수정할 필요가 없어 편하다.

[그림 3-32]와 같이 이번 예제도 디펜던시는 하나도 체크하지 않는다. [Finish] 버튼을 클릭하면 프로젝트가 생성된다.

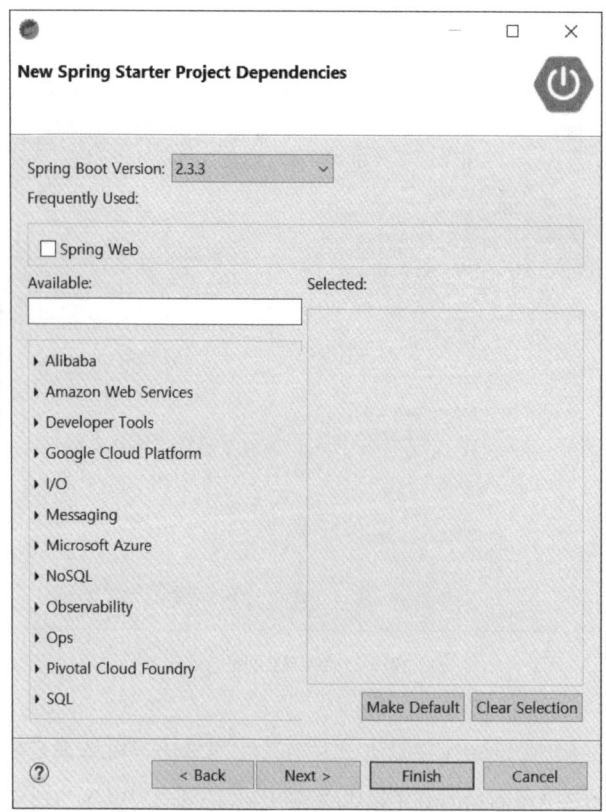

[그림 3-32] 의존성 주입 선택

우측 하단의 다운로드 상태바를 통해 다운로드를 확인하고, 다운로드가 완료되면 프로젝트 이름 옆에 [boot]가 표시된다. 이때부터 프로젝트를 사용할 수 있게 된다.

이전 예제에서 com.study.springboot.bean 패키지 부분을 클릭하고 Ctrl + C나 우클릭 팝업 메뉴의 복사를 선택한 후 이번 예제에 com.study.springboot 패키지 부분을 선택하고 붙여넣기한다.

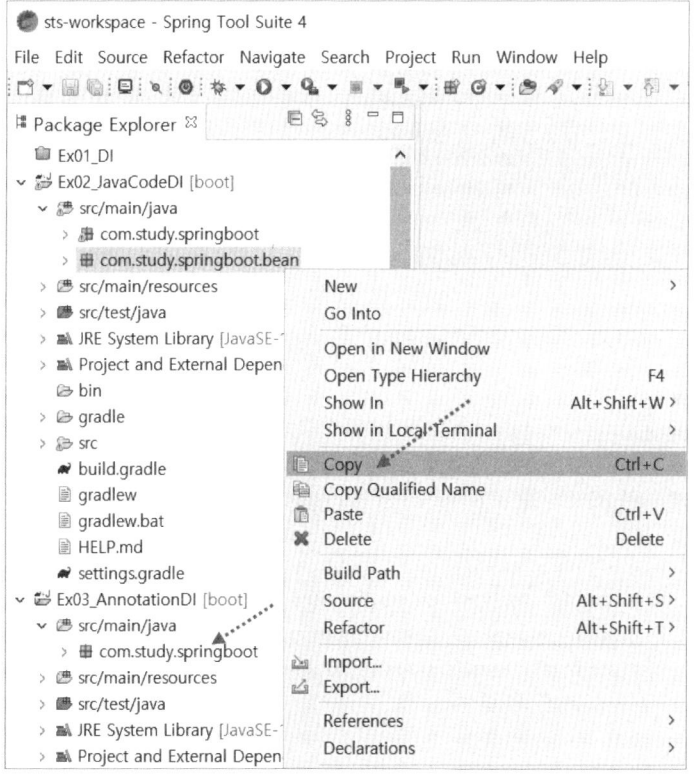

[그림 3-33] 프로젝트간 클래스 복사

이번 예제는 어노테이션을 사용할 것이라 Config.java 파일은 필요 없으니 [그림 3-34]와 같이 삭제한다.

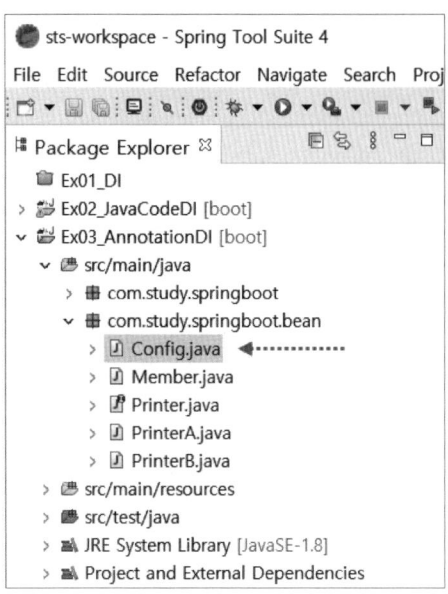

[그림 3-34] Config.java 삭제

Member.java를 열고 기존 코드에 다음을 참고하여 어노테이션을 추가한다.

[코드 3-12] Member.java

```
01 package com.study.springboot.bean;
02
03 import org.springframework.beans.factory.annotation.Autowired;
04 import org.springframework.beans.factory.annotation.Qualifier;
05 import org.springframework.beans.factory.annotation.Value;
06 import org.springframework.stereotype.Component;
07
08 @Component
09 public class Member {
10     @Value("홍길동")
11     private String name;
12     @Value("도사")
13     private String nickname;
14     @Autowired
15     @Qualifier("printerA")
```

```
16      private Printer printer;
17
18      … 이하 생략 …
19
```

- 08라인: 다음에 나오는 클래스인 Member 클래스를 빈으로 등록하겠다는 의미이다.
- 10라인: 빈이 생성될 때 name 변수의 기본값으로 "홍길동"을 지정한다.
- 12라인: 빈이 생성될 때 nickname 변수의 기본값으로 "도사"를 지정한다.
- 14라인: 빈이 생성될 때 printer 변수가 참조할 객체를 자동으로 찾아온다.
- 15라인: 유사한 객체가 여러 개일 때 빈의 이름으로 정확하게 지정한다.

Member 클래스는 생성자를 통한 값 주입과 생성 이후 세터를 통한 값의 주입이 가능하도록 코딩되어 있다. 그리고 @Value 어노테이션은 세터의 역할을 수행하기에, 객체가 생성될 때 값을 가지고 만들 수 있도록 값의 지정이 가능하다. 또한 생성된 후 값을 바꿀 일이 없으면 하단 세터 부분의 코드는 필요 없지만, 프로그램 수행 중에 내용이 바뀌어야 한다면 하단의 세터 부분을 이용해 값을 바꿀 수 있다.

@Autowired 어노테이션은 해당 클래스의 객체를 찾아와 자동으로 연결한다. 컨테이너에 등록된 빈들 중에서 사용할 수 있는 객체를 찾아서 자동으로 연결해주는데, printerA, printerB처럼 유사한 클래스가 여러 개 있는 경우에는 @Qualifier 어노테이션을 통해 이름을 명확하게 지정해주어야 한다.

이번에는 PrinterA.java를 열고 기존 코드에 다음을 참고하여 어노테이션을 추가한다.

[코드 3-13] PrinterA.java

```
01 package com.study.springboot.bean;
02
03 import org.springframework.stereotype.Component;
04
05 @Component("printerA")
```

```
06  public class PrinterA implements Printer {
07
08      @Override
09      public void print(String message) {
10
11          System.out.println("Printer A : " + message);
12      }
13  }
```

- 05라인: 다음에 나오는 클래스인 PrinterA 클래스를 빈으로 등록하겠다는 의미이다. 이때 등록할 이름으로 printerA를 사용하겠다고 이름도 지정한 것이다.

이번에는 PrinterB.java를 열고 기존 코드에 다음을 참고하여 어노테이션을 추가한다.

[코드 3-14] PrinterB.java

```
01  package com.study.springboot.bean;
02
03  import org.springframework.stereotype.Component;
04
05  @Component("printerB")
06  public class PrinterB implements Printer {
07
08      @Override
09      public void print(String message) {
10
11          System.out.println("Printer B : " + message);
12      }
13  }
```

- 05라인: 다음에 나오는 클래스인 PrinterB 클래스를 빈으로 등록하겠다는 의미이다. 이때 등록할 이름으로 printerB를 사용하겠다고 이름도 지정한 것이다.

이제 Ex03AnnotationDiApplication.java에 보면 @SpringBootApplication 어노테이션이 있다. 이 어노테이션은 다음과 같이 세 가지 기능을 수행한다.

1. @Configuration
   - Bean을 생성할 때 Singletone으로 한 번만 생성한다. 그리고 각종 설정을 세팅한다.
2. @EnableAutoConfiguration
   - 스프링 어플리케이션 컨텍스트(Application Context)를 만들 때 자동으로 설정하는 기능을 켠다. 사용자가 필요할 것 같은 빈을 추측해서 ApplicationContext를 만들 때 필요한 설정을 한다. 클래스패스를 기준으로 클래스를 찾아 설정을 한다. 예를 들어 클래스패스에 tomcat-embeded.jar이 있으면 TomcatEmbeddedServletContainerFactory가 있을 것이라고 추측해서 설정을 한다.
3. @ComponentScan
   - 지정한 위치 이하에 있는 @Component와 @Configuration이 붙은 클래스를 스캔해서 빈으로 등록한다.

프로그램이 실행되면 Ex03AnnotationDiApplication 클래스의 main 메서드가 가장 처음으로 실행된다. 이때 Ex03AnnotationDiApplication 클래스에 지정된 @SpringBootApplication 어노테이션을 통해 자동으로 빈을 검색하고 등록한 후 main 메서드의 SpringApplication.run을 통해서 내장 톰캣을 실행한 다음, 자동으로 Web ApplicationContext를 생성한다.

이때 내장 톰캣이 기본으로 8080 포트를 사용하게 되는데, 오라클이 설치되어 있다면 충돌이 일어나서 제대로 실행이 되지 않으므로 우리가 처음에 만들었던 HelloWorld 프로젝트에서처럼 다른 포트 번호에서 실행이 될 수 있도록 수정한다. 오라클을 사용하고 있지 않다고 하더라도 포트변경 방법을 연습하기 위해서 변경을 따라하면 된다.

리소스의 application.properties를 더블 클릭하여 열어서 [그림 3-35]와 같이 추가한다.

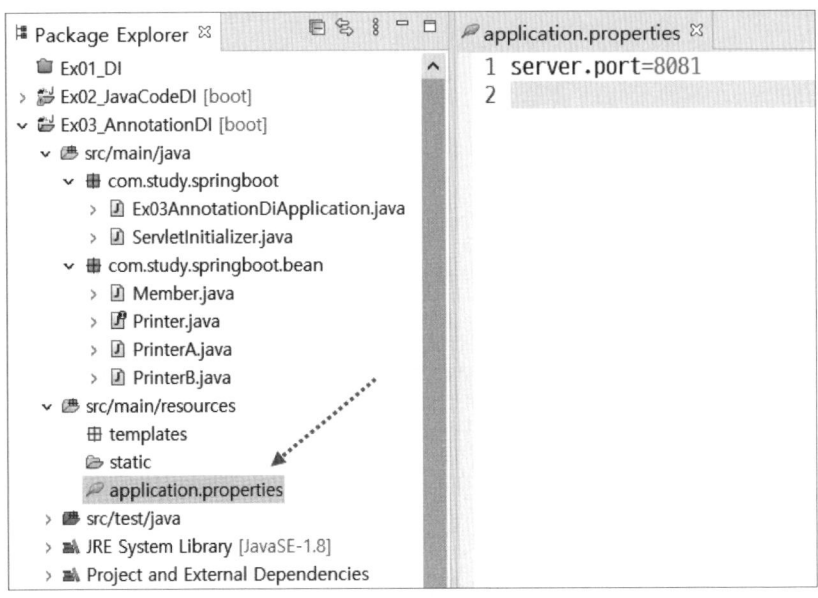

[그림 3-35] 내장 톰캣 서버 실행 포트 변경

이제 내장 톰캣이 8081 포트로 실행될 것이기 때문에 오라클과 포트 충돌이 일어나지 않을 것이다. 이후 다음 예제부터는 이 부분은 무조건 추가하도록 한다. 스프링 부트가 실행되면 스프링 부트는 IoC 컨테이너가 되어 오토 스캔에 의하여 지금처럼 어노테이션이 지정된 클래스들을 찾아 빈으로 등록한다. 이때 PrinterA와 PrinterB는 @Component 어노테이션에 빈의 이름을 추가 정보로 입력했다. 이렇게 입력된 이름이 빈의 이름으로 사용되고, Member처럼 빈의 이름을 입력하지 않고, @Component 어노테이션만 지정하면 클래스 이름의 첫 글자를 소문자로 한 클래스의 이름이 빈의 이름으로 등록이 된다.

한 가지 명심해야 할 사실은 우리가 만든 프로젝트는 스프링 부트로 만든 웹 프로젝트라는 것이다. 따라서 웹 브라우저에서 주소창에 URL을 입력하면 RequestMapping에 등록된 메서드가 호출이 되는 방식이다. 빈의 메서드를 호출하기 위해서도 이와 같은 방식을 사용해야 한다.

MyController.java 클래스를 만들고 다음과 같이 변수와 메서드를 추가한다. 사용할 변수의 값은 MyController 클래스가 생성될 때 어노테이션에 의해 자동으로 의존 주입을 받아 할당받기 때문에 사용자는 별도의 세팅 없이 바로 사용할 수 있다.

[코드 3-15] MyController.java

```
01 package com.study.springboot.bean;
02
03 import org.springframework.beans.factory.annotation.Autowired;
04 import org.springframework.beans.factory.annotation.Qualifier;
05 import org.springframework.stereotype.Controller;
06 import org.springframework.web.bind.annotation.RequestMapping;
07 import org.springframework.web.bind.annotation.ResponseBody;
08
09 @Controller
10 public class MyController {
11     @Autowired
12     Member member1;
13     @Autowired
14     @Qualifier("printerB")
15     Printer printer;
16     @Autowired
17     Member member2;
18
19     @RequestMapping("/")
20     public @ResponseBody String root() {
21
22         // 1.Member Bean 가져오기
23         member1.print();
24
25         // 2.PrinterB Bean 가져오기
26         member1.setPrinter(printer);
27         member1.print();
28
29         // 3.싱글톤인지 확인
30         if (member1 == member2) {
31             System.out.println("동일한 객체입니다.");
32         } else {
```

```
33                 System.out.println("서로 다른 객체입니다.");
34         }
35
36         return "Annotation 사용하기";
37     }
38 }
```

- 09라인: 다음에 나오는 클래스인 MyController 클래스를 빈으로 등록하겠다는 의미이다.
- 11라인: 빈이 생성될 때 member1 변수가 참조할 객체를 자동으로 찾아온다. Member 클래스 타입으로 등록된 빈이 하나밖에 없으므로 추가 정보가 없어도 잘 찾아올 수 있다.
- 13라인: 빈이 생성될 때 printer 변수가 참조할 객체를 자동으로 찾아온다.
- 14라인: 유사한 객체가 printerA, printerB 등 여러 개일 때 빈의 이름으로 정확하게 지정한다.
- 19라인: 웹 브라우저에서 사용자가 /로 get 방식의 url 호출을 하면 다음 라인의 root() 메서드를 실행시킨다.
- 20라인: @ResponseBody 어노테이션은 Json이나 Xml 등 REST Api 형태의 응답을 할 경우, 다시 말해 html 태그 없이 순수하게 스트링 데이터만으로 응답을 할 경우 지정한다.

먼저, [BootDashboard]를 통해 실행해본다.

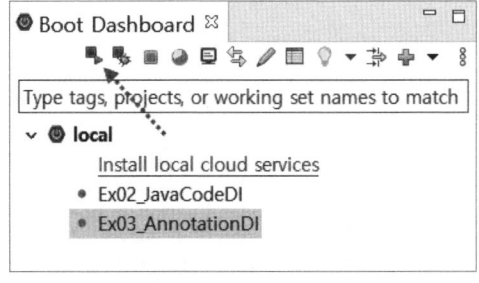

[그림 3-36] 프로젝트 실행

```
  .   ____          _            __ _ _
 /\\ / ___'_ __ _ _(_)_ __  __ _ \ \ \ \
( ( )\___ | '_ | '_| | '_ \/ _` |  \ \ \ \
 \\/  ___)| |_)| | | | | || (_| |   ) ) ) )
  '  |____| .__|_| |_|_| |_\__, |  / / / /
 =========|_|==============|___/=/_/_/_/
 :: Spring Boot ::        (v2.3.3.RELEASE)

2020-09-13 10:37:16.421  INFO 8772 --- [           main] c.s.s.Ex03AnnotationDiApplication        : Starting
2020-09-13 10:37:16.424  INFO 8772 --- [           main] c.s.s.Ex03AnnotationDiApplication        : No activ
2020-09-13 10:37:17.175  INFO 8772 --- [           main] o.s.b.w.embedded.tomcat.TomcatWebServer  : Tomcat i
2020-09-13 10:37:17.183  INFO 8772 --- [           main] o.apache.catalina.core.StandardService   : Starting
2020-09-13 10:37:17.184  INFO 8772 --- [           main] org.apache.catalina.core.StandardEngine  : Starting
2020-09-13 10:37:17.306  INFO 8772 --- [           main] o.a.c.c.C.[Tomcat].[localhost].[/]       : Initiali
2020-09-13 10:37:17.306  INFO 8772 --- [           main] w.s.c.ServletWebServerApplicationContext : Root Web
2020-09-13 10:37:17.491  INFO 8772 --- [           main] o.s.s.concurrent.ThreadPoolTaskExecutor  : Initiali
2020-09-13 10:37:17.677  INFO 8772 --- [           main] o.s.b.w.embedded.tomcat.TomcatWebServer  : Tomcat s
2020-09-13 10:37:17.685  INFO 8772 --- [           main] c.s.s.Ex03AnnotationDiApplication        : Started
```

[그림 3-37] 콘솔창에 출력된 실행 로그

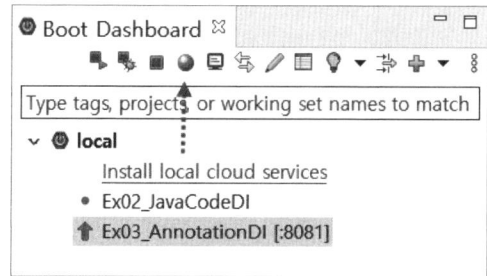

[그림 3-38] 웹 브라우저 실행

[그림 3-39] 웹 브라우저에서 / url 호출

01장 스프링 부트 사용하기 75

```
  .   ____          _            __ _ _
 /\\ / ___'_ __ _ _(_)_ __  __ _ \ \ \ \
( ( )\___ | '_ | '_| | '_ \/ _` | \ \ \ \
 \\/  ___)| |_)| | | | | || (_| |  ) ) ) )
  '  |____| .__|_| |_|_| |_\__, | / / / /
 =========|_|==============|___/=/_/_/_/
 :: Spring Boot ::        (v2.3.3.RELEASE)

2020-09-13 10:37:16.421  INFO 8772 --- [           main] c.s.s.Ex03AnnotationDiApplication        : Starting
2020-09-13 10:37:16.424  INFO 8772 --- [           main] c.s.s.Ex03AnnotationDiApplication        : No activ
2020-09-13 10:37:17.175  INFO 8772 --- [           main] o.s.b.w.embedded.tomcat.TomcatWebServer  : Tomcat i
2020-09-13 10:37:17.183  INFO 8772 --- [           main] o.apache.catalina.core.StandardService   : Starting
2020-09-13 10:37:17.184  INFO 8772 --- [           main] org.apache.catalina.core.StandardEngine  : Starting
2020-09-13 10:37:17.306  INFO 8772 --- [           main] o.a.c.c.C.[Tomcat].[localhost].[/]       : Initiali
2020-09-13 10:37:17.306  INFO 8772 --- [           main] w.s.c.ServletWebServerApplicationContext : Root Web
2020-09-13 10:37:17.491  INFO 8772 --- [           main] o.s.s.concurrent.ThreadPoolTaskExecutor  : Initiali
2020-09-13 10:37:17.677  INFO 8772 --- [           main] o.s.b.w.embedded.tomcat.TomcatWebServer  : Tomcat s
2020-09-13 10:37:17.685  INFO 8772 --- [           main] c.s.s.Ex03AnnotationDiApplication        : Started
2020-09-13 10:38:28.959  INFO 8772 --- [nio-8081-exec-1] o.a.c.c.C.[Tomcat].[localhost].[/]       : Initiali
2020-09-13 10:38:28.960  INFO 8772 --- [nio-8081-exec-1] o.s.web.servlet.DispatcherServlet        : Initiali
2020-09-13 10:38:28.969  INFO 8772 --- [nio-8081-exec-1] o.s.web.servlet.DispatcherServlet        : Complete
Printer A : Hello 홍길동 : 도사
Printer B : Hello 홍길동 : 도사
동일한 객체입니다.
```

[그림 3-40] 빈에서 호출된 메서드의 로그 출력

브라우저에서 루트(/) url을 호출하면 MyController의 root 메서드가 호출이 되고 콘솔창에 로그가 출력되는 것을 확인할 수 있다. 그리고 30라인의 두 객체 비교에서는 스프링 컨테이너가 Singleton 객체를 빈으로 생성하고 두 개의 변수에 자동으로 할당해 준 것이므로 서로 같은 객체임을 확인할 수 있다.

이번 예제에서 사용한 어노테이션에 의한 의존 주입 및 값의 설정, @Autowired 어노테이션에 의한 자동 주입을 이해하지 못하면, 이 변수를 갑자기 왜 사용할 수 있는 것인지 혼동하기 쉽다. 이 부분을 확실히 이해한다면 스프링 부트를 사용하는데 있어서 큰 산을 넘게 된다. 그러므로 이해가 될 때까지 여러 번 이번 장을 반복해서 익혀야 한다.

CHAPTER

02

예제로 배우는 스프링 부트 입문

Web 기초

04 정적 리소스 사용하기

4.1 정적 리소스 사용하기

이번 장에서는 스프링 부트 프로젝트에서 js, css, image 등의 정적인 요소를 사용하는 방법을 알아보도록 한다. 스프링 부트의 뷰 리졸버(View Resolver)는 클라이언트가 원하는 컨텐츠 타입을 고려하여 뷰를 결정하는데 다음과 같이 여러가지 뷰 형식을 동적인 문서를 만들 때 사용할 수 있다. 원하는 뷰 타입의 디펜던시를 프로젝트 생성 시 추가하면 동적인 문서로 사용할 수 있다.

1. FreeMarker
2. Groovy
3. Thymeleaf
   - 프로젝트 생성 시 디펜던시를 추가했다면 추가적인 설정 없이 템플릿 폴더 아래에 확장자 html 파일을 뷰로 만들어 사용할 수 있다.
   - html 파일의 내용은 html과 거의 유사하지만 마치 jsp처럼 동작한다. 이때부터 html 파일은 정적인 파일이 아니고 동적으로 컨텐츠를 표현하는 파일이 된다.
4. Velocity
5. JSP
   - 스프링 부트에서 기본으로 지원되지 않기에 제공되는 스타터가 없다.
   - 프로젝트를 생성한 후에 추가적인 설정을 해야 사용 가능하다.
   - 국내에서는 거의 표준이므로 추가적인 설정을 하고 사용하도록 한다.

이 예제에서는 다른 뷰 타입을 위한 뷰 리졸버를 디펜던시에 추가하지 않을 것이므로 html 문서도 정적인 요소로 사용된다.

4.2 예제 만들기

이번 예제는 긴 내용은 아니지만, 스프링 부트에서 웹의 정적인 요소를 어떻게 사용하는지 알아보기 위해서 별도의 예제로 구성했다.

4.2.1 프로젝트 기본 설정

[그림 4-1]과 같이 이름이 Ex04_WebBasic인 프로젝트를 만든다.

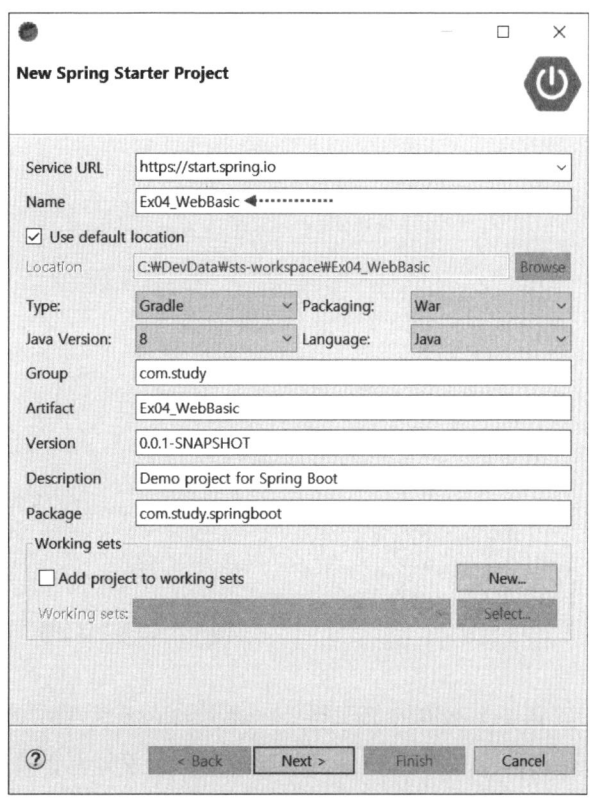

[그림 4-1] 프로젝트 생성 정보

이번 예제에서는 디펜던시로 Spring Web을 검색해서 체크한다. 이미 앞에서 한 번 사용한 적이 있기 때문에 Frequently Used:에 있을 것이다. 스프링 부트는 다양한 스타터들을 제공하는데 'spring-boot-start-모듈명' 형태의 이름을 갖는 파일들이 바로 이런 스타터이다. 먼저 "Spring Web"은 스프링 MVC를 사용하는 RESTful 애플리케이션을 포함한 웹 구축을 위한 스타터이며, 톰캣을 기본 내장 컨테이너로 사용한다. 이렇게 Spring Web 스타터를 지정하면 웹 기능을 사용하기 위한 다양한 의존성들을 프로젝트 생성 시 자동으로 추가해준다.

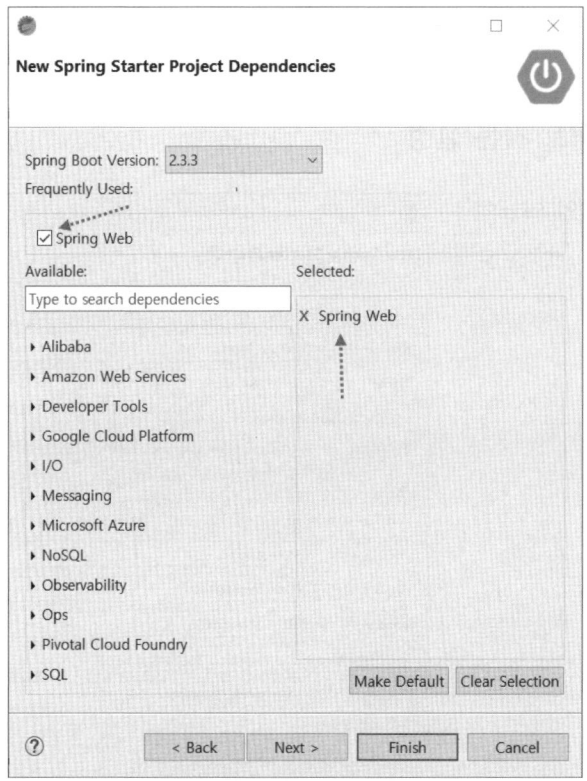

[그림 4-2] 의존성 주입 선택

[그림 4-3]과 같이 프로젝트가 생성되고 프로젝트 이름 옆에 [boot] 표시가 되면 application.properties에 다음과 같이 설정 내용을 작성한다.

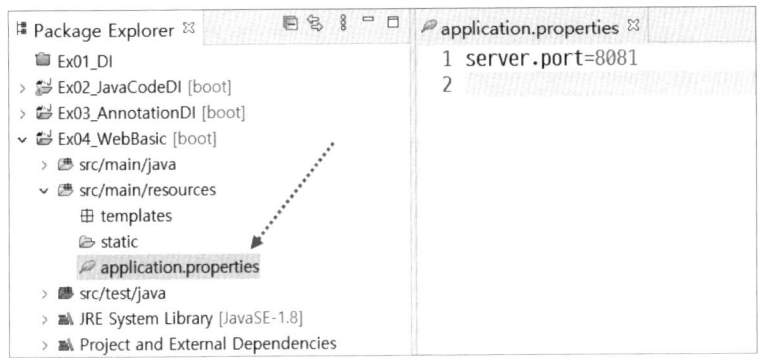

[그림 4-3] application.properties 수정

이제 static 폴더에 index.html을 만들고, 하위 폴더로 sub를 하나 생성한 다음, test.html을 작성한다. 먼저, static 폴더를 우클릭하여 팝업 메뉴를 띄우고 New → Other를 선택한다.

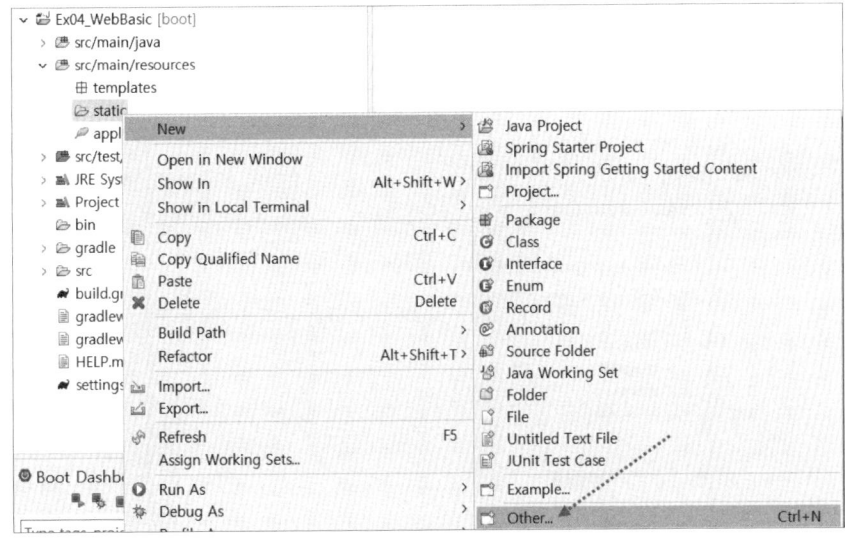

[그림 4-4] html 문서 생성

html을 입력하면 키 입력에 맞춰 실시간으로 파일 생성 위저드가 검색되는데, 검색된 html 위저드와 [Next] 버튼을 차례로 선택한다.

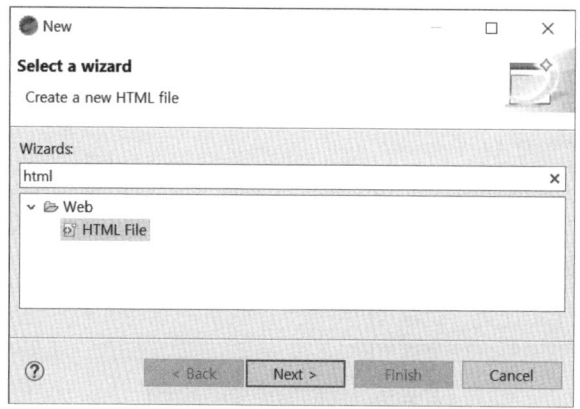

[그림 4-5] html 입력 후 파일 생성 위저드 검색 후 선택

4.2.2 정적 문서 사용하기

파일명을 index로 입력하고 [Finish] 버튼을 클릭한다. html 문서의 확장자는 입력하지 않아도 자동으로 입력된다.

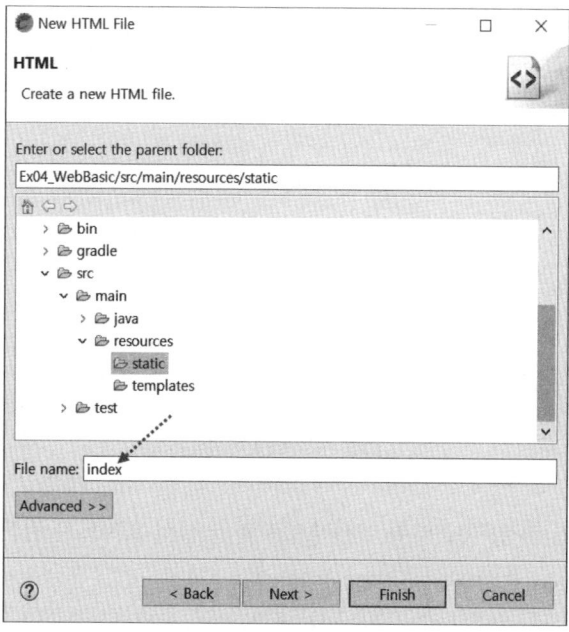

[그림 4-6] 파일명 입력

이제 static 폴더를 우클릭하여 팝업 메뉴를 띄우고, New → Folder를 선택하여 하위 폴더로 sub를 만든다.

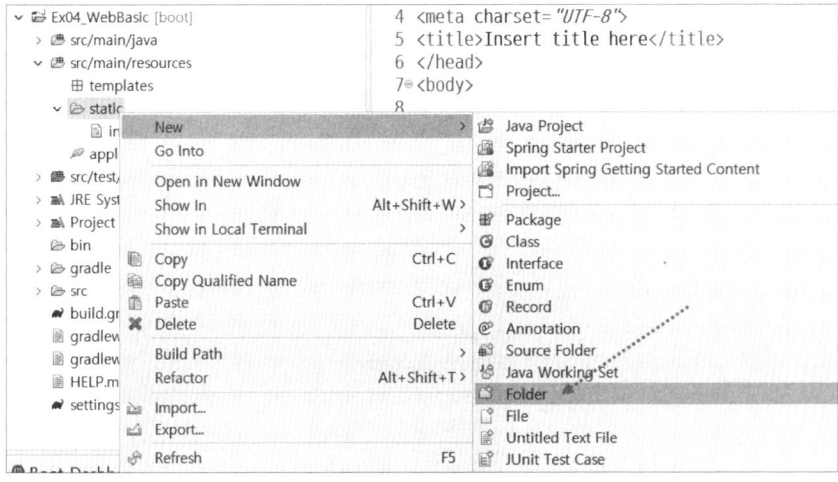

[그림 4-7] 폴더 생성

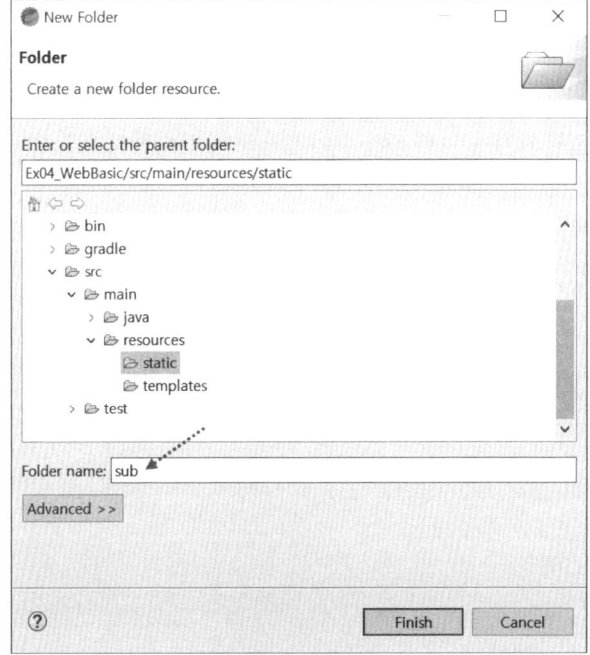

[그림 4-8] 폴더명 입력

앞서 index.html을 만든 것과 같은 방법으로 sub 폴더에 test.html을 작성한다. html 에서 사용할 이미지도 image 폴더를 만들고 [그림 4-9]와 같이 탐색기에서 드래그 앤 드랍하여 추가한다. 이미지는 본인이 가지고 있는 것을 하나 적당히 사용한다. 참고로, 필자는 구글 이미지 검색에서 스프링 부트의 로고를 다운받아서 SpringBoot.png 이 름으로 저장하여 사용했다.

[그림 4-9] 폴더 및 파일이 추가된 모습

생성한 html 파일들의 내용은 다음과 같이 입력하여 작성한다.

[코드 4-1] index.html

```
01  <!DOCTYPE html>
02  <html>
03  <head>
04  <meta charset="UTF-8">
05  <title>Insert title here</title>
06  </head>
07  <body>
08
09  Hello World <br>
10  안녕하세요 <br>
```

```
11 <img src=/image/SpringBoot.png />
12
13 </body>
14 </html>
```

[코드 4-2] test.html

```
01 <!DOCTYPE html>
02 <html>
03 <head>
04 <meta charset="UTF-8">
05 <title>Insert title here</title>
06 </head>
07 <body>
08
09 Hello (Sub)
10
11 </body>
12 </html>
```

4.2.3 테스트

이제, 프로젝트를 실행시켜 확인해본다. 이때 [BootDashboard]에서 다른 프로젝트가 실행 중인지 확인한다. 주의할 점은 만일 다른 프로젝트가 실행 중이라면 먼저 종료시키고 실행해야 한다는 것이다. 웹 브라우저가 실행되면 다음과 같이 주소창에 url을 입력하면 결과를 테스트해볼 수 있다.

- url에 /index.html을 입력하고 결과를 본다.
- url에 /sub/test.html을 입력하고 결과를 본다.

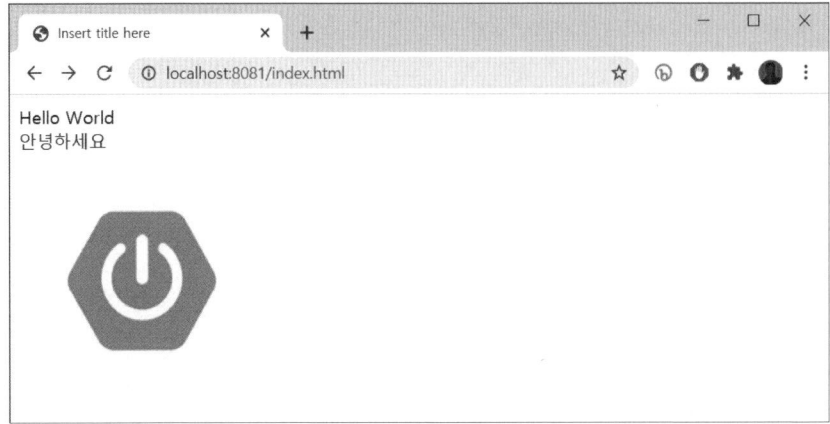

[그림 4-10] /index.html

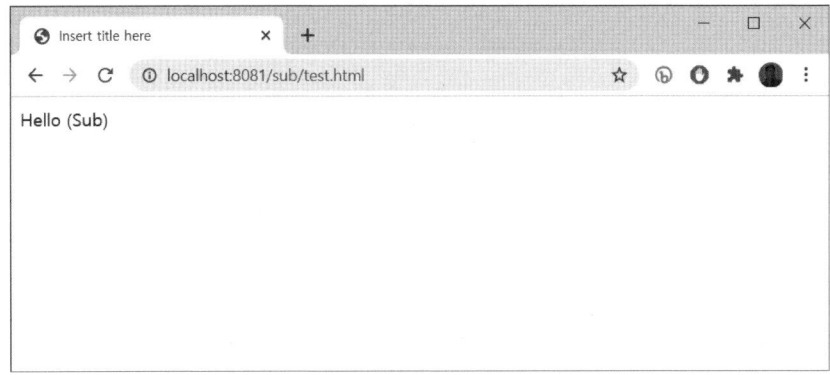

[그림 4-11] /sub/test.html

모든 페이지가 잘 보이는 것을 확인할 수 있다.

NOTE

정리하면 스프링 부트에서 "정적인 요소는 resources 하위의 static 폴더에 저장하고 사용하면 된다"이다.

05 JSP 사용하기

5.1 정적 리소스 사용하기

스프링 부트에서 JSP를 사용하기 위해서는 추가적인 설정이 필요하다. 기본적으로는 JSP의 사용에 다음과 같은 약간의 제약이 있기 때문이다. 제약 조건을 잠시 살펴보면 [그림 5-1]과 같다.

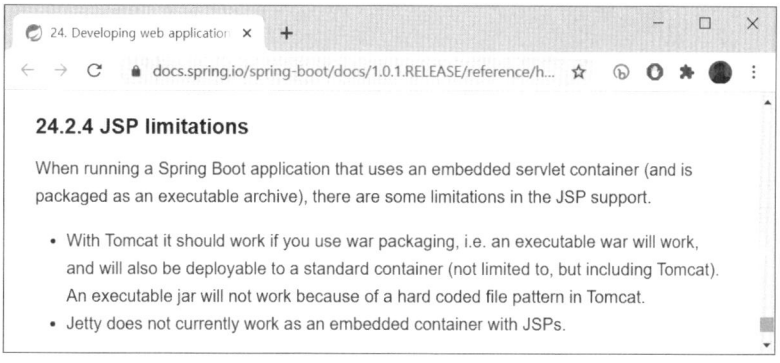

[그림 5-1] https://bit.ly/2ZP79cr

내용을 보면 첫 번째로 실행 가능한 jar 파일로 만들었을 때 JSP가 동작하지 않는다고 쓰여 있다. 다만 우리가 프로젝트 생성 시 선택한 war 타입은 실행 가능한 war 파일로 만들었을 때 내장 와스(WAS)로 실행하거나 외부 와스에 배포를 하더라도 JSP가 정상적으로 동작하므로 문제없다. 두 번째는 내장 서버로 제티(Jetty)를 사용할 수 없다는 점이다. 하지만 우리는 기본으로 세팅되어 있는 톰캣을 사용하므로 이 또한 문제가 되지 않는다.

우리나라 대부분의 학원에서 운영하는 자바 개발자과정이 6개월 내외로 자바를 배우고 JSP / Servlet을 배운 뒤 스프링을 배우고 있다. 그리고 이는 많은 SI 회사의 신입 개발자에게도 요구되는 사항이기도 하다. SI 개발에서 많이 사용되는 전자정부 표준 프레임워크(https://www.egovframe.go.kr/)가 자바와 스프링 기반으로 만들어져 있어서다. 따라서 약간의 설정을 추가하고, JSP를 사용하도록 한다.

5.2 예제 만들기

5.2.1 JSP 사용을 위한 프로젝트 기본 설정

이름이 Ex05_JspUse인 프로젝트를 만든다.

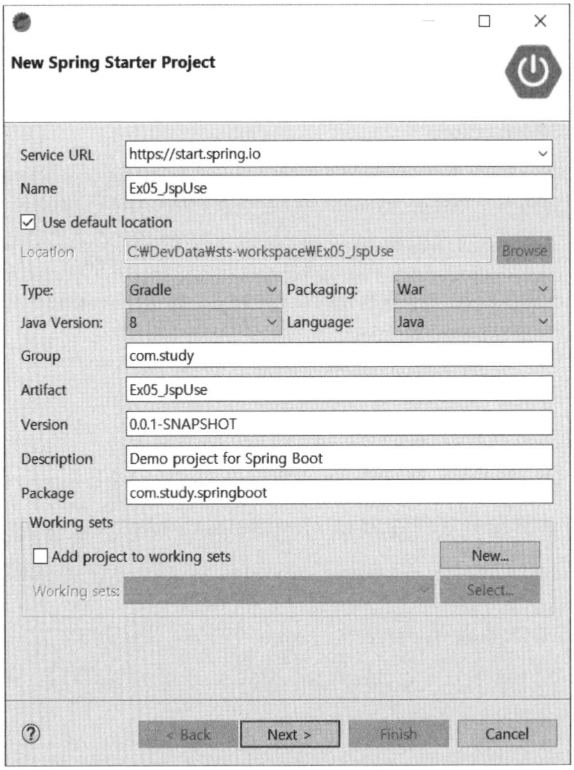

[그림 5-2] 프로젝트 생성 정보

이번 예제에서도 디펜던시로 Spring Web을 체크한다. 이전 예제에서 이미 추가해서 사용했기 때문에 자주 사용하는 디펜던시로 상단에 등록되어 있을 것이다. 이렇게 선택하고 프로젝트를 만들게 되면, 스프링 MVC를 사용하기 위한 의존성들이 프로젝트 생성 시 자동으로 추가된다.

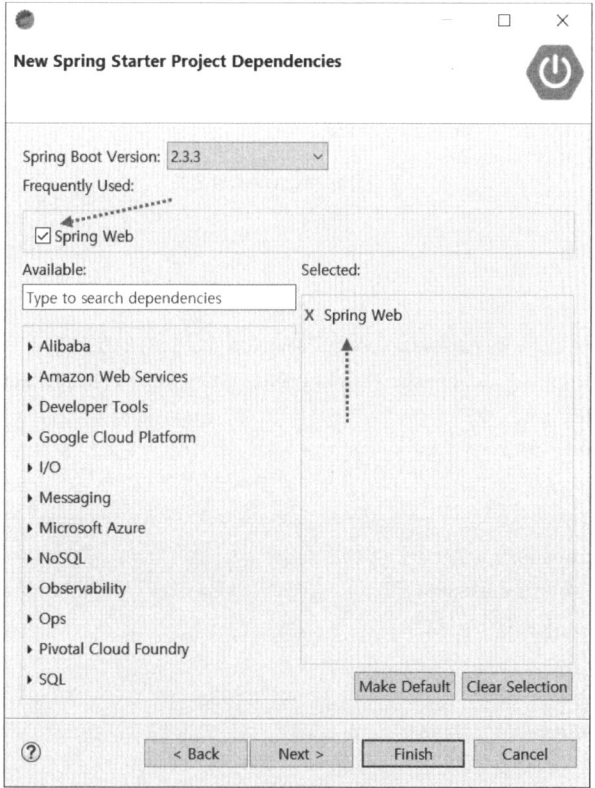

[그림 5-3] 의존성 주입 선택

프로젝트가 생성이 되고 프로젝트 이름 옆에 [boot] 표시가 되면 프로젝트의 기본 설정을 바꾼다. build.gradle 파일을 더블 클릭하여 열고 여기에 JSP 사용을 위한 의존성을 추가한다. JSP를 지원하는 디펜던시가 기본으로 제공되지 않으니, 직접 필요한 의존성 패키지를 추가해야 한다.

```
        ∨ 🗁 Ex05_JspUse [boot]
            > 🗁 src/main/java
            > 🗁 src/main/resources
            > 🗁 src/test/java
            > ᥲ JRE System Library [JavaSE-1.8]
            > ᥲ Project and External Dependencies
              🗁 bin
            > 🗁 gradle
            > 🗁 src
              🐿 build.gradle
              📄 gradlew
              📄 gradlew.bat
              📄 HELP.md
              🐿 settings.gradle
```

[그림 5-4] build.gradle 파일 열기

[코드 5-1] build.gradle

```
01  plugins {
02      id 'org.springframework.boot' version '2.3.3.RELEASE'
03      id 'io.spring.dependency-management' version '1.0.10.RELEASE'
04      id 'java'
05      id 'war'
06  }
07
08  group = 'com.study'
09  version = '0.0.1-SNAPSHOT'
10  sourceCompatibility = '1.8'
11
12  repositories {
13      mavenCentral()
14  }
15
16  dependencies {
17      implementation 'org.springframework.boot:spring-boot-starter-web'
18      providedRuntime 'org.springframework.boot:spring-boot-starter-tomcat'
19      testImplementation('org.springframework.boot:spring-boot-starter-
        test') {
20          exclude group: 'org.junit.vintage', module: 'junit-vintage-engine'
21      }
22      implementation 'javax.servlet:jstl'
```

```
23      implementation 'org.apache.tomcat.embed:tomcat-embed-jasper'
24 }
25
26 test {
27      useJUnitPlatform()
28 }
```

- 22라인: jstl을 사용하기 위한 라이브러리를 추가
- 23라인: 톰캣이 jsp 파일을 컴파일할 수 있도록 만들어주는 라이브러리를 추가

기존 내용에 22, 23라인 두 줄의 내용을 추가로 입력하면 된다. 그리고 이렇게 우리가 직접 추가한 것이 있을 경우나, build.gradle의 디펜던시를 수정한 경우에는 [그림 5-5] 와 같이 해주어야 프로젝트에 정상적으로 적용된다.

[프로젝트명 or build.gradle 선택 → 우클릭 → 팝업 메뉴 → Gradle → Refresh Gradle Project]

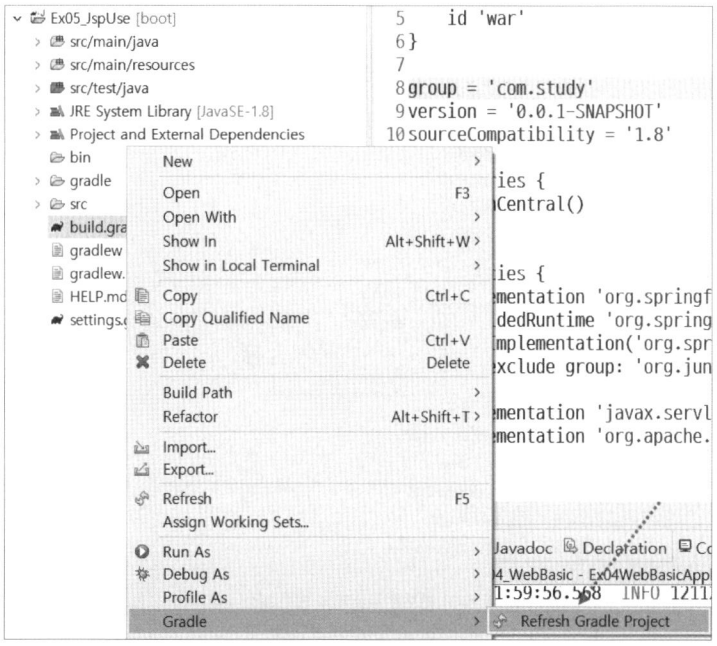

[그림 5-5] 수정된 내용 적용

이 명령을 통해 build.gradle에 변경된 내용대로 다운로드가 되지 않은 라이브러리가 있다면 12번 라인에서 지정한 저장소에서 사용 가능한 버전이나 지정된 버전으로 변경된 라이브러리가 다운로드된다. 그러므로 변경된 내용이 있으면, 반드시 이 명령을 수행해야 한다.

— NOTE

프로젝트 생성 시 추가하지 못했거나, 프로젝트 개발 중간에 더 필요한 디펜던시가 생기면 이와 같은 방법으로 build.gradle에 디펜던시를 언제든지 추가할 수 있다.

스프링 부트에서 기본으로 제공하는 다른 템플릿 뷰들과 달리 JSP는 src/main/resources의 템플릿 폴더를 사용할 수 없어서 사용할 폴더를 직접 만들고 지정해야 한다.

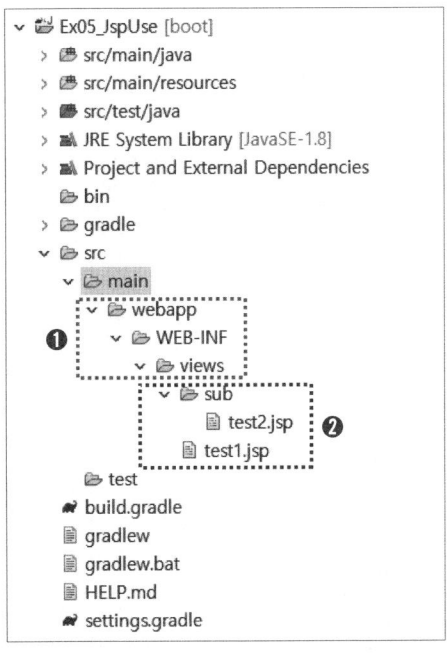

[그림 5-6] JSP를 사용하기 위한 폴더 추가

❶ 표시한 부분은 기존의 스프링에서 사용하던 형식으로 폴더를 구성한 것이다. 이와 같이 폴더를 추가하고, ❷ 표시된 부분처럼 이번 예제에서 사용할 파일과 폴더까지 미리 추가한다. 폴더와 파일을 만드는 방법은 앞의 예제에서 설명한 바 있다. JSP 파일은 다음과 같이 검색해서 파일을 만들고 추가하도록 한다.

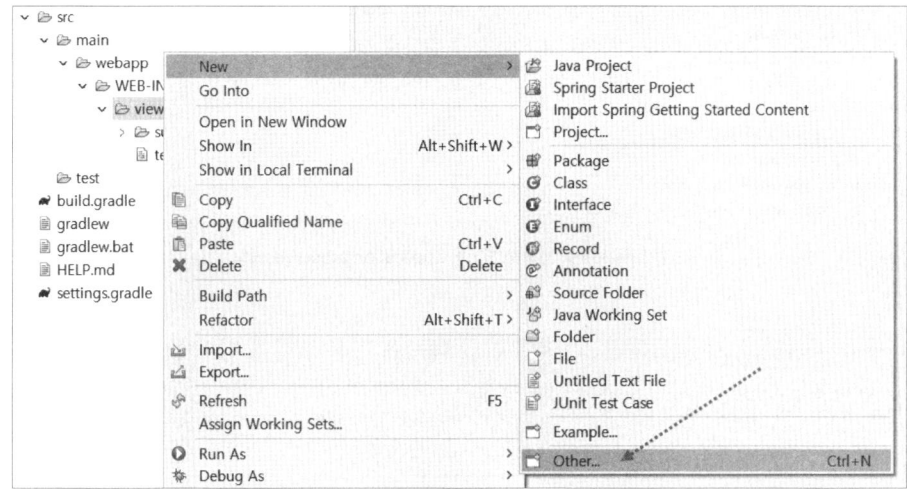

[그림 5-7] JSP 파일 추가

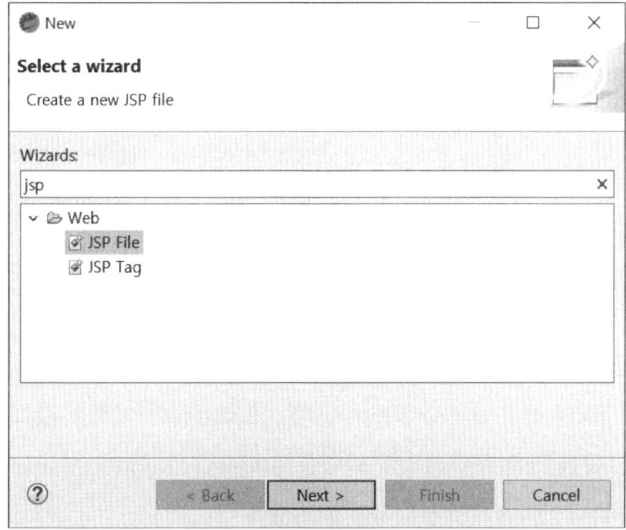

[그림 5-8] JSP 파일 위저드 검색

추가한 JSP 파일의 내용을 작성하기 전에 JSP사용이 가능하도록 설정을 마무리하도록 한다. application.properties 파일을 더블 클릭하여 열고 [그림 5-9]와 같이 내용을 작성한다.

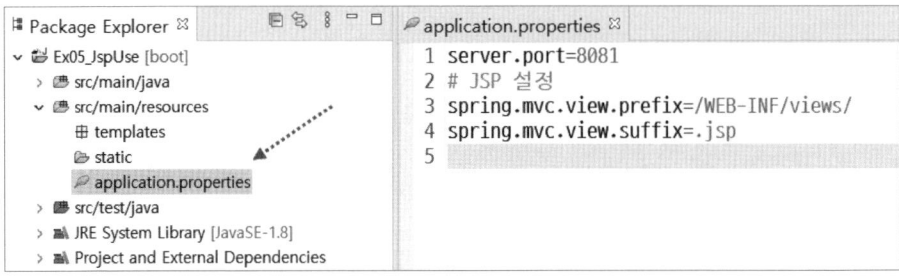

[그림 5-9] JSP를 사용하기 위한 application.properties세팅

내용을 추가하고 저장을 하면 2라인의 한글 때문에 다음과 같은 창이 뜰 수 있다. 표시한 부분을 선택하여 UTF-8 형태로 저장한다.

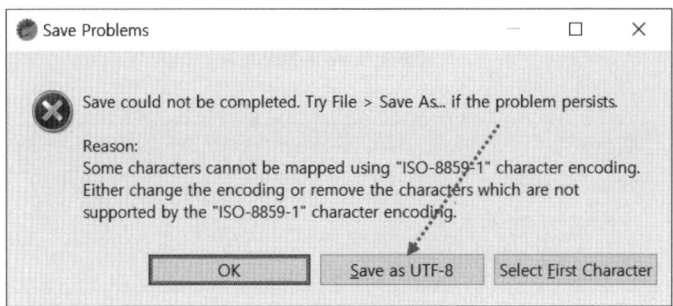

[그림 5-10] UTF-8로 세팅 저장

스프링 부트 애플리케이션은 프로그램이 시작할 때, application.properties 파일에 정의된 내용을 로드하는데 application.properties 파일에 우리가 추가한 spring.mvc.view.prefix와 spring.mvc.view.suffix 프로퍼티에 지정된 값 그리고 개발자가 파라미터로 넘긴 값을 조합해 JSP 파일을 읽어온다. RequestMapping과 prefix, suffix에 대해서는 추후 자세히 설명하도록 하겠다.

5.2.2 뷰 만들기

JSP가 정상적으로 동작하는지 알아보기 위해 앞에 미리 만들어놓은 파일에 다음과 같이 코드를 작성한다.

[코드 5-1] test1.jsp

```
01 <%@ page language="java" contentType="text/html; charset=UTF-8"
02     pageEncoding="UTF-8"%>
03 <!DOCTYPE html>
04 <html>
05 <head>
06 <meta charset="UTF-8">
07 <title>Insert title here</title>
08 </head>
09 <body>
10 <%
11     out.println("Hello World");
12 %>
13 </body>
14 </html>
```

[코드 5-2] test2.jsp

```
01 <%@ page language="java" contentType="text/html; charset=UTF-8"
02     pageEncoding="UTF-8"%>
03 <!DOCTYPE html>
04 <html>
05 <head>
06 <meta charset="UTF-8">
07 <title>Insert title here</title>
08 </head>
09 <body>
10 <%
11     out.println("Hello World (sub)");
12 %>
13 </body>
14 </html>
```

- 두 파일의 구분을 위해 11번 라인의 내용이 test1.jsp의 내용과 다르다.

이제 리퀘스트 맵핑을 통해서 사용자가 특정 url을 호출하면 이 JSP 파일들이 호출되게 만든다.

5.2.3 리퀘스트 맵핑

MyController.java를 만들고 다음의 코드를 입력한다.

[그림 5-11] MyController.java 추가

[코드 5-3] MyController.java

```
01 package com.study.springboot;
02
03 import org.springframework.stereotype.Controller;
04 import org.springframework.web.bind.annotation.RequestMapping;
05 import org.springframework.web.bind.annotation.ResponseBody;
06
```

```
07 @Controller
08 public class MyController {
09
10     @RequestMapping("/")
11     public @ResponseBody String root() throws Exception{
12         return "JSP in Gradle";
13     }
14
15     @RequestMapping("/test1")    // localhost:8081/test1
16     public String test1() {
17         return "test1";           // 실제 호출 될 /WEB-INF/views/test1.jsp
18     }
19
20     @RequestMapping("/test2")    // localhost:8081/test2
21     public String test2() {
22         return "sub/test2";       // 실제 호출 될 /WEB-INF/views/sub/test2.jsp
23     }
24
25 }
```

15라인의 url 매핑에 의하여 test1이 호출되면 16라인에서 @ResponseBody 어노테이션이 없기 때문에 17라인에서 리턴하는 이름에 아까 지정한 접두어와 접미어를 붙여서 실제 이 폴더에 가서 해당 파일을 찾아서 실행하고 그 결과를 리턴하게 된다.

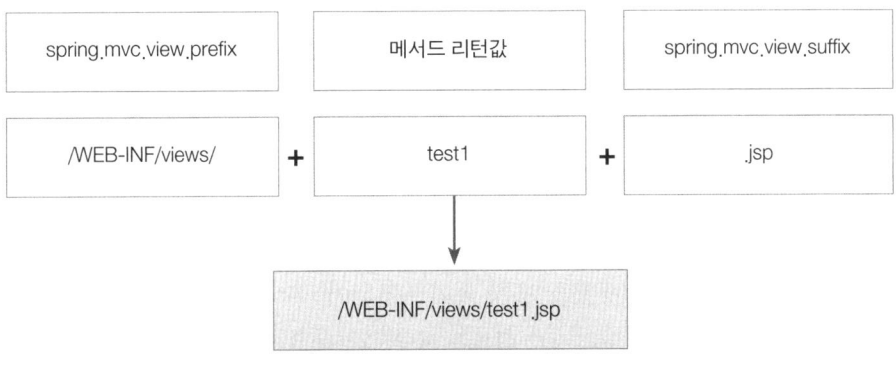

[그림 5-12] 리턴값과 호출되는 JSP 문서 (1)

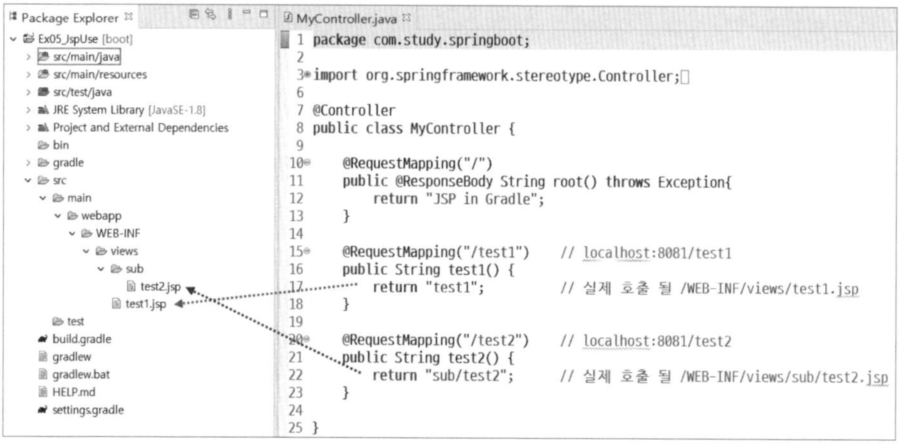

[그림 5-13] 리턴값과 호출되는 JSP 문서 (2)

12라인과 17라인에서 리턴하는 값은 똑같은 스트링 형태이지만 결과는 완전히 다르다는 점에 유의하자. @ResponseBody 어노테이션이 메서드에 적용되어 있으면 리턴되는 스트링 값 자체만 웹 브라우저로 전달된다. @ResponseBody 어노테이션이 없다면 이번 예제에서 살펴본 바와 같이 조합된 값으로 JSP를 찾아 실행하고 그 결과를 웹 브라우저에 전달한다.

5.2.4 테스트

실제로 웹 브라우저에서 url을 호출한 결과는 [그림 5-14]와 같다. 그림의 예제는 값만 전달된 것으로, 웹 브라우저에서 소스보기를 해보면 html 태그가 붙어 있지 않은 것을 확인할 수 있다. 그래서 xml, json 등 RESTful API 호출의 결괏값을 웹 브라우저에게 전달할 때 사용된다.

여기에서는 프로젝트를 실행했을 때 첫 페이지가 없어 에러나는 것을 방지하고, 다른 프로그램과 구분하기 위해 프로젝트 이름을 전달하여 웹 브라우저에서 출력했다.

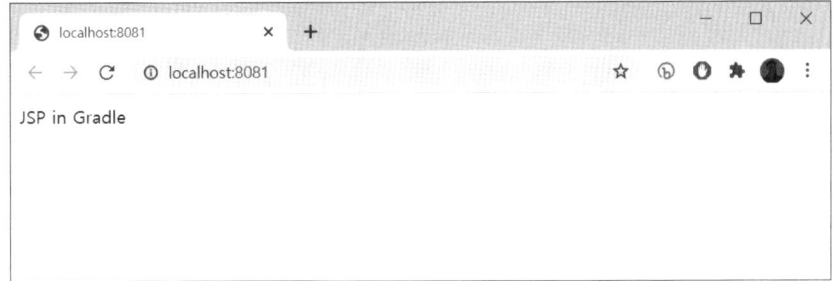

[그림 5-14] http://localhost:8081/ 호출에 의해 root() 메서드 호출

test1을 호출하면 JSP가 실행되었기 때문에 웹 브라우저에서 소스보기를 해보면 html 태그가 붙어 있는 것을 확인할 수 있다.

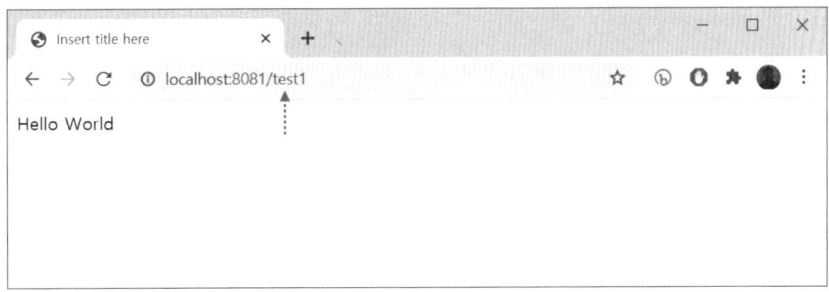

[그림 5-15] http://localhost:8081/test1 호출에 의해 test1() 메서드 호출

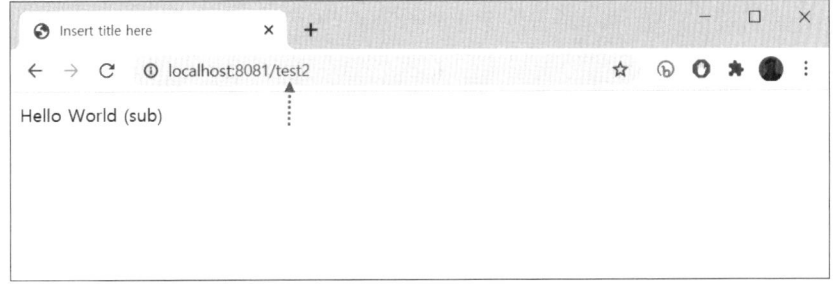

[그림 5-16] http://localhost:8081/test2 호출에 의해 test2() 메서드 호출

06 모델 사용하기

6.1 모델 사용법의 이해

컨트롤러는 @RequestMapping 어노테이션이 적용된 메서드에서 파라미터로 모델(Model), 커맨드 객체 등을 받아 파라미터로 받은 객체에 데이터를 저장하고 다시 뷰에 전달해 뷰에서 데이터를 사용할 수 있게 한다. 이렇게 사용하는 모델은 스프링을 사용한 웹 애플리케이션 개발에서 가장 기본이 되는 부분이다.

하지만 이 부분이 자바가 익숙치 않은 초보 개발자들이 이해하기 어려운 부분이기도 하다. 자바에서 파라미터로 사용되는 변수는 지역 변수라 메서드가 종료되면 사라진다고 배웠다. 그래서인지 메서드가 이미 종료된 다음에 변수에 저장된 값을 어떻게 나중에 뷰에서 사용할 수 있는 것인지 이해하지 못하는 초보 개발자들을 많이 목격했다. 그래서 이 부분을 다음의 예제를 통해 알아보고자 한다. 먼저, 스프링 부트 예제를 만들고 이를 이해하기 위한 코드를 별도로 추가하여 살펴보도록 하자.

6.1.1 프로젝트 생성

이름이 Ex06_Model인 프로젝트를 만든다.

[그림 6-1] 프로젝트 생성 정보

이번 예제에서도 디펜던시로 Spring Web을 체크한다.

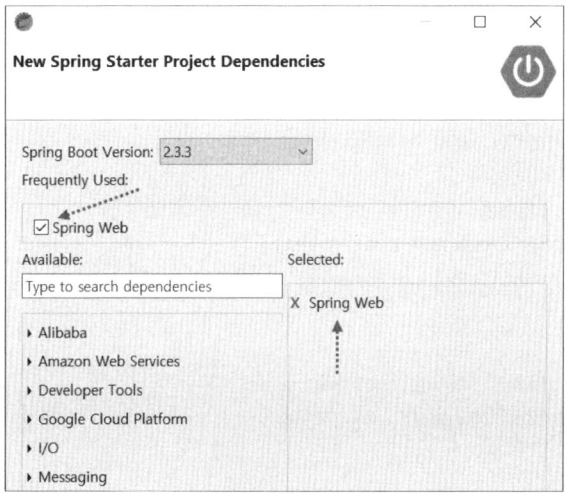

[그림 6-2] 의존성 주입 선택

6.1.2 자바 프로젝트에서 스프링의 모델 유사하게 구현하기

프로젝트가 생성이 되었으면 다음과 같이 패키지를 추가하고, 추가한 패키지에 자바 클래스를 추가한다. 이 클래스에는 main 메서드가 있어야 한다.

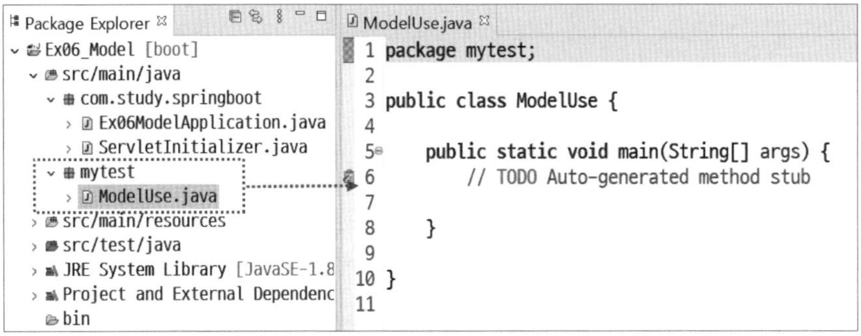

[그림 6-3] 모델의 사용법 이해를 위한 패키지와 클래스 추가

ModelUse 클래스의 코드는 다음과 같이 작성한다.

[코드 6-1] ModelUse.java

```
01  package mytest;
02
03  import java.util.HashMap;
04  import java.util.Map;
05
06  public class ModelUse {
07
08      public static void main(String[] args)
09      {
10          Map<String, String> model = new HashMap<>();
11          String sReturn = root(model);
12          printData(sReturn, model);
13      }
14
15      public static String root(Map model) {
16          model.put("name1", "홍길동");
```

```
17            model.put("name2", "전우치");
18            return "Hello";
19        }
20
21        public static void printData(String s, Map model) {
22            String str1 = (String)model.get("name1");
23            System.out.println(str1);
24            System.out.println("WEB-INF/views/" + s + ".jsp");
25        }
26  }
```

- 03, 04라인: 임포트는 키보드에서 Ctrl + Shift + O 키를 동시에 누르면 쉽게 선택하여 추가할 수 있다.

main을 톰캣 컨테이너라 가정해보자. 요청이 오면 Map 변수를 만들고[10라인] 리퀘스트맵핑에 의해 메서드를 호출하면서 메서드에 객체 변수를 넘겨준다.[11라인] 리퀘스트맵핑의 호출에 의해 실행된 메서드는[15라인] 파라미터로 받은 model에 데이터를 원하는 만큼 넣고[16라인] 사용자에게 보여줄 JSP 페이지의 이름을 리턴한다.[18라인]

다시 컨테이너는 리턴 받은 정보를 이용하여 뷰를 출력하는 메서드를 호출한다.[12라인] 이때, 페이지 이름과 페이지에서 사용할 정보를 파라미터로 모두 넘겨준다.[12라인] 호출이 종료되면 지역 메서드가 끝났으므로 객체 변수는 메모리에서 제거된다.

자바는 리턴을 하나밖에 못 하기 때문에 여러 개의 값을 리턴해야 할 때 참조형 변수를 이용한 이런 형식을 만들어 사용한다고 보면 된다. 다음 예제에서 볼 스프링 부트에서 사용되는 모델 변수도 이와 같은 형태라고 이해하면 된다.

6.2 스프링의 모델 사용 예제 만들기

6.2.1 JSP 사용을 위한 프로젝트 기본 설정

프로젝트의 기본 설정을 앞의 예제와 같이 JSP를 사용할 수 있도록 바꾼다. 첫 번째로 build.gradle 파일에 JSP사용을 위한 의존성을 추가한다. 간단한 방법은 이전 예제를 열고 복사해서 가져오면 된다.

[그림 6-4] JSP 사용 설정 - build.gradle

그리고 Gradle → Gradle Project Refresh를 반드시 수행한다. 그렇게 해야 프로젝트에 변경 내용이 적용된다.

NOTE

생각해보면 gradle을 사용하는 안드로이드 스튜디오도 sync now만 표시해주고 결국은 사람이 클릭을 해야 했으니, 같은 작업이라고 보면 될 것 같다.

두 번째로 application.properties를 열고 내용을 입력한다.

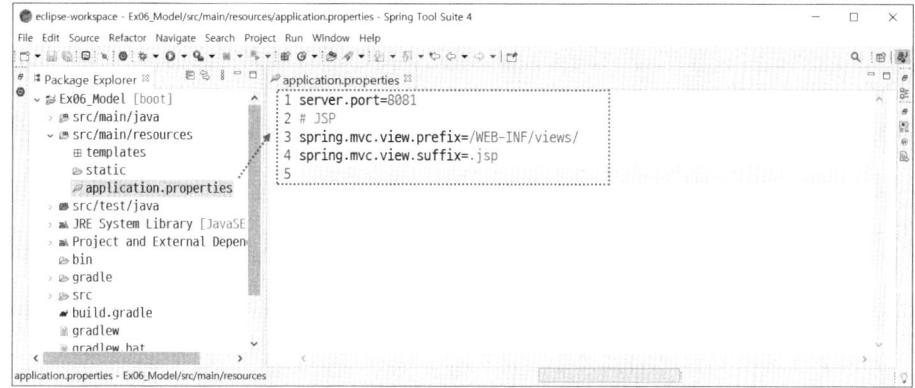

[그림 6-5] JSP 사용 설정 - application.properties

세 번째로 JSP 사용을 위한 폴더를 만드는데, 이전 예제로부터 폴더를 복사하고 파일들을 지워서 구조만 유지해도 된다.

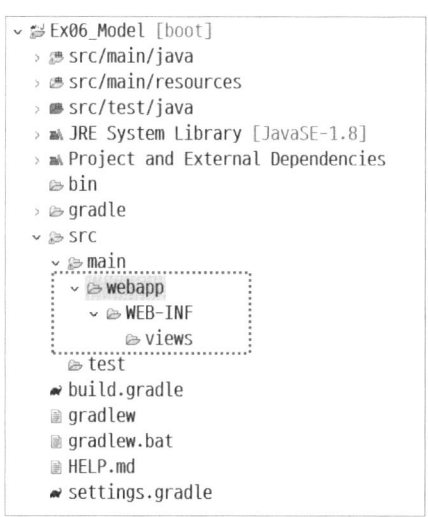

[그림 6-6] JSP 사용 설정 - 폴더 구성

여기까지 작업은 앞으로 만들 모든 프로젝트에서 해야 할 공통 작업이다.

6.2.2 리퀘스트 맵핑

이제 이번 프로젝트를 위한 코드인 MyController.java를 만들고, 다음과 같이 코드를 추가한다.

[코드 6-2] MyController.java

```
01  package com.study.springboot;
02
03  import java.util.ArrayList;
04  import java.util.List;
05
06  import org.springframework.stereotype.Controller;
07  import org.springframework.ui.Model;
08  import org.springframework.web.bind.annotation.RequestMapping;
09  import org.springframework.web.bind.annotation.ResponseBody;
10  import org.springframework.web.servlet.ModelAndView;
11
12  @Controller
13  public class MyController {
14
15      @RequestMapping("/")
16      public @ResponseBody String root() throws Exception{
17          return "Model & View";
18      }
19
20      @RequestMapping("/test1")
21      public String test1(Model model) {
22          // Model 객체를 이용해서, view로 Data 전달
23          // 데이터만 설정이 가능
24          model.addAttribute("name", "홍길동");
25
26          return "test1";
27      }
28
29      @RequestMapping("/mv")
30      public ModelAndView test2() {
31          // 데이터와 뷰를 동시에 설정이 가능
32          ModelAndView mv = new ModelAndView();
```

```
33
34          List<String> list = new ArrayList<>();
35
36          list.add("test1");
37          list.add("test2");
38          list.add("test3");
39
40          mv.addObject("lists", list);                    // jstl로 호출
41          mv.addObject("ObjectTest", "테스트입니다.");      // jstl로 호출
42          mv.addObject("name", "홍길동");                  // jstl로 호출
43          mv.setViewName("view/myView");
44
45          return mv;
46      }
47
48  }
```

- 임포트는 키보드에서 Ctrl + Shift + O 키를 동시에 눌러 자동으로 추가하거나, 비슷한 것이 여러 개 있다면 선택하여 추가하면 된다.

15라인에서 url 호출이 /인 경우는 내용 자체만 스트링으로 리턴한다.[17라인] RESTful API로 사용할 경우에는 이 부분에 xml이나 json 데이터를 만들어 리턴하면 된다.

20라인의 /test1으로 url 호출이 들어오면 test1 메서드가 실행된다. 이 메서드는 모델을 파라미터로 받아 해당 객체에 값을 키, 밸류 값으로 추가하고 있다. 리턴으로 스트링을 넘기면 뷰 리졸버가 test1.jsp를 찾아온다. 이때, test1.jsp에서는 조금 전 모델의 데이터를 사용하여 뷰에 데이터를 출력할 수 있게 된다.

29라인의 /mv 로 url 호출이 들어오면 test2 메서드가 실행된다. 이 메서드에서는 스트링값을 리턴하지 않고 ModelAndView라는 객체 변수를 만들어 데이터 정보를 추가하고, 뷰 정보까지 함께 담아 객체 자체를 리턴한다.

여기서 두 가지 타입의 리턴 방식을 볼 수 있다. 둘 중에 어떤 것을 사용해야 하는지는 상황에 따라 본인이 편한 방법을 사용하면 된다.

6.2.3 뷰 만들기

결과를 보여줄 JSP 페이지를 만든다.

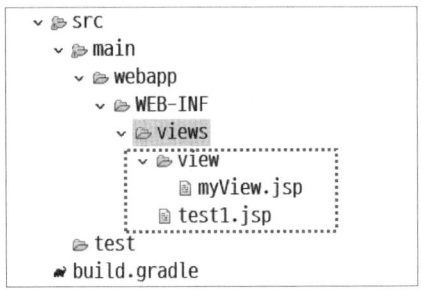

[그림 6-7] JSP 파일 추가

myView.jsp의 경우는 jstl을 사용하기 위해 JSP에 jstl 네임스페이스를 추가했다. test1.jsp는 현재 jstl은 사용하고 있지 않지만, 언제 사용할지 모르니 우선은 추가해놓는다.

[코드 6-3] test1.jsp

```
01  <%@ page language="java" contentType="text/html; charset=UTF-8"
02      pageEncoding="UTF-8"%>
03  <%@ taglib prefix="c" uri="http://java.sun.com/jsp/jstl/core" %>
04  <!DOCTYPE html>
05  <html>
06  <head>
07  <meta charset="UTF-8">
08  <title>Insert title here</title>
09  </head>
10  <body>
11  <%
12      out.println("Model : Hello World");
13  %>
14  <br>
15  당신의 이름은 ${name} 입니다.
16
```

```
17 </body>
18 </html>
```

- 03라인: jstl을 사용하기 위한 태그 라이브러리를 추가한다.

[코드 6-4] myView.jsp

```
01 <%@ page language="java" contentType="text/html; charset=UTF-8"
02     pageEncoding="UTF-8"%>
03 <%@ taglib prefix="c" uri="http://java.sun.com/jsp/jstl/core" %>
04 <!DOCTYPE html>
05 <html>
06 <head>
07 <meta charset="UTF-8">
08 <title>Insert title here</title>
09 </head>
10 <body>
11
12 <%
13     out.println("Model(Sub) : Hello World");
14 %>
15 <br>
16
17 ${ObjectTest}
18
19 <br>
20
21 ${lists}
22
23 <br>
24 <br>
25
26 <c:forEach var="mylist" items="${lists}">
27     ${mylist} <br>
28 </c:forEach>
29
30 <br>
31 <br>
```

```
32  당신의 이름은 ${name}입니다.
33
34
35  </body>
36  </html>
```

- 03라인: jstl을 사용하기 위한 태그 라이브러리를 추가한다.

6.2.4 테스트

[Boot Dashboard]에서 프로젝트를 선택하고, 실행 아이콘을 클릭하여 실행한다. 실행을 하면 현재 프로젝트에 main 메서드가 두 개여서 어떤 것을 실행할 건지에 관해 [그림 6-8]과 같이 묻는다. Ex06ModelApplication을 선택한다.

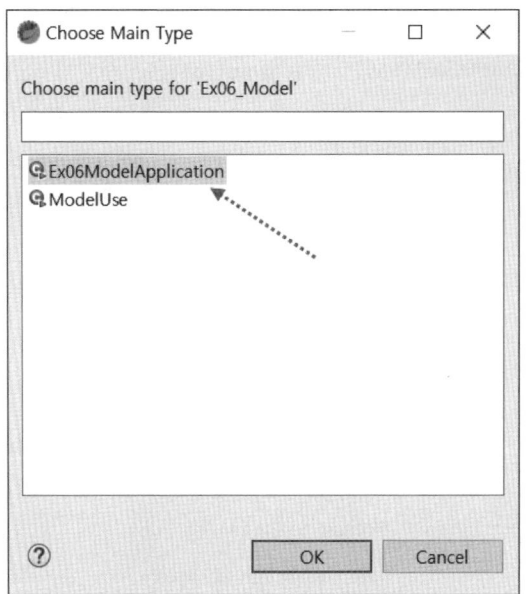

[그림 6-8] 실행할 클래스 선택

다음은 http://localhost:8081/ 호출에 의해 root() 메서드가 호출된 결과이다.

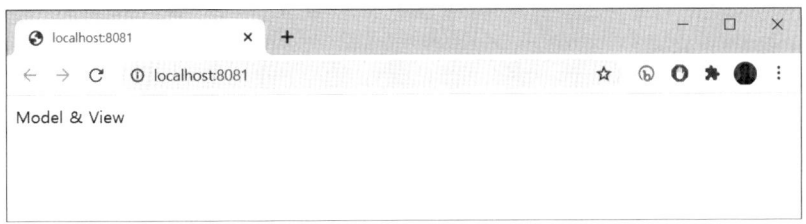

[그림 6-9] http://localhost:8081/

다음은 http://localhost:8081/test1 호출에 의해 test1() 메서드가 호출된 결과이다.

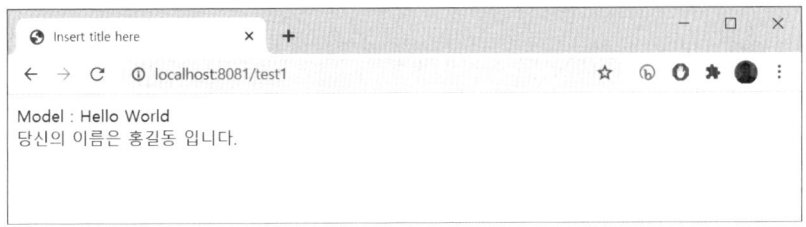

[그림 6-10] http://localhost:8081/test1

다음은 http://localhost:8081/mv 호출에 의해 test2() 메서드가 호출된 결과이다.

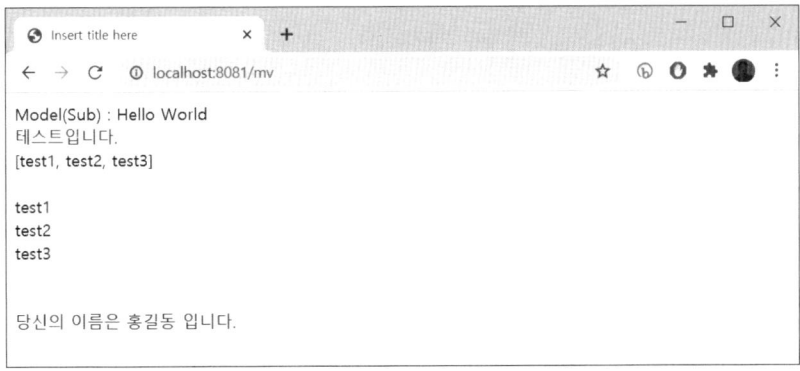

[그림 6-11] http://localhost:8081/mv

이번 장에서는 컨트롤러에서 처리한 데이터를 모델에 담아 JSP에서 쉽게 데이터로 사용하는 방법에 대해 살펴보았다.

07
폼 데이터 사용하기

7.1 커맨드 객체의 이해

이번 예제에서는 뷰의 폼(Form)에서 입력한 데이터를 컨트롤러를 통해 전달받아 어떻게 처리하는지 살펴보겠다.

NOTE

뷰, 컨트롤러, 폼 등에 대한 상세한 설명이 없는 이유는 여러분이 이미 JSP/Servlet을 사용할 수 있다고 보기 때문이다. 스프링 부트는 JSP/Servlet의 웹 개발 지식을 체계적으로 규모가 있는 프로젝트에 적용해 사용하기 위한 프레임워크이므로 JSP/Servlet에 대한 기본 지식은 필수이다.

스프링은 커맨드(Command) 객체를 지원하고 있다. http 요청 파라미터의 이름으로 클래스에 세터 메서드를 만들고 이 클래스의 객체(커맨드 객체)를 메서드의 파라미터 값으로 넣어주면, 스프링은 요청 파라미터의 값을 커맨드 객체에 담는다. 이 부분이 말이나 글로는 좀 복잡한 듯 보여도, 예제를 통해 실습해보면 보다 쉽게 이해될 것이다.

7.2 스프링의 폼 사용 예제 만들기

7.2.1 JSP 사용을 위한 프로젝트 기본형 만들기

앞으로 만들 예제들은 프로젝트가 생성되면 다음의 과정을 거쳐서 기본적인 세팅을 한다.

- build.gradle 수정
  - ✓ JSP 사용을 위한 디펜던시 추가
- Gradle → Gradle Refresh Project 명령 실행
  - ✓ build.gradle의 바뀐 내용 적용
- application.properties 수정
  - ✓ 톰캣 실행 포트 변경
  - ✓ JSP 사용을 위한 설정 추가
- JSP 폴더 구성
  - ✓ 이전 프로젝트에서 폴더 복사해오고 필요 없는 JSP 파일 지우기
- MyController 추가하기
  - ✓ 이전 프로젝트에서 클래스 복사해오고 필요 없는 내용 지우기

이름이 'Ex07_Form'인 프로젝트를 만든다. 이번 예제에서도 디펜던시로 Spring Web을 체크한다.

[그림 7-1] 프로젝트 생성 정보

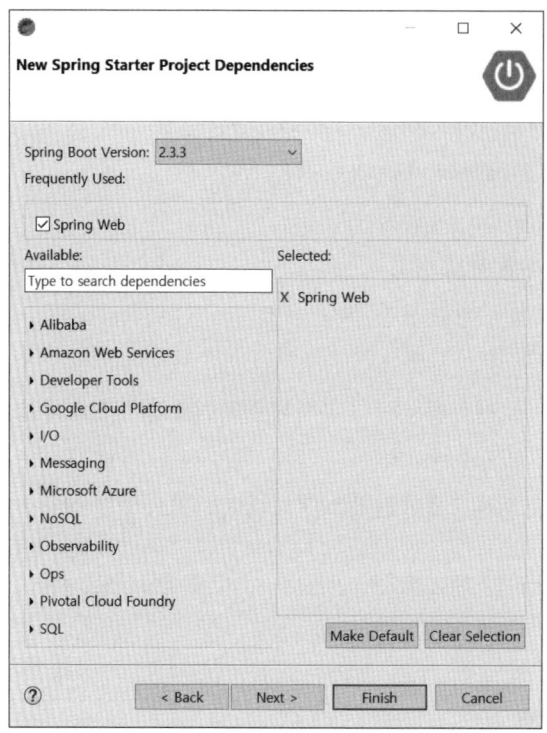

[그림 7-2] 의존성 주입 선택

프로젝트의 기본 설정을 앞의 예제와 같이 JSP를 사용할 수 있도록 바꾼다. 첫 번째로 build.gradle 파일에 JSP 사용을 위한 의존성을 추가한다. 간단한 방법은 이전 예제를 열고 해당 부분을 복사해서 붙여넣기하면 된다.

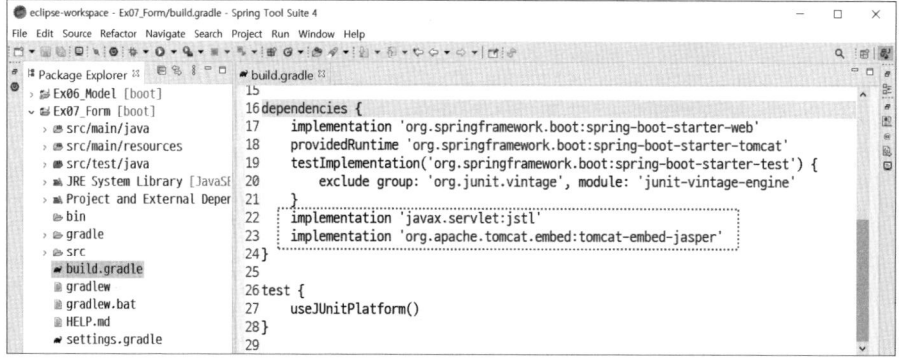

[그림 7-3] JSP 사용 설정 - build.gradle

114

또한 Gradle → Gradle Project Refresh를 반드시 수행한다. 그렇게 해야 프로젝트에 변경 내용이 적용된다. 두 번째로 application.properties를 열고 내용을 입력한다.

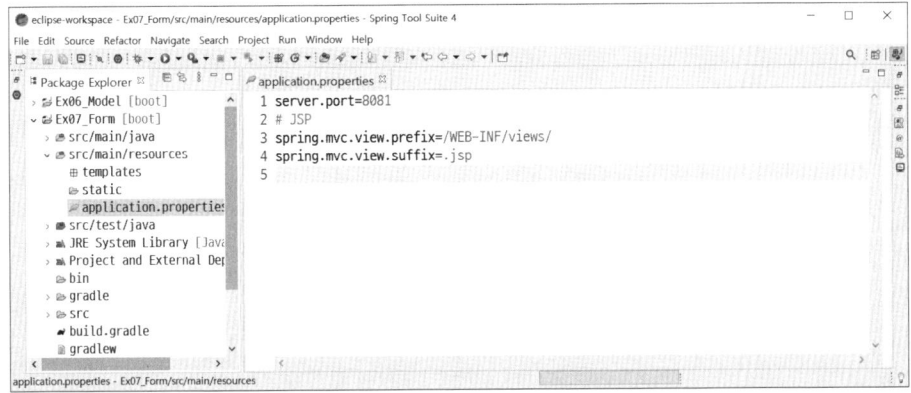

[그림 7-4] JSP 사용 설정 - application.properties

세 번째로 JSP 사용을 위한 폴더를 만드는데, 새로 만들어도 되고 이전 예제로부터 폴더를 복사하고 파일들을 지워 구조만 유지해도 된다.

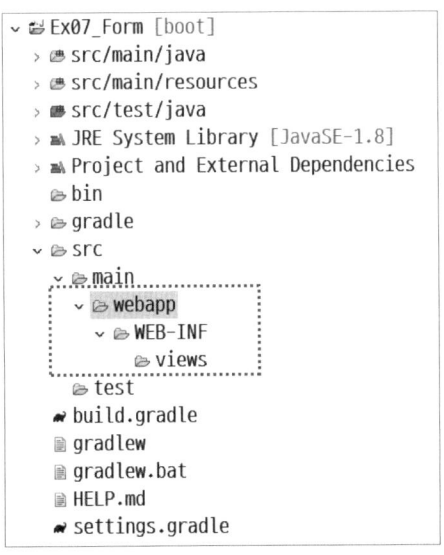

[그림 7-5] JSP 사용 설정 - 폴더 구성

클래스를 추가하고 웹 브라우저의 요청을 처리할 메서드들을 작성해야 하는데, 이를 '리퀘스트 맵핑'이라고 한다. 리퀘스트 맵핑은 MyController.java를 만들어서 작성하는데, 메뉴를 통해서 새로 클래스를 만들어서 추가해도 되고 이전 예제에서 복사해와서 클래스의 필요 없는 내용을 지워도 된다.

[그림 7-6] 리퀘스트 맵핑용 클래스 추가

여기까지의 작업이 앞으로 만들 모든 프로젝트에서 해야 할 공통 작업이다.

7.2.2 커맨드 객체 만들기

커맨드 객체를 만들기 위해 Member 클래스를 다음 패키지 위치에 만들어 추가한다.

```
✓ 🗁 Ex07_Form [boot]
    ✓ 🗁 src/main/java
        ✓ ⊞ com.study.springboot
            > 🗋 Ex07FormApplication.java
              🗋 Member.java  ◀············
            > 🗋 MyController.java
            > 🗋 ServletInitializer.java
    > 🗁 src/main/resources
    > 🗁 src/test/java
    > 🗁 JRE System Library [JavaSE-1.8]
    > 🗁 Project and External Dependencies
      🗁 bin
    > 🗁 gradle
    > 🗁 src
      🗋 build.gradle
      🗋 gradlew
      🗋 gradlew.bat
      🗋 HELP.md
      🗋 settings.gradle
```

[그림 7-7] Member 클래스 추가

이제 다음과 같이 Member 클래스의 코드를 작성한다. 변수를 추가하고, 변수에 대한 게터와 세터를 만들면 된다.

[코드 7-1] Member.java

```
01 package com.study.springboot;
02
03 public class Member {
04     private String id;
05     private String name;
06
07     public String getId() {
08         return id;
09     }
10     public void setId(String id) {
11         this.id = id;
12     }
13     public String getName() {
14         return name;
15     }
```

02장 Web 기초 117

```
16    public void setName(String name) {
17        this.name = name;
18    }
19 }
```

이런 형태의 객체를 '커맨드(Command) 객체'라고 부른다. 스프링을 해보았던 개발자라면 데이터 트랜스퍼 오브젝트(Data Transfer Object, DTO) 객체와 똑같이 생겼다는 것을 알 수 있다. 데이터베이스 테이블과 관련해서 이야기할 때는 DTO, 지금처럼 파라미터와 관련해서 이야기할 때는 커맨드 객체라고 하면 된다.

7.2.3 리퀘스트 맵핑

이제 이번 프로젝트를 위한 코드를 MyController 클래스에 다음과 같이 작성한다.

[코드 7-2] MyController.java

```
01 package com.study.springboot;
02
03 import javax.servlet.http.HttpServletRequest;
04
05 import org.springframework.stereotype.Controller;
06 import org.springframework.ui.Model;
07 import org.springframework.web.bind.annotation.PathVariable;
08 import org.springframework.web.bind.annotation.RequestMapping;
09 import org.springframework.web.bind.annotation.RequestParam;
10 import org.springframework.web.bind.annotation.ResponseBody;
11
12 @Controller
13 public class MyController {
14
15     @RequestMapping("/")
16     public @ResponseBody String root() throws Exception{
17         return "Form 데이터 전달받아 사용하기";
18     }
```

```java
@RequestMapping("/test1")
public String test1(HttpServletRequest httpServletRequest, Model model) {

    String id = httpServletRequest.getParameter("id");
    String name = httpServletRequest.getParameter("name");

    model.addAttribute("id", id);
    model.addAttribute("name", name);

    return "test1";
}

@RequestMapping("/test2")
public String test2(@RequestParam("id") String id,
                    @RequestParam("name") String name,
                    Model model)
{
    // 파라미터가 많아지면 불편해진다.
    model.addAttribute("id", id);
    model.addAttribute("name", name);

    return "test2";
}

@RequestMapping("/test3")
public String test3(Member member, Model model)
{
    // 파라미터와 일치하는 빈을 만들어서 사용할 수 있다.
    // View 페이지에서 model 을 사용하지 않고 member를 사용한다.
    return "test3";
}

// 패스 자체에 변수를 넣을 수도 있다.
@RequestMapping("/test4/{studentId}/{name}")
public String getStudent(@PathVariable String studentId,
                         @PathVariable String name,
                         Model model)
```

```
57      {
58          model.addAttribute("id", studentId);
59          model.addAttribute("name", name);
60          return "test4";
61      }
62
63 }
```

- 임포트는 키보드에서 Ctrl + Shift + O 키를 동시에 누르면 쉽게 선택하여 추가할 수 있다.

20라인의 /test1 요청에 대한 리퀘스트 맵핑 처리

JSP/Servlet에서 사용하던 전형적인 방법으로 리퀘스트(request)에서 파라미터의 이름으로 전달된 데이터를 추출한다. 어차피 모든 개발자가 리퀘스트로부터 파라미터를 추출해야 하므로 이런 부분은 개발에 있어서 분명 소모적인 부분이 된다. 그래서 다음 메서드를 보면 스프링에서 이 부분을 자동으로 처리해주는 방식을 보여준다. 즉, 추출한 데이터를 모델에 담아 리턴하고 있다.

32라인의 /test2 요청에 대한 리퀘스트 맵핑 처리

@RequestParam 어노테이션으로 파라미터 변수에 직접 값을 넣어주고 있다. 앞의 방식에 비해 훨씬 간편하다. 하지만 파라미터가 많아지면 약간 불편해지는 방법이다(단지 써야 할 것이 많아져서 그렇다. 깔끔하게 사용하면 볼만하다).

44라인의 /test3 요청에 대한 리퀘스트 맵핑 처리

파라미터와 이름이 같은 변수를 가진 커맨드 객체를 이용하면 쉽고 간편하게 많은 데이터를 받아서 처리할 수 있다. 또한 이 경우 모델과 별도로 커맨드 객체 자체도 뷰에 전달된다. 앞으로 뷰에 전달된 커맨드 객체를 어떻게 사용하는지 한 번 더 살펴볼 것이다.

53라인의 /test4 요청에 대한 리퀘스트 맵핑 처리

패스 자체에 변수를 넣어 줄 수도 있다. 이 경우 변수라고 알려줘야 사용할 수 있다. 아무런 표시가 없다면 주소인지 변수인지 알 수 없어서다. 이 구분을 위해서 @PathVariable 이라는 어노테이션을 사용한다.

7.2.4 뷰 만들기

이제 내용을 보여줄 JSP들을 만든다.

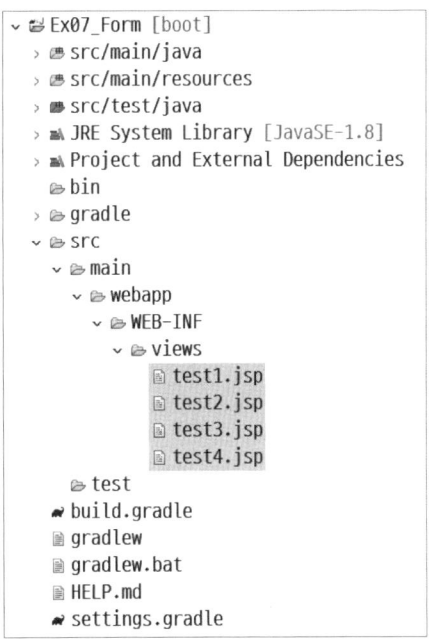

[그림 7-8] JSP 추가

앞서 사용했던 방식으로 JSP 파일을 추가하고 각각 다음과 같이 내용을 입력하여, 코드를 작성한다.

[코드 7-3] test1.jsp

```jsp
01 <%@ page language="java" contentType="text/html; charset=UTF-8"
02     pageEncoding="UTF-8"%>
03 <%@ taglib prefix="c" uri="http://java.sun.com/jsp/jstl/core" %>
04 <!DOCTYPE html>
05 <html>
06 <head>
07 <meta http-equiv="Content-Type" content="text/html; charset=UTF-8">
08 <title>Insert title here</title>
09 </head>
10 <body>
11 <%
12     out.println("#01 : Hello World");
13 %>
14 <br>
15 당신의 아이디는 ${id} 입니다.<br>
16 당신의 이름은 ${name} 입니다.
17
18 </body>
19 </html>
```

[코드 7-4] test2.jsp

```jsp
01 <%@ page language="java" contentType="text/html; charset=UTF-8"
02     pageEncoding="UTF-8"%>
03 <%@ taglib prefix="c" uri="http://java.sun.com/jsp/jstl/core" %>
04 <!DOCTYPE html>
05 <html>
06 <head>
07 <meta http-equiv="Content-Type" content="text/html; charset=UTF-8">
08 <title>Insert title here</title>
09 </head>
10 <body>
11 <%
12     out.println("#02 : Hello World");
13 %>
14 <br>
```

```
15  당신의 아이디는 ${id} 입니다.<br>
16  당신의 이름은 ${name} 입니다.
17
18  </body>
19  </html>
```

- test1.jsp와 12라인의 내용만 다르다.

[코드 7-5] test3.jsp

```
01  <%@ page language="java" contentType="text/html; charset=UTF-8"
02      pageEncoding="UTF-8"%>
03  <%@ taglib prefix="c" uri="http://java.sun.com/jsp/jstl/core" %>
04  <!DOCTYPE html>
05  <html>
06  <head>
07  <meta http-equiv="Content-Type" content="text/html; charset=UTF-8">
08  <title>Insert title here</title>
09  </head>
10  <body>
11  <%
12      out.println("#03 : Hello World");
13  %>
14  <br>
15  당신의 아이디는 ${member.id} 입니다.<br>
16  당신의 이름은 ${member.name} 입니다.
17
18  </body>
19  </html>
```

- test1.jsp와 12라인의 내용이 다르다.
- 15라인: 모델 객체의 값이 아닌 커맨드 객체 변수의 속성값을 이용하고 있다.
- 16라인: 모델 객체의 값이 아닌 커맨드 객체 변수의 속성값을 이용하고 있다.

[코드 7-6] test4.jsp

```
01 <%@ page language="java" contentType="text/html; charset=UTF-8"
02     pageEncoding="UTF-8"%>
03 <%@ taglib prefix="c" uri="http://java.sun.com/jsp/jstl/core" %>
04 <!DOCTYPE html>
05 <html>
06 <head>
07 <meta http-equiv="Content-Type" content="text/html; charset=UTF-8">
08 <title>Insert title here</title>
09 </head>
10 <body>
11 <%
12     out.println("#04 : Hello World");
13 %>
14 <br>
15 당신의 아이디는 ${id} 입니다.<br>
16 당신의 이름은 ${name} 입니다.
17
18 </body>
19 </html>
```

- test1.jsp와 12라인의 내용만 다르다.

7.2.5 테스트

테스트는 폼을 만들고 데이터를 get이나 post 방식으로 보내주어야 하는데, 우선 웹 브라우저에서 주소창에 직접 입력해보도록 한다. 이번 예제의 핵심은 폼의 데이터로 생기는 파라미터를 컨트롤러에서 받아들여 어떻게 처리할 것인가 하는 것으로, 조금이라도 불필요한 부분은 만들지 않는다. 다음은 http://localhost:8081/ 요청에 의해 root() 메서드가 호출되어 스트링 데이터만 리턴한 결과이다.

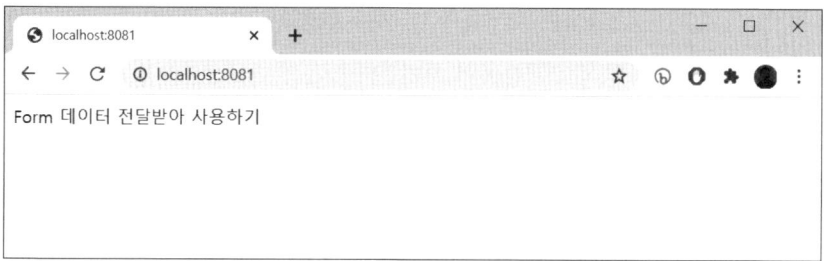

[그림 7-9] http://localhost:8081/

다음은 http://localhost:8081/test1 요청에 의해 test1() 메서드가 호출된 결과이다. 파라미터를 전통적인 방식의 서블릿 리퀘스트로 받아서 getParameter 메서드를 이용해서 처리한다.

[그림 7-10] http://localhost:8081/test1?id=hong&name=홍길동

다음은 http://localhost:8081/test2 요청에 의해 test2() 메서드가 호출된 결과이다. 파라미터를 @RequestParam 어노테이션을 이용하여 받아서 처리한다.

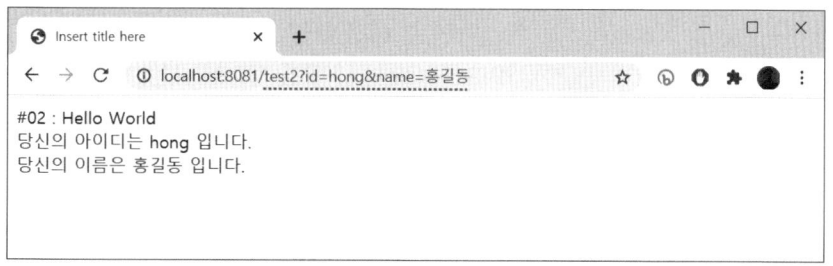

[그림 7-11] http://localhost:8081/test2?id=hong&name=홍길동

다음은 http://localhost:8081/test3 요청에 의해 test3() 메서드가 호출된 결과이다. 파라미터를 커맨드 객체 형식으로 받아서 처리한다.

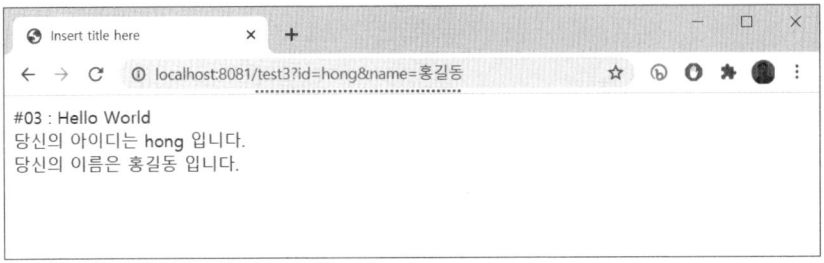

[그림 7-12] http://localhost:8081/test3?id=hong&name=홍길동

다음은 http://localhost:8081/test4 요청에 의해 getStrudent() 메서드가 호출된 결과이다. 파라미터를 url 패스 형식으로 받아서 처리한다.

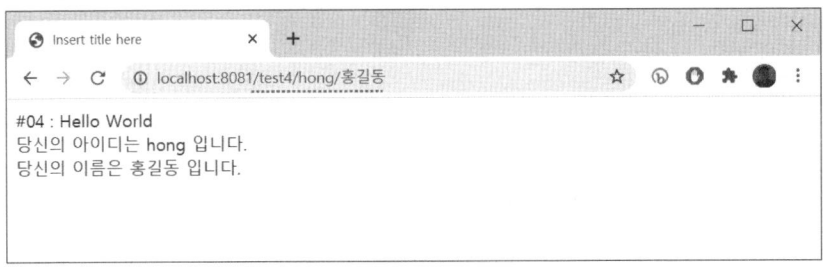

[그림 7-13] http://localhost:8081/test4/hong/홍길동

이번 예제를 통해 살펴본 것처럼 html의 폼(Form)에서 입력한 데이터가 컨트롤러에 전달되면 스프링에서 이를 어떻게 처리할 수 있는지 다양한 방법으로 살펴보았다. 이처럼 스프링을 사용하면 단순히 JSP/Servlet을 사용했을 때보다 요청 파라미터의 값을 쉽고 빠르게 구할 수 있으므로 그만큼 더 비즈니스 로직에 집중할 수 있는 여력이 생긴다.

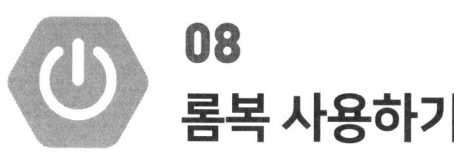
08
롬복 사용하기

8.1 롬복 설치하기

롬복(Lombok)은 자바 클래스를 만들 때 흔히 만드는 코드들을 어노테이션을 이용해서 자동으로 만들어주는 유틸리티 라이브러리이다. 흔히 만드는 코드란 DTO와 같은 모델에서 항상 만들게 되는 게터(Getter), 세터(Setter) 메서드와 상황에 따라 자주 만드는 toString, equals, hashCode와 같은 메서드를 의미한다.

프로젝트를 생성할 때 디펜던시로 롬복을 선택할 수 있지만, 이것만으로는 제대로 동작하지 않는다. 이클립스나 STS에 롬복 플러그인을 적용해야만 롬복이 정상적으로 동작한다.

8.1.1 롬복 다운로드

웹 사이트에 접속해 화면 가운데의 다운로드 링크를 선택해서 파일을 다운로드한다.

https://projectlombok.org/download

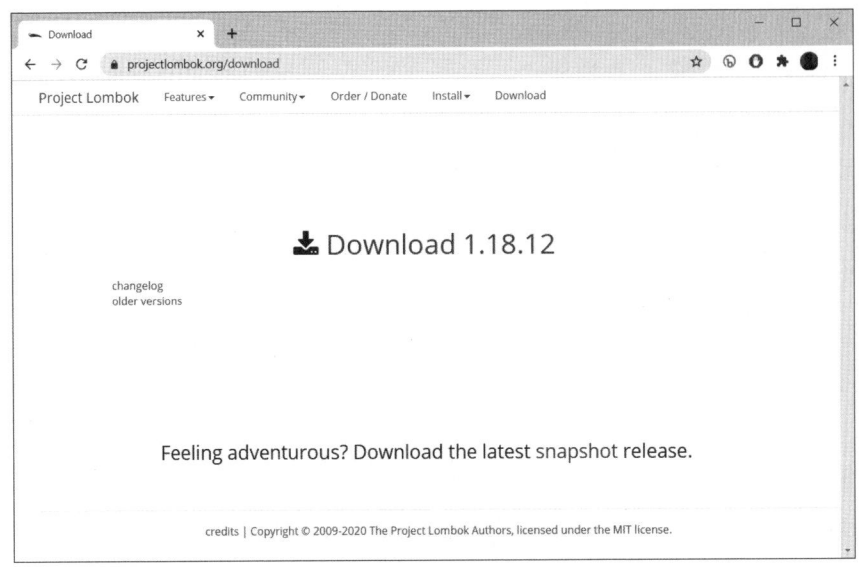

[그림 8-1] 롬복 다운로드

8.1.2 롬복 설치

명령 프롬프트에서 명령어를 다음과 같이 입력해서 설치한다.

java -jar lombok.jar

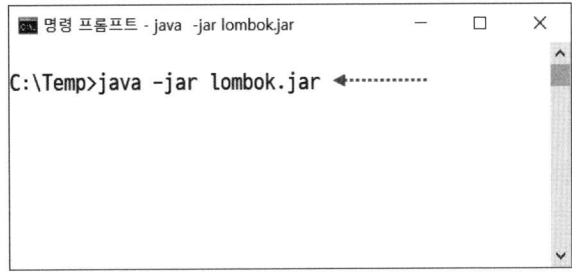

[그림 8-2] 롬복 설치 (1)

롬복 인스톨러가 실행이 되면서 이클립스나 STS가 설치된 폴더를 검색한다.

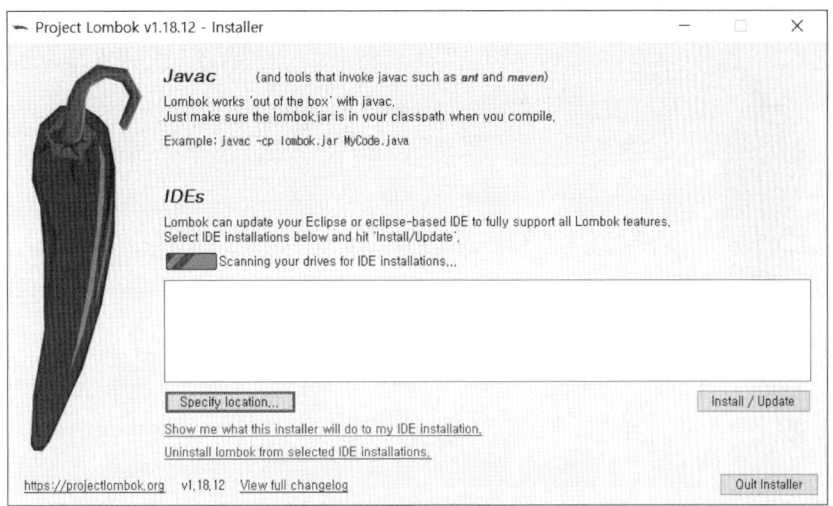

[그림 8-3] 롬복 설치 (2)

그러나 [그림 8-4]와 같이 찾지 못했다는 에러창이 뜬다. [확인] 버튼을 누른다.

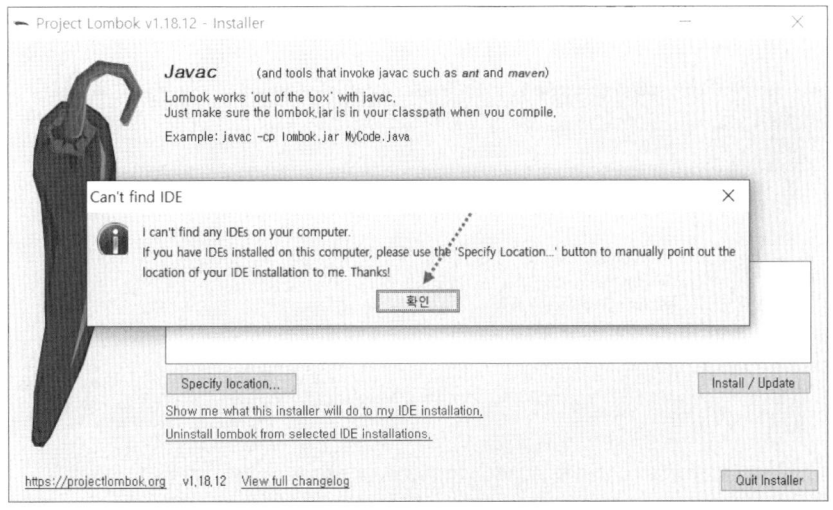

[그림 8-4] 롬복 설치 (3)

STS(또는 이클립스)의 위치를 직접 지정해주기 위해 좌측 하단의 [Specify location…] 버튼을 클릭한다.

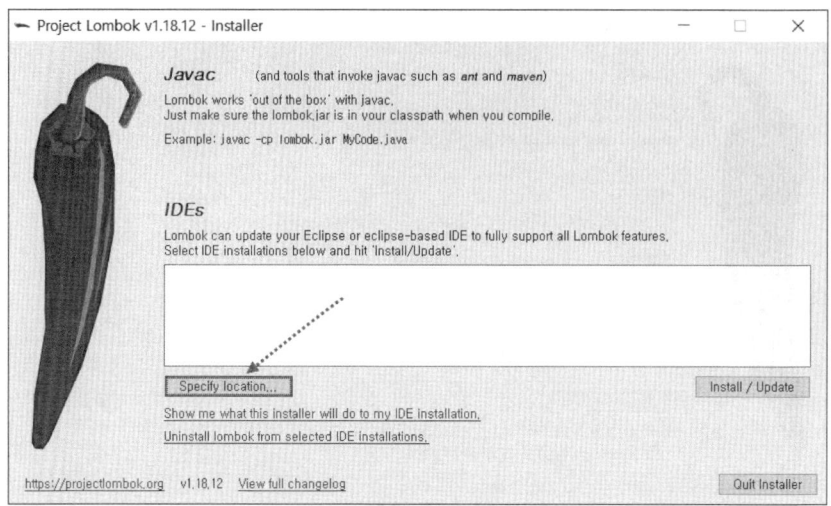

[그림 8-5] 롬복 설치 (4)

[그림 8-6]과 같이 STS의 위치를 찾아서 지정해준다.

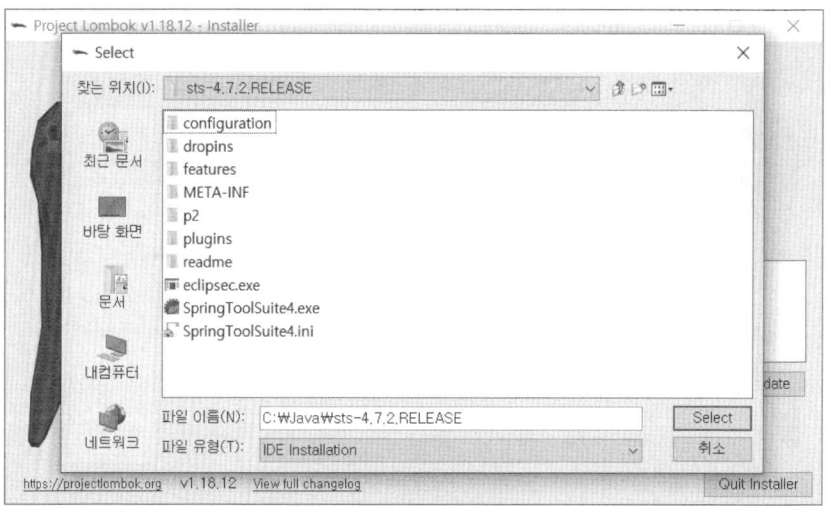

[그림 8-6] 롬복 설치 (5)

앞에서 정확한 폴더를 지정해주면 다음 그림처럼 해당 폴더의 실행 파일을 찾아서 표시해준다. 우측 하단의 [Install / Update] 버튼을 클릭하여 설치를 진행한다.

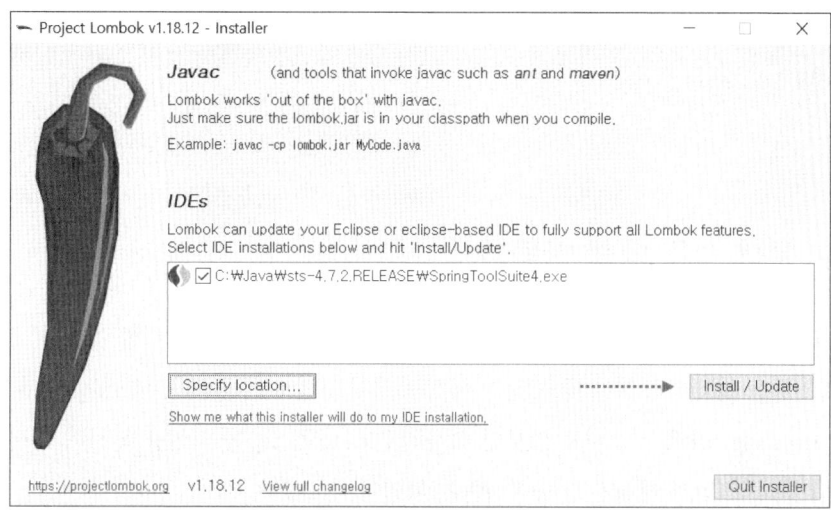

[그림 8-7] 롬복 설치 (6)

클릭하자마자 [그림 8-8]과 같은 화면이 뜨면서 설치가 완료된다.

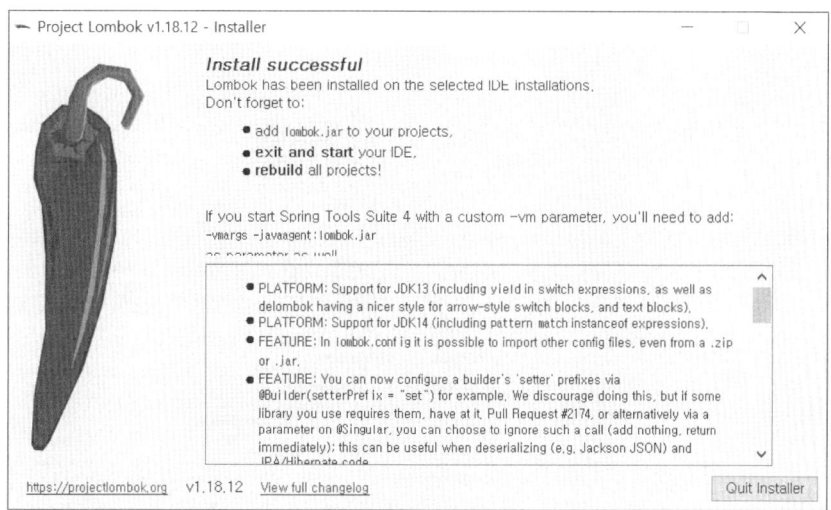

[그림 8-8] 롬복 설치 (7)

STS를 종료하고 다시 시작하면 새로 만드는 프로젝트에서 롬복을 사용할 수 있다. 기존 프로젝트에서 사용하려면 lombok.jar 파일을 프로젝트에 외부 라이브러리로 추가하고 빌드를 다시 해야 한다. 지금은 새로 프로젝트를 만들 것이므로 STS만 재시작하면 된다.

8.2 롬복 사용 예제 만들기

이번 예제는 롬복이 얼마나 개발에 편리성을 제공하는지 알아보기 위한 것이다. 그러므로 기능을 새로 만들지는 않고 앞의 예제를 거의 그대로 사용한다. Member 클래스, MyController 클래스는 내용 일부만 복사해오고, test3.jsp는 파일을 복사해 와서 롬복을 이용한 커맨드 객체가 잘 동작하는지 확인만 해보겠다.

8.2.1 JSP 사용을 위한 프로젝트 기본형 만들기

[그림 8-9]와 같이 이름이 Ex08_Lombok인 프로젝트를 만든다.

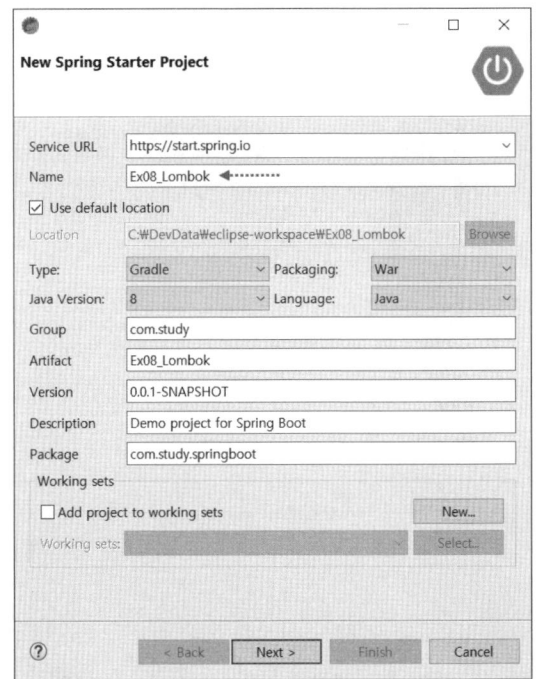

[그림 8-9] 프로젝트 생성 정보

이번 예제에서는 디펜던시로 Spring Web과 Lombok을 추가한다. Spring Web은 상단의 자주 사용하던 목록 위치에서 체크하여 추가하고, Lombok은 다음과 같이 검색하여 추가한다.

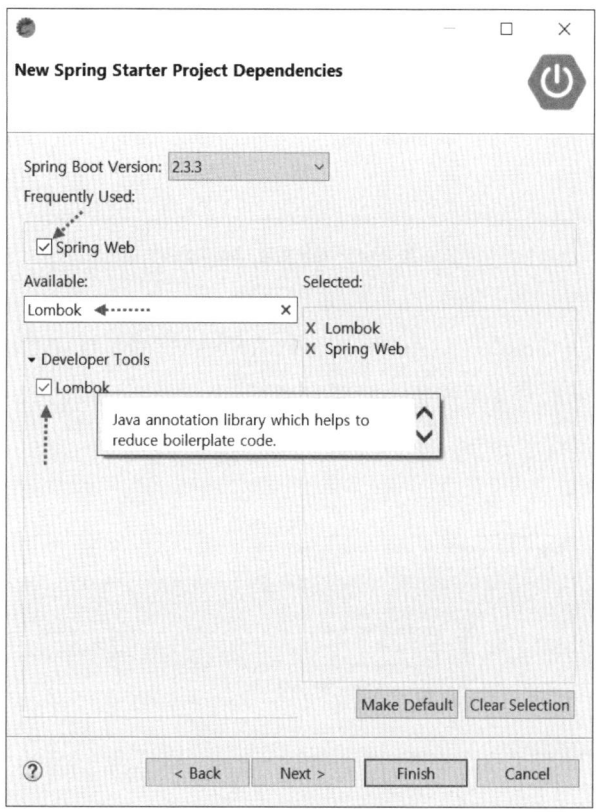

[그림 8-10] 의존성 주입 선택

프로젝트의 기본 설정을 앞의 예제와 같이 JSP를 사용할 수 있도록 바꾼다. 첫 번째로 build.gradle 파일에 JSP사용을 위한 의존성을 추가한다. 간단한 방법은 이전 예제를 열고 해당 부분을 복사해서 붙여넣기하면 된다. [그림 8-11]을 보면 25라인에 롬복 디펜던시가 추가된 것을 확인할 수 있다.

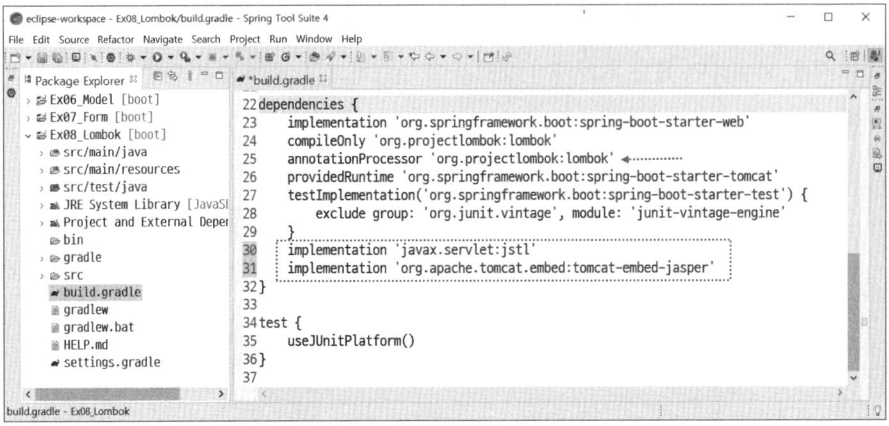

[그림 8-11] JSP 사용 설정 - build.gradle

수정을 한 후에는 Gradle → Gradle Project Refresh를 반드시 수행한다. 그렇게 해야 프로젝트에 변경 내용이 적용된다. 두 번째로 application.properties를 열고 다음의 내용을 입력한다.

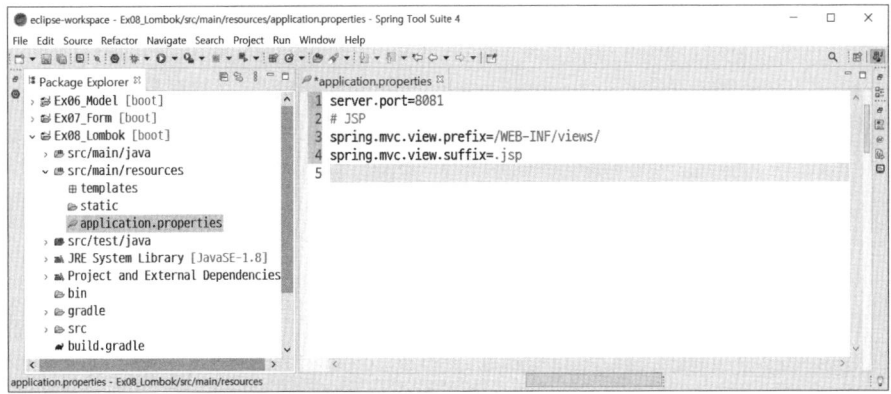

[그림 8-12] JSP 사용 설정 - application.properties

세 번째로 JSP 사용을 위한 폴더를 만드는데, 새로 만들어도 되고 이전 예제로부터 폴더를 복사하고 파일들을 지워 구조만 유지해도 된다.

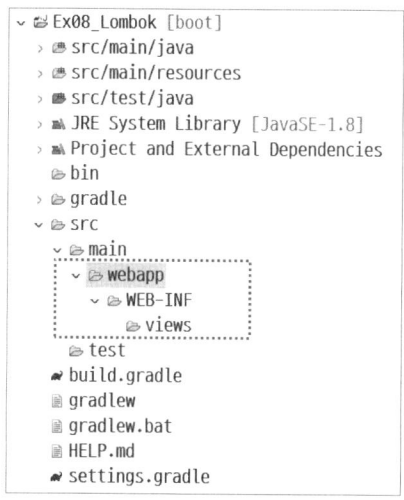

[그림 8-13] JSP 사용 설정 - 폴더 구성

[그림 8-14]와 같이 리퀘스트 맵핑을 위한 MyController.java를 만든다. 이때, 메뉴를 통해서 새로 클래스를 만들어서 추가해도 되고 이전 예제에서 복사해와서 클래스의 필요 없는 내용을 지워도 된다.

[그림 8-14] 리퀘스트 맵핑용 클래스 추가

여기까지의 작업으로 JSP를 사용하기 위한 프로젝트의 기본형을 만들었다.

8.2.2 커맨드 객체 만들기

커맨드 객체를 만들기 위해 다음 패키지 위치에 Member 클래스를 만들어 추가한다.

```
v 🗁 Ex08_Lombok [boot]
  v 🗁 src/main/java
    v ⊞ com.study.springboot
      > 🗋 Ex08LombokApplication.java
      > 🗋 Member.java ◄··········
      > 🗋 MyController.java
      > 🗋 ServletInitializer.java
  > 🗁 src/main/resources
  > 🗁 src/test/java
  > ▲ JRE System Library [JavaSE-1.8]
  > ▲ Project and External Dependencies
    🗁 bin
  > 🗁 gradle
  > 🗁 src
    ✎ build.gradle
    🗋 gradlew
    🗋 gradlew.bat
```

[그림 8-15] Member 클래스 추가

이제 다음과 같이 Member클래스의 코드를 작성한다. 변수만 추가하고, 변수에 대한 게터와 세터를 이번에는 만들지 않는다(앞의 예제에서 복사해왔다면 다음 코드를 참고해서 필요 없는 부분을 지우면 된다). 그리고 다음 코드와 같이 @Data 어노테이션을 추가해준다.[05라인] @Data 어노테이션 추가에 따라 에러가 발생하면 Ctrl +Shift + O 키를 동시에 눌러 관련 패키지를 임포트해준다.

[코드 8-1] Member.java

```
01 package com.study.springboot;
02
03 import lombok.Data;
04
05 @Data
06 public class Member {
07     private String id;
08     private String name;
09 }
```

커맨드 객체에 게터와 세터를 만들지 않고 단지 @Data 어노테이션만 추가했다. 이대로 괜찮은지 다음과 같은 방법으로 확인해보자.

[STS 메뉴 → Window → Show View → Outline 선택]

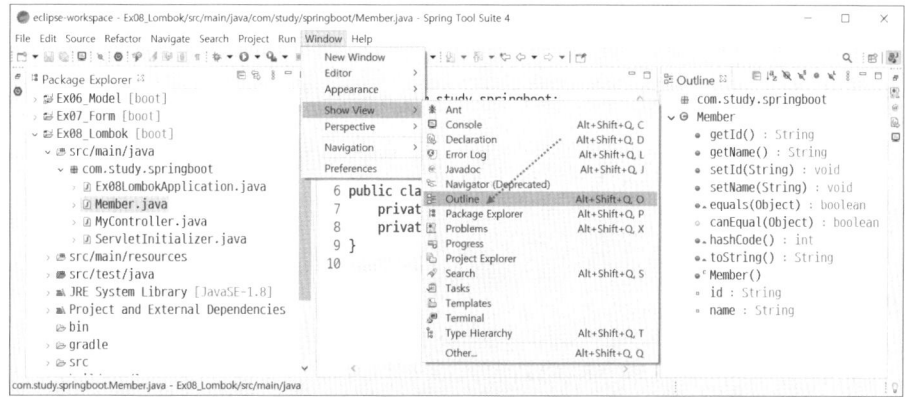

[그림 8-16] Outline 창 띄우기

[그림 8-17]과 같이 Outline 창을 확인해보면 우리가 작성하지 않았던 여러 가지 메서드들이 자동으로 추가되어 있음을 볼 수 있다.

[그림 8-17] Outline 창에서 Member 클래스의 자동 추가된 메서드 확인

02장 Web 기초 **137**

이렇게 롬복을 이용하면 코딩의 양을 엄청나게 줄일 수 있다. 그리고 변수만 있기에 보기에도 편하다. 나머지는 알아서 생성해주므로, 오타 등 사람의 실수로 에러가 발생할 일도 없다. 그렇다면 실제 컴파일 후에도 잘 동작할까? 이는 뒤에 실행을 통해 테스트해보겠다.

8.2.3 리퀘스트 맵핑

이제 MyController 클래스에 다음과 같이 코드를 작성하여 url 호출에 대한 리퀘스트 맵핑을 한다.

[코드 7-2] MyController.java

```
01 package com.study.springboot;
02
03 import org.springframework.stereotype.Controller;
04 import org.springframework.ui.Model;
05 import org.springframework.web.bind.annotation.RequestMapping;
06 import org.springframework.web.bind.annotation.ResponseBody;
07
08 @Controller
09 public class MyController {
10
11     @RequestMapping("/")
12     public @ResponseBody String root() throws Exception{
13         return "Lombok 사용하기";
14     }
15
16     @RequestMapping("/test3")
17     public String test3(Member member, Model model)
18     {
19         // 파라미터와 일치하는 빈을 만들어서 사용할 수 있다.
20         // View 페이지에서 model 을 사용하지 않고 member를 사용한다.
21         return "test3";
22     }
23 }
```

- 임포트는 키보드에서 Ctrl + Shift + O 키를 동시에 누르면 쉽게 선택하여 추가할 수 있다.

위 코드를 보면서 새로 작성을 하거나, 앞의 예제에서 복사를 해왔다면 test3 메서드만 남겨두고 나머지는 모두 지운다.

16라인의 /test3 요청에 대한 리퀘스트 맵핑 처리

앞서 파라미터와 이름이 같은 변수를 가진 커맨드 객체를 이용하면 쉽고 간편하게 많은 데이터를 받아서 처리할 수 있다고 말한 바 있다. 또한 이 경우 모델과 별도로 커맨드 객체 자체도 뷰에 전달된다고 앞의 예제에서 이미 살펴봤다.

8.2.4 뷰 만들기

이제 내용을 보여줄 JSP를 만든다. 앞의 예제에서 test3.jsp 파일을 복사해서 붙여 넣는다. 이번에는 내용 수정이 필요 없다.

[그림 8-18] JSP 추가

8.2.5 테스트

[그림 8-19]는 실행하자마자 http://localhost:8081/ 요청에 의해 root() 메서드가 호출되어 스트링 데이터만 리턴한 결과이다.

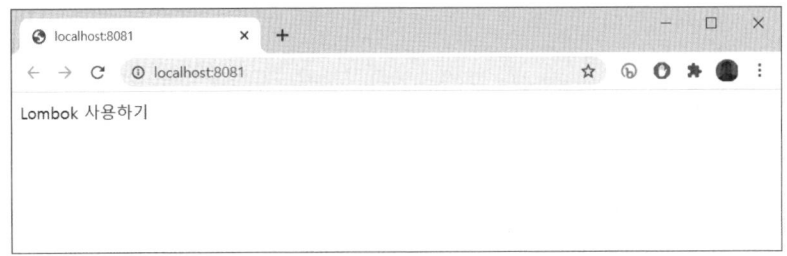

[그림 8-19] http://localhost:8081/

[그림 8-20]은 http://localhost:8081/test3 요청에 의해 test3() 메서드가 호출된 결과이다. 이전의 예제처럼 이번에도 파라미터를 커맨드 객체 형식으로 받아서 잘 처리하고 있다. 이로써 롬복을 이용한 커맨드 객체도 잘 동작함을 확인할 수 있다.

[그림 8-20] http://localhost:8081/test3?id=Son&name=손오공

이처럼 롬복을 사용하면 개발을 좀 더 편하고 빠르게 할 수 있다.

CHAPTER
03

예제로 배우는 스프링 부트 입문

Form 값 검증

09
Validator 사용하기

9.1 폼 데이터의 유효성 검증

이번 예제의 주제는 폼 데이터의 유효성 검증이다. 폼 데이터의 유효성 검증은 앞선 예제와 같이 폼의 데이터를 파라미터로 받아 비즈니스 로직에 따른 데이터 처리를 하고 모델에 담아 뷰에 보여주는 일련의 과정에서, 파라미터가 데이터로 사용 가능한지 파악하는 것을 의미한다. 폼 데이터의 유효성 검증은 보통 다음 두 단계에서 이루어진다.

1. 클라이언트인 Html 페이지에서 자바스크립트를 통한 검증
2. 서버 페이지인 JSP/Servlet에서 파라미터로 받은 후 검증

클라이언트에서 자바스크립트를 통한 검증은 데이터의 유효성이 검증되지 않았다면 서버로 데이터를 보내지 않아 네트워크의 트래픽 낭비를 막을 수 있게 된다. 이는 트래픽이 많은 서버의 경우, 서버의 부하를 줄여 주는 역할을 하기도 한다. 하지만 클라이언트에서 자바스크립트를 통한 데이터 검증을 했더라도, 악의적인 url 호출에 의해 검증되지 않은 데이터가 서버로 올라올 수 있으므로 서버에서도 반드시 확인해야 한다.

이렇게 프로그램을 작성하다 보면 데이터의 유효성 검증은 누구나 만들어야 하는 부분이 된다. 그런데 여러 명이 작업을 할 때 서로 자신만의 방식으로 검증 로직을 만들면 서로 파악해야 할 부분이 많이 생기고, 불편하기 마련이다. 그래서 예전에는 회사에 신입사원이 들어오면 회사의 여러 아키텍쳐, 즉 그 회사만의 방식을 익히기 위한 노력이 많이 필요했다.

스프링의 Validator는 이런 불편함을 덜어준다. 누가 해도 같은 방식으로 만들어지기 때문이다. 이것이 프레임워크를 사용해서 생기는 장점이다. 그리고 이러한 유효성 검사를 하기 위해 스프링은 org.springframework.validation.Validator 인터페이스를 제공하고 있다. 이처럼 스프링이 인터페이스를 제공하여 검증 로직을 만들어야 하는 개발자들이 서로 일관된 방식의 코드를 만들 수 있도록 방향을 제시하고 있다.

9.2 스프링의 폼 데이터 유효성 검증 예제 만들기

9.2.1 JSP 사용을 위한 프로젝트 기본형 만들기

[그림 9-1]과 같이 이름이 Ex09_Validator인 프로젝트를 만든다.

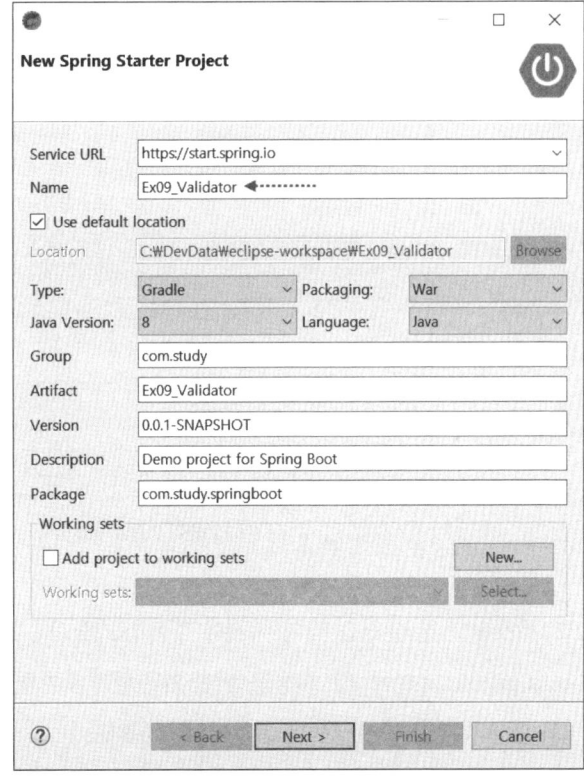

[그림 9-1] 프로젝트 생성 정보

이번 예제에서는 디펜던시로 Spring Web과 Lombok을 추가한다. 상단의 자주 사용하던 목록 위치에서 Spring Web과 Lombok을 [그림 9-2]와 같이 체크하여 추가한다. 폼 데이터의 유효성 검증은 Spring Web을 추가하면, 별도의 디펜던시 추가 없이도 사용할 수 있다.

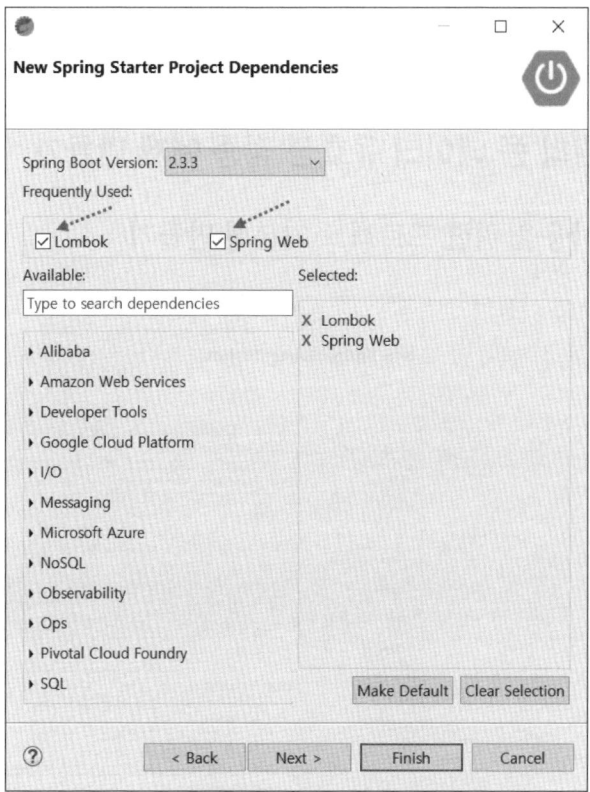

[그림 9-2] 의존성 주입 선택

프로젝트의 기본 설정을 앞의 예제와 같이 JSP를 사용할 수 있도록 바꾼다. 첫 번째로 build.gradle 파일에 JSP 사용을 위한 의존성을 추가한다. 간단한 방법은 이전 예제를 열고 해당 부분을 복사해서 붙여넣기하면 된다.

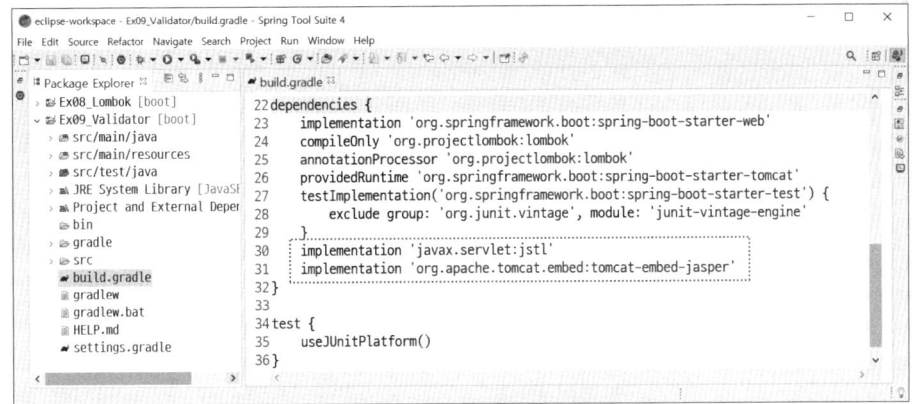

[그림 9-3] JSP 사용 설정 - build.gradle

또한 Gradle → Gradle Project Refresh를 반드시 수행한다. 그렇게 해야 프로젝트에 변경 내용이 적용된다. 두 번째로 application.properties를 열고 내용을 입력한다.

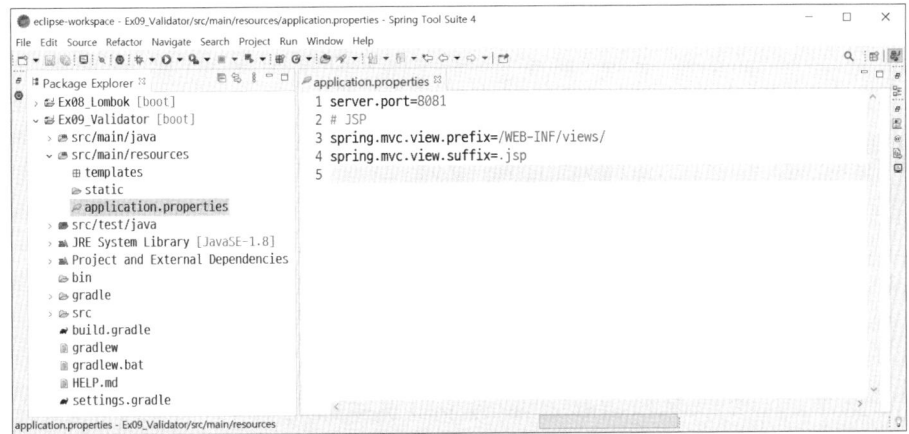

[그림 9-4] JSP 사용 설정 - application.properties

세 번째로 JSP 사용을 위한 폴더를 만드는데, 새로 만들어도 되고 이전 예제로부터 폴더를 복사하고 파일들을 지워 구조만 유지해도 된다.

03장 Form 값 검증 **145**

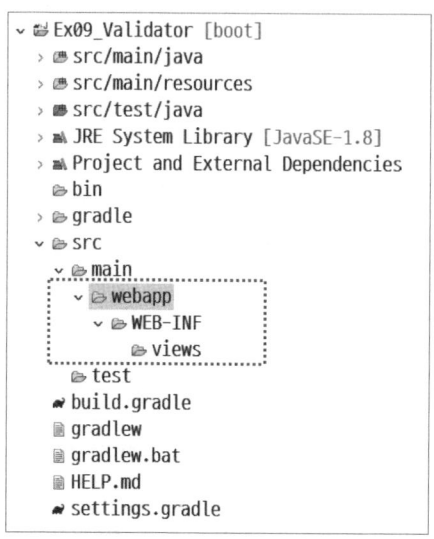

[그림 9-5] JSP 사용 설정 - 폴더 구성

리퀘스트 맵핑을 위한 MyController.java를 만든다. 이때, 메뉴를 통해서 새로 클래스를 만들어서 추가해도 되고 이전 예제에서 복사해서 클래스의 필요 없는 내용을 지워도 된다.

[그림 9-6] 리퀘스트 맵핑용 클래스 추가

여기까지의 작업으로 JSP를 사용하기 위한 프로젝트의 기본형을 만들었다.

9.2.2 커맨드 객체와 유효성 검증 객체 만들기

커맨드 객체는 ContentDto 클래스로 만들고, 유효성 검증 객체는 ContentValidator 클래스로 만들어 [그림 9-7]과 같은 패키지 위치에 추가한다.

```
∨ 🗁 Ex09_Validator [boot]
  ∨ 🗁 src/main/java
    ∨ 🗁 com.study.springboot
 ·····▶  > 📄 ContentDto.java
 ·····▶  > 📄 ContentValidator.java
         > 📄 Ex09ValidatorApplication.java
         > 📄 MyController.java
         > 📄 ServletInitializer.java
  > 🗁 src/main/resources
  > 🗁 src/test/java
  > 🗁 JRE System Library [JavaSE-1.8]
  > 🗁 Project and External Dependencies
    🗁 bin
  > 🗁 gradle
  > 🗁 src
    📄 build.gradle
    📄 gradlew
    📄 gradlew.bat
    📄 HELP.md
    📄 settings.gradle
```

[그림 9-7] ContentDto, ContentValidator 클래스 추가

다음과 같이 Content클래스의 코드를 작성한다. 이때, 변수만 추가하고 변수에 대한 게터와 세터는 만들지 않는다. 그 다음 코드와 같이 롬복 사용을 위해 @Data 어노테이션을 추가한다. @Data 어노테이션 추가에 따라 에러가 발생하면 Ctrl +Shift + O 키를 동시에 눌러 관련 패키지를 임포트해준다.

[코드 9-1] ContentDto.java

```
01 package com.study.springboot;
02
```

```
03 import lombok.Data;
04
05 @Data
06 public class ContentDto {
07     private int id;
08     private String writer;
09     private String content;
10 }
```

롬복이 제대로 적용되었는지 다음과 같이 확인을 해보자.

[STS 메뉴 → Window → Show View → Outline 선택]

Outline 창을 확인해보면 우리가 작성하지 않았던 여러 가지 메서드들이 자동으로 추가되어 있음을 확인할 수 있다.

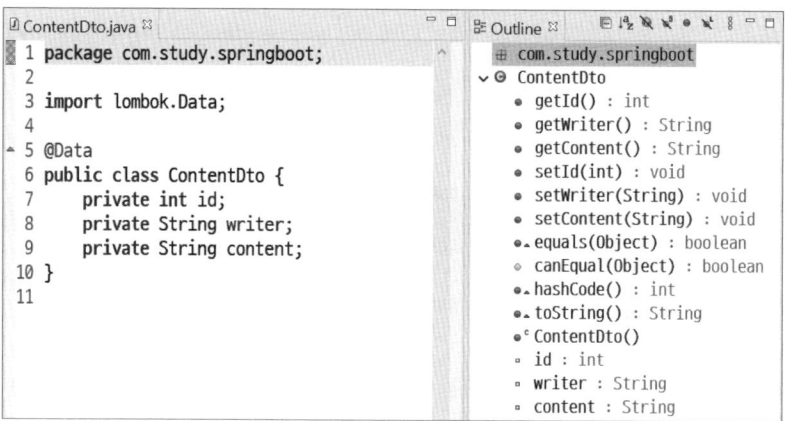

[그림 9-8] Outline 창에서 ContentDto 클래스의 자동 추가된 메서드 확인

ContentValidator 클래스의 코드는 다음과 같이 작성한다.

[코드 9-2] ContentValidator.java

```
01 package com.study.springboot;
02
```

```
03 import org.springframework.validation.Errors;
04 import org.springframework.validation.Validator;
05
06 public class ContentValidator implements Validator {
07
08     @Override
09     public boolean supports(Class<?> arg0) {
10         return ContentDto.class.isAssignableFrom(arg0);   // 검증할 객체의 클래스 타입 정보
11     }
12
13     @Override
14     public void validate(Object obj, Errors errors) {
15
16         ContentDto dto = (ContentDto)obj;
17
18         String sWriter = dto.getWriter();
19         if(sWriter == null || sWriter.trim().isEmpty()) {
20             System.out.println("Writer is null or empty");
21             errors.rejectValue("writer", "trouble");
22         }
23
24         String sContent = dto.getContent();
25         if(sContent == null || sContent.trim().isEmpty()) {
26             System.out.println("Content is null or empty");
27             errors.rejectValue("content", "trouble");
28         }
29
30     }
31
32 }
```

- 임포트는 키보드에서 Ctrl + Shift + O 키를 동시에 누르면 쉽게 선택하여 추가할 수 있다.

Validator 인터페이스를 구현하기 위해서는 09라인의 supports 메서드와 14라인의 validate 메서드를 반드시 구현해야 한다. supports 메서드는 작성된 코드 그대로 사

용하면 되고, validate 메서드 안에는 데이터의 유효성을 검증하기 위한 본인의 코드를 작성하면 된다.

14라인에서 커맨드 객체를 파라미터로 받아들이고, 16라인에서 형변환하여 변수에 저장했다. 인터페이스를 만들 당시에는 파라미터로 어떤 것이 들어올지 모르니, 막연히 Object로 파라미터를 구성하고 디자인 패턴의 '자식은 부모한테 대입할 수 있다'를 이용하여 Object 파라미터 자리에 원하는 커맨드 객체를 넣고 다시 형변환해서 사용하는 것이다.

18라인에서 커맨드 객체로부터 작성자 값을 구해와서 19라인에서 그 값이 널인지 공백인지를 체크하는 로직을 구현한다. 그리고 데이터가 유효성 검사에서 통과를 못했다면 errors 객체 변수에 에러 내용을 담는다. 메서드에서 별도의 값을 리턴하지는 않지만, 앞의 모델을 사용한 방식과 같이 참조자로 넘어온 변수인 erros에 값을 넣어 주면 다른 곳에서도 이 에러 내용을 이용할 수 있게 된다.

24라인에서 커맨드 객체로부터 내용 값을 구해와서 25라인에서 그 값이 널인지 공백인지를 체크하는 로직을 역시 구현했다. 역시 데이터가 유효성 검사에서 통과를 못했다면 errors 객체 변수에 에러 내용을 담는다.

마지막으로, 모든 요소를 검증할 필요는 없다. 필요한 필드만 검증하는 로직을 만들면 된다.

9.2.3 리퀘스트 맵핑

이제 MyController 클래스에 다음과 같이 코드를 작성하여, url 호출에 대한 리퀘스트 맵핑을 한다.

[코드 9-3] MyController.java

```
01  package com.study.springboot;
02
```

```
03 import org.springframework.stereotype.Controller;
04 import org.springframework.validation.BindingResult;
05 import org.springframework.web.bind.annotation.ModelAttribute;
06 import org.springframework.web.bind.annotation.RequestMapping;
07 import org.springframework.web.bind.annotation.ResponseBody;
08
09 @Controller
10 public class MyController {
11
12     @RequestMapping("/")
13     public @ResponseBody String root() throws Exception{
14         return "Validator (1)";
15     }
16
17     @RequestMapping("/insertForm")
18     public String insert1() {
19
20         return "createPage";
21     }
22
23     @RequestMapping("/create")
24     public String insert2(@ModelAttribute("dto") ContentDto contentDto,
25                     BindingResult result)
26     {
27         String page = "createDonePage";
28         System.out.println(contentDto);
29
30         ContentValidator validator = new ContentValidator();
31         validator.validate(contentDto, result);
32         if (result.hasErrors()) {
33             page = "createPage";
34         }
35
36         return page;
37     }
38 }
```

- 임포트는 키보드에서 Ctrl + Shift + O 키를 동시에 누르면 쉽게 선택하여 추가할 수 있다.

17라인의 /insertForm 호출에 대해서는 단순히 JSP 페이지를 리턴한다.[20라인] 앞의 예제는 테스트를 위해 웹 브라우저에서 주소창에 직접 url 값을 입력했는데, 이번에는 폼을 만들어 폼 데이터를 get 방식으로 보내는 처리를 할 것이다. createPage.jsp에 html의 폼을 작성할 것이다. JSP로 만든 뷰에서 폼의 액션으로 23라인의 /create 가 호출되면 24라인에서 커맨드 객체 파라미터로 폼 데이터를 받아서 처리하는데, 30라인에서 유효성 검증 객체를 만들고 파라미터로 받은 커맨드 객체의 값을 31라인에서 검증한다. 검증하는 메서드 자체에는 리턴값이 없지만 참조 변수로 result를 함께 보냈기에[31라인], 메서드 호출이 끝나고 result에 값이 들어 있다면 에러가 있다는 말이 되므로 체크를 한다.[32라인] 에러가 없다면 결과 페이지의 JSP를, 에러가 있다면 입력 페이지의 JSP를 리턴한다.

9.2.4 뷰 만들기

이제 내용을 보여줄 JSP를 만든다. 리퀘스트 맵핑에서 리턴한 페이지는 [그림 9-9]와 같은 두 페이지이다.

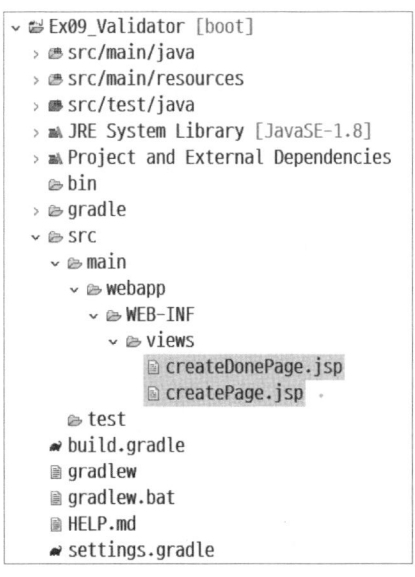

[그림 9-9] JSP 추가

앞에서 사용했던 방식으로 JSP 파일을 추가하고 각각 다음과 같이 내용을 입력하여 코드를 작성한다.

[코드 9-4] createPage.jsp

```jsp
01 <%@ page language="java" contentType="text/html; charset=UTF-8"
02     pageEncoding="UTF-8"%>
03 <!DOCTYPE html>
04 <html>
05 <head>
06 <meta http-equiv="Content-Type" content="text/html; charset=UTF-8">
07 <title>CreatePage</title>
08 </head>
09 <body>
10 createPage.jsp
11 <br />
12
13 <%
14     String conPath = request.getContextPath();
15 %>
16
17 <form action="<%=conPath%>/create">
18     작성자 : <input type="text" name="writer" value="${dto.writer}"> <br />
19     내용 : <input type="text" name="content" value="${dto.content}"> <br />
20     <input type="submit" value="전송"> <br />
21 </form>
22
23 </body>
24 </html>
```

- 17라인에서 폼의 액션값으로 /create를 호출하게 한다.

[코드 9-5] createDonePage.jsp

```jsp
01 <%@ page language="java" contentType="text/html; charset=UTF-8"
02     pageEncoding="UTF-8"%>
03 <!DOCTYPE html>
```

```
04 <html>
05 <head>
06 <meta http-equiv="Content-Type" content="text/html; charset=UTF-8">
07 <title>CreatePageDone</title>
08 </head>
09 <body>
10 createDonePage.jsp
11 <br />
12
13 이름 : ${dto.writer} <br />
14 내용 : ${dto.content}
15
16 </body>
17 </html>
```

- 13, 14라인에서 모델 객체의 값이 아닌 커맨드 객체의 속성을 이용한 값을 출력하고 있다.

9.2.5 테스트

다음은 실행하자마자 http://localhost:8081/ 요청에 의해 root() 메서드가 호출되어 스트링 데이터만 리턴한 결과이다.

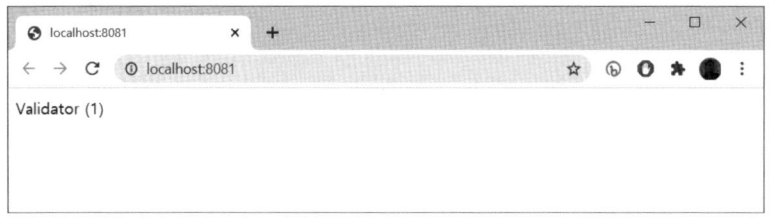

[그림 9-10] http://localhost:8081/

다음은 http://localhost:8081/insertForm 요청에 의해 insert1() 메서드가 호출된 결과이다. 데이터 입력을 위한 폼이 화면에 출력된다.

[그림 9-11] http://localhost:8081/insertForm

폼에 데이터를 입력하고 [전송] 버튼을 클릭하면 폼의 액션에 의해 http://localhost:8081/create 요청이 발생하고 insert2() 메서드가 호출된다. 입력된 폼의 데이터 검증을 하고 그 결과를 출력한다. 작성자와 내용, 둘 다 입력하고 [전송] 버튼을 클릭하면 [그림 9-12]와 같은 결과 화면이 나온다.

[그림 9-12] 정상적으로 데이터 입력 - 유효성 검사 통과한 결과

작성자와 내용, 둘 중 하나라도 입력을 하지 않고 [전송] 버튼을 클릭하면 [그림 9-13]과 같이 입력 페이지로 다시 돌아간다.

[그림 9-13] 정상적이지 않은 데이터 입력 - 유효성 검사 실패한 결과

콘솔의 출력 결과를 보면 좀 더 자세히 결과를 알 수 있다. 입력을 하지 않은 경우 이유를 출력하고 입력 페이지로 보낸 것을 볼 수 있다.

```
  .   ____          _            __ _ _
 /\\ / ___'_ __ _ _(_)_ __  __ _ \ \ \ \
( ( )\___ | '_ | '_| | '_ \/ _` | \ \ \ \
 \\/  ___)| |_)| | | | | || (_| |  ) ) ) )
  '  |____| .__|_| |_|_| |_\__, | / / / /
 =========|_|==============|___/=/_/_/_/
 :: Spring Boot ::        (v2.3.3.RELEASE)

2020-09-17 12:46:48.320  INFO 9860 --- [           main] c.s.springboot.Ex09ValidatorApplication
2020-09-17 12:46:48.323  INFO 9860 --- [           main] c.s.springboot.Ex09ValidatorApplication
2020-09-17 12:46:49.132  INFO 9860 --- [           main] o.s.b.w.embedded.tomcat.TomcatWebServer
2020-09-17 12:46:49.139  INFO 9860 --- [           main] o.apache.catalina.core.StandardService
2020-09-17 12:46:49.140  INFO 9860 --- [           main] org.apache.catalina.core.StandardEngine
2020-09-17 12:46:49.362  INFO 9860 --- [           main] org.apache.jasper.servlet.TldScanner
2020-09-17 12:46:49.367  INFO 9860 --- [           main] o.a.c.c.C.[Tomcat].[localhost].[/]
2020-09-17 12:46:49.367  INFO 9860 --- [           main] w.s.c.ServletWebServerApplicationContext
2020-09-17 12:46:49.508  INFO 9860 --- [           main] o.s.s.concurrent.ThreadPoolTaskExecutor
2020-09-17 12:46:49.662  INFO 9860 --- [           main] o.s.b.w.embedded.tomcat.TomcatWebServer
2020-09-17 12:46:49.670  INFO 9860 --- [           main] c.s.springboot.Ex09ValidatorApplication
2020-09-17 12:46:55.846  INFO 9860 --- [nio-8081-exec-2] o.a.c.c.C.[Tomcat].[localhost].[/]
2020-09-17 12:46:55.846  INFO 9860 --- [nio-8081-exec-2] o.s.web.servlet.DispatcherServlet
2020-09-17 12:46:55.850  INFO 9860 --- [nio-8081-exec-2] o.s.web.servlet.DispatcherServlet
ContentDto(id=0, writer=hong, content=도사)
ContentDto(id=0, writer=hong, content=)
Content is null or empty
```

[그림 9-14] 콘솔에 출력된 결과

지금까지, 데이터를 전송할 때 이 값들에 대한 유효성 검사를 하는 예제를 만들어보았다. '더 간단하게 할 수 있는데 굳이 왜 이렇게 복잡하게 만들지?'라고 생각해도, 이러한 방식으로 만드는 것이 좋다. 혼자일 땐 복잡하게 보이지만 여러 명이 협업 작업을 할 땐 분명히 도움이 되기 때문이다. 또한 혼자 작업할 때는 혹시라도 잊어버리고 만들지 않은 처리 부분도 인터페이스 특성상 꼼꼼히 챙겨준다.

10
ValidationUtils 사용하기

10.1 폼 데이터 유효성 검증 유틸리티 메서드 사용하기

Ex09_Validator 예제에서 데이터의 유효성을 검증할 때 값이 널인지 공백인지를 비교해서 처리하는 부분은 모든 개발자가 공통으로 개발하는 부분일 것이다. 스프링에서는 이 부분을 API 메서드로 제공한다. 그래서 이번 장의 예제에서는 그 부분을 적용하여 사용해볼 것이다. 그러나 적용해볼 내용이 거의 없으므로, 처음부터 만들지 않고 기존 프로젝트를 복사해서 사용하는 방법으로 진행한다.

10.1.1 프로젝트 복사하기

탐색기에서 Ex09_Validator 프로젝트를 복사해서 붙여 넣고 Ex10_ValidationUtils로 이름을 고친다.

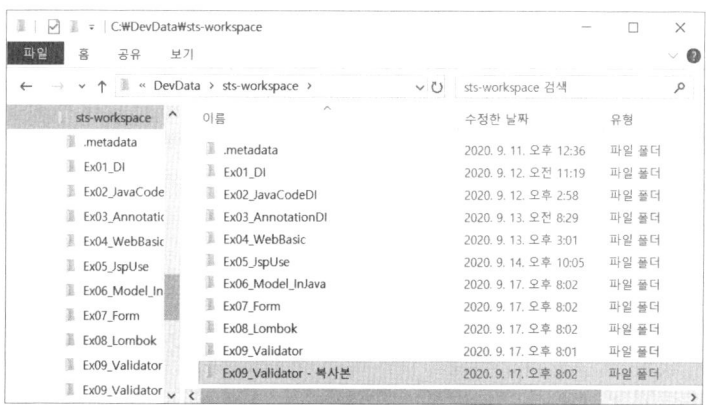

[그림 10-1] 프로젝트 폴더 복사 & 붙여 넣기

03장 Form 값 검증　**157**

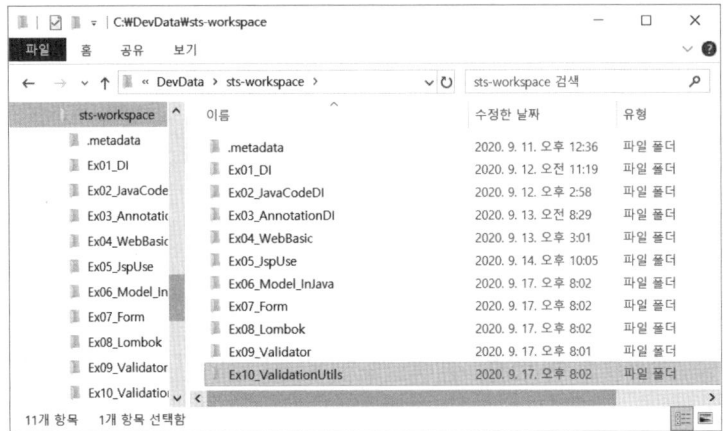

[그림 10-2] 프로젝트 폴더 이름 변경

폴더로 들어가서 탐색기에서 .projects와 settings.gradle을 Notepad++이나 EditPlus 등의 텍스트 에디터로 연다(설치한 텍스트 에디터가 없다면 메모장으로 열어도 된다).

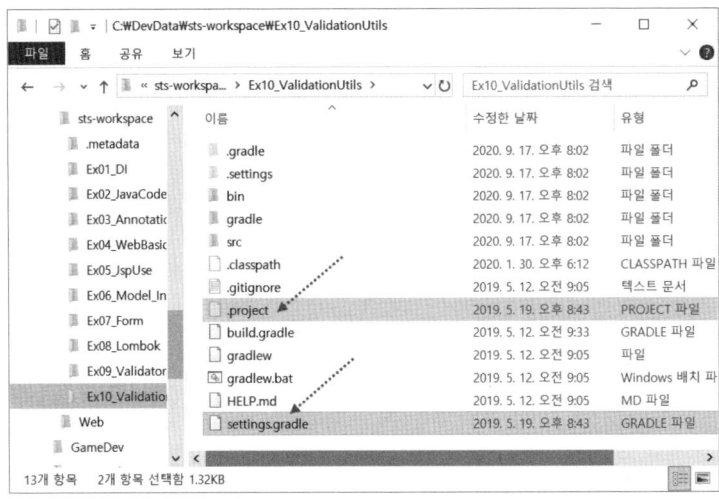

[그림 10-3] 에디터로 파일 열기

프로젝트명을 원하는 이름으로 변경하면 된다. 하지만 앞에서 변경한 폴더 이름과 똑같아야 한다. 여기서는 Ex10_ValidationUtils로 변경한다. 다음 그림들에서 보듯이 세 군데를 수정하면 된다.

```
1  <?xml version="1.0" encoding="UTF-8"?>
2  <projectDescription>
3      <name>Ex10_ValidationUtils</name>
4      <comment>Project Ex10_ValidationUtils created by Buildship.</comment>
5      <projects>
6      </projects>
7      <buildSpec>
8          <buildCommand>
9              <name>org.eclipse.jdt.core.javabuilder</name>
10             <arguments>
11             </arguments>
12         </buildCommand>
```

[그림 10-4] .project 파일 변경

```
1  rootProject.name = 'Ex10_ValidationUtils'
2
```

[그림 10-5] settings.gradle 파일 변경

10.1.2 프로젝트 임포트

[그림 10-6]과 같이 STS에서 프로젝트를 임포트한다. 메뉴에서 File → Import…를 선택한다.

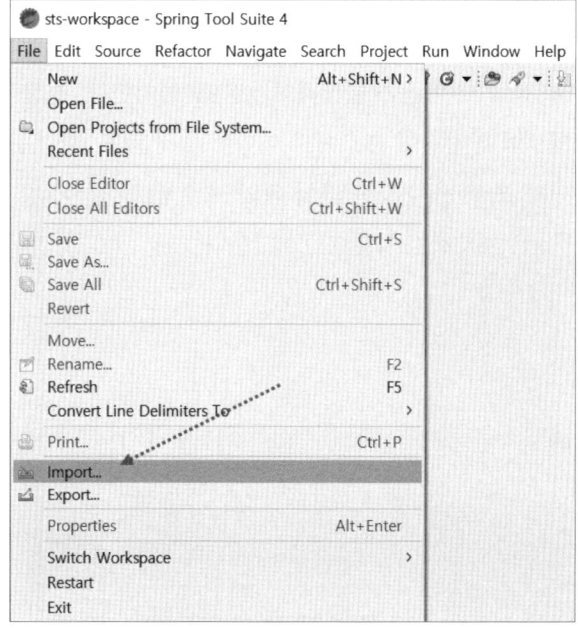

[그림 10-6] 임포트 메뉴 선택

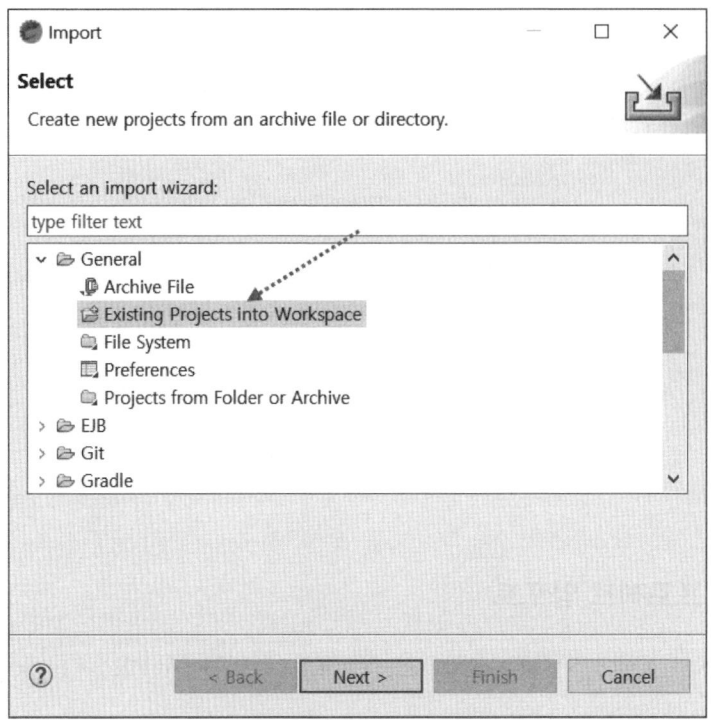

[그림 10-7] 프로젝트 임포트 (1)

다음 화면에서 [Browse…] 버튼을 클릭하여 폴더를 선택한다. 정상적으로 임포트가 될 수 있는 프로젝트이면 하단에 프로젝트 이름이 출력된다. 이 부분에서 이름이 뜨지 않으면, 폴더명과 조금 전 수정한 파일 내의 프로젝트 이름이 같지 않은 것이다. [Finish] 버튼을 클릭해 프로젝트 임포트를 완료한다.

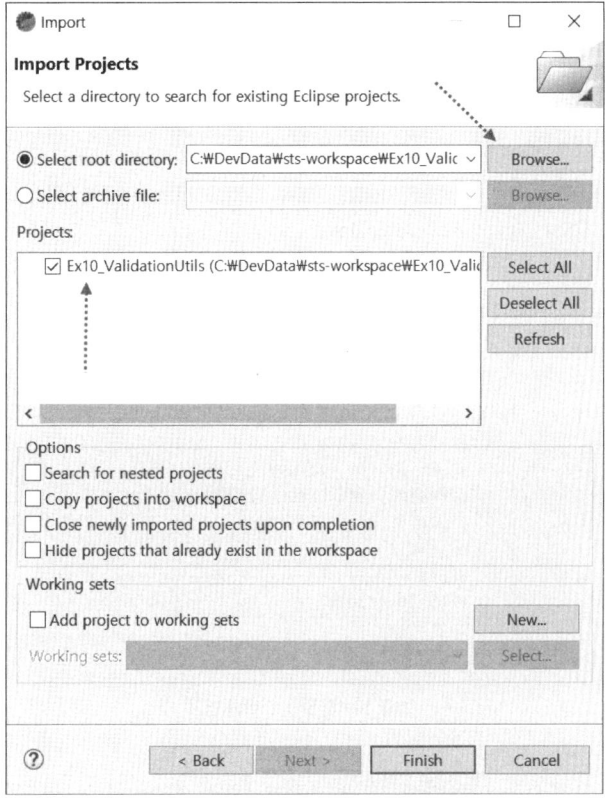

[그림 10-8] 프로젝트 임포트 (2)

[그림 10-9]는 임포트가 완료된 모습이다.

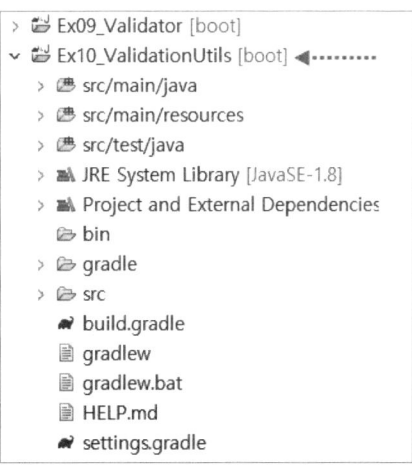

[그림 10-9] 프로젝트 임포트 (3)

여기까지만 해도 프로젝트는 정상적으로 동작하지만 흔적이 아직 남아 있다. 패키지를 펼쳐 보면 이전 클래스의 이름으로 된 클래스가 하나 남아 있다. 이 클래스까지 이름을 변경해준다.

[그림 10-10] 클래스 이름 변경

이름을 변경할 클래스를 선택한 후 메뉴 → Refactor → Rename …을 선택한다.

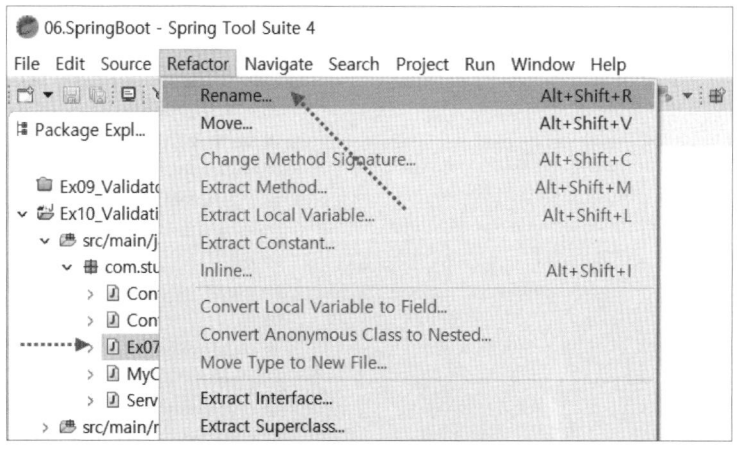

[그림 10-11] 클래스 이름 변경 메뉴 선택

다음 화면에서 클래스 이름을 다음과 같이 변경해준다. 리팩터의 리네임으로 이름을 변경하는 것은 단순히 파일명 하나를 변경하는 것이 아니고, 파일 내부의 클래스 이름 변경 및 이 클래스를 참조하고 있는 관련된 파일들을 찾아서 그 안의 내용까지 수정하는 작업을 한다.

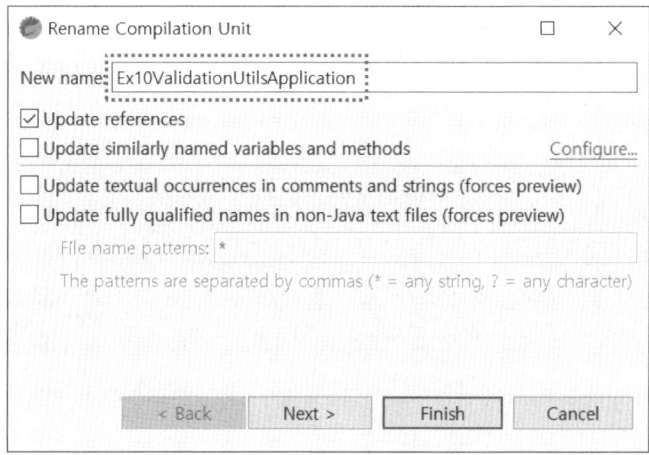

[그림 10-12] 클래스 이름 변경

마지막으로, 테스트용 파일명도 변경할 것인지 묻는데, 이 또한 변경해준다.

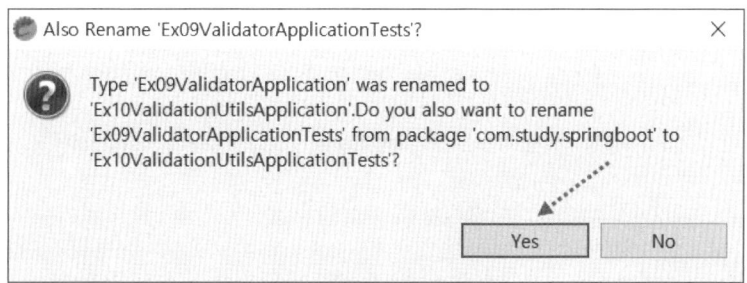

[그림 10-13] 테스트 클래스 이름 변경

여기까지 했으면 프로젝트의 복사가 완료된 것이다.

10.1.3 유효성 검증 모듈 수정

이제 ContentValidator 클래스의 코드는 다음과 같이 작성한다.

[코드 10-1] ContentValidator.java

```
01 package com.study.springboot;
02
03 import org.springframework.validation.Errors;
04 import org.springframework.validation.ValidationUtils;
05 import org.springframework.validation.Validator;
06
07 public class ContentValidator implements Validator {
08
09     @Override
10     public boolean supports(Class<?> arg0) {
11         return ContentDto.class.isAssignableFrom(arg0);   // 검증할 객체의
                                                             클래스 타입 정보
12     }
13
14     @Override
15     public void validate(Object obj, Errors errors) {
16
17         ContentDto dto = (ContentDto)obj;
18
19 //        String sWriter = dto.getWriter();
20 //        if(sWriter == null || sWriter.trim().isEmpty()) {
21 //            System.out.println("Writer is null or empty");
22 //            errors.rejectValue("writer", "trouble");
23 //        }
24         ValidationUtils.rejectIfEmptyOrWhitespace(errors, "writer",
           "writer is empty.");
25         String sWriter = dto.getWriter();
26         if (sWriter.length() < 3) {
27             errors.rejectValue("writer", "writer is too short.");
28         }
29
30 //        String sContent = dto.getContent();
```

```
31 //        if(sContent == null || sContent.trim().isEmpty()) {
32 //            System.out.println("Content is null or empty");
33 //            errors.rejectValue("content", "trouble");
34 //        }
35         ValidationUtils.rejectIfEmptyOrWhitespace(errors, "content",
           "content is empty.");
36
37     }
38
39 }
```

- 임포트는 키보드에서 Ctrl + Shift + O 키를 동시에 누르면 쉽게 선택하여 추가할 수 있다.

기존의 코드를 주석 처리하고 새로운 코드를 추가했다. 기존의 코드를 지우지 않은 이유는 나중에 봤을 때도 '이런 코드가 이렇게 변했구나'라는 내용을 쉽게 기억해내기 위해서이다. 20라인처럼 데이터가 값이 널인지 공백인지 비교하는 단순하지만 누구나 만들어야 하는 반복적인 작업이라면 24라인처럼 스프링에서 제공하는 유틸 메서드를 사용할 수 있다. 데이터를 검증하고 에러가 있을 때는 에러를 처리하는 것까지 이 하나의 유틸 메서드에서 다 처리하고 있다. 30라인 이후의 컨텐츠 내용을 비교하는 부분도 동일한 처리를 한다.

10.1.4 리퀘스트 매핑 수정

이제 MyController 클래스의 코드를 다음과 같이 수정한다.

[코드 10-2] MyController.java

```
01 package com.study.springboot;
02
03 import org.springframework.stereotype.Controller;
04 import org.springframework.validation.BindingResult;
```

```java
05 import org.springframework.web.bind.annotation.ModelAttribute;
06 import org.springframework.web.bind.annotation.RequestMapping;
07 import org.springframework.web.bind.annotation.ResponseBody;
08
09 @Controller
10 public class MyController {
11
12     @RequestMapping("/")
13     public @ResponseBody String root() throws Exception{
14         return "ValidationUtils (2)";
15     }
16
17     @RequestMapping("/insertForm")
18     public String insert1() {
19
20         return "createPage";
21     }
22
23     @RequestMapping("/create")
24     public String insert2(@ModelAttribute("dto") ContentDto contentDto,
25                         BindingResult result)
26     {
27         String page = "createDonePage";
28         System.out.println(contentDto);
29
30         ContentValidator validator = new ContentValidator();
31         validator.validate(contentDto, result);
32         if (result.hasErrors()) {
33             System.out.println("getAllErros : " + result.getAllErrors());
34
35             if (result.getFieldError("writer") != null) {
36                 System.out.println("1:"+result.getFieldError("writer").getCode());
37             }
38             if (result.getFieldError("content") != null) {
39                 System.out.println("2:"+result.getFieldError("content").getCode());
40             }
41
```

```
42              page = "createPage";
43          }
44
45          return page;
46      }
47 }
```

- 임포트는 키보드에서 Ctrl + Shift + O 키를 동시에 누르면 쉽게 선택하여 추가할 수 있다.

14라인에서 이전 프로젝트와의 구분을 위해서 리턴값을 변경한다. 그리고 32라인에서 43라인의 내용이 Ex09_Validator 예제와 비교해서 변경된 부분이다. 이전 예제에서는 ContentValidator 클래스에서 유효성 검증 에러를 출력했는데, 이번 예제에서는 스프링에서 제공되는 API를 사용하면서 에러를 담은 결과만 리턴받기 때문에 MyController 클래스에서 에러를 출력하도록 수정했다.

10.1.5 테스트

[그림 10-14]는 실행하자마자 http://localhost:8081/ 요청에 의해 root() 메서드가 호출되어 스트링 데이터만 리턴한 결과이다.

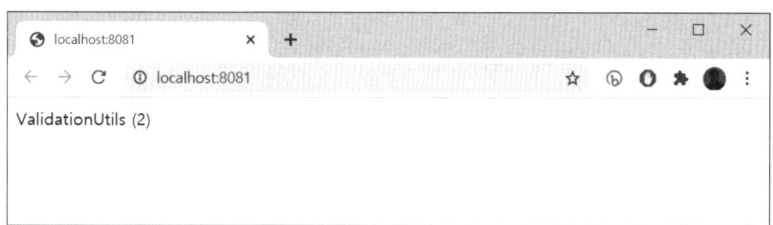

[그림 10-14] http://localhost:8081/

[그림 10-15]는 http://localhost:8081/insertForm 요청에 의해 insert1() 메서드가 호출된 결과이다. 데이터 입력을 위한 폼이 화면에 출력된다.

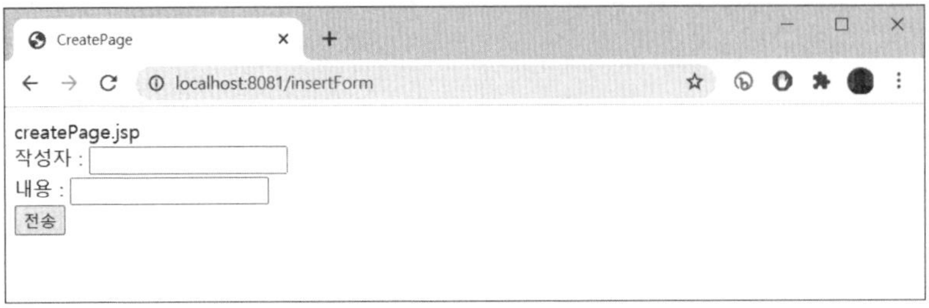

[그림 10-15] http://localhost:8081/insertForm

폼에 데이터를 입력하고 [전송] 버튼을 클릭하면 폼의 액션에 의해 http://localhost:8081/create 요청이 발생하고 insert2() 메서드가 호출된다. 호출된 메서드는 입력된 폼의 데이터 검증을 하고 그 결과를 출력한다. 작성자와, 내용 둘 다 입력하고 [전송] 버튼을 클릭하면 [그림 10-16]과 같은 결과 화면이 나온다.

[그림 10-16] 정상적으로 데이터 입력 - 유효성 검사 통과한 결과

작성자와 내용 둘 중 하나라도 입력을 하지 않고 [전송] 버튼을 클릭하면 [그림 10-17]과 같이 입력 페이지로 다시 돌아간다.

[그림 10-17] 정상적이지 않은 데이터 입력 - 유효성 검사 실패한 결과

콘솔의 출력 결과를 보면 좀 더 자세히 결과를 알 수 있다. 입력을 하지 않은 경우 이유를 출력하고 입력 페이지로 보낸 것을 확인할 수 있다.

```
  .   ____          _            __ _ _
 /\\ / ___'_ __ _ _(_)_ __  __ _ \ \ \ \
( ( )\___ | '_ | '_| | '_ \/ _` | \ \ \ \
 \\/  ___)| |_)| | | | | || (_| |  ) ) ) )
  '  |____| .__|_| |_|_| |_\__, | / / / /
 =========|_|==============|___/=/_/_/_/
 :: Spring Boot ::        (v2.3.3.RELEASE)

2020-09-18 11:20:21.802  INFO 2216 --- [           main] c.s.s.Ex10ValidationUtilsApplication     :
2020-09-18 11:20:21.805  INFO 2216 --- [           main] c.s.s.Ex10ValidationUtilsApplication     :
2020-09-18 11:20:22.501  INFO 2216 --- [           main] o.s.b.w.embedded.tomcat.TomcatWebServer  :
2020-09-18 11:20:22.509  INFO 2216 --- [           main] o.apache.catalina.core.StandardService   :
2020-09-18 11:20:22.509  INFO 2216 --- [           main] org.apache.catalina.core.StandardEngine  :
2020-09-18 11:20:22.706  INFO 2216 --- [           main] org.apache.jasper.servlet.TldScanner     :
2020-09-18 11:20:22.711  INFO 2216 --- [           main] o.a.c.c.C.[Tomcat].[localhost].[/]       :
2020-09-18 11:20:22.711  INFO 2216 --- [           main] w.s.c.ServletWebServerApplicationContext :
2020-09-18 11:20:22.858  INFO 2216 --- [           main] o.s.s.concurrent.ThreadPoolTaskExecutor  :
2020-09-18 11:20:23.002  INFO 2216 --- [           main] o.s.b.w.embedded.tomcat.TomcatWebServer  :
2020-09-18 11:20:23.009  INFO 2216 --- [           main] c.s.s.Ex10ValidationUtilsApplication     :
2020-09-18 11:20:41.306  INFO 2216 --- [nio-8081-exec-1] o.a.c.c.C.[Tomcat].[localhost].[/]       :
2020-09-18 11:20:41.307  INFO 2216 --- [nio-8081-exec-1] o.s.web.servlet.DispatcherServlet        :
2020-09-18 11:20:41.310  INFO 2216 --- [nio-8081-exec-1] o.s.web.servlet.DispatcherServlet        :
ContentDto(id=0, writer=sion, content=오공)
ContentDto(id=0, writer=sion, content=)
getAllErros : [Field error in object 'dto' on field 'content': rejected value []; codes [content
2:content is empty.
```

[그림 10-18] 콘솔에 출력된 결과

최종 결과를 보면 Ex09_Validator 예제를 조금만 고치면 되기 때문에 굳이 별도의 예제를 만들 필요가 있을까 하겠지만, 나중에 프로젝트 제목만 봐도 복습이 잘 될 수 있도록 나누어 만들어 보았다.

11
initBinder 사용하기

11.1 유효성 검증 클래스의 약한 결합

앞의 Ex10_ValidationUtils 예제에서는 검증을 한 번밖에 안 했지만, 구조상 검증이 필요할 때마다 검증용 클래스를 new해서 사용해야 하는 강한 결합을 사용했다. 이번 예제에서는 이런 강한 결합을 약한 결합을 사용하는 것으로 바꾸어보려고 한다. 그래서 이번에도 처음부터 만들지 않고 Ex10_ValidationUtils 프로젝트를 복사해서 조금만 변경하는 방법으로 프로젝트를 만든다.

11.1.1 프로젝트 복사하기

탐색기에서 Ex10_ValidationUtils 프로젝트를 복사해서 붙여 넣고, Ex11_Valid_initBinder로 이름을 고친다.

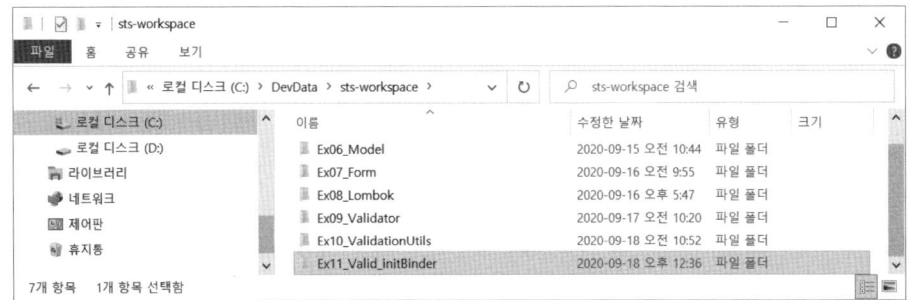

[그림 11-1] 프로젝트 폴더 복사 & 붙여 넣기

폴더로 들어가서 탐색기에서 .projects와 settings.gradle 을 텍스트 에디터로 열어서 프로젝트명을 원하는 이름으로 변경하면 된다. 여기서는 Ex11_Valid_initBinder로 변경한다. 다음 그림들에서 보듯이 세 군데를 수정하면 된다.

```xml
1  <?xml version="1.0" encoding="UTF-8"?>
2  <projectDescription>
3      <name>Ex11_Valid_initBinder</name>
4      <comment>Project Ex11_Valid_initBinder created by Buildship.</comment>
5      <projects>
6      </projects>
7      <buildSpec>
8          <buildCommand>
9              <name>org.eclipse.jdt.core.javabuilder</name>
10             <arguments>
11             </arguments>
12         </buildCommand>
```

[그림 11-2] .project 파일 변경

```
1  rootProject.name = 'Ex11_Valid_initBinder'
2
```

[그림 11-3] settings.gradle 파일 변경

11.1.2 프로젝트 임포트

이제, STS에서 프로젝트를 임포트한다. 패키지를 펼쳐서 이전 클래스의 이름으로 된 클래스를 선택하고, 클래스명도 변경해준다. 클래스를 선택하고 우클릭으로 팝업 메뉴를 띄운 다음 Refactor → Rename을 선택하여, Ex11ValidInitBinderApplication으로 변경한다.

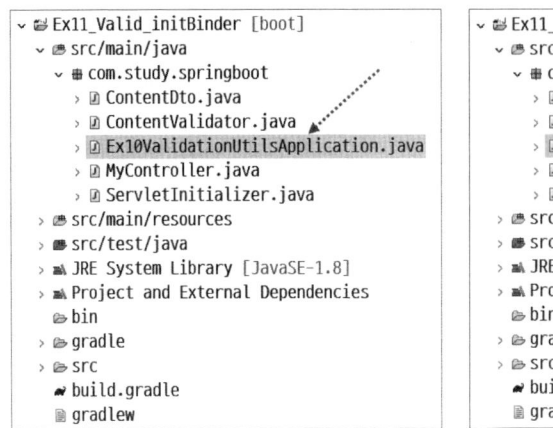

[그림 11-4] 클래스 이름 변경 전   [그림 11-5] 클래스 이름 변경 후

11.1.3 디펜던시 추가

프로젝트를 복사했기 때문에 프로젝트 생성 시에 추가하던 의존성을 추가하지는 못했지만, [그림11-6]과 같이 build.gradle에 직접 입력해서 validation 관련 디펜던시를 추가해줄 수 있다.

```
implementation 'org.springframework.boot:spring-boot-starter-validation'
```

[그림 11-6] 디펜던시 추가

기본적인 유효성 검사는 지금 추가한 디펜던시 없이도 사용 가능했지만, 이번 예제에서 사용해야 할 유효성 검증 관련 어노테이션들은 이 디펜던시를 추가해야 동작한다. 수정했으면 Gradle → Gradle Project Refresh를 반드시 수행한다. 그렇게 해야 프로젝트에 변경 내용이 적용된다.

11.1.4 약한 결합 적용

MyController 클래스에서 ContentValidator를 사용하는 부분이 강한 결합이어서, 다음과 같이 코드를 수정하여 약한 결합으로 만들어준다.

[코드 11-1] MyController.java

```java
package com.study.springboot;

import javax.validation.Valid;

import org.springframework.stereotype.Controller;
import org.springframework.validation.BindingResult;
import org.springframework.web.bind.WebDataBinder;
import org.springframework.web.bind.annotation.InitBinder;
import org.springframework.web.bind.annotation.ModelAttribute;
import org.springframework.web.bind.annotation.RequestMapping;
import org.springframework.web.bind.annotation.ResponseBody;

@Controller
public class MyController {

    @RequestMapping("/")
    public @ResponseBody String root() throws Exception{
        return "Valid_initBinder (3)";
    }

    @RequestMapping("/insertForm")
    public String insert1() {
```

```
24          return "createPage";
25      }
26
27      @RequestMapping("/create")
28      public String insert2(@ModelAttribute("dto") @Valid ContentDto contentDto,
29                              BindingResult result)
30      {
31          String page = "createDonePage";
32          System.out.println(contentDto);
33
34          //ContentValidator validator = new ContentValidator();
35          //validator.validate(contentDto, result);
36          if (result.hasErrors()) {
37              if (result.getFieldError("writer") != null) {
38                  System.out.println("1:"+result.getFieldError("writer").getCode());
39              }
40              if (result.getFieldError("content") != null) {
41                  System.out.println("2:"+result.getFieldError("content").getCode());
42              }
43
44              page = "createPage";
45          }
46
47          return page;
48      }
49
50      @InitBinder
51      protected void initBinder(WebDataBinder binder){
52          binder.setValidator(new ContentValidator());
53      }
54 }
```

- 임포트는 키보드에서 Ctrl + Shift + O 키를 동시에 누르면 쉽게 선택하여 추가할 수 있다.

50라인에서 @InitBider 어노테이션을 지정하여 해당 메서드를 프로젝트가 시작할 때 먼저 실행시킨다. 그러면 WebDataBinder 타입 변수에 우리가 사용할 유효성 검증 클래스가 프로젝트가 시작할 때 등록된다. 프로젝트에서 사용할 빈을 등록하는 것과 비슷하지만 관리하는 곳을 다르게 지정한 것이다. 이후론 개별적으로 생성할 필요 없이 유효성 검증이 필요하면 binder 변수에서 꺼내서 사용하면 된다. 다른 곳에서는 필요할 때마다 매번 new로 만들지 않고 한 번 만들어놓은 것을 주입 받아 사용할 수 있게 되었으므로 약한 결합으로 사용할 수 있게 된 것이다.

28라인의 @Valid 어노테이션으로 contentDto 객체 변수에 대한 유효성 검증을 하겠다고 표시를 했고, 파라미터로 객체 변수가 들어오면 스프링이 binder 변수에 저장된 객체를 통해서 즉시 유효성 검사를 하고 에러가 있다면 result 변수에 담아 둔다. 그러므로 기존의 34, 35라인은 주석 처리를 하고, 유효성 검증을 하기 위해서 36라인에서 result 변수는 그대로 사용하고 있다.

37라인과 40라인에서 에러를 체크해서 에러가 없다면 정상적인 것이기 때문에 완료 페이지의 JSP의 이름을 리턴한다.[47라인] 에러가 있다면 내용을 작성하는 페이지로 보내기 위한 JSP의 이름을 리턴한다.[44라인]

이렇게 유효성 검사가 필요할 때마다 34라인에서처럼 생성을 하고, 35라인에서처럼 유효성 검사 메서드를 호출하는 것이 아니고, 28라인에서 보는 것처럼 유효성 검사가 필요한 객체 변수에 @Valid 어노테이션만 붙여주면 간단하게 유효성 검사를 수행하게 되는 것이다.

11.1.5 테스트

다음은 실행하자마자 http://localhost:8081/ 요청에 의해 root() 메서드가 호출되어 스트링 데이터만 리턴한 결과이다.

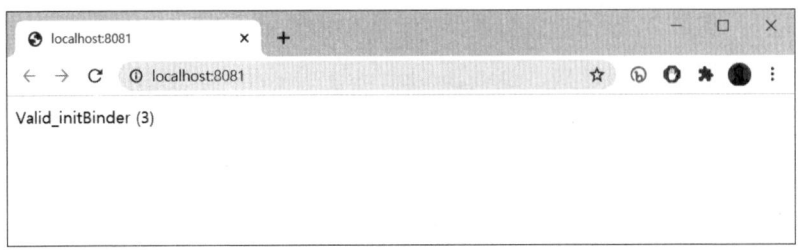

[그림 11-7] http://localhost:8081/

다음은 http://localhost:8081/insertForm 요청에 의해 insert1() 메서드가 호출된 결과이다. 데이터 입력을 위한 폼이 화면에 출력된다.

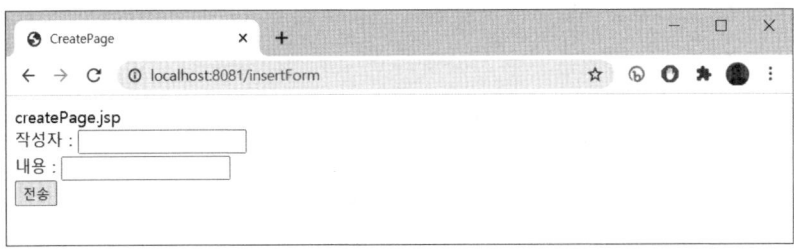

[그림 11-8] http://localhost:8081/insertForm

폼에 데이터를 입력하고 [전송] 버튼을 클릭하면 폼의 액션에 의해 http://localhost:8081/create 요청이 발생하고 insert2() 메서드가 호출되고, 입력된 폼의 데이터 검증을 하고 그 결과를 출력한다. 작성자와 내용, 둘 중 하나라도 입력하지 않고 [전송] 버튼을 클릭하면 입력 페이지로 다시 돌아간다. 콘솔의 출력 결과를 보면 좀 더 자세히 결과를 알 수 있다. 입력을 하지 않은 경우 이유를 출력하고 입력 페이지로 보낸 것을 볼 수 있다.

내부적으로 강한 결합을 사용하던 것을 약한 결합을 사용하는 것으로 바꾼 것뿐이라 최종 결과를 보면 Ex10_ValidationUtils 예제를 실행한 것과 동일한 결과임을 확인할 수 있다.

```
  .   ____          _            __ _ _
 /\\ / ___'_ __ _ _(_)_ __  __ _ \ \ \ \
( ( )\___ | '_ | '_| | '_ \/ _` | \ \ \ \
 \\/  ___)| |_)| | | | | || (_| |  ) ) ) )
  '  |____| .__|_| |_|_| |_\__, | / / / /
 =========|_|==============|___/=/_/_/_/
 :: Spring Boot ::        (v2.3.3.RELEASE)

2020-09-18 15:41:42.989  INFO 13300 --- [           main] c.s.s.Ex11ValidInitBinderApplication
2020-09-18 15:41:42.992  INFO 13300 --- [           main] c.s.s.Ex11ValidInitBinderApplication
2020-09-18 15:41:43.790  INFO 13300 --- [           main] o.s.b.w.embedded.tomcat.TomcatWebServer
2020-09-18 15:41:43.799  INFO 13300 --- [           main] o.apache.catalina.core.StandardService
2020-09-18 15:41:43.799  INFO 13300 --- [           main] org.apache.catalina.core.StandardEngine
2020-09-18 15:41:44.025  INFO 13300 --- [           main] org.apache.jasper.servlet.TldScanner
2020-09-18 15:41:44.029  INFO 13300 --- [           main] o.a.c.c.C.[Tomcat].[localhost].[/]
2020-09-18 15:41:44.029  INFO 13300 --- [           main] w.s.c.ServletWebServerApplicationContext
2020-09-18 15:41:44.181  INFO 13300 --- [           main] o.s.s.concurrent.ThreadPoolTaskExecutor
2020-09-18 15:41:44.325  INFO 13300 --- [           main] o.s.b.w.embedded.tomcat.TomcatWebServer
2020-09-18 15:41:44.333  INFO 13300 --- [           main] c.s.s.Ex11ValidInitBinderApplication
2020-09-18 15:41:50.804  INFO 13300 --- [nio-8081-exec-1] o.a.c.c.C.[Tomcat].[localhost].[/]
2020-09-18 15:41:50.805  INFO 13300 --- [nio-8081-exec-1] o.s.web.servlet.DispatcherServlet
2020-09-18 15:41:50.811  INFO 13300 --- [nio-8081-exec-1] o.s.web.servlet.DispatcherServlet
ContentDto(id=0, writer=Jeon, content=우치)
ContentDto(id=0, writer=Jeon, content=)
2:content is empty.
```

[그림 11-9] 콘솔에 출력된 결과

12
Valid 어노테이션 사용하기

12.1 유효성 검증 관련 어노테이션 사용하기

앞서 Ex11_Valid_initBinder 예제까지는 우리가 직접 만든 클래스를 통해서 데이터의 유효성을 검증했다. 그러나 검증한 내용이라고 해봐야 데이터의 값이 널인지 공백인지를 체크하는 전형적이고 간단한 유효성 체크였다. 개발자가 프로젝트마다 만들어야 하는 이런 중복적인 데이터 체크 알고리즘을 스프링에서는 쉽고 간단하게 사용할 수 있도록 스프링만의 방법을 제공해준다.

스프링에서 제공하는 쉽고 간편한 유효성 검증 방법을 살펴보기 위해 만들 예제 역시 앞의 예제인 Ex11_Valid_initBinder와 거의 똑같아서, 이번 예제까지는 앞의 프로젝트를 복사하여 조금만 변경하는 방식으로 살펴보도록 한다.

12.1.1 프로젝트 복사하기

탐색기에서 Ex11_Valid_initBinder 프로젝트를 복사해서 붙여 넣고 Ex12_Valid_Annotation으로 이름을 변경한다.

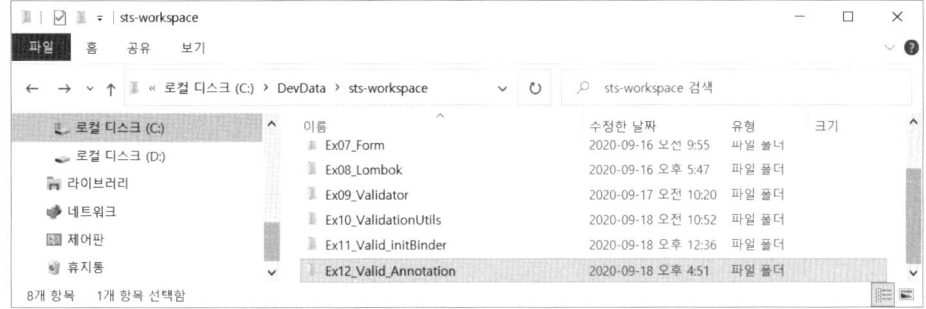

[그림 12-1] 프로젝트 폴더 복사 & 붙여 넣기

폴더로 들어가서 탐색기에서 .projects와 settings.gradle 을 텍스트 에디터로 열어서 프로젝트명을 원하는 이름으로 변경하면 된다. 여기서는 Ex12_Valid_Annotation으로 변경한다. 다음 그림들에서 보듯이 세 군데를 수정하면 된다.

```
 1  <?xml version="1.0" encoding="UTF-8"?>
 2  <projectDescription>
 3      <name>Ex12_Valid_Annotation</name>
 4      <comment>Project Ex12_Valid_Annotation created by Buildship.</comment>
 5      <projects>
 6      </projects>
 7      <buildSpec>
 8          <buildCommand>
 9              <name>org.eclipse.jdt.core.javabuilder</name>
10              <arguments>
11              </arguments>
12          </buildCommand>
```

[그림 12-2] .project 파일 변경

```
1  rootProject.name = 'Ex12_Valid_Annotation'
2
```

[그림 12-3] settings.gradle 파일 변경

03장 Form 값 검증 179

12.1.2 프로젝트 임포트

이제, STS에서 프로젝트를 임포트한다. 그리고 패키지를 펼쳐서 이전 클래스의 이름으로 된 클래스를 선택하고, 클래스명도 변경해준다. 클래스를 선택하고 우클릭으로 팝업 메뉴를 띄운 다음 Refactor → Rename을 선택하여, Ex12ValidAnnotationApplication 으로 변경한다.

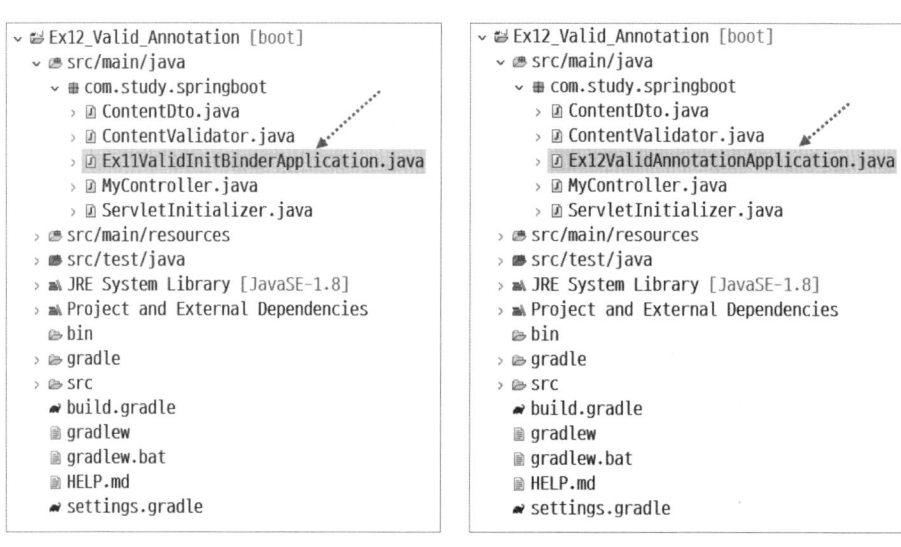

[그림 12-4] 클래스 이름 변경 전   [그림 12-5] 클래스 이름 변경 후

12.1.3 유효성 검증 클래스 제거

이번에는 스프링에서 제공하는 유효성 검증 모듈을 사용할 것이므로 우리가 만들어서 추가한 클래스를 프로젝트로부터 제거한다. ContentValidator.java를 선택하고 우클릭으로 팝업 메뉴를 띄운 다음 Delete 메뉴를 선택하여, 파일을 삭제한다.

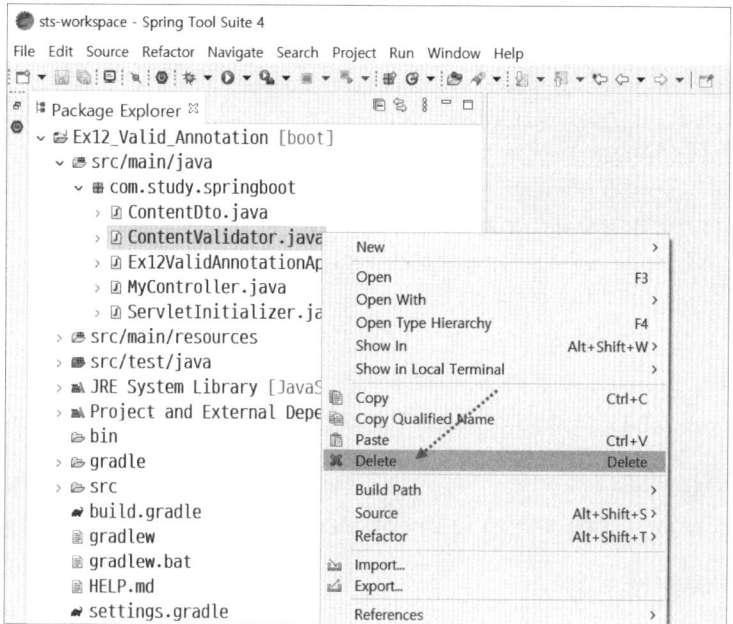

[그림 12-6] 클래스 삭제

12.1.4 폼 데이터의 유효성 검증을 위해 스프링의 어노테이션 적용

스프링에서 제공하는 기능을 사용하기 위해 ContentDto 클래스의 내용을 다음과 같이 수정한다.

[코드 12-1] ContentDto.java

```
01 package com.study.springboot;
02
03 import javax.validation.constraints.NotEmpty;
04 import javax.validation.constraints.NotNull;
05 import javax.validation.constraints.Size;
06
07 import lombok.Data;
08
09 @Data
```

```
10  public class ContentDto {
11      private int id;
12      @NotNull(message="writer is null.")
13      @NotEmpty(message="writer is empty.")
14      @Size(min=3, max=10, message="writer min 3, max 10.")
15      private String writer;
16      @NotNull(message="content is null.")
17      @NotEmpty(message="content is empty.")
18      private String content;
19  }
```

- 임포트는 키보드에서 Ctrl + Shift + O 키를 동시에 누르면 쉽게 선택하여 추가할 수 있다.
- 12라인: writer 변수의 값이 널이면 안 된다는 의미이다. 만일 널이면 입력된 에러 메시지가 사용된다.
- 13라인: writer 변수의 값이 공백이면 안 된다는 의미이다. 만일 공백이라면 입력된 에러 메시지가 사용된다.
- 14라인: writer 변수의 값의 길이가 최소 3자리 최대 10자리까지라는 의미이다. 조건이 충족되지 않으면 입력된 에러 메시지가 사용된다.
- 16라인: content 변수의 값이 널이면 안 된다는 의미이다. 만일 널이면 입력된 에러 메시지가 사용된다.
- 17라인: content 변수의 값이 공백이면 안 된다는 의미이다. 만일 공백이라면 입력된 에러 메시지가 사용된다.

유효성 검증 처리의 대부분을 어노테이션으로 지정한다. MyController 클래스는 다음과 같이 작성한다.

[코드 12-2] MyController.java

```
01  package com.study.springboot;
02
03  import javax.validation.Valid;
```

```
04
05 import org.springframework.stereotype.Controller;
06 import org.springframework.validation.BindingResult;
07 import org.springframework.web.bind.annotation.ModelAttribute;
08 import org.springframework.web.bind.annotation.RequestMapping;
09 import org.springframework.web.bind.annotation.ResponseBody;
10
11 @Controller
12 public class MyController {
13
14     @RequestMapping("/")
15     public @ResponseBody String root() throws Exception{
16         return "Valid_Annotation (4)";
17     }
18
19     @RequestMapping("/insertForm")
20     public String insert1() {
21
22         return "createPage";
23     }
24
25     @RequestMapping("/create")
26     public String insert2(@ModelAttribute("dto") @Valid ContentDto contentDto,
27                           BindingResult result)
28     {
29         String page = "createDonePage";
30         System.out.println(contentDto);
31
32         //ContentValidator validator = new ContentValidator();
33         //validator.validate(contentDto, result);
34         if (result.hasErrors()) {
35 //          if (result.getFieldError("writer") != null) {
36 //              System.out.println("1:"+result.getFieldError("writer").getCode());
37 //          }
38 //          if (result.getFieldError("content") != null) {
39 //              System.out.println("2:"+result.getFieldError("content").getCode());
```

```
40  //              }
41                  if (result.getFieldError("writer") != null) {
42                      System.out.println("1:"+result.getFieldError("writer").
                            getDefaultMessage());
43                  }
44                  if (result.getFieldError("content") != null) {
45                      System.out.println("2:"+result.getFieldError("content").
                            getDefaultMessage());
46                  }
47
48                  page = "createPage";
49              }
50
51              return page;
52          }
53
54  //      @InitBinder
55  //      protected void initBinder(WebDataBinder binder){
56  //          binder.setValidator(new ContentValidator());
57  //      }
58  }
```

- 임포트는 키보드에서 Ctrl + Shift + O 키를 동시에 누르면 쉽게 선택하여 추가할 수 있다.
- 54라인에서 57라인까지 주석 처리한다.
- 35라인에서 40라인까지 주석 처리한다.
- 41라인에서 46라인까지 추가한다.

스프링에서 제공하는 데이터 유효성 검증 모듈을 사용하기 위해 이미 ContentDto에 유효성 검증에 대한 처리를 어노테이션으로 지정했기에, initBinder 메서드를 통해 우리가 개별적으로 작성한 유효성 검증 클래스를 등록할 필요가 없다. 나중에 봤을 때 이런 부분의 필요성이 없어졌다는 표시를 위해 지우지는 않고 주석 처리만 해놓는다.

폼 데이터의 유효성 검증을 어노테이션을 지정해서 하게 되면 에러가 있을 경우 에러를 가져오기 위한 처리 부분이 앞의 예제와 조금 다르게 된다. 그러므로 35라인에서 40라인까지 주석 처리하고 41라인에서 46라인까지 새로 코드를 작성한다. 에러가 있는지를 비교하는 부분은 같지만 에러가 있을 때 에러 내용을 가져오는 코드가 getCode() 메서드가 아니고, getDefaultMessage() 메서드를 사용하고 있다.

12.1.5 테스트

다음은 실행하자마자 http://localhost:8081/ 요청에 의해 root() 메서드가 호출되어 스트링 데이터만 리턴한 결과이다.

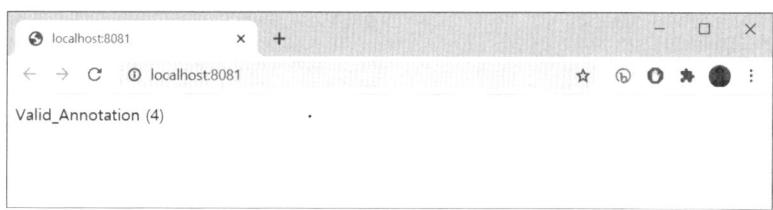

[그림 12-7] http://localhost:8081/

다음은 http://localhost:8081/insertForm 요청에 의해 insert1() 메서드가 호출된 결과이다. 데이터 입력을 위한 폼이 화면에 출력된다.

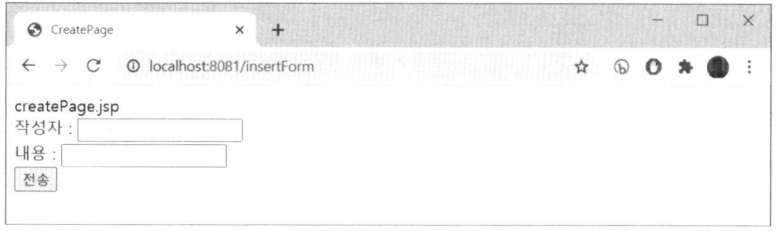

[그림 12-8] http://localhost:8081/insertForm

폼에 데이터를 입력하고 [전송] 버튼을 클릭하면 폼의 액션에 의해 http://localhost:8081/create 요청이 발생하고 insert2() 메서드가 호출되고, 입력된 폼의 데이터 검증을 하고 그 결과를 출력한다. 작성자와 내용, 둘 중 하나라도 입력하지 않고 [전송] 버튼을 클릭하면 입력 페이지로 다시 돌아간다. 콘솔의 출력 결과를 보면 좀 더 자세히 결과를 알 수 있다. 입력을 하지 않은 경우 이유를 출력하고 입력 페이지로 보낸 결과를 볼 수 있다.

```
  .   ____          _            __ _ _
 /\\ / ___'_ __ _ _(_)_ __  __ _ \ \ \ \
( ( )\___ | '_ | '_| | '_ \/ _` | \ \ \ \
 \\/  ___)| |_)| | | | | || (_| |  ) ) ) )
  '  |____| .__|_| |_|_| |_\__, | / / / /
 =========|_|==============|___/=/_/_/_/
 :: Spring Boot ::        (v2.3.3.RELEASE)

2020-09-18 17:50:12.447  INFO 456 --- [           main] c.s.s.Ex12ValidAnnotationApplication
2020-09-18 17:50:12.450  INFO 456 --- [           main] c.s.s.Ex12ValidAnnotationApplication
2020-09-18 17:50:13.264  INFO 456 --- [           main] o.s.b.w.embedded.tomcat.TomcatWebServer
2020-09-18 17:50:13.271  INFO 456 --- [           main] o.apache.catalina.core.StandardService
2020-09-18 17:50:13.272  INFO 456 --- [           main] org.apache.catalina.core.StandardEngine
2020-09-18 17:50:13.480  INFO 456 --- [           main] org.apache.jasper.servlet.TldScanner
2020-09-18 17:50:13.485  INFO 456 --- [           main] o.a.c.c.C.[Tomcat].[localhost].[/]
2020-09-18 17:50:13.485  INFO 456 --- [           main] w.s.c.ServletWebServerApplicationContext
2020-09-18 17:50:13.633  INFO 456 --- [           main] o.s.s.concurrent.ThreadPoolTaskExecutor
2020-09-18 17:50:13.780  INFO 456 --- [           main] o.s.b.w.embedded.tomcat.TomcatWebServer
2020-09-18 17:50:13.788  INFO 456 --- [           main] c.s.s.Ex12ValidAnnotationApplication
2020-09-18 17:50:22.229  INFO 456 --- [nio-8081-exec-1] o.a.c.c.C.[Tomcat].[localhost].[/]
2020-09-18 17:50:22.229  INFO 456 --- [nio-8081-exec-1] o.s.web.servlet.DispatcherServlet
2020-09-18 17:50:22.237  INFO 456 --- [nio-8081-exec-1] o.s.web.servlet.DispatcherServlet
ContentDto(id=0, writer=Hong, content=길동)
ContentDto(id=0, writer=, content=길동)
1:writer is empty.
```

[그림 12-9] 콘솔에 출력된 결과

웹 애플리케이션 개발에서 데이터의 값이 널인지 공백인지 또는 길이를 제한하는 등의 유효성 검증은 매우 빈번하게 사용되므로 스프링의 유효성 검증 모듈을 사용하게 되면 코딩의 양을 대폭 줄일 수 있다.

CHAPTER

04

예제로 배우는 스프링 부트 입문

JdbcTemplate

13
JdbcTemplate 사용하기

13.1 JdbcTemplate

이번 예제에서는 데이터베이스에 접속해서 쿼리문을 사용하는 예제를 만든다. 필자가 사용하는 데이터베이스는 기본적으로 오라클 11g Express 버전이다. 직업훈련기관이나 학원에서 가장 많이 배우고 있는 데이터베이스이다. 하지만 MySQL이나 MariaDB 등 다른 데이터베이스의 경우도 설정값만 다르게 설정할 뿐 코드는 똑같이 사용하므로, 본인이 사용하는 데이터베이스를 사용하여 예제를 따라 만들면 된다.

데이터베이스를 사용하기 위해 JDBC를 직접 이용하면 드라이버 로드, 접속, 쿼리 실행, 종료 등 반복적인 작업과 컨넥션 풀 관리 등의 작업을 개발자가 매번 해야 한다. 스프링은 누구나 해야 하는 이런 반복적인 작업이 있다면 항상 쉬운 사용을 위한 모듈을 제공하고 있다. 그리고 데이터베이스를 쉽게 사용할 수 있는 모듈로는 JdbcTemplate을 제공하고 있다. 먼저, 본인이 사용하고 있는 데이터베이스에 다음과 같이 테이블을 생성하고 샘플용 데이터를 추가하도록 한다.

[코드 13-1] 테이블 생성

```
01 drop table myuser;
02 create table myuser (
03     id varchar2(10),
04     name varchar2(10)
05 );
06
```

```
07  # 샘플 데이터 추가
08  insert into myuser values ('test1', '홍길동1');
09  insert into myuser values ('test2', '홍길동2');
10  insert into myuser values ('test3', '홍길동3');
```

13.2 데이터베이스 사용 예제 만들기

13.2.1 프로젝트 생성

이름이 Ex13_JdbcTemplate인 프로젝트를 만든다.

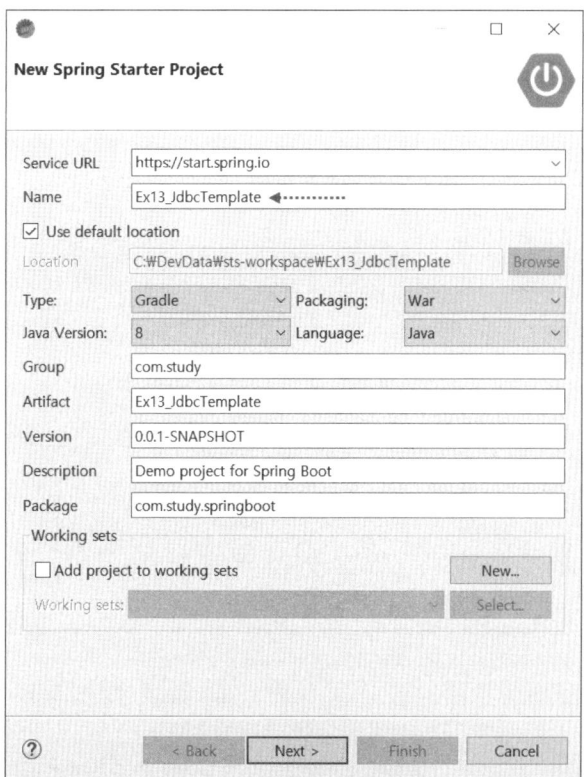

[그림 13-1] 프로젝트 생성 정보

13.2.2 디펜던시 추가

이번 예제에서는 추가할 디펜던시가 많다. 먼저 상단의 자주 사용하던 목록 위치에서 Spring Web과 Lombok을 체크하여 추가한다. 그 다음, 데이터베이스 사용을 위한 디펜던시를 추가한다. JDBC를 입력하면 다음과 같이 여러 개가 검색되어 나오는데, JDBC API와 본인이 사용하는 데이터베이스의 드라이버를 선택하면 된다.

— NOTE —————————————————————————————

Oracle은 검색은 되지만 라이센스 문제 때문에 실제로는 사용하지 못하고, MariaDB는 검색이 안 되어서 나중에 수작업으로 추가해야 한다. MySQL 사용자라면 여기서 체크하도록 한다.

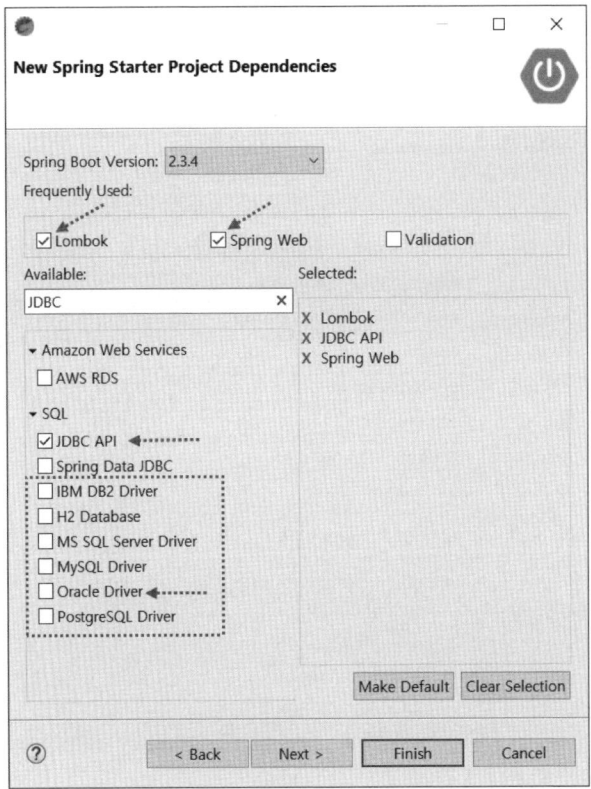

[그림 13-2] 의존성 주입 선택

JDBC API는 자바에서 데이터베이스를 사용하기 위한 디펜던시라 필수로 포함시켜야 한다. Oracle Driver는 오라클용 드라이버이다. 기존 JSP/Servlet에서 오라클 폴더의 ojdbc6.jar 등의 파일을 외부 라이브러리로 프로젝트에 포함시키던 것을, 스프링 부트에서는 여기서 체크만 하면 프로젝트 안에 자동으로 포함킨다. 그레이들에서 라이브러리로 다운받고 관리해주는 것이다. 그런데 오라클의 경우는 오라클 드라이버를 여기에서 체크하고 그레이들이 관리하게 하면 프로젝트 실행 시 정상적으로 동작하지 않고 에러가 발생한다. 따라서 여기서는 체크하지 않는다.

13.2.3 오라클 데이터베이스 사용을 위한 환경 설정

다음은 오라클 데이터베이스 사용을 위한 디펜던시의 모습이다. 오라클 사용을 위한 별도의 디펜던시가 추가되지 않았다.

[코드 13-2] 오라클 데이터베이스 사용 의존성 세팅

```
01  dependencies {
02      implementation 'org.springframework.boot:spring-boot-starter-jdbc'
03      implementation 'org.springframework.boot:spring-boot-starter-web'
04      compileOnly 'org.projectlombok:lombok'
05      annotationProcessor 'org.projectlombok:lombok'
06      providedRuntime 'org.springframework.boot:spring-boot-starter-tomcat'
07      testImplementation('org.springframework.boot:spring-boot-starter-test') {
08          exclude group: 'org.junit.vintage', module: 'junit-vintage-engine'
09      }
10  }
```

그리고 오라클 데이터베이스의 JDBC 드라이버를 사용하기 위해 오라클 데이터베이스가 설치된 폴더에서 ojdbc6.jar 파일을 찾아 기존 JSP/Servlet에서 사용하던 방식대로 프로젝트에 외부 라이브러리로 등록시키든지, 컴퓨터에 클래스패스로 지정되어 있는 폴더에 등록해서 사용한다. 필자는 오라클용 JDBC 드라이버를 컴퓨터에 클래스 패스

로 등록하여 사용할 것이다. 먼저, 오라클이 설치된 폴더에서 다음과 같이 오라클 드라이버를 찾아서 위치를 확인한다.

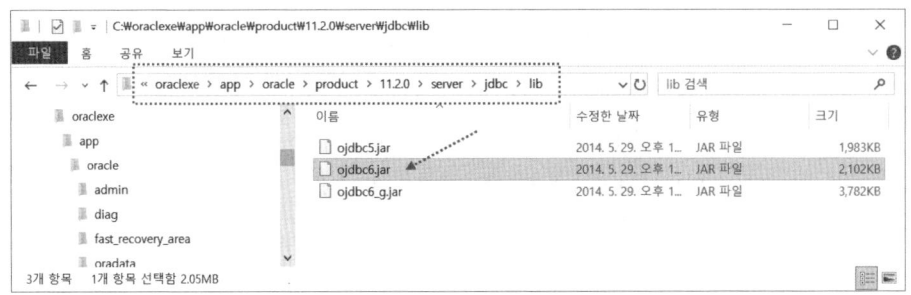

[그림 13-3] 오라클 폴더에서 오라클용 드라이버 위치 확인

그리고 다음과 같이 환경변수에 클래스패스를 등록한다. 먼저 탐색기에서 [내컴퓨터 → 우클릭 → 속성]으로 다음 창을 열고 좌측의 [고급 시스템 설정]을 선택한다.

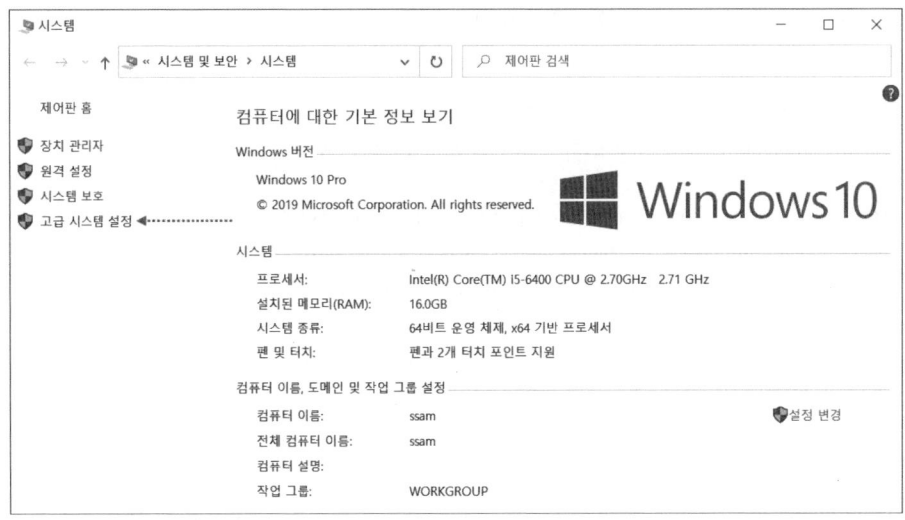

[그림 13-4] 환경 변수 등록 (1)

다음 창에서 상단의 [고급] 탭 선택을 한 다음, 하단의 [환경 변수]를 선택한다.

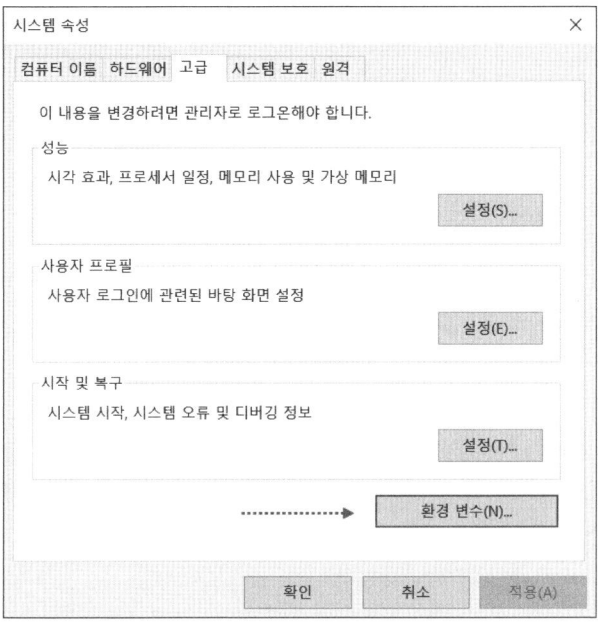

[그림 13-5] 환경 변수 등록 (2)

다음 창에서 [새로 만들기]로 환경 변수를 추가한다.

[그림 13-6] 환경 변수 등록 (3)

변수 이름은 classpath로 등록하고, 변수값으로 다음과 같이 입력한다. 세미콜론(;)을 입력하여 값을 구분하고 맨 뒤에는 현재 폴더를 의미하는 점(.)도 추가한다.

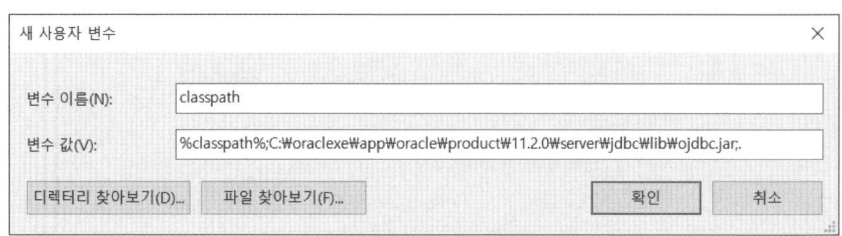

[그림 13-7] 환경 변수 등록 (4)

등록한 값을 확인하기 위해 더블 클릭하면 [그림 13-8]과 같이 분리되어 보일 것이다. 세 줄로 보이면 잘 입력된 것이다.

[그림 13-8] 환경 변수 등록 (5)

여기까지 등록을 했다면 이 컴퓨터의 모든 자바 프로그램에서는 오라클 드라이버를 사용할 수 있게 된다.

13.2.4 MySQL 데이터베이스 사용을 위한 디펜던시 설정

앞의 [그림 13-2] 의존성 주입 선택에서 MySQL Driver까지 체크하면 된다. 다음은 MySQL Driver까지 선택한 디펜던시의 모습이다.

[코드 13-3] MySQL 데이터베이스 사용 의존성 세팅 : 05라인

```
01  dependencies {
02      implementation 'org.springframework.boot:spring-boot-starter-jdbc'
03      implementation 'org.springframework.boot:spring-boot-starter-web'
04      compileOnly 'org.projectlombok:lombok'
05      runtimeOnly 'mysql:mysql-connector-java'
06      annotationProcessor 'org.projectlombok:lombok'
07      providedRuntime 'org.springframework.boot:spring-boot-starter-tomcat'
08      testImplementation('org.springframework.boot:spring-boot-starter-
        test') {
09          exclude group: 'org.junit.vintage', module: 'junit-vintage-engine'
10      }
11  }
```

13.2.5 MariaDB 데이터베이스 사용을 위한 디펜던시 설정

MariaDB를 사용하면 앞에서 검색이 되지 않아 체크하지 못 했는데, 다음 10라인의 내용을 build.gradle에서 디펜던시에 직접 추가한다.

[코드 13-4] MariaDB 데이터베이스 사용 의존성 세팅 : 10라인

```
01  dependencies {
02      implementation 'org.springframework.boot:spring-boot-starter-jdbc'
03      implementation 'org.springframework.boot:spring-boot-starter-web'
04      compileOnly 'org.projectlombok:lombok'
05      annotationProcessor 'org.projectlombok:lombok'
06      providedRuntime 'org.springframework.boot:spring-boot-starter-tomcat'
07      testImplementation('org.springframework.boot:spring-boot-starter-
        test') {
08          exclude group: 'org.junit.vintage', module: 'junit-vintage-engine'
09      }
10      compile group: 'org.mariadb.jdbc', name: 'mariadb-java-client',
        version: '2.7.0'
11  }
```

> **NOTE**
>
> MariaDB 사용
>
> https://mvnrepository.com/artifact/org.mariadb.jdbc/mariadb-java-client

13.2.6 JSP 사용을 위한 환경 설정

이제 프로젝트에서 JSP를 사용할 수 있도록 기본 설정을 바꾸도록 한다. 첫 번째로 build.gradle 파일에 JSP사용을 위한 의존성을 추가한다. 간단한 방법은 이전 예제를 열고 해당 부분을 복사해서 붙여넣기하면 된다.

[그림 13-9] JSP 사용 설정 - build.gradle

또한 Gradle → Gradle Project Refresh를 반드시 수행한다. 그렇게 해야 프로젝트에 변경 내용이 적용된다. 두 번째로 application.properties를 열고 내용을 입력한다.

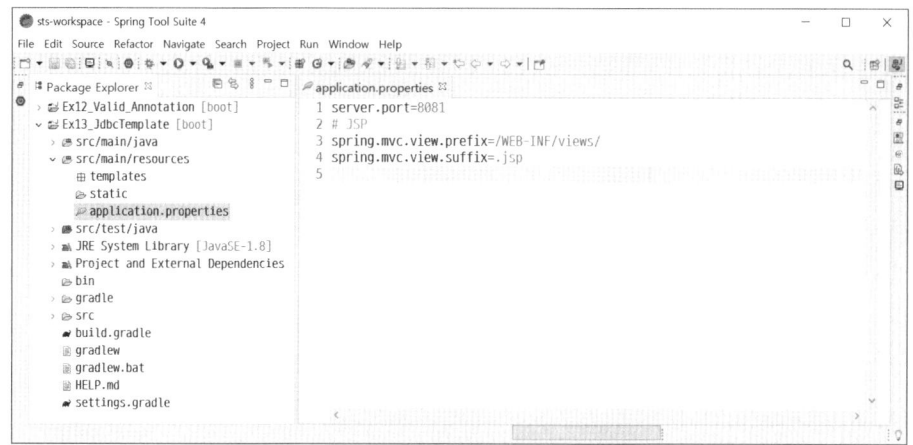

[그림 13-10] JSP 사용 설정 - application.properties

세 번째로 JSP 사용을 위한 폴더를 만드는데, 새로 만들어도 되고 이전 예제로부터 폴더를 복사하고 파일들을 지워 구조만 유지해도 된다.

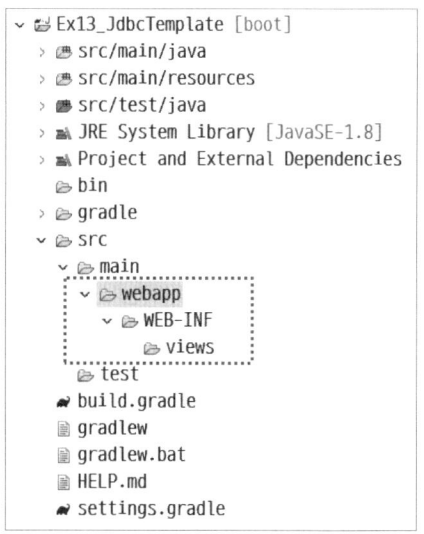

[그림 13-11] JSP 사용 설정 - 폴더 구성

리퀘스트 맵핑을 위한 MyController.java를 만든다. 이때, 메뉴를 통해서 새로 클래스를 만들어서 추가해도 되고 이전 예제에서 복사해와서 클래스의 필요 없는 내용을 지워도 된다.

[그림 13-12] 리퀘스트 맵핑용 클래스 추가

지금까지, 프로젝트의 기본형을 만들어보았다.

13.2.7 JDBC 세팅 추가

이제 데이터베이스를 사용하기 위한 설정을 추가한다. application.propertie를 열고 다음 내용을 입력한다.

```
# oracle set
spring.datasource.driver-class-name=oracle.jdbc.OracleDriver
spring.datasource.url=jdbc:oracle:thin:@localhost:1521/xe
spring.datasource.username=scott
spring.datasource.password=tiger
```

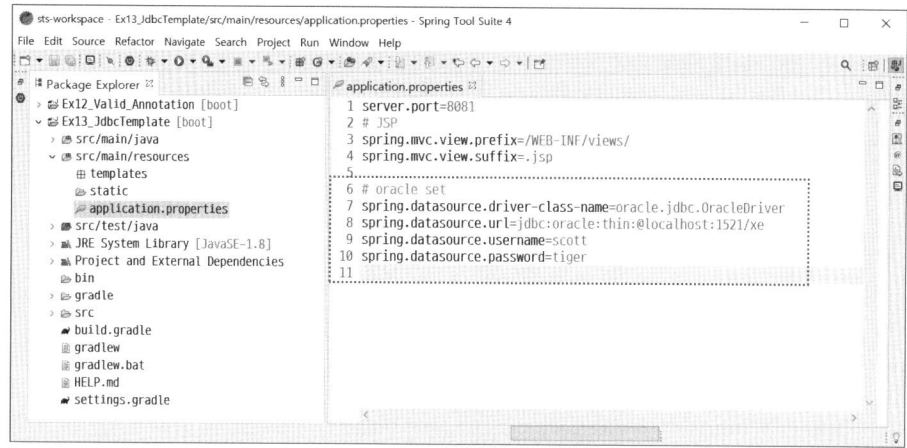

[그림 13-13] JDBC 설정 - application.properties

기존에 JSP/Servlet에서 오라클 데이터베이스를 사용하기 위한 설정 내용과 동일함을 알 수 있다. 필자의 오라클은 데이터베이스의 이름은 xe이고, 사용자는 scott, 비밀번호는 tiger로 설정했다.

___ NOTE _____

MySQL을 사용할 경우는 다음과 같이 입력한다.

spring.datasource.driver-class-name=com.mysql.jdbc.Driver

spring.datasource.url=jdbc:mysql://localhost:3306/데이터베이스명

spring.datasource.username=유저

spring.datasource.password=비밀번호

___ NOTE _____

MariaDB를 사용할 경우는 다음과 같이 입력한다.

spring.datasource.driver-class-name=org.mariadb.jdbc.Driver

spring.datasource.url=jdbc:mariadb://localhost:3306/데이터베이스명

spring.datasource.username=유저

spring.datasource.password=비밀번호

13.2.8 DTO, DAO 추가

데이터베이스의 myuser 테이블을 사용하기 위한 DTO와 DAO를 [그림 13-14]와 같이 만들어 추가한다. 먼저 패키지를 추가하고, 해당 패키지에 클래스를 추가한다.

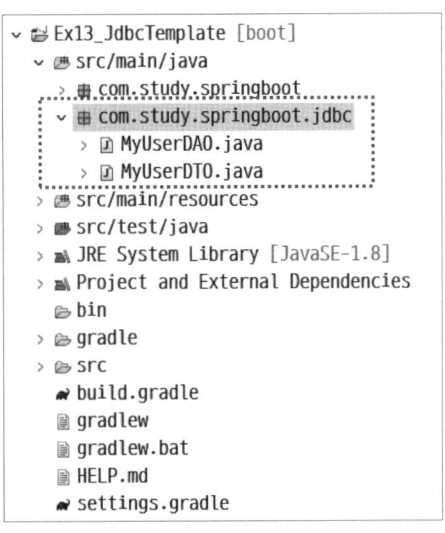

[그림 13-14] MyUserDTO, MyUserDAO 클래스 추가

이제 다음과 같이 MyUserDTO 클래스의 코드를 작성한다. 데이터베이스 테이블에서 SQL문의 쿼리로 발생하는 데이터를 처리하기 위한 것이므로 테이블의 컬럼명으로 변수를 만들면 된다. 변수만 추가하고, 변수에 대한 게터와 세터는 만들지 않는다. 그리고 롬복 사용을 위해 @Data 어노테이션을 추가한다.

[코드 13-5] MyUserDTO.java

```
01 package com.study.springboot.jdbc;
02
03 import lombok.Data;
04
05 @Data
06 public class MyUserDTO {
```

```
07
08      private String id;
09      private String name;
10 }
```

- 임포트는 키보드에서 Ctrl + Shift + O 키를 동시에 누르면 쉽게 선택하여 추가할 수 있다.

MyUserDAO 클래스의 코드는 다음과 같이 작성한다.

[코드 13-6] MyUserDAO.java

```
01 package com.study.springboot.jdbc;
02
03 import java.util.List;
04
05 import org.springframework.beans.factory.annotation.Autowired;
06 import org.springframework.jdbc.core.BeanPropertyRowMapper;
07 import org.springframework.jdbc.core.JdbcTemplate;
08 import org.springframework.stereotype.Repository;
09
10 @Repository
11 public class MyUserDAO {
12     @Autowired
13     private JdbcTemplate jdbcTemplate;
14
15     public List<MyUserDTO> list() {
16         String query = "select * from myuser";
17         List<MyUserDTO> list = jdbcTemplate.query(
18                 query, new BeanPropertyRowMapper<MyUserDTO>(MyUserDTO.
                   class));
19
20         //for(UserDTO my : list) {
21         //    System.out.println(my);
22         //}
23
24         return list;
```

```
25      }
26
27  }
```

- 임포트는 키보드에서 Ctrl + Shift + O 키를 동시에 누르면 쉽게 선택하여 추가할 수 있다.

DAO는 10라인의 @Repository라는 어노테이션을 사용해 빈으로 등록한다. @Repository 어노테이션은 스테레오 타입(stereo type)의 일종이다. 스테레오 타입이라는 것은 빈을 등록하고 사용할 때 개발자가 내부적으로 의미 파악을 하기 쉽게 하기 위해서 사용하는 별칭이라고 보면 된다.

리퀘스트 맵핑에서 사용하는 @Controller 어노테이션은 이 클래스를 빈으로 등록하는데 컨트롤러 용도로 사용하겠다라는 의미를 갖는 것이고, 여기서 사용한 @Repository 어노테이션은 이 클래스를 빈으로 등록하는데 데이터베이스와 관련된 처리 용도로 사용하겠다는 추가적인 의미를 부여하는 것으로 보면 된다. 스프링 내부적으론 그냥 빈으로 등록된다.

12라인에서 자동주입 어노테이션을 사용했으므로 13라인의 jdbcTemplate 변수에는 우리가 설정한 데이터베이스의 정보를 바탕으로 오라클 드라이버를 로드하고 데이터베이스에 접속한 후에 컨넥션 풀까지 생성한 정보가 들어오게 된다. 데이터베이스를 사용하기 위한 코드는 12라인과 13라인 두 줄이 전부이다.

17라인에서 jdbcTemplate 객체변수의 query 메서드를 이용해서 16라인에서 만든 쿼리문을 실행한다. SQL 쿼리의 결과를 ResultSet의 로우(Row)마다 DTO 객체로 받아서 전체를 리스트 데이터로 만든다.[17라인]

20라인에서 22라인의 주석을 해제하면 결과 데이터를 콘솔창에 로그로 출력해볼 수 있다. 우리는 뒤에서 JSP를 이용하여 웹에서 결과를 출력해볼 것이다.

JSP/Servlet에서 데이터베이스를 사용하기 위해서 작성하던 코드에 비하면 엄청나게 코드의 양이 줄어든 것을 볼 수 있다.

13.2.9 리퀘스트 맵핑

이제 MyController 클래스에 다음과 같이 코드를 작성하여 url 호출에 대한 리퀘스트 맵핑을 한다.

[코드 13-7] MyController.java

```
01 package com.study.springboot;
02
03 import org.springframework.beans.factory.annotation.Autowired;
04 import org.springframework.stereotype.Controller;
05 import org.springframework.ui.Model;
06 import org.springframework.web.bind.annotation.RequestMapping;
07 import org.springframework.web.bind.annotation.RequestMethod;
08 import org.springframework.web.bind.annotation.ResponseBody;
09
10 import com.study.springboot.jdbc.MyUserDAO;
11
12 @Controller
13 public class MyController {
14
15     @Autowired
16     private MyUserDAO userDao;
17
18     @RequestMapping("/")
19     public @ResponseBody String root() throws Exception{
20         return "JdbcTemplate 사용하기";
21     }
22
23     //@GetMapping("/user")
24     @RequestMapping(value = "/user", method = RequestMethod.GET)
25     public String userlistPage(Model model) {
```

```
26          model.addAttribute("users", userDao.list());
27          return "userlist";
28      }
29
30  }
```

- 임포트는 키보드에서 Ctrl + Shift + O 키를 동시에 누르면 쉽게 선택하여 추가할 수 있다.

15라인에서 자동 주입을 지정하고 16라인에서 userDao 객체 변수를 만들었다. 우리 프로젝트에서는 이 객체 변수에 들어올 수 있는 빈은 앞에서 @Repository로 등록한 빈, 한 가지밖에 없으니 여기서 자동 주입이 가능하다.

24라인에서 리퀘스트 매핑의 어노테이션을 처리했다. 지금까지는 호출될 url만 적어 주었는데, 이번에는 url과 호출 방식도 적어 주었다. 기본은 Get 방식인데 Post로 호출되는 경우 여기서 지정해주면 된다. 23라인처럼 지정하는 방법도 있다.

26라인에서 userDao객체 변수의 list() 메서드를 호출하여 리스트형 데이터를 리턴받아 model 변수에 담아준다. 그리고 27라인에서는 JSP 파일을 호출한다.

13.2.10 뷰 만들기

이제 [그림 13-15]와 같이 내용을 보여줄 JSP를 만든다.

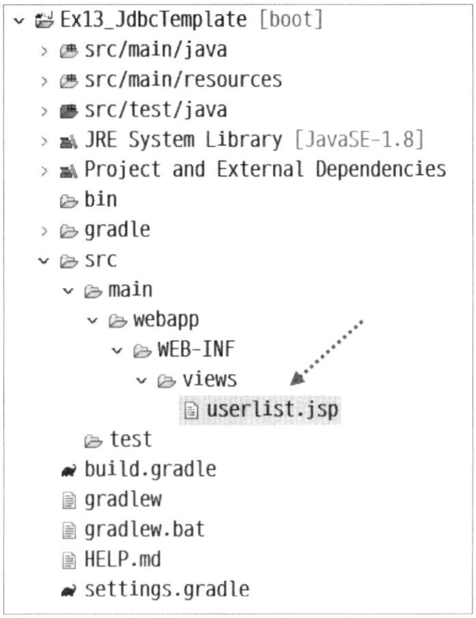

[그림 13-15] JSP 추가

앞에서 사용했던 방식으로 JSP 파일을 추가하고 다음과 같이 내용을 입력하여 코드를 작성한다.

[코드 13-8] userlist.jsp

```jsp
01 <%@ page language="java" contentType="text/html; charset=UTF-8"
02     pageEncoding="UTF-8"%>
03 <%@ taglib prefix="c" uri="http://java.sun.com/jsp/jstl/core" %>
04 <!DOCTYPE html>
05 <html>
06 <head>
07 <meta http-equiv="Content-Type" content="text/html; charset=UTF-8">
08 <title>Insert title here</title>
09 </head>
10 <body>
11 <%
12     out.println("JdbcTemplate : Hello World");
13 %>
14 <br>
```

```
15
16  <c:forEach var="dto" items="${users}">
17      ${dto.id} / ${dto.name}<br>
18  </c:forEach>
19
20
21  </body>
22  </html>
```

- 03라인: jstl을 사용하기 위해 태그 라이브러리를 추가한다.

모델의 users에 리스트 데이터를 넣어 두었으므로, 16라인에서처럼 jstl의 for문을 사용해서 리스트의 데이터를 하나씩 꺼내서 출력을 한다.

13.2.11 테스트

다음의 [Boot Dashboard]에서 프로젝트를 선택하고 실행 아이콘을 클릭하여, 실행한다.

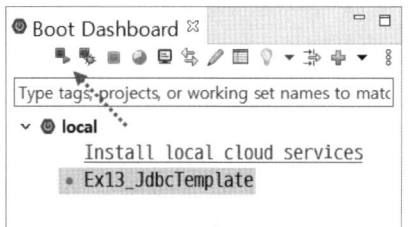

[그림 13-16] 프로젝트 실행

[그림 13-17]은 실행하자마자 http://localhost:8081/ 요청에 의해 root() 메서드가 호출되어 스트링 데이터만 리턴한 결과이다.

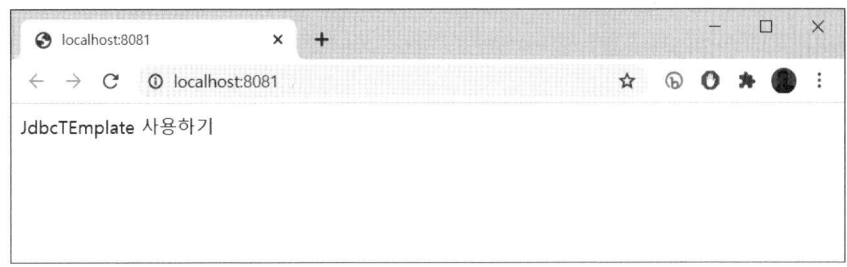

[그림 13-17] http://localhost:8081/

[그림 13-18]은 http://localhost:8081/user 요청에 의해 userlistPage() 메서드가 호출된 결과이다. 데이터베이스의 테이블에서 SQL문을 통한 쿼리 결과가 잘 출력되고 있다.

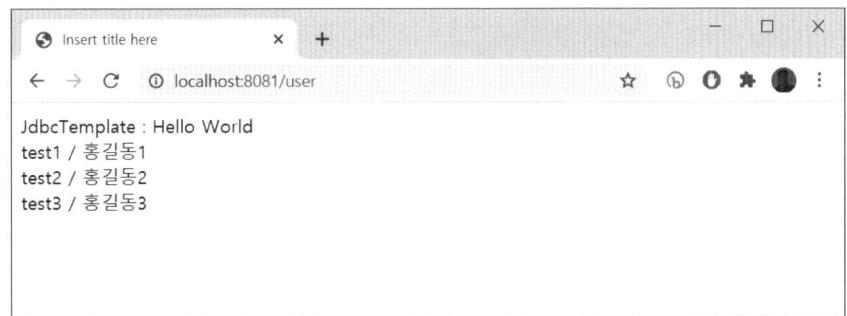

[그림 13-18] http://localhost:8081/user

JdbcTemplate 클래스를 통해 쿼리 질의를 하면 기존 JSP/Servlet에 비해 코드의 양이 절대적으로 적어진 것을 볼 수 있다. 데이터베이스 설정에 관한 코드의 양이 적어서 상대적으로 비즈니스 로직을 구현한 코드가 직관적으로 보이고 이해가 수월해진다.

14
간단한 게시판 만들기

14.1 JdbcTemplate을 이용한 간단한 게시판 만들기

이번 예제에서는 JdbcTemplate을 이용하여 간단한 게시판을 만든다. 게시판을 만들기 위해서는 CRUD를 다 사용해야 하므로, JdbcTemplae을 사용하는 좋은 예제가 될 것이다.

14.1.1 테이블 생성

먼저, 다음과 같이 사용하고 있는 데이터베이스에 테이블을 생성하고 샘플용 데이터를 추가한다. 필자가 사용하는 데이터베이스는 오라클 11g Express 버전이다.

[코드 14-1] 테이블 생성

```
01 drop table simple_bbs;
02 create table simple_bbs (
03     id number(4) primary key,
04     writer varchar2(100),
05     title varchar2(100),
06     content varchar2(100)
07 );
08
09 drop sequence simple_bbs_seq;
10 create sequence simple_bbs_seq;
```

Id 컬럼의 값을 자동으로 1씩 증가시키기 위해서 오라클의 시퀀스 기능을 사용하고 있다. 다른 데이터베이스를 사용하고 있다면, 해당 데이터베이스에서 제공하는 자동 증가 옵션을 사용하면 된다.

14.1.2 프로젝트 기본형 만들기

이름이 Ex14_SimpleBBS인 프로젝트를 만든다.

[그림 14-1] 프로젝트 생성 정보

이번 예제에서 추가할 디펜던시는 상단의 자주 사용하던 목록 위치에서 Spring Web과 Lombok 그리고 JDBC API를 선택한다. 오라클이 아닌 데이터베이스를 사용하고 있다면 해당 데이터베이스 드라이버까지 체크해서 선택한다.

[그림 14-2] 의존성 주입 선택

이제 프로젝트에서 JSP를 사용할 수 있도록 기본 설정을 바꾼다. 첫 번째로 build. gradle 파일에 JSP 사용을 위한 의존성을 추가한다. 간단한 방법은 이전 예제를 열고 해당 부분을 복사해서 붙여넣기하면 된다.

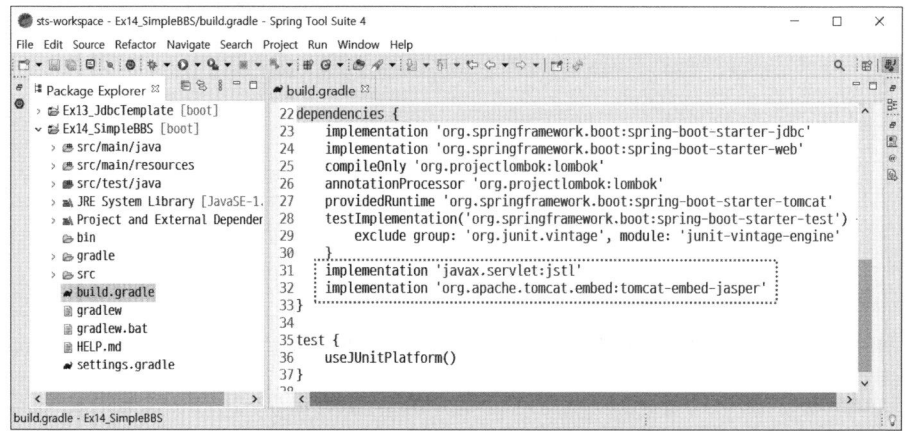

[그림 14-3] JSP 사용 설정 - build.gradle

또한 Gradle → Gradle Project Refresh를 반드시 수행한다. 그렇게 해야 프로젝트에 변경 내용이 적용된다. 두 번째로 application.properties를 열고 내용을 입력한다.

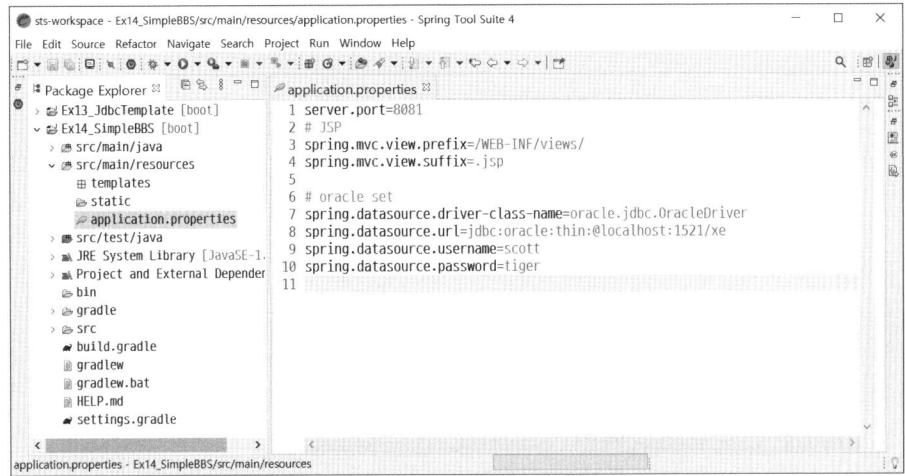

[그림 14-4] JSP & Oracle 사용 설정 - application.properties

세 번째로 JSP 사용을 위한 폴더를 만드는데, 새로 만들어도 되고 이전 예제로부터 폴더를 복사하고 파일들을 지우고 구조만 유지해도 된다.

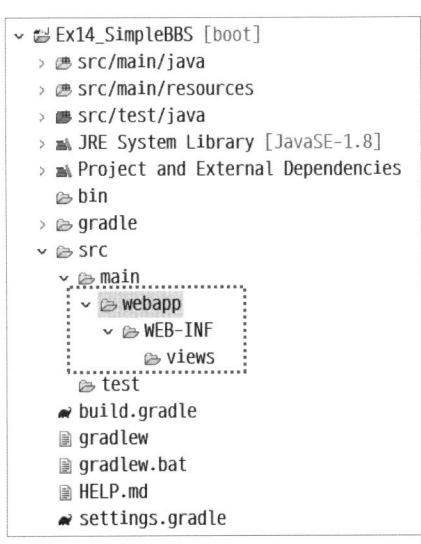

[그림 14-5] JSP 사용 설정 - 폴더 구성

04장 JdbcTemplate **211**

리퀘스트 맵핑을 위한 MyController.java를 만든다. 이때, 메뉴를 통해서 새로 클래스를 만들어서 추가해도 되고 이전 예제에서 복사해와서 클래스의 필요 없는 내용을 지워도 된다.

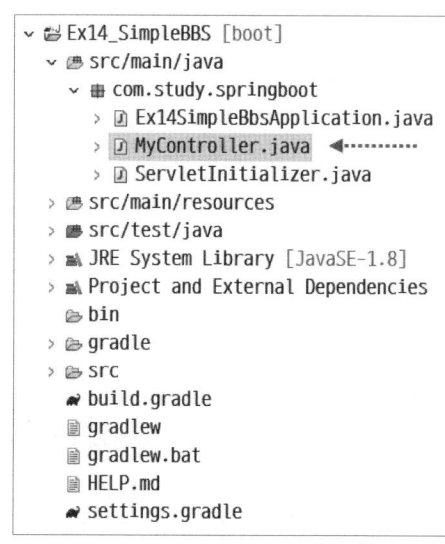

[그림 14-6] 리퀘스트 맵핑용 클래스 추가

이제, JSP와 데이터베이스를 사용하기 위한 프로젝트의 기본형을 만들었다.

14.1.3 DTO, DAO 추가

데이터베이스의 simple_bbs 테이블을 사용하기 위한 DTO와 DAO를 [그림 14-7]과 같이 만들어 추가한다. 먼저 패키지를 추가하고, 해당 패키지에 클래스를 추가한다.

```
▽ ▣ Ex14_SimpleBBS [boot]
  ▽ ▣ src/main/java
    > ⊞ com.study.springboot
    ▽ ⊞ com.study.springboot.dao
      > ▣ ISimpleBbsDao.java
      > ▣ SimpleBbsDao.java
    ▽ ⊞ com.study.springboot.dto
      > ▣ SimpleBbsDto.java
  > ▣ src/main/resources
  > ▣ src/test/java
  > ▣ JRE System Library [JavaSE-1.8]
  > ▣ Project and External Dependencies
    ▣ bin
  > ▣ gradle
  > ▣ src
    ▣ build.gradle
    ▣ gradlew
    ▣ gradlew.bat
    ▣ HELP.md
    ▣ settings.gradle
```

[그림 14-7] SimpleBbsDto, SimpleBbsDao 클래스 추가

이번 예제의 DAO는 인터페이스를 만들고 구현하는 방식으로 하지 않아도 된다. 그러나 다음 장의 예제로 자연스럽게 이어지는 부분이 있어서 인터페이스를 따로 만들고, 인터페이스를 구현하는 방식으로 DAO를 구현했다.

이제 다음과 같이 SimpleBbsDto 클래스의 코드를 작성한다. 데이터베이스 테이블에서 SQL문의 쿼리로 발생하는 데이터를 처리하기 위한 것이므로 테이블의 컬럼명으로 변수를 만들면 된다. 변수만 추가하고, 변수에 대한 게터와 세터는 만들지 않는다. 그리고 롬복 사용을 위해 @Data 어노테이션을 추가한다.

[코드 14-2] SimpleBbsDto.java

```
01 package com.study.springboot.dto;
02
03 import lombok.Data;
04
05 @Data
06 public class SimpleBbsDto {
```

```
07    private int id;
08    private String writer;
09    private String title;
10    private String content;
11 }
```

- 임포트는 키보드에서 Ctrl + Shift + O 키를 동시에 누르면 쉽게 선택하여 추가할 수 있다.

ISimpleBbsDao 인터페이스의 코드는 다음과 같이 작성한다.

[코드 14-3] ISimpleBbsDao.java

```
01 package com.study.springboot.dao;
02
03 import java.util.List;
04
05 import com.study.springboot.dto.SimpleBbsDto;
06
07 public interface ISimpleBbsDao {
08
09     public List<SimpleBbsDto> listDao();
10     public SimpleBbsDto viewDao(String id);
11     public int writeDao(String writer, String title, String content);
12     public int deleteDao(String id);
13 }
```

- 임포트는 키보드에서 Ctrl + Shift + O 키를 동시에 누르면 쉽게 선택하여 추가할 수 있다.
- 09라인: 리스트 보기를 위한 select 메서드를 정의한다.
- 10라인: 개별 뷰 보기를 위한 select 메서드를 정의한다.
- 11라인: 글 작성을 위한 insert 메서드를 정의한다.
- 12라인: 글 삭제를 위한 delete 메서드를 정의한다.

CRUD에서 update가 없지만, insert나 delete와 작성 방법이 같으니 참고하면 된다. SimpleBbsDao 클래스의 코드는 다음과 같이 작성한다. 이전까지의 예제와 달리 게시판의 기능을 구성하기 위한 메서드가 많아서 코드가 조금 길다.

[코드 14-4] SimpleBbsDao.java

```
01 package com.study.springboot.dao;
02
03 import java.util.List;
04
05 import org.springframework.beans.factory.annotation.Autowired;
06 import org.springframework.jdbc.core.BeanPropertyRowMapper;
07 import org.springframework.jdbc.core.JdbcTemplate;
08 import org.springframework.stereotype.Repository;
09
10 import com.study.springboot.dto.SimpleBbsDto;
11
12 @Repository
13 public class SimpleBbsDao implements ISimpleBbsDao {
14
15     @Autowired
16     JdbcTemplate template;
17
18     @Override
19     public List<SimpleBbsDto> listDao() {
20         System.out.println("listDao()");
21
22         String query = "select * from simple_bbs order by id desc";
23         List<SimpleBbsDto> dtos = template.query(
24                 query, new BeanPropertyRowMapper<SimpleBbsDto>(SimpleBbsD
                   to.class));
25
26         return dtos;
27     }
28
29     @Override
30     public SimpleBbsDto viewDao(String id) {
```

```java
31          System.out.println("viewDao()");
32
33          String query = "select * from simple_bbs where id = " + id;
34          SimpleBbsDto dto = template.queryForObject(
35                  query, new BeanPropertyRowMapper<SimpleBbsDto>(SimpleBbsD
                    to.class));
36          return dto;
37      }
38
39      @Override
40      public int writeDao(final String writer, final String title, final
        String content) {
41          System.out.println("writeDao()");
42
43          String query =
44                  "insert into simple_bbs (id, writer, title, content) " +
45                  " values (simple_bbs_seq.nextval, ?, ?, ?)";
46          return template.update(query, writer, title, content);
47      }
48
49      @Override
50      public int deleteDao(final String id) {
51          System.out.println("deleteDao()");
52
53          String query = "delete from simple_bbs where id = ?";
54          return template.update(query, Integer.parseInt(id));
55      }
56
57  }
```

- 임포트는 키보드에서 Ctrl + Shift + O 키를 동시에 누르면 쉽게 선택하여 추가할 수 있다.
- 12라인: 이 클래스를 데이터베이스 처리를 목적으로 하는 빈으로 등록한다는 어노테이션을 지정한다.
- 15, 16라인: JdbcTemplate 변수를 자동 주입으로 만든다.

쿼리문의 결과가 하나 이상 여러 개가 나오는 SQL문을 처리하기 위해서는 Jdbc Template의 query 메서드를 사용한다.[23라인] 그리고 결과가 하나만 나오는 SQL문을 처리하기 위해서는 JdbcTemplate의 queryForObject 메서드를 사용한다.[34라인] SQL의 Insert, delete, update 문은 JdbcTemplate의 update 메서드를 사용한다.[46라인, 54라인]

NOTE

List〈SimpleBbsDto〉

이런 코드 때문에 코드가 조금 어려워 보인다면 자바의 제네릭 부분을 복습할 필요가 있다. 이해를 돕기 위해 쉽게 설명하자면, 다음과 같다.

- SimpleBbsDto 클래스 타입의 값들을 리스트의 요소로 사용한다.
- 이 리스트의 값들은 SimpleBbsDto 클래스 타입의 값들로 구성되어 있다.

또한 SQL문을 완성할 때 33라인처럼 변수를 이용해서 SQL문을 완성시킬 수도 있고, 46라인처럼 메서드에 값을 파라미터로 넘길 수도 있다. 46라인에서 첫 번째 파라미터는 SQL문이고 두 번째 파라미터 부터는 SQL문 안의 [?]에 순서대로 하나씩 대응해서 값을 입력한다.

그리고 45라인의 simple_bbs_seq.nextval은 오라클의 시퀀스를 호출해 자동 증가된 값을 가져오는 것이다. 오라클이 아닌 다른 데이터베이스를 사용하고 있다면 이 부분을 해당 데이터베이스에 맞게 수정하면 된다.

14.1.4 리퀘스트 맵핑

이제 MyController 클래스에 다음과 같이 코드를 작성하여 url 호출에 대한 리퀘스트 맵핑을 한다.

[코드 14-5] MyController.java

```java
01 package com.study.springboot;
02
03 import javax.servlet.http.HttpServletRequest;
04
05 import org.springframework.beans.factory.annotation.Autowired;
06 import org.springframework.stereotype.Controller;
07 import org.springframework.ui.Model;
08 import org.springframework.web.bind.annotation.RequestMapping;
09
10 import com.study.springboot.dao.ISimpleBbsDao;
11
12 @Controller
13 public class MyController {
14
15     @Autowired
16     ISimpleBbsDao dao;
17
18     @RequestMapping("/")
19     public String root() throws Exception{
20         // JdbcTemplate : SimpleBBS
21         return "redirect:list";
22     }
23
24     @RequestMapping("/list")
25     public String userlistPage(Model model) {
26         model.addAttribute("list", dao.listDao());
27         return "list";
28     }
29
30     @RequestMapping("/view")
31     public String view(HttpServletRequest request, Model model) {
32         String sId = request.getParameter("id");
33         model.addAttribute("dto", dao.viewDao(sId));
34         return "view";
35     }
36
37     @RequestMapping("/writeForm")
```

```
38      public String writeForm() {
39
40          return "writeForm";
41      }
42
43      @RequestMapping("/write")
44      public String write(Model model, HttpServletRequest request) {
45          dao.writeDao(request.getParameter("writer"),
46                       request.getParameter("title"),
47                       request.getParameter("content"));
48          return "redirect:list";
49      }
50
51      @RequestMapping("/delete")
52      public String delete(HttpServletRequest request, Model model) {
53          dao.deleteDao(request.getParameter("id"));
54          return "redirect:list";
55      }
56
57  }
```

- 임포트는 키보드에서 Ctrl + Shift + O 키를 동시에 누르면 쉽게 선택하여 추가할 수 있다.
- 26라인: 게시판의 리스트를 출력하기 위해 dao의 listDao() 메서드를 호출하여 리턴값을 model 변수에 담는다.
- 33라인: 개별 게시글을 보기 위해 dao의 viewDao메서드를 호출하여 리턴값을 model 변수에 담는다.
- 40라인: 입력 폼을 가진 JSP 파일을 호출한다.
- 45라인: 폼의 입력값을 파라미터로 받아 dao의 writeDao 메서드를 호출해 데이터베이스에 insert를 한다.
- 53라인: 파라미터로 넘어온 값을 이용해 dao의 deleteDao 메서드를 호출해 데이터베이스에서 게시글을 delete한다.

15라인에서 자동 주입을 지정하고 16라인에서 dao 객체 변수를 만들었다. 여기서 주목할 점은 자동 주입으로 만들어질 객체 변수의 값을 인터페이스 타입의 변수로 받았다는 점이다. 이 또한 디자인 패턴에서 자주 사용하는 '자식 객체를 부모 타입의 변수에 대입할 수 있다'를 활용한 것이다. 이렇게 사용하는 것이 이번 예제에서는 큰 의미는 없지만 다음 장의 예제에서 사용되는 방법이므로, 같은 형태로 익히기 위해서 사용해봤다.

21라인에서는 리다이렉트 기능을 이용해서 url로 /가 호출되면 url이 자동으로 /list로 연결이 되게 만들었다.

14.1.5 뷰 만들기

이제 [그림 14-8]과 같이 내용을 보여줄 JSP를 만든다.

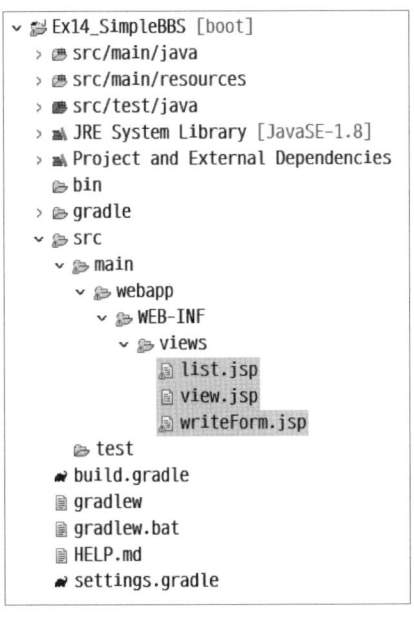

[그림 14-8] JSP 추가

앞에서 사용했던 방식으로 JSP 파일을 추가하고 다음과 같이 내용을 입력하여 코드를 작성한다.

[코드 14-6] list.jsp

```jsp
01 <%@ page language="java" contentType="text/html; charset=UTF-8"
02     pageEncoding="UTF-8"%>
03 <%@ taglib prefix="c" uri="http://java.sun.com/jsp/jstl/core" %>
04 <!DOCTYPE html>
05 <html>
06 <head>
07 <meta http-equiv="Content-Type" content="text/html; charset=UTF-8">
08 <title>Insert title here</title>
09 </head>
10 <body>
11
12 <table width="500" cellpadding="0" cellspacing="0" border="1">
13     <tr>
14         <td>번호</td>
15         <td>작성자</td>
16         <td>제목</td>
17         <td>삭제</td>
18     <tr>
19     <c:forEach items="${list}" var="dto">
20     <tr>
21         <td>${dto.id}</td>
22         <td>${dto.writer}</td>
23         <td><a href="view?id=${dto.id}">${dto.title}</a></td>
24         <td><a href="delete?id=${dto.id}">X</a></td>
25     <tr>
26     </c:forEach>
27 </table>
28
29 <p><a href="writeForm">글작성</a></p>
30
31 </body>
32 </html>
```

- 03라인: jstl을 사용하기 위해 태그 라이브러리를 추가한다.

모델의 list 속성에 리스트 데이터를 넣어 두었기 때문에 19라인처럼 jstl의 for문을 사용하여 list에서 데이터 dto를 하나씩 꺼내서 dto의 속성값을 이용해 개별 내용을 출력한다.

[코드 14-7] writeForm.jsp

```
01  <%@ page language="java" contentType="text/html; charset=UTF-8"
02      pageEncoding="UTF-8"%>
03  <!DOCTYPE html>
04  <html>
05  <head>
06  <meta http-equiv="Content-Type" content="text/html; charset=UTF-8">
07  <title>Insert title here</title>
08  </head>
09  <body>
10  <br><p>
11
12  <table width="500" cellpadding="0" cellspacing="0" border="1">
13      <form action="write" method="post">
14      <tr>
15          <td> 작성자 </td>
16          <td> <input type="text" name="writer" size = "100"> </td>
17      </tr>
18      <tr>
19          <td> 제목 </td>
20          <td> <input type="text" name="title" size = "100" > </td>
21      </tr>
22      <tr>
23          <td> 내용 </td>
24          <td> <input type="text" name="content" size = "100" > </td>
25      </tr>
26      <tr>
27          <td colspan="2"> <input type="submit" value="입력">
28                 <a href="list">목록보기</a></td>
29      </tr>
```

```
30        </form>
31    </table>
32  </body>
33  </html>
```

- 13라인: 폼의 액션이 post로 전달된다.

폼의 데이터를 서버로 보내기 위해서는 미리 폼 데이터의 유효성 검사를 자바스크립트로 해야 하지만, 이 예제에서는 흐름을 보기 위한 것이므로 클라이언트에서 자바스크립트로 하는 유효성 검사는 하지 않는다.

[코드 14-8] view.jsp

```
01  <%@ page language="java" contentType="text/html; charset=UTF-8"
02      pageEncoding="UTF-8"%>
03  <!DOCTYPE html>
04  <html>
05  <head>
06  <meta http-equiv="Content-Type" content="text/html; charset=UTF-8">
07  <title>Insert title here</title>
08  </head>
09  <body>
10
11  내용보기 <br>
12  <hr>
13  작성자 : ${dto.writer} <br>
14  제목 : ${dto.title} <br>
15  내용 : ${dto.content}
16  <hr>
17
18  <br><p>
19  <a href="list">목록보기</a>
20
21  </body>
22  </html>
```

- 13~15라인: model에 저장된 dto의 속성값을 이용해서 내용을 출력한다.

14.1.6 테스트

[그림 14-9]와 같이 [Boot Dashboard]에서 프로젝트를 선택하고 실행 아이콘을 클릭하여 실행한다.

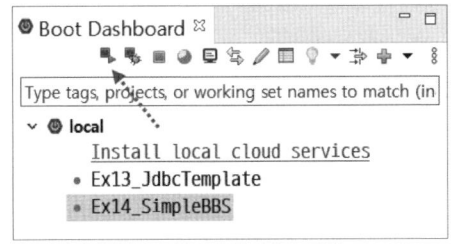

[그림 14-9] 프로젝트 실행

http://localhost:8081/ 요청에 의해 root() 메서드가 호출되면 리다이렉션 코드가 실행된다. 그러면 http://localhost:8081/list 요청이 발생하고 userlistPage() 메서드가 호출된다. 결과로 게시판의 리스트 페이지가 나온다. 처음에는 데이터가 아무것도 없다.

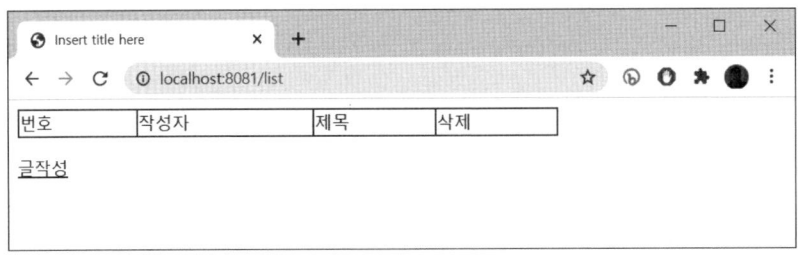

[그림 14-10] http://localhost:8081/list

글작성 링크를 누르면 글 작성 화면이 나오는데 내용을 입력하고 [입력] 버튼을 클릭한다.

[그림 14-11] http://localhost:8081/writeForm

데이터베이스에 데이터가 insert되고 다시 리다이렉션에 의해 http://localhost:8081/list가 요청된다. 그러면 userlistPage() 메서드가 호출되어 게시판의 리스트 페이지가 나온다.

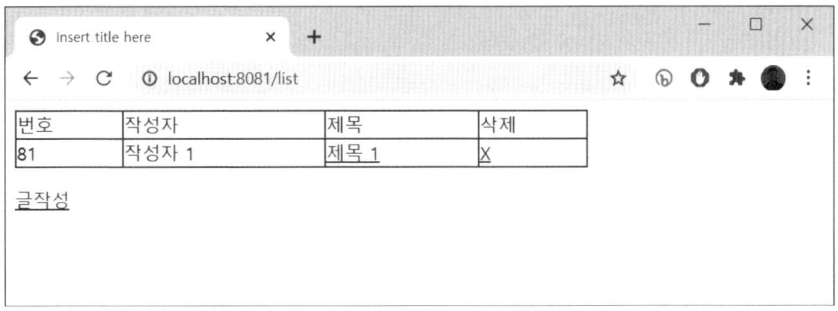

[그림 14-12] http://localhost:8081/list - 게시글이 추가된 모습

리스트에서 제목 부분의 [제목 1] 링크를 클릭하면 개별 뷰 화면으로 들어가게 된다.

04장 JdbcTemplate   225

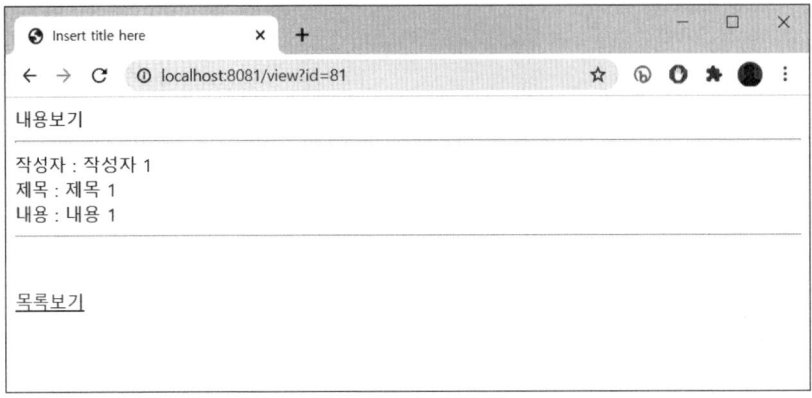

[그림 14-13] http://localhost:8081/view

다시 하단의 [목록보기] 링크를 클릭해 게시판의 리스트로 와서 삭제 부분의 [X]를 클릭하면, 게시글이 데이터베이스에서 삭제된다.

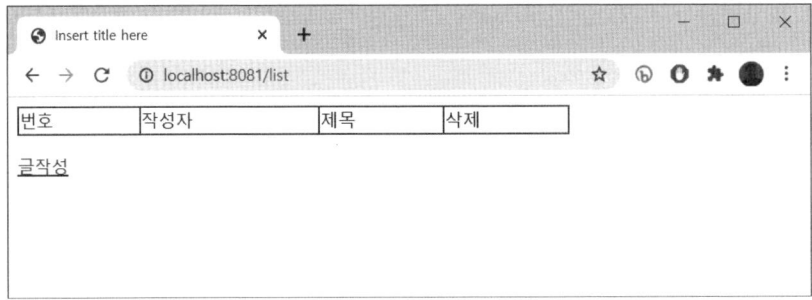

[그림 14-14] http://localhost:8081/list - 게시글이 삭제된 모습

지금까지의 동작을 콘솔창의 로그로 보면 [그림 14-15]와 같이 출력되고 있다.

JdbcTemplate의 기능을 이용하여 게시판을 구현해보았다. 이처럼 스프링에서 제공하는 JdbcTemplate의 기능을 이용하면, 데이터베이스 처리 부분이 매우 간단해져서 비즈니스 로직에 집중할 수 있다.

```
  .   ____          _            __ _ _
 /\\ / ___'_ __ _ _(_)_ __  __ _ \ \ \ \
( ( )\___ | '_ | '_| | '_ \/ _` | \ \ \ \
 \\/  ___)| |_)| | | | | || (_| |  ) ) ) )
  '  |____| .__|_| |_|_| |_\__, | / / / /
 =========|_|==============|___/=/_/_/_/
 :: Spring Boot ::        (v2.3.4.RELEASE)

2020-09-19 19:41:11.907  INFO 14624 --- [           main] c.s.springboot.Ex14SimpleBbsApplication
2020-09-19 19:41:11.912  INFO 14624 --- [           main] c.s.springboot.Ex14SimpleBbsApplication
2020-09-19 19:41:13.865  INFO 14624 --- [           main] o.s.b.w.embedded.tomcat.TomcatWebServer
2020-09-19 19:41:13.879  INFO 14624 --- [           main] o.apache.catalina.core.StandardService
2020-09-19 19:41:13.879  INFO 14624 --- [           main] org.apache.catalina.core.StandardEngine
2020-09-19 19:41:14.214  INFO 14624 --- [           main] org.apache.jasper.servlet.TldScanner
2020-09-19 19:41:14.221  INFO 14624 --- [           main] o.a.c.c.C.[Tomcat].[localhost].[/]
2020-09-19 19:41:14.221  INFO 14624 --- [           main] w.s.c.ServletWebServerApplicationContext
2020-09-19 19:41:14.565  INFO 14624 --- [           main] o.s.s.concurrent.ThreadPoolTaskExecutor
2020-09-19 19:41:14.816  INFO 14624 --- [           main] o.s.b.w.embedded.tomcat.TomcatWebServer
2020-09-19 19:41:14.829  INFO 14624 --- [           main] c.s.springboot.Ex14SimpleBbsApplication
2020-09-19 19:41:28.182  INFO 14624 --- [nio-8081-exec-1] o.a.c.c.C.[Tomcat].[localhost].[/]
2020-09-19 19:41:28.182  INFO 14624 --- [nio-8081-exec-1] o.s.web.servlet.DispatcherServlet
2020-09-19 19:41:28.190  INFO 14624 --- [nio-8081-exec-1] o.s.web.servlet.DispatcherServlet
listDao()
2020-09-19 19:41:28.274  INFO 14624 --- [nio-8081-exec-2] com.zaxxer.hikari.HikariDataSource
2020-09-19 19:41:28.995  INFO 14624 --- [nio-8081-exec-2] com.zaxxer.hikari.pool.PoolBase
2020-09-19 19:41:29.000  INFO 14624 --- [nio-8081-exec-2] com.zaxxer.hikari.HikariDataSource
writeDao()
listDao()
viewDao()
listDao()        ◀·············
deleteDao()
listDao()
```

[그림 14-15] 로그 출력

CHAPTER

05

예제로 배우는 스프링 부트 입문

MyBatis

15
MyBatis 기초

15.1 MyBatis란?

> MyBatis는 개발자가 지정한 SQL, 저장 프로시저 그리고 몇 가지 고급 매핑을 지원하는 퍼시스턴스 프레임워크이다. MyBatis는 JDBC로 처리하는 상당 부분의 코드와 파라미터 설정 및 결과 매핑을 대신해준다. MyBatis는 데이터베이스 레코드에 원시타입과 Map 인터페이스 그리고 자바 POJO 를 설정해서 매핑하기 위해 XML과 어노테이션을 사용할 수 있다.

출처: https://mybatis.org/mybatis-3/ko/

요약하면, 자바에서 데이터베이스를 사용하기 쉽게 해준다는 말이다. 기존에 JDBC를 이용하여 프로그래밍을 하는 방식은 데이터베이스를 사용하기 위해 드라이버 로드, 접속, 쿼리 실행, 종료 등 반복적인 작업과 컨넥션풀 등의 관리를 개발자가 매번 해야 한다. 앞서 살펴본 예제에서 스프링의 JdbcTemplate을 이용하여 이런 부분을 개선해 보았다.

하지만 여전히 프로그램 소스 안에 SQL문을 작성하는 방식이었다. 따라서 SQL의 변경 등이 발생할 경우, 자바 소스를 수정하고 재컴파일해야 해서 그 유연성이 좋지 못했는데, MyBatis에서는 SQL을 자바 코드 외부의 XML 파일에 작성할 수 있어서 SQL의 수정이 자유롭고, SQL문의 가독성이 좋다는 장점이 있다. 기존에 JDBC를 이용하여 프로그래밍을 하는 방식에 비해서 MyBatis는 개발자의 부담을 많이 덜어주고 생산성 향상도 돕는다.

NOTE

전자정부 표준 프레임워크는 스프링과 MyBatis 기반이다.
https://www.egovframe.go.kr/

NOTE

iBatis는 MyBatis의 구버전이다. iBatis에서 MyBatis로 변경된 이유는 Apache project팀에서 google code팀으로 이동하면서 명칭이 변경된 것이다. 그 외의 변화는 버전업에 따른 변화이다.

15.2 MyBatis 적용 예제 만들기

15.2.1 프로젝트 기본형 만들기

데이터베이스의 테이블은 Ex13_JdbcTemplate 예제에서 사용한 myuser 테이블을 그대로 사용한다. 이름이 Ex15_MyBatis인 프로젝트를 만든다.

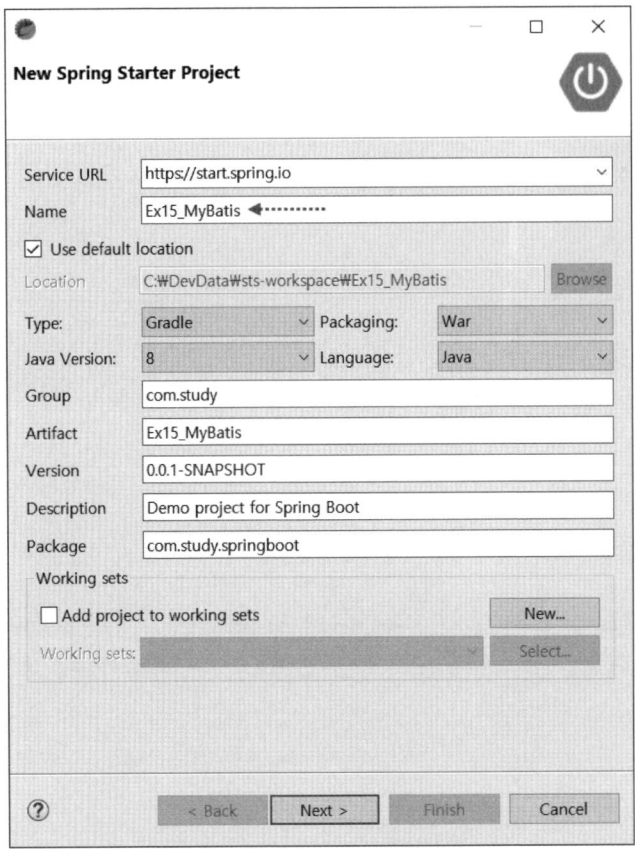

[그림 15-1] 프로젝트 생성 정보

이번 예제에서 추가할 디펜던시는 상단의 자주 사용하던 목록 위치에서 Spring Web과 Lombok 그리고 JDBC API를 선택한다. 그런 다음 MyBatis로 검색해서 MyBatis Framework를 체크한다.

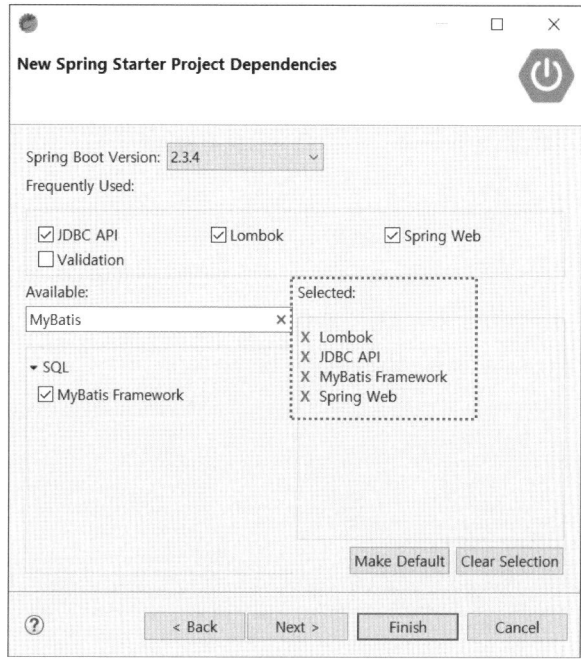

[그림 15-2] 의존성 주입 선택

이제 우리 예제에서 사용하던 프로젝트 기본형을 만들기 위해 기본 설정을 바꾼다. 첫 번째로 build.gradle 파일에 JSP사용을 위한 의존성을 추가한다. 간단한 방법은 이전 예제를 열고 해당 부분을 복사해서 붙여넣기하면 된다.

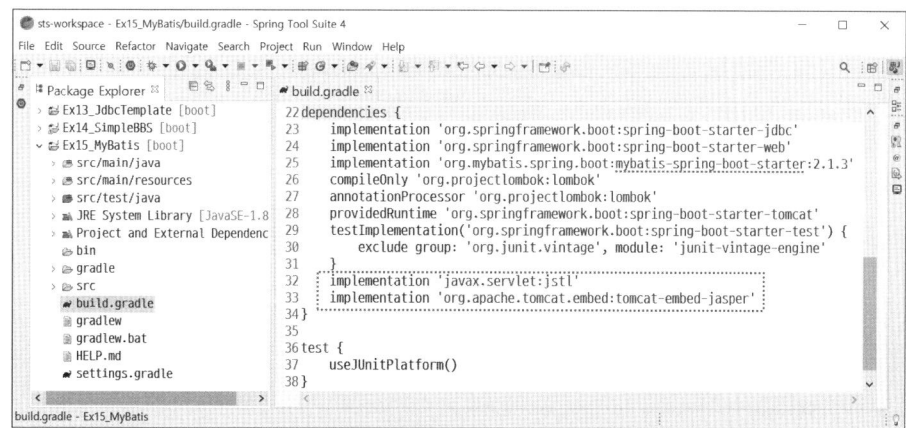

[그림 15-3] JSP 사용 설정 - build.gradle

또한 Gradle → Gradle Project Refresh를 반드시 수행한다. 그렇게 해야 프로젝트에 변경 내용이 적용된다. 두 번째로 application.properties를 열고 내용을 입력한다. 기존 설정은 이전 예제를 열고 복사하여 붙여넣기하고 MyBatis를 사용하기 위한 설정을 추가한다.

```
# mybatis
mybatis.mapper-locations=classpath:mybatis/mapper/**/**.xml
```

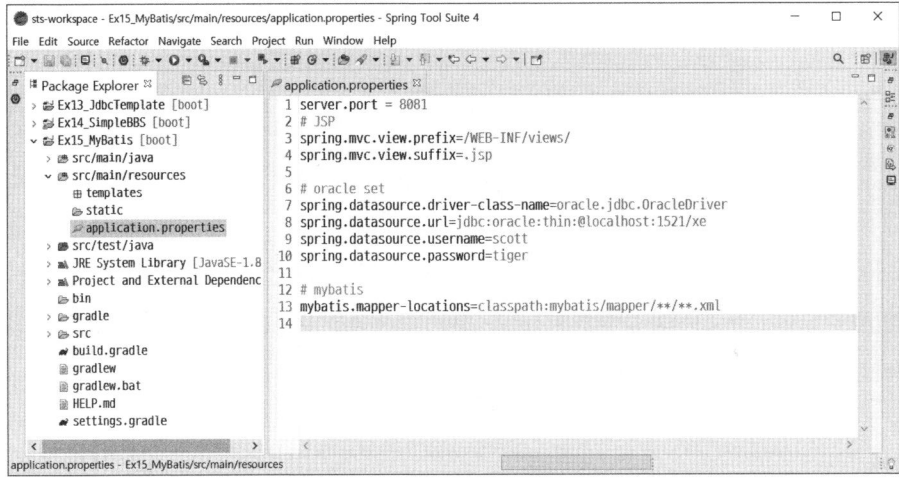

[그림 15-4] application.properties

세 번째로 JSP 사용을 위한 폴더를 만드는데, 새로 만들어도 되고 이전 예제로부터 폴더를 복사하고 파일들을 지워 구조만 유지해도 된다.

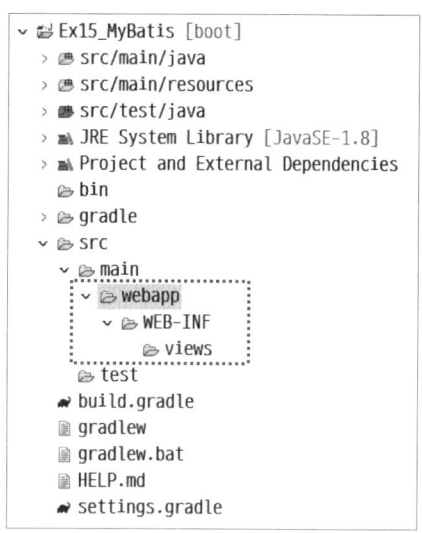

[그림 15-5] JSP 사용 설정 - 폴더 구성

리퀘스트 맵핑을 위한 MyController.java를 만든다. 이때, 메뉴를 통해서 새로 클래스를 만들어서 추가해도 되고 이전 예제에서 복사해와서 클래스의 필요 없는 내용을 지워도 된다.

[그림 15-6] 리퀘스트 맵핑용 클래스 추가

여기까지 JSP와 MyBatis로 데이터베이스를 사용하기 위한 프로젝트의 기본형을 만들었다.

15.2.2 DTO, DAO 추가

데이터베이스의 myuser 테이블을 사용하기 위한 DTO와 DAO를 [그림 15-7]과 같이 만들어 추가한다. 먼저 패키지를 추가하고, 해당 패키지에 클래스를 추가한다.

```
v ⚙ Ex15_MyBatis [boot]
  v ⓔ src/main/java
    > ⊞ com.study.springboot
    v ⊞ com.study.springboot.jdbc
      > ☕ IMyUserDao.java
      > ☕ MyUserDTO.java
  > ⓔ src/main/resources
  > ⓔ src/test/java
  > ⓜ JRE System Library [JavaSE-1.8]
  > ⓜ Project and External Dependencies
    📂 bin
  > 📂 gradle
  > 📂 src
    🛠 build.gradle
    📄 gradlew
    📄 gradlew.bat
    📄 HELP.md
    🛠 settings.gradle
```

[그림 15-7] MyUserDTO 클래스, IMyUserDao 인터페이스 추가

MyUserDTO는 클래스로 만들고, IMyUserDao는 인터페이스로 만들어야 한다. 이제 다음과 같이 MyUserDTO 클래스의 코드를 작성한다. 데이터베이스 테이블에서 SQL 문의 쿼리로 발생하는 데이터를 처리하기 위한 것이므로 테이블의 컬럼명으로 변수를 만들면 된다. 변수만 추가하고, 변수에 대한 게터와 세터는 만들지 않는다. 그리고 롬복 사용을 위해 @Data 어노테이션을 추가한다.

[코드 15-1] MyUserDTO.java

```java
01 package com.study.springboot.jdbc;
02
03 import lombok.Data;
04
05 @Data
06 public class MyUserDTO {
07
08     private String id;
09     private String name;
10 }
```

- 임포트는 키보드에서 Ctrl + Shift + O 키를 동시에 누르면 쉽게 선택하여 추가할 수 있다.

그리고 IMyUserDao인터페이스의 코드는 다음과 같이 작성한다.

[코드 15-2] IMyUserDao.java

```java
01 package com.study.springboot.jdbc;
02
03 import java.util.List;
04
05 import org.apache.ibatis.annotations.Mapper;
06
07 @Mapper
08 public interface IMyUserDao {
09     List<MyUserDTO> list();
10 }
```

- 임포트는 키보드에서 Ctrl + Shift + O 키를 동시에 누르면 쉽게 선택하여 추가할 수 있다.
- 07라인: @Mapper 어노테이션은 다음 인터페이스의 구현을 XML로 한다는 의미이다.
- 09라인: 테이블의 내용을 select하기 위한 메서드를 정의한다.

15.2.3 매퍼 구현

인터페이스의 구현을 자바 코드로 하지 않고, XML로 SQL만 만든다. SQL문을 사용하는 자바 코드는 정형화되어 있기 때문에 스프링이 자동으로 생성해 줄 수 있다. 먼저, 매퍼를 작성할 폴더를 만든다. 폴더를 차례대로 만들 수도 있지만, 패키지 생성 기능을 이용하면 서브폴더까지 한꺼번에 만들 수 있다.

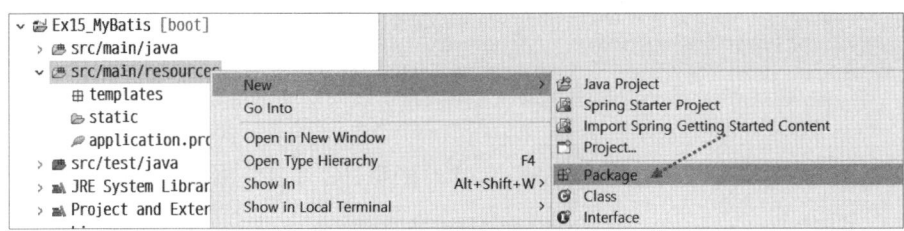

[그림 15-8] 매퍼용 폴더 생성 (1)

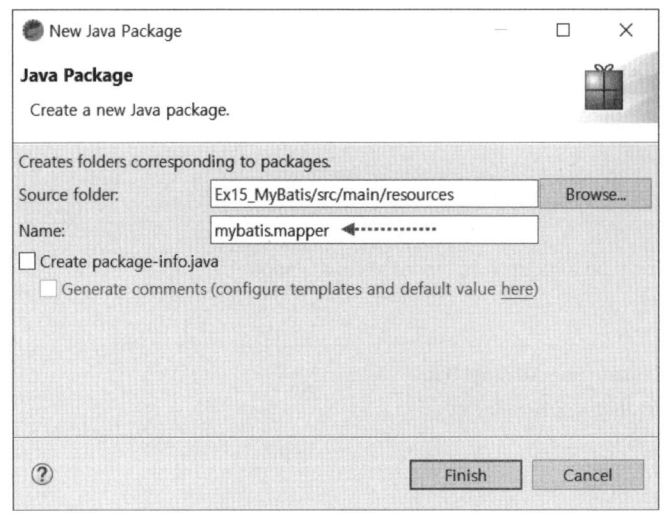

[그림 15-9] 패키지 생성을 이용한 매퍼용 폴더 생성 (2)

[그림 15-10]은 매퍼를 저장할 서브 폴더까지 만들어진 모습이다. 여기서는 직관적으로 의미를 전달하려는 네이밍으로 서브 폴더까지 구성했지만, 하나의 폴더만 만들어도 된다.

[그림 15-10] 매퍼용 폴더 생성 (3)

추가한 매퍼 폴더를 우클릭하여 팝업 메뉴를 띄우고 New → Other … 메뉴를 선택한다.

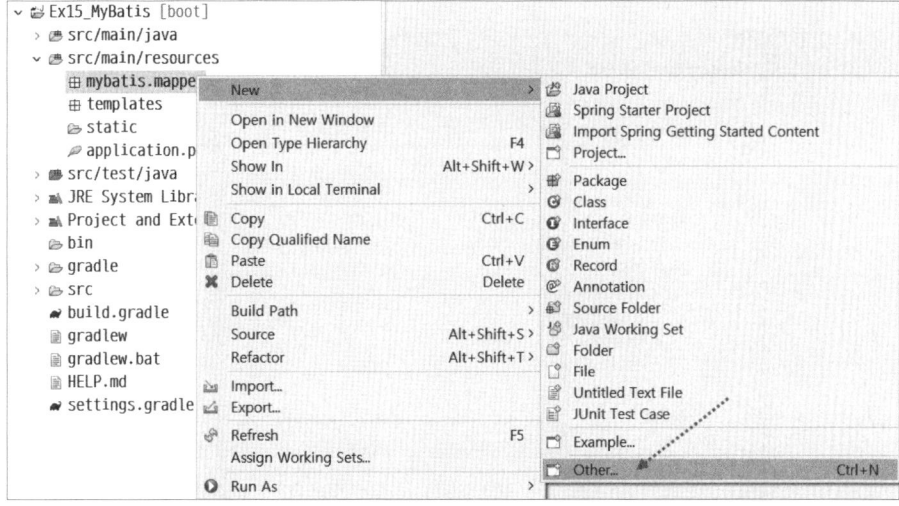

[그림 15-11] XML 파일 추가 (1)

xml을 입력하고 검색된 결과에서 XML File을 선택한다.

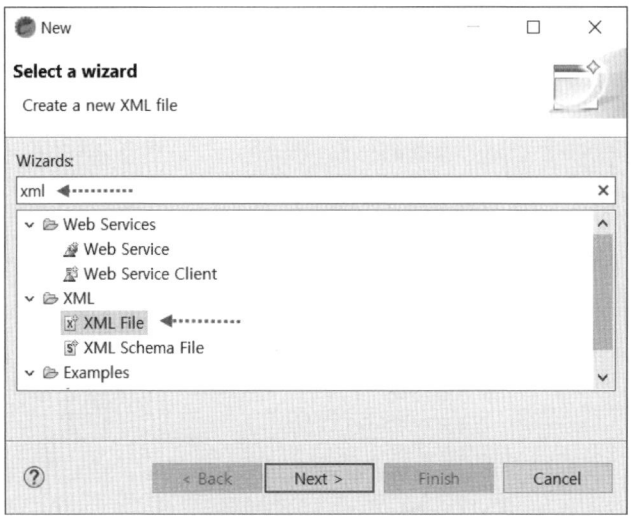

[그림 15-12] XML 파일 추가 (2)

파일명으로 MyUserDao를 입력한다. 확장자는 입력하지 않아도 자동으로 추가된다.

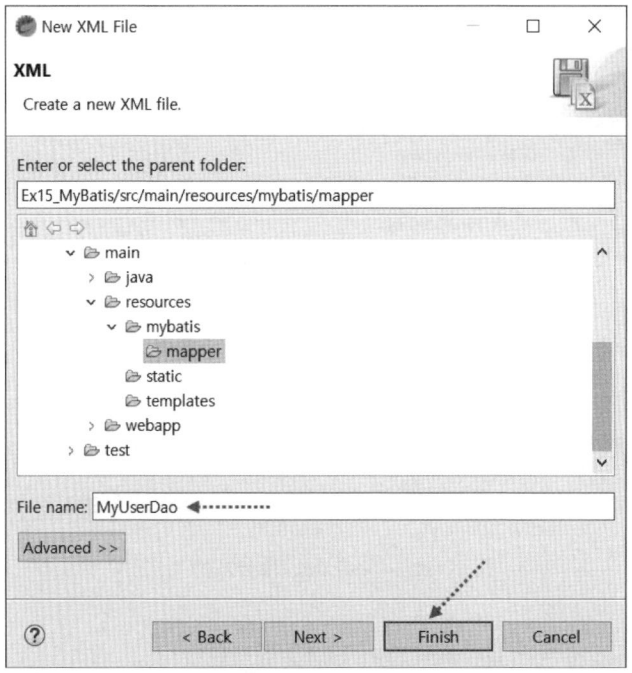

[그림 15-13] XML 파일 추가 (3)

생성된 후 다음과 같이 화면이 나온다면 하단 탭에서 source 부분을 선택한다.

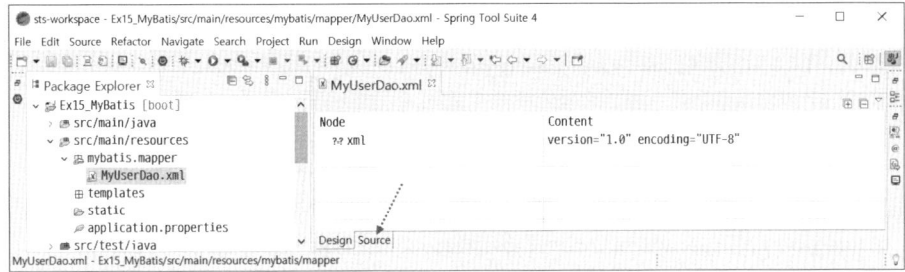

[그림 15-14] XML 파일 추가 (4)

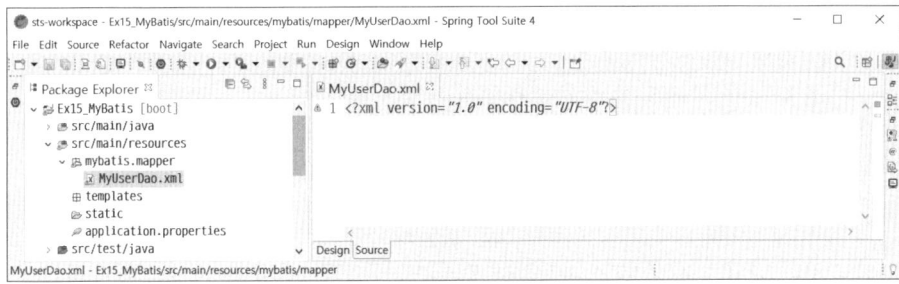

[그림 15-15] XML 파일 추가 (5)

그런데 xml 문서를 만드는 과정과 결과가 조금 마음에 들지 않는다면, 이 과정 대신 그냥 text 파일을 생성하고 확장자만 xml로 만든 다음 저 한 줄만 입력해도 된다. 그리고 앞의 application.properties 설정에서 다음과 같이 입력했었다.

```
12  # mybatis
13  mybatis.mapper-locations=classpath:mybatis/mapper/**/**.xml
14
```

[그림 15-16] application.properties - MyBatis 설정

이 설정의 의미는 mybatis / mapper 폴더 아래의 모든 폴더의 (**) 모든 xml (**.xml) 을 매퍼로 사용한다고 지정한 것이다. 그러므로 @Mapper 로 지정된 인터페이스의 메서드는 매퍼를 이 폴더에 작성된 xml 파일들 중에서 찾게 된다. 이제, 다음과 같

이 MyUserDao.xml 파일의 내용을 작성한다.

[코드 15-3] MyUserDao.xml

```
01  <?xml version="1.0" encoding="UTF-8"?>
02  <!DOCTYPE mapper
03      PUBLIC "-//mybatis.org//DTD Mapper 3.0//EN"
04      "http://mybatis.org/dtd/mybatis-3-mapper.dtd">
05
06  <mapper namespace="com.study.springboot.jdbc.IMyUserDao">
07      <select id="list" resultType="com.study.springboot.jdbc.MyUserDTO">
08          select id, name from myuser
09      </select>
10  </mapper>
```

06라인의 namespace는 이 매퍼가 어떤 인터페이스와 관련된 매퍼인지를 알려준다.

07라인의 id는 인터페이스에 정의된 메서드의 이름이다.

그리고 결과 타입을 지정한다. 여기서는 우리가 만든 DTO를 결과 타입으로 지정했다.

SQL문을 사용하는 자바 코드는 정형화되어 있기 때문에 누구나 같은 코드를 작성하게 될 것이다. 다만 프로젝트마다 사용하는 SQL문만 다르게 될 것이다. 그러므로 자바 코드는 생략하고 사용하고 싶은 SQL문만 여기에 적어 주는 것이다.[08라인] 자바 코드는 스프링이 자동으로 생성해준다. 사용하는 SQL문에 따라 태그를 select, insert, update, delete를 사용한다. 07라인에서는 select 문을 사용했기 때문에 select 태그를 사용했다.

15.2.4 리퀘스트 맵핑

MyController 클래스에 다음과 같이 코드를 작성하여 URL 호출에 대한 리퀘스트 맵핑을 한다.

[코드 15-4] MyController.java

```java
01 package com.study.springboot;
02
03 import org.springframework.beans.factory.annotation.Autowired;
04 import org.springframework.stereotype.Controller;
05 import org.springframework.ui.Model;
06 import org.springframework.web.bind.annotation.RequestMapping;
07 import org.springframework.web.bind.annotation.RequestMethod;
08 import org.springframework.web.bind.annotation.ResponseBody;
09
10 import com.study.springboot.jdbc.IMyUserDao;
11
12 @Controller
13 public class MyController {
14
15     @Autowired
16     private IMyUserDao userDao;
17
18     @RequestMapping("/")
19     public @ResponseBody String root() throws Exception{
20         return "MyBatis 사용하기";
21     }
22
23     //@GetMapping("/user")
24     @RequestMapping(value = "/user", method = RequestMethod.GET)
25     public String userlistPage(Model model) {
26         model.addAttribute("users", userDao.list());
27         return "userlist";
28     }
29
30 }
```

- 임포트는 키보드에서 Ctrl + Shift + O 키를 동시에 누르면 쉽게 선택하여 추가할 수 있다.
- 12라인: 이 클래스를 빈으로 등록하는데 컨트롤러 형태로 사용하겠다는 의미이다.

15라인에서 자동 주입을 지정하고 16라인에서 userDao 객체 변수를 만들었다. 여기서 주목할 점은 자동 주입으로 만들어질 객체 변수의 값을 인터페이스 타입의 변수로 받았다는 점이다. 매퍼를 사용했기에 현재 코드상에서는 인터페이스를 구현한 클래스가 없기 때문이다. 디자인 패턴에서 자주 사용하는 '자식 객체를 부모 타입의 변수에 대입할 수 있다'를 활용한 것이라고 볼 수 있다

15.2.5 뷰 만들기

이제 [그림 15-17]과 같이 내용을 보여줄 JSP를 만든다.

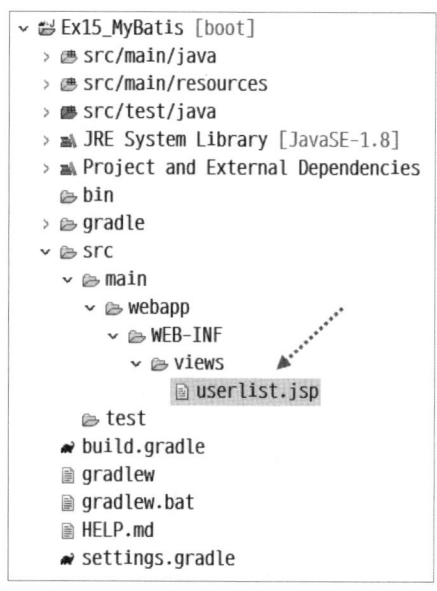

[그림 15-17] JSP 추가

앞에서 사용했던 방식으로 JSP 파일을 추가하고 다음과 같이 내용을 입력하여 코드를 작성한다.

[코드 15-5] userlist.jsp

```
01 <%@ page language="java" contentType="text/html; charset=UTF-8"
02     pageEncoding="UTF-8"%>
03 <%@ taglib prefix="c" uri="http://java.sun.com/jsp/jstl/core" %>
04 <!DOCTYPE html>
05 <html>
06 <head>
07 <meta http-equiv="Content-Type" content="text/html; charset=UTF-8">
08 <title>Insert title here</title>
09 </head>
10 <body>
11 <%
12     out.println("MyBatis : Hello World");
13 %>
14 <br>
15
16 <c:forEach var="dto" items="${users}">
17     ${dto.id} / ${dto.name}<br>
18 </c:forEach>
19
20
21 </body>
22 </html>
```

- 03라인: jstl을 사용하기 위해 태그 라이브러리를 추가한다.

모델의 users 속성에 리스트 데이터를 넣어 두었기 때문에 16라인에서처럼 jstl의 for문을 사용하는데, users에서 데이터 dto를 하나씩 꺼내서 dto의 속성값을 이용해 개별 내용을 출력한다.

15.2.6 테스트

[그림 15-18]의 [Boot Dashboard]에서 프로젝트를 선택하고 실행 아이콘을 클릭하여 실행한다.

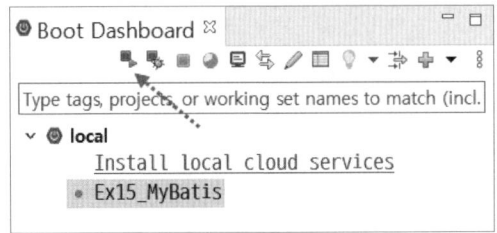

[그림 15-18] 프로젝트 실행

[그림 15-19]는 실행하자마자 http://localhost:8081/ 요청에 의해 root() 메서드가 호출되어 스트링 데이터만 리턴한 결과이다.

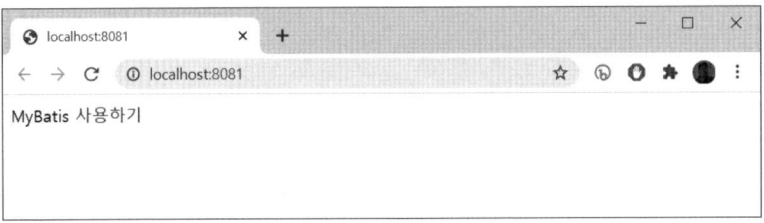

[그림 15-19] http://localhost:8081/

다음은 http://localhost:8081/user 요청에 의해 userlistPage() 메서드가 호출된 결과이다. 데이터베이스의 테이블에서 SQL문을 통한 쿼리 결과가 잘 출력되고 있다.

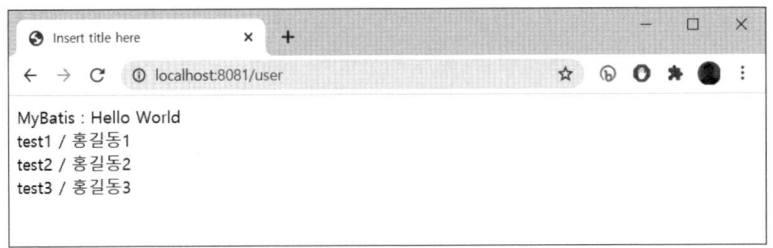

[그림 15-20] http://localhost:8081/user

MyBatis의 적용에 따라 SQL문이 매퍼 파일에 작성되어서 SQL문의 변경이 훨씬 쉬어졌다. SQL문이 코드와 섞여 있지 않기 때문에 가독성도 높아져 있음을 확인할 수 있다.

JSP/Servlet의 방식으로 데이터베이스와 연동하던 코드만을 작성했던 개발자는 앞선 예제에서 살펴본 JdbcTemplate과 이번 예제의 MyBatis 사용법에 대한 개념을 이해하지 못하면 자바 코드에서 많은 부분이 생략되었기 때문에 이러한 코드가 왜 동작하는지 이해가 안 되서 당황할 수 있다. 예제를 반복해서 만들어 보면서 명확히 이해해야 한다. 다음 장의 예제부터는 MyBatis를 사용하는 방법에 대해 좀 더 자세하게 알아보도록 한다.

16
MyBatis로 간단한 게시판 만들기

16.1 MyBatis를 이용한 간단한 게시판 만들기

이번 예제에서는 앞에서 JdbcTemplate을 이용하여 만든 간단한 게시판을 그대로 MyBatis를 이용하여 만들어 볼 것이다. 게시판을 만들기 위해서는 CRUD를 다 사용해야 하므로 MyBatis를 이용하여 데이터베이스를 사용해 보는 좋은 예제가 될 것이다.

16.1.1 프로젝트 기본형 만들기

게시판에서 사용할 데이터의 테이블은 simple_bbs 테이블을 그대로 이용한다. [그림 16-1]과 같이 이름이 Ex16_MyBatis_SimpleBBS인 프로젝트를 만든다.

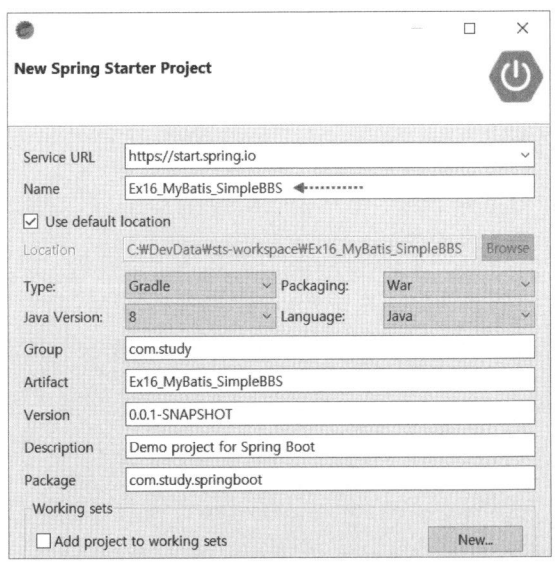

[그림 16-1] 프로젝트 생성 정보

이번 예제에서 추가할 디펜던시는 상단의 자주 사용하던 목록 위치에서 Spring Web
과 Lombok, JDBC API, MyBatis Framework를 선택한다.

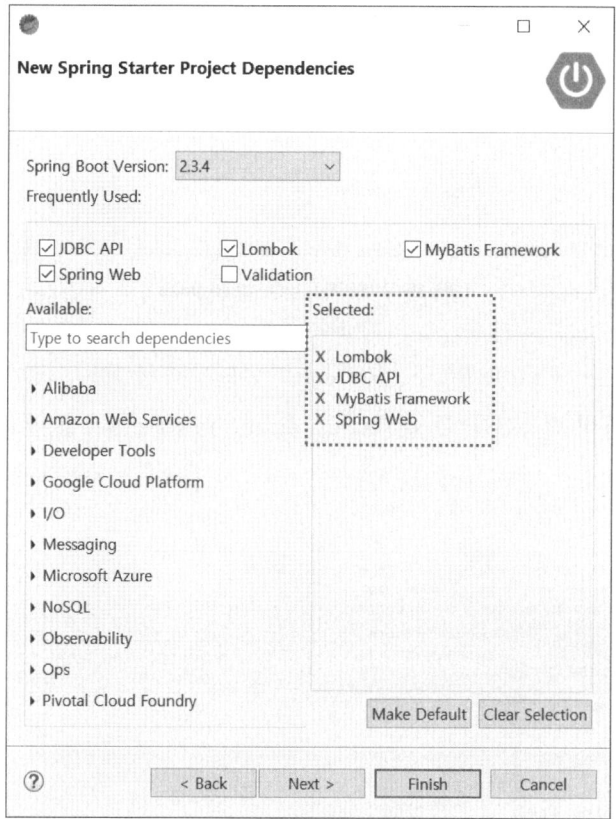

[그림 16-2] 의존성 주입 선택

이제 프로젝트에서 JSP를 사용할 수 있도록 기본 설정을 바꾼다. 첫 번째로 build.
gradle 파일에 JSP사용을 위한 의존성을 추가한다. 간단한 방법은 이전 예제를 열고
해당 부분을 복사해서 붙여넣기하면 된다.

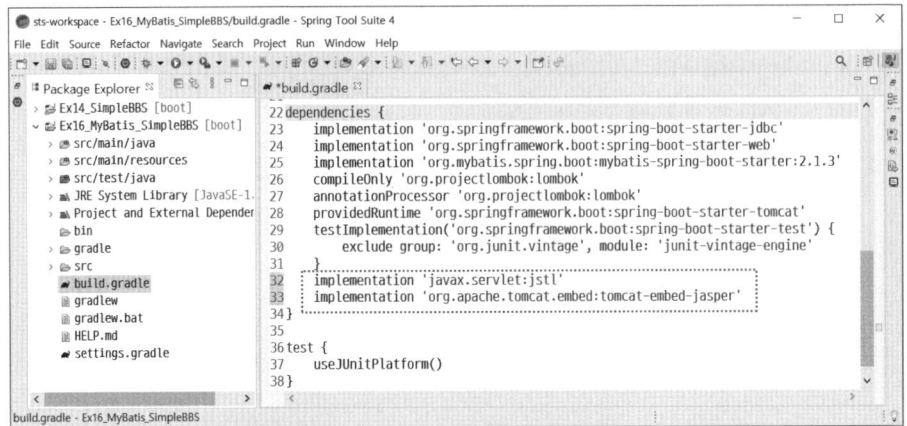

[그림 16-3] JSP 사용 설정 - build.gradle

그리고 Gradle → Gradle Project Refresh를 반드시 수행한다. 그렇게 해야 프로젝트에 변경 내용이 적용된다. 두 번째로 application.properties를 열고 내용을 입력한다.

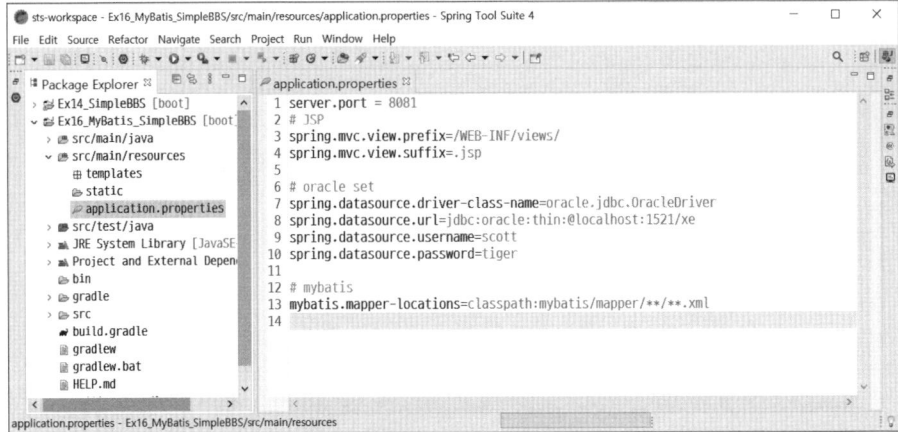

[그림 16-4] application.properties

세 번째로 JSP 사용을 위한 폴더를 만드는데, 새로 만들어도 되고 이전 예제로부터 폴더를 복사하고 파일들을 지워 구조만 유지해도 된다.

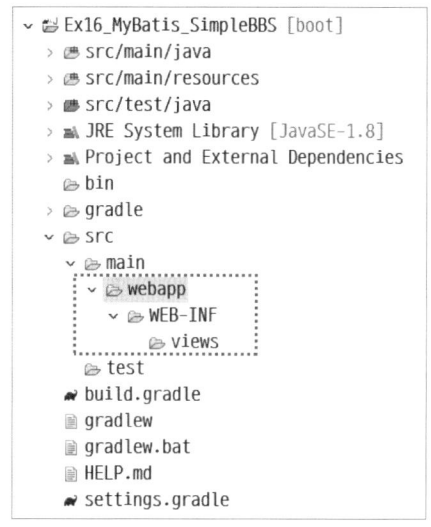

[그림 16-5] JSP 사용 설정 - 폴더 구성

리퀘스트 맵핑을 위한 MyController.java를 만든다. 이때, 메뉴를 통해서 새로 클래스를 만들어서 추가해도 되고 이전 예제에서 복사해와서 클래스의 필요 없는 내용을 지워도 된다.

[그림 16-6] 리퀘스트 맵핑용 클래스 추가

05장 MyBatis 251

여기까지 JSP와 MyBatis로 데이터베이스를 사용하기 위한 프로젝트의 기본형을 만들었다.

16.1.2 DTO, DAO, mapper 추가

데이터베이스의 simple_bbs 테이블을 사용하기 위한 DTO와 DAO를 다음과 같이 만들어 추가한다. 리소스 폴더에도 폴더를 추가하고 XML 매퍼 파일까지 추가한다. 패키지를 먼저 추가하고, 패키지에 추가하는 파일은 다음과 같이 정확한 형식으로 만들어서 추가해야 한다.

- SimpleBbsDto.java 클래스
- ISimpleBbsDao.java 인터페이스
- SimpleBbsDao.xml 매퍼

[그림 16-7] 데이터베이스 이용 관련 파일 추가

이제, 다음과 같이 SimpleBbsDto 클래스의 코드를 작성한다. 데이터베이스 테이블에서 SQL문의 쿼리로 발생하는 데이터를 처리하기 위한 것이므로 테이블의 컬럼명으로 변수를 만들면 된다. 변수만 추가하고, 변수에 대한 게터와 세터는 만들지 않는다. 그리고 롬복 사용을 위해 @Data 어노테이션을 추가한다.

[코드 16-1] SimpleBbsDto.java

```java
01 package com.study.springboot.dto;
02
03 import lombok.Data;
04
05 @Data
06 public class SimpleBbsDto {
07     private int id;
08     private String writer;
09     private String title;
10     private String content;
11 }
```

- 임포트는 키보드에서 Ctrl + Shift + O 키를 동시에 누르면 쉽게 선택하여 추가할 수 있다.

ISimpleBbsDao 인터페이스의 코드는 다음과 같이 작성한다.

[코드 16-2] ISimpleBbsDao.java

```java
01 package com.study.springboot.dao;
02
03 import java.util.List;
04
05 import org.apache.ibatis.annotations.Mapper;
06
07 import com.study.springboot.dto.SimpleBbsDto;
08
09 @Mapper
```

```
10 public interface ISimpleBbsDao {
11
12     public List<SimpleBbsDto> listDao();
13     public SimpleBbsDto viewDao(String id);
14     public int writeDao(String writer, String title, String content);
15     public int deleteDao(String id);
16 }
```

- 임포트는 키보드에서 Ctrl + Shift + O 키를 동시에 누르면 쉽게 선택하여 추가할 수 있다.
- 09라인: @Mapper 어노테이션은 다음 인터페이스의 구현을 XML로 한다는 의미이다.
- 12라인: 리스트 보기를 위한 select 메서드를 정의한다.
- 13라인: 개별 뷰 보기를 위한 select 메서드를 정의한다.
- 14라인: 글 작성을 위한 insert 메서드를 정의한다.
- 15라인: 글 삭제를 위한 delete 메서드를 정의한다.

CRUD에서 update가 없지만, insert나 delete와 작성 방법이 같으므로 참고하면 된다.

16.1.3 매퍼 구현

인터페이스의 구현을 자바 코드로 하지 않고, XML로 SQL만 만든다. SQL문을 사용하는 자바 코드는 정형화되어 있어서 스프링이 자동으로 생성해준다. 매퍼를 작성할 폴더와 파일은 앞에서 만들어 두었기 때문에 다음과 같이 코드를 작성하면 된다.

[코드 16-3] SimpleBbsDao.xml

```
01 <?xml version="1.0" encoding="UTF-8"?>
02 <!DOCTYPE mapper
```

```
03     PUBLIC "-//mybatis.org//DTD Mapper 3.0//EN"
04     "http://mybatis.org/dtd/mybatis-3-mapper.dtd">
05
06 <mapper namespace="com.study.springboot.dao.ISimpleBbsDao">
07
08     <select id="listDao" resultType="com.study.springboot.dto.
       SimpleBbsDto">
09         select * from simple_bbs order by id desc
10     </select>
11
12     <select id="viewDao" resultType="com.study.springboot.dto.
       SimpleBbsDto">
13         select * from simple_bbs where id = #{param1}
14     </select>
15
16     <insert id="writeDao">
17         insert into simple_bbs (id, writer, title, content)
18             values (simple_bbs_seq.nextval, #{param1}, #{param2},
                #{param3})
19     </insert>
20
21     <delete id="deleteDao">
22         delete from simple_bbs where id = #{param1}
23     </delete>
24
25 </mapper>
```

06라인의 namespace는 이 매퍼가 어떤 인터페이스와 관련된 매퍼인지를 알려준다. 그리고 사용하는 SQL문에 따라 태그를 select, insert, update, delete를 사용한다.

08라인의 id는 ISimpleBbsDao 인터페이스에 정의된 메서드의 이름이다. resultType은 리턴되는 값의 타입을 지정한다. 여기서는 우리가 만든 DTO를 리턴되는 값의 타입으로 지정했다. 16라인과 21라인에서 사용하는 insert, delete는 select문과 달리 결괏값이 없으므로, 리턴 타입을 지정하지 않았다.

SQL문에서 사용되는 파라미터가 있다면 필요한 만큼 차례대로 #{param1}, #{parma2}, #{parma3} ⋯ 이런 식으로 숫자를 늘려가면서 사용하면 된다. 13라인과 22라인은 파라미터가 한 개 사용되었고, 18라인에서는 파라미터가 세 개 사용되었다. 파라미터의 더 다양한 사용 방법은 다음 예제에서 다룬다.

16.1.4 리퀘스트 맵핑

이제 MyController 클래스에 다음과 같이 코드를 작성하여 url 호출에 대한 리퀘스트 맵핑을 한다.

[코드 16-4] MyController.java

```
01  package com.study.springboot;
02
03  import javax.servlet.http.HttpServletRequest;
04
05  import org.springframework.beans.factory.annotation.Autowired;
06  import org.springframework.stereotype.Controller;
07  import org.springframework.ui.Model;
08  import org.springframework.web.bind.annotation.RequestMapping;
09
10  import com.study.springboot.dao.ISimpleBbsDao;
11
12  @Controller
13  public class MyController {
14
15      @Autowired
16      ISimpleBbsDao dao;
17
18      @RequestMapping("/")
19      public String root() throws Exception{
20          // MyBatis : SimpleBBS
21          return "redirect:list";
22      }
```

```java
23
24      @RequestMapping("/list")
25      public String userlistPage(Model model) {
26          model.addAttribute("list", dao.listDao());
27          return "list";
28      }
29
30      @RequestMapping("/view")
31      public String view(HttpServletRequest request, Model model) {
32          String sId = request.getParameter("id");
33          model.addAttribute("dto", dao.viewDao(sId));
34          return "view";
35      }
36
37      @RequestMapping("/writeForm")
38      public String writeForm() {
39
40          return "writeForm";
41      }
42
43      @RequestMapping("/write")
44      public String write(HttpServletRequest request, Model model) {
45          dao.writeDao(request.getParameter("writer"),
46                      request.getParameter("title"),
47                      request.getParameter("content"));
48          return "redirect:list";
49      }
50
51      @RequestMapping("/delete")
52      public String delete(HttpServletRequest request, Model model) {
53          dao.deleteDao(request.getParameter("id"));
54          return "redirect:list";
55      }
56
57 }
```

- 임포트는 키보드에서 Ctrl + Shift + O 키를 동시에 누르면 쉽게 선택하여 추가할 수 있다.
- 12라인: 이 클래스를 빈으로 등록하는데 컨트롤러 형태로 사용하겠다는 의미이다.
- 26라인: 게시판의 리스트를 출력하기 위해 dao의 listDao() 메서드를 호출하여 리턴값을 model 변수에 담는다.
- 33라인: 개별 게시글을 보기 위해 dao의 viewDao메서드를 호출하여 리턴값을 model 변수에 담는다.
- 40라인: 입력 폼을 가진 JSP 파일을 호출한다.
- 45라인: 폼의 입력값을 파라미터로 받아 dao의 writeDao 메서드를 호출해 데이터베이스에 insert한다.
- 53라인: 파라미터로 넘어온 값을 이용해 dao의 deleteDao 메서드를 호출해 데이터베이스에서 게시글을 delete한다.

15라인에서 자동 주입을 지정하고 16라인에서 인터페이스 타입의 변수로 dao 객체 변수를 만들었다. 매퍼를 사용했기 때문에 코드상에서는 인터페이스를 구현한 클래스가 없기 때문이다.

21라인에서는 리다이렉트 기능을 이용해서 url로 /가 호출되면 url이 자동으로 /list로 연결이 되게 만들었다.

16.1.5 뷰 만들기

이제 [그림 16-8]과 같이 내용을 보여줄 JSP를 만든다.

[그림 16-8] JSP 추가

Ex14_SimpleBBS에서 작성한 JSP 파일들을 복사해서 현재 프로젝트에 붙여 넣는다. 수정 없이 그대로 사용한다.

16.1.6 테스트

[그림 16-9]의 [Boot Dashboard]에서 프로젝트를 선택하고 실행 아이콘을 클릭하여 실행한다.

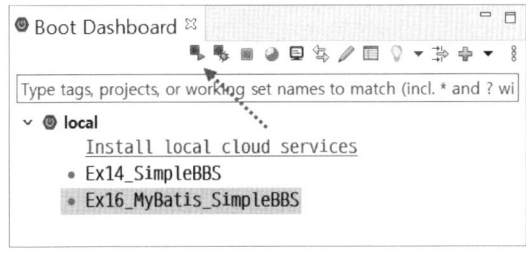

[그림 16-9] 프로젝트 실행

다음은 실행하자마자 http://localhost:8081/ 요청에 의해 root() 메서드가 호출되어 리다이렉션 코드가 실행된다. 그러면 http://localhost:8081/list 요청이 발생하고 userlistPage() 메서드가 호출된다. 결과로 게시판의 리스트 페이지가 나온다. Ex14_SimpleBBS 예제에서 만든 데이터가 있다면 리스트가 출력될 것이고, 데이터가 없다면 다음과 같이 아무 내용도 출력되지 않는다.

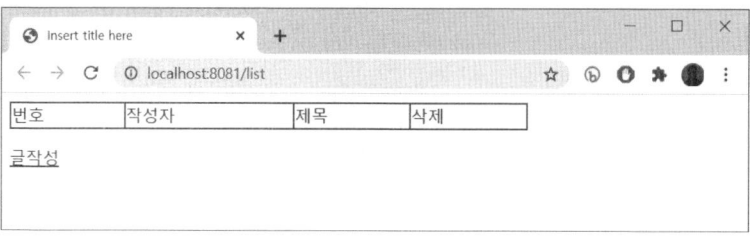

[그림 16-10] http://localhost:8081/list

글작성 링크를 누르면 글 작성 화면이 나오는데, 내용을 입력하고 [입력] 버튼을 클릭한다.

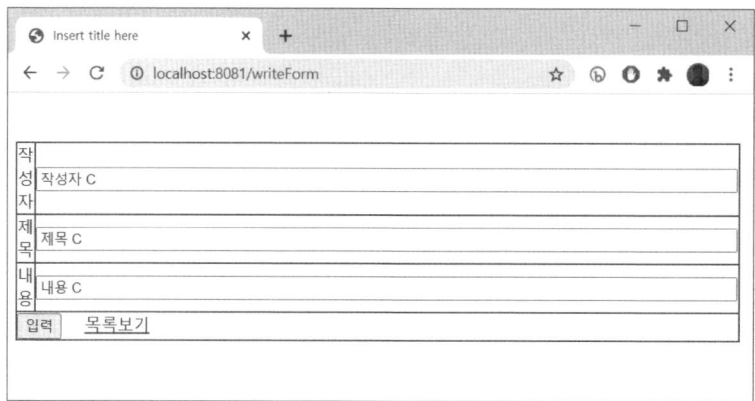

[그림 16-11] http://localhost:8081/writeForm

데이터베이스에 데이터가 insert되고 다시 리다이렉션에 의해 http://localhost:8081/list가 요청이 된다. 그러면 userlistPage() 메서드가 호출되어 게시판의 리스트 페이지가 나오게 된다. 필자는 데이터를 세 번 입력했다.

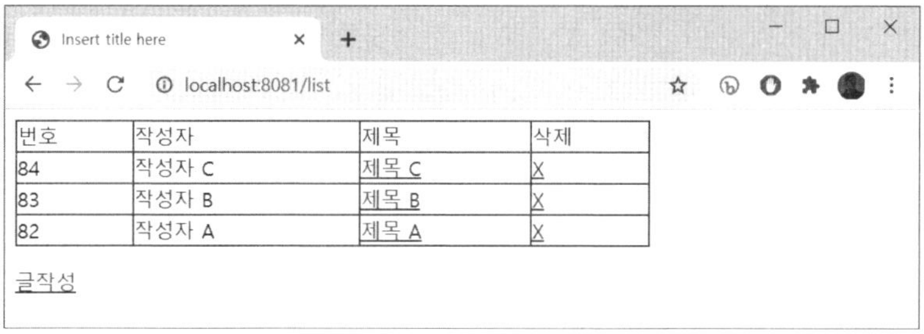

[그림 16-12] http://localhost:8081/list - 게시글이 추가된 모습

리스트에서 제목 부분의 [제목 B] 링크를 클릭하면 개별 뷰 화면으로 들어가게 된다.

[그림 16-13] http://localhost:8081/view

다시 하단의 [목록보기] 링크를 클릭해 게시판의 리스트로 와서 삭제 부분의 [X]를 클릭하면, 게시글이 데이터베이스에서 삭제된다.

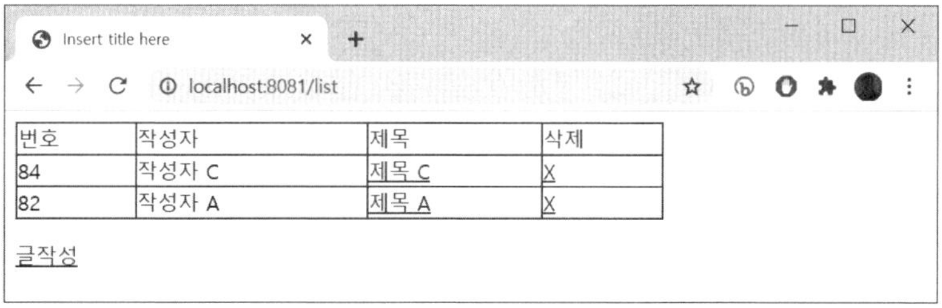

[그림 16-14] http://localhost:8081/list - 게시글이 삭제된 모습

스프링에서 사용할 수 있는 MyBatis의 기능을 이용하면 데이터베이스 처리 부분이 이번 예제에서 본 것처럼 매우 간단해진다. 사실 모든 개발자가 데이터베이스를 사용할 때 비즈니스 로직에 따라 SQL문이 다를 뿐이지 처리해야 하는 부분과 방법은 모두 같다. MyBatis는 이런 점을 이용하여 서비스를 제공해준다.

17
MyBatis에서 파라미터 사용하기

17.1 MyBatis에서 파라미터 사용하기

MyBatis에서 SQL문에 동적으로 변경되는 부분의 데이터를 파라미터로 어떻게 전달하는지는 다음과 같은 네 가지 경우로 정리할 수 있다.

방법1: param1, param2, param3 … 과 같이 param 변수 뒤의 숫자를 늘려 가면서 #{ } 사이에 적어서 사용하는 방법이다.

```
<select>
    select * from 테이블명 where 컬럼=#{param1} and 컬럼=#{param2}
</select>
```

방법2: 0부터 시작하는 인덱스를 사용하여 #{ } 사이에 적어 준다. 작성할 때는 편하나, 나중에 이 항목이 어떤 항목이었는지 파악하기가 쉽지 않다.

```
<select>
    select * from 테이블명 where 컬럼=#{0} and 컬럼=#{1}
</select>
```

방법3: 지정한 파라미터명을 사용하기 위해 @Param 어노테이션을 사용하여 이름을 지정해주는 방법이다. 작성할 때는 번거로울 수 있으나, 나중에 이 항목이 어떤 항목이

었는지 파악하기 쉽다.

> 인터페이스 추상메서드 정의 시
>   public void 함수명(@Param("파라미터명") String 파라미터명, ...)
> Mapper 파일에서
>   select * from 테이블명 where 필드명=#{파라미터명}
> 으로 사용할 수 있다.

방법4: 다량의 데이터를 파라미터로 받을 때 해시맵을 사용하여 받는 방법이다. 다음 장의 예제에서 적용하고 살펴볼 것이다.

> 인터페이스 추상메서드 정의 시
>   public int writeDao(Map〈String, String〉 파라미터명);
> Controller 파일에서
>   Map〈String, String〉 map = new HashMap〈String, String〉();
>   map.put("item1", sName);
>   map.put("item2", sContent);
> Mapper 파일에서
>   insert into simple_bbs (id, writer, content)
>   values (1, #{item1}, #{item2})
> 으로 사용할 수 있다.

17.2 MyBatis에서 파라미터 사용 예제 만들기

이번 예제는 직전 예제인 Ex16_MaBatis_SimpleBBS를 복사하여 그대로 사용하고, 파라미터 전달 부분만 변경해보도록 한다.

17.2.1 프로젝트 복사하기

탐색기에서 Ex16_MaBatis_SimpleBBS 프로젝트를 복사해서 붙여 넣고, Ex17_MyBatis_Param으로 이름을 변경한다.

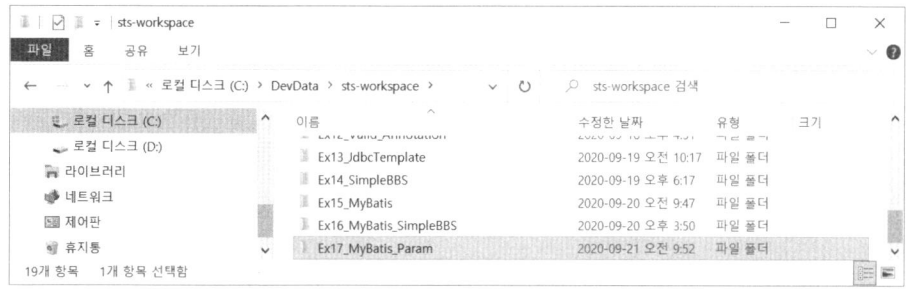

[그림 17-1] 프로젝트 폴더 복사 & 붙여 넣기

폴더로 들어가서 탐색기에서 .projects와 settings.gradle 을 텍스트 에디터로 열어서 프로젝트명을 원하는 이름으로 변경하면 된다. 여기서는 Ex17_MyBatis_Param으로 변경한다. 다음 그림들에서 보듯이 세 군데를 수정하면 된다.

```
1  <?xml version="1.0" encoding="UTF-8"?>
2  <projectDescription>
3      <name>Ex17_MyBatis_Param</name>
4      <comment>Project Ex17_MyBatis_Param created by Buildship.</comment>
5      <projects>
6      </projects>
7      <buildSpec>
8          <buildCommand>
9              <name>org.eclipse.jdt.core.javabuilder</name>
10             <arguments>
11             </arguments>
12         </buildCommand>
```

[그림 17-2] .project 파일 변경

```
1  rootProject.name = 'Ex17_MyBatis_Param'
2
```

[그림 17-3] settings.gradle 파일 변경

17.2.2 프로젝트 임포트

이제, STS에서 프로젝트를 임포트한다. 패키지를 펼쳐서 이전 클래스의 이름으로 된 클래스를 선택하고, 클래스명도 변경해준다. 클래스를 선택하고 우클릭으로 팝업 메뉴를 띄우고 Refactor → Rename을 선택하여 Ex17MyBatisParamApplication으로 변경한다.

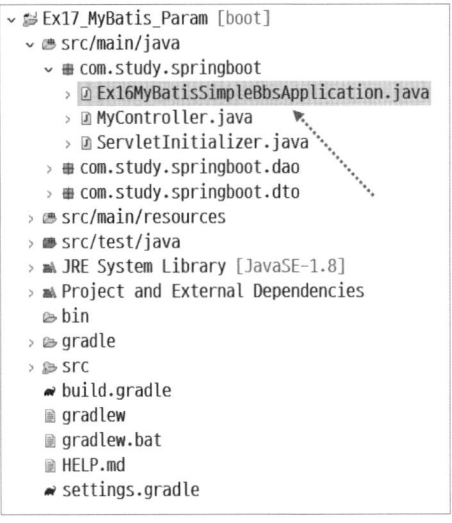

[그림 17-4] 클래스 이름 변경 전　　　　[그림 17-5] 클래스 이름 변경 후

17.2.3 DAO, mapper에서 파라미터 부분 변경

ISimpleBbsDao 인터페이스의 코드를 다음과 같이 수정한다. 이전 예제와 비교하면 16라인의 어노테이션 부분만 추가되었고, 그에 따른 임포트문이 하나 추가되었다.

[코드 17-1] ISimpleBbsDao.java

```
01 package com.study.springboot.dao;
02
```

```
03 import java.util.List;
04
05 import org.apache.ibatis.annotations.Mapper;
06 import org.apache.ibatis.annotations.Param;
07
08 import com.study.springboot.dto.SimpleBbsDto;
09
10 @Mapper
11 public interface ISimpleBbsDao {
12
13     public List<SimpleBbsDto> listDao();
14     public SimpleBbsDto viewDao(String id);
15     public int writeDao(String writer, String title, String content);
16     public int deleteDao(@Param("_id") String id);
17 }
```

- 임포트는 키보드에서 Ctrl + Shift + O 키를 동시에 누르면 쉽게 선택하여 추가할 수 있다.
- 10라인: @Mapper 어노테이션은 다음 인터페이스의 구현을 XML로 한다는 의미이다.
- 13라인: 리스트 보기를 위한 select 메서드를 정의한다.
- 14라인: 개별 뷰 보기를 위한 select 메서드를 정의한다.
- 15라인: 글 작성을 위한 insert 메서드를 정의한다.
- 16라인: 글 삭제를 위한 delete 메서드를 정의한다.

16라인에서 id 변수에 대해 매퍼에서 사용할 이름으로 @Param 어노테이션을 이용하여 "_id"로 지정했다. 여기서는 단순히 id를 _id로 바꿔서 사용할 것이다. 하지만 실제 상황에서는 긴 이름을 짧게 만들거나, 이해하기 어려운 변수를 이해하기 쉬운 변수명으로 바꾸는데 사용할 수 있다. 인터페이스에 대응하는 매퍼의 XML을 다음과 같이 수정한다.

[코드 17-2] SimpleBbsDao.xml

```xml
01 <?xml version="1.0" encoding="UTF-8"?>
02 <!DOCTYPE mapper
03     PUBLIC "-//mybatis.org//DTD Mapper 3.0//EN"
04     "http://mybatis.org/dtd/mybatis-3-mapper.dtd">
05
06 <mapper namespace="com.study.springboot.dao.ISimpleBbsDao">
07
08     <select id="listDao" resultType="com.study.springboot.dto.SimpleBbsDto">
09         select * from simple_bbs order by id desc
10     </select>
11
12     <select id="viewDao" resultType="com.study.springboot.dto.SimpleBbsDto">
13         select * from simple_bbs where id = #{0}
14     </select>
15
16     <insert id="writeDao">
17         insert into simple_bbs (id, writer, title, content)
18             values (simple_bbs_seq.nextval, #{param1}, #{param2}, #{param3})
19     </insert>
20
21     <delete id="deleteDao">
22         delete from simple_bbs where id = #{_id}
23     </delete>
24
25 </mapper>
```

- 13라인: 파라미터 변경
- 22라인: 파라미터 변경

06라인의 namespace는 이 매퍼가 어떤 인터페이스와 관련된 매퍼인지를 알려준다. 앞의 예제와 달라진 점은 13라인의 파라미터를 숫자로 사용했다. 첫 번째 파라미터를 사용하므로 숫자 0을 지정했다. 숫자는 0부터 시작한다.

18라인은 앞의 예제와 똑같이 param1, param2 등 param의 숫자를 증가시키며 사용하고 있다. 여기서는 param 뒤의 숫자가 1부터 시작한다.

22라인에서는 인터페이스를 만들 때 어노테이션으로 지정한 값을 이용하여 사용한다. 숫자나 순서가 아닌 이름을 사용하기 때문에 어떤 값이 사용되는지 파악하기가 쉽다.

그리고 18라인의 simple_bbs_seq.nextval는 오라클의 시퀀스다. id에 입력할 값을 호출할 때마다 자동으로 증가시킨다. 오라클이 아닌 다른 데이터베이스를 사용하고 있다면 이 부분을 해당 데이터베이스의 맞게 수정하면 된다. 앞에서 살펴본 파라미터를 사용하는 방법 중 세 가지를 적용시켰다.

17.2.4 테스트

이번은 매퍼의 파라미터 부분만 다양한 방법을 적용하여 수정하고 테스트를 진행한다. 다음의 [Boot Dashboard]에서 프로젝트를 선택하고 실행 아이콘을 클릭하여 실행한다.

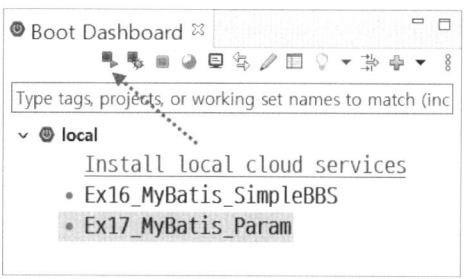

[그림 17-6] 프로젝트 실행

다음은 실행하자마자 http://localhost:8081/ 요청에 의해 root() 메서드가 호출되어 리다이렉션 코드가 실행된다. 그러면 http://localhost:8081/list 요청이 발생하고 userlistPage() 메서드가 호출된다. 결과로 게시판의 리스트 페이지가 나온다. 이전 예제에서 만든 데이터가 있다면 리스트가 출력될 것이고, 데이터가 없다면 다음과 같이 아무 내용도 출력되지 않는다.

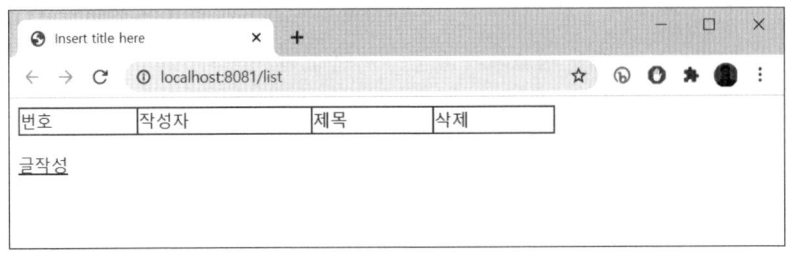

[그림 17-7] http://localhost:8081/list

글을 작성하고 개별 뷰를 보고 삭제하는 등의 테스트를 진행한다. 다양한 방법의 파라미터 적용 방법으로 매퍼를 만들었지만, 이상 없이 잘 실행되는 것을 확인할 수 있다.

18
MyBatis에서 쿼리 결괏값 사용하기

18.1 MyBatis에서 SQL 쿼리 결괏값 사용하기

MyBatis에서 SQL 쿼리가 성공하면 다음과 같은 결괏값을 얻을 수 있다.

- Select - Select문에 해당하는 결과
- Insert - 1(여러 개일 경우도 1)
- Update - Update된 행의 개수 반환(없다면 0)
- Delete - Delete된 행의 개수(없다면 0)

앞의 예제에서는 쿼리 결괏값을 이용하지 않았지만, 비즈니스 로직에 따라 쿼리의 결괏값을 비교하여 로직을 처리할 필요도 있을 것이다. 그때 이런 결괏값을 이용하면 된다. 이번 예제는 직전 예제인 Ex17_MaBatis_Param을 복사해서 SQL 쿼리의 결괏값을 받아 볼 수 있도록 수정하고, 전체 글의 개수를 세는 기능을 하나 추가해본다.

18.1.1 프로젝트 복사하기

탐색기에서 Ex17_MaBatis_Param 프로젝트를 복사해서 붙여 넣고 Ex18_MyBatis_ResultNum으로 이름을 변경한다.

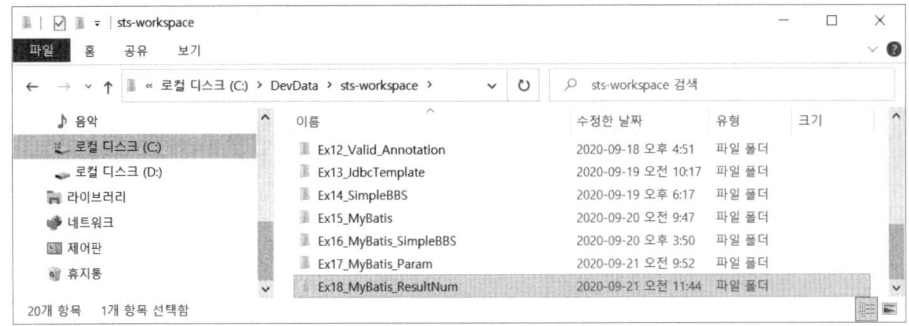

[그림 18-1] 프로젝트 폴더 복사 & 붙여 넣기

폴더로 들어가서 탐색기에서 .projects와 settings.gradle 을 텍스트 에디터로 열어서 프로젝트명을 원하는 이름으로 변경하면 된다. 여기서는 Ex18_MyBatis_ResultNum 으로 변경한다. 다음 그림들에서 보듯이 세 군데를 수정하면 된다.

```
1  <?xml version="1.0" encoding="UTF-8"?>
2  <projectDescription>
3      <name>Ex18_MyBatis_ResultNum</name>
4      <comment>Project Ex18_MyBatis_ResultNum created by Buildship.</comment>
5      <projects>
6      </projects>
7      <buildSpec>
8          <buildCommand>
9              <name>org.eclipse.jdt.core.javabuilder</name>
10             <arguments>
11             </arguments>
12         </buildCommand>
```

[그림 18-2] .project 파일 변경

```
1  rootProject.name = 'Ex18_MyBatis_ResultNum'
2
```

[그림 18-3] settings.gradle 파일 변경

18.1.2 프로젝트 임포트

이제, STS에서 프로젝트를 임포트한다. 패키지를 펼쳐서 이전 클래스의 이름으로 된 클래스를 선택하고, 클래스명도 변경해준다. 클래스를 선택하고 우클릭으로 팝업 메뉴

를 띄우고 Refactor → Rename을 선택하여 Ex18MyBatisResultNumApplication으로 변경한다.

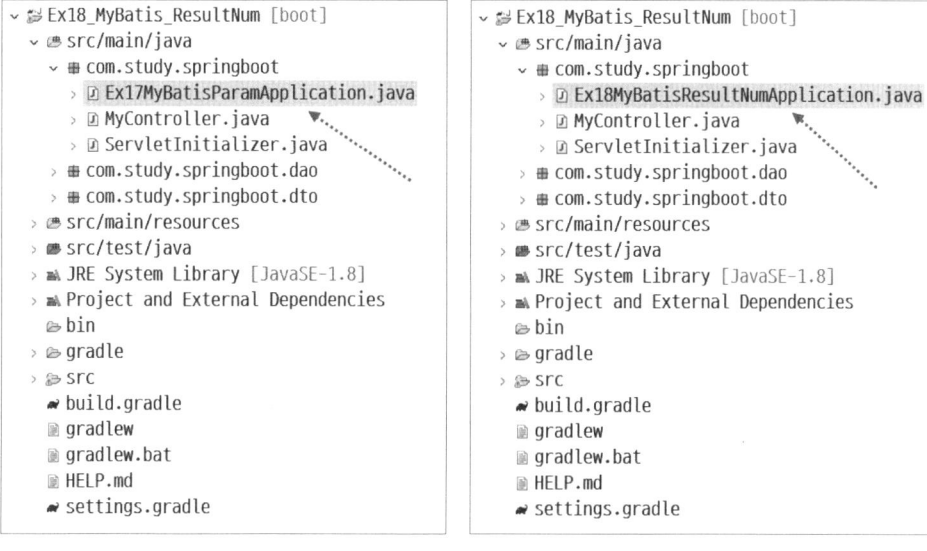

[그림 18-4] 클래스 이름 변경 전   [그림 18-5] 클래스 이름 변경 후

18.1.3 DAO, mapper에서 파라미터 부분 변경

ISimpleBbsDao 인터페이스의 코드를 다음과 같이 수정한다.

[코드 18-1] ISimpleBbsDao.java

```
01 package com.study.springboot.dao;
02
03 import java.util.List;
04 import java.util.Map;
05
06 import org.apache.ibatis.annotations.Mapper;
07 import org.apache.ibatis.annotations.Param;
08
```

05장 MyBatis **273**

```
09  import com.study.springboot.dto.SimpleBbsDto;
10
11  @Mapper
12  public interface ISimpleBbsDao {
13
14      public List<SimpleBbsDto> listDao();
15      public SimpleBbsDto viewDao(String id);
16      public int writeDao(Map<String, String> map);
17      public int deleteDao(@Param("_id") String id);
18      public int articleCount();
19  }
```

- 임포트는 키보드에서 Ctrl + Shift + O 키를 동시에 누르면 쉽게 선택하여 추가할 수 있다.
- 10라인: @Mapper 어노테이션은 다음 인터페이스의 구현을 XML로 한다는 의미이다.
- 14라인: 리스트 보기를 위한 select 메서드를 정의한다.
- 15라인: 개별 뷰 보기를 위한 select 메서드를 정의한다.
- 16라인: 글 작성을 위한 insert 메서드를 정의한다.
- 17라인: 글 삭제를 위한 delete 메서드를 정의한다.
- 18라인: 글의 개수를 세는 articleCount 메서드를 정의한다.

이전 예제와 비교하면 16라인의 파라미터 부분이 맵을 사용하는 것으로 수정되었다. 그리고 18라인의 글의 개수를 세서 리턴하는 메서드가 하나 추가되었다. 인터페이스에 대응하는 매퍼의 XML을 다음과 같이 수정한다.

[코드 18-2] SimpleBbsDao.xml

```
01  <?xml version="1.0" encoding="UTF-8"?>
02  <!DOCTYPE mapper
03      PUBLIC "-//mybatis.org//DTD Mapper 3.0//EN"
04      "http://mybatis.org/dtd/mybatis-3-mapper.dtd">
05
```

```xml
06 <mapper namespace="com.study.springboot.dao.ISimpleBbsDao">
07
08     <select id="listDao" resultType="com.study.springboot.dto.SimpleBbsDto">
09         select * from simple_bbs order by id desc
10     </select>
11
12     <select id="viewDao" resultType="com.study.springboot.dto.SimpleBbsDto">
13         select * from simple_bbs where id = #{0}
14     </select>
15
16     <insert id="writeDao" parameterType="java.util.HashMap">
17         insert into simple_bbs (id, writer, title, content)
18             values (simple_bbs_seq.nextval, #{item1}, #{item2}, #{item3})
19     </insert>
20
21     <delete id="deleteDao">
22         delete from simple_bbs where id = #{_id}
23     </delete>
24
25     <select id="articleCount" resultType="_int">
26         select count(*) from simple_bbs
27     </select>
28
29 </mapper>
```

06라인의 namespace는 이 매퍼가 어떤 인터페이스와 관련된 매퍼인지를 알려준다. 이전 예제와 다른 점을 살펴보자. 16라인에서 파라미터의 타입을 해쉬맵으로 정해주었고, 18라인에서 사용되는 파라미터를 #{param1}에서 #{해쉬맵의 키}로 바꿔서 사용하고 있다. item1, item2, item3 은 파라미터로 전달된 해쉬맵 변수의 키값이다.

25라인에서는 결괏값의 타입을 정해 주고 있다. 앞의 예제에서는 인터페이스에 결과 타입이 int 로 되어 있었음에도 mapper에서 결괏값을 리턴하지는 않았지만 여기서는 _int 값으로 리턴하고 있다. 언더바(_)가 붙어 있음에 유의하자. 데이터 타입이 원시형인 경우는 언더바를 앞에 붙인다. 붙이지 않는 경우 래퍼(Wrapper) 클래스로 변환된다. 예약된 별칭은 org.apache.ibatis.type.TypeAliasRegistry에 지정되어 있다.

[표 18-1] 자주 사용하는 타입과 예약된 별칭

별칭(alias)	데이터 형태(data type)	별칭(alias)	데이터 형태(data type)
_boolean	boolean	float	Float
_byte	byte	double	Double
_short	short	object	Object
_int	int	string	String
_long	long	date	Date
_float	float	map	Map
_double	double	hashmap	HashMap
boolean	Boolean	list	List
byte	Byte	arraylist	ArrayList
short	Short	collection	Collection
int	Integer	iterator	Iterator
long	Long	ResultSet	ResultSet

18.1.4 컨트롤러 부분 변경

이제 리퀘스트 매핑으로 사용하는 MyController 클래스를 다음과 같이 수정한다. 기존 코드에 SQL 쿼리의 결괏값을 받는 처리를 추가했다.

[코드 18-3] MyController.java

```
01 package com.study.springboot;
02
```

```
03 import java.util.HashMap;
04 import java.util.Map;
05
06 import javax.servlet.http.HttpServletRequest;
07
08 import org.springframework.beans.factory.annotation.Autowired;
09 import org.springframework.stereotype.Controller;
10 import org.springframework.ui.Model;
11 import org.springframework.web.bind.annotation.RequestMapping;
12
13 import com.study.springboot.dao.ISimpleBbsDao;
14
15 @Controller
16 public class MyController {
17
18     @Autowired
19     ISimpleBbsDao dao;
20
21     @RequestMapping("/")
22     public String root() throws Exception{
23         // MyBatis : ResultNum
24         return "redirect:list";
25     }
26
27     @RequestMapping("/list")
28     public String userlistPage(Model model) {
29         model.addAttribute("list", dao.listDao());
30
31         int nTotalCount = dao.articleCount();
32         System.out.println("Count : " + nTotalCount);
33
34         return "/list";
35     }
36
37     @RequestMapping("/view")
38     public String view(HttpServletRequest request, Model model) {
39         String sId = request.getParameter("id");
40         model.addAttribute("dto", dao.viewDao(sId));
41         return "/view";
```

```java
42      }
43
44      @RequestMapping("/writeForm")
45      public String writeForm() {
46
47          return "/writeForm";
48      }
49
50      @RequestMapping("/write")
51      public String write(HttpServletRequest request, Model model) {
52
53          String sName = request.getParameter("writer");
54          String sTitle = request.getParameter("title");
55          String sContent = request.getParameter("content");
56
57          Map<String, String> map = new HashMap<String, String>();
58          map.put("item1", sName);
59          map.put("item2", sTitle);
60          map.put("item3", sContent);
61
62          int nResult = dao.writeDao(map);
63          System.out.println("Write : " + nResult);
64
65          return "redirect:list";
66      }
67
68      @RequestMapping("/delete")
69      public String delete(HttpServletRequest request, Model model) {
70          String sId = request.getParameter("id");
71          int nResult = dao.deleteDao(sId);
72          System.out.println("Delete : " + nResult);
73
74          return "redirect:list";
75      }
76
77  }
```

31라인에서 글의 개수를 가져오는 메서드를 호출한다. 여기서는 32라인에서 결괏값을 그저 출력해주었을 뿐이지만, 게시판의 리스트를 페이징 처리할 때는 이 값을 사용해야 한다.

57라인에서는 해쉬맵 변수를 선언하고 이 변수의 값으로 파라미터로 들어온 값들을 넣고 있다. 그리고 62라인에서 메서드의 파라미터 값으로 이 해쉬맵 변수를 넣고 있다. 그리고 메서드 호출의 결괏값을 리턴받고 있다. 인서트가 성공했다면 1이 리턴되고, 실패했다면 0이 리턴될 것이다. 이 값에 따라서 알맞은 비즈니스 로직을 구현하면 된다. 여기서는 단지 출력만 했다.

71라인에서도 글을 삭제하는 메서드를 호출하고 리턴값을 받았다. 역시 이 값에 따라서 알맞은 비즈니스 로직을 구현하면 된다. 여기서는 단지 출력만 했다.

18.1.5 테스트

[그림 18-6]의 [Boot Dashboard]에서 프로젝트를 선택하고 실행 아이콘을 클릭하여 실행한다.

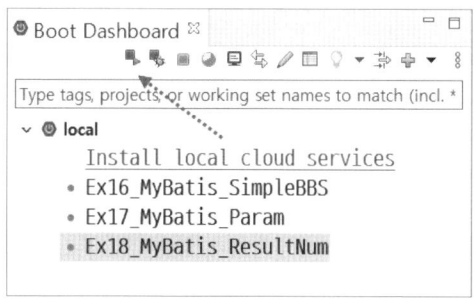

[그림 18-6] 프로젝트 실행

글을 작성하고 개별 뷰를 보고 삭제하는 등의 테스트를 진행한다. 실행 결과로 콘솔창에서 다음과 같은 결과를 볼 수 있다.

```
  .   ____          _            __ _ _
 /\\ / ___'_ __ _ _(_)_ __  __ _ \ \ \ \
( ( )\___ | '_ | '_| | '_ \/ _` | \ \ \ \
 \\/  ___)| |_)| | | | | || (_| |  ) ) ) )
  '  |____| .__|_| |_|_| |_\__, | / / / /
 =========|_|==============|___/=/_/_/_/
 :: Spring Boot ::        (v2.3.4.RELEASE)

2020-09-21 13:10:06.932  INFO 3616 --- [           main] c.s.s.Ex18MyBatisResultNumApplication
2020-09-21 13:10:06.935  INFO 3616 --- [           main] c.s.s.Ex18MyBatisResultNumApplication
2020-09-21 13:10:07.861  INFO 3616 --- [           main] o.s.b.w.embedded.tomcat.TomcatWebServer
2020-09-21 13:10:07.869  INFO 3616 --- [           main] o.apache.catalina.core.StandardService
2020-09-21 13:10:07.870  INFO 3616 --- [           main] org.apache.catalina.core.StandardEngine
2020-09-21 13:10:08.090  INFO 3616 --- [           main] org.apache.jasper.servlet.TldScanner
2020-09-21 13:10:08.096  INFO 3616 --- [           main] o.a.c.c.C.[Tomcat].[localhost].[/]
2020-09-21 13:10:08.096  INFO 3616 --- [           main] w.s.c.ServletWebServerApplicationContext
2020-09-21 13:10:08.425  INFO 3616 --- [           main] o.s.s.concurrent.ThreadPoolTaskExecutor
2020-09-21 13:10:08.600  INFO 3616 --- [           main] o.s.b.w.embedded.tomcat.TomcatWebServer
2020-09-21 13:10:08.607  INFO 3616 --- [           main] c.s.s.Ex18MyBatisResultNumApplication
2020-09-21 13:10:16.011  INFO 3616 --- [nio-8081-exec-1] o.a.c.c.C.[Tomcat].[localhost].[/]
2020-09-21 13:10:16.012  INFO 3616 --- [nio-8081-exec-1] o.s.web.servlet.DispatcherServlet
2020-09-21 13:10:16.020  INFO 3616 --- [nio-8081-exec-1] o.s.web.servlet.DispatcherServlet
2020-09-21 13:10:16.135  INFO 3616 --- [nio-8081-exec-2] com.zaxxer.hikari.HikariDataSource
2020-09-21 13:10:16.550  INFO 3616 --- [nio-8081-exec-2] com.zaxxer.hikari.pool.PoolBase
2020-09-21 13:10:16.554  INFO 3616 --- [nio-8081-exec-2] com.zaxxer.hikari.HikariDataSource
Count : 2
Write : 1
Count : 3       ◀ ··············
Delete : 1
Count : 2
```

[그림 18-7] 로그 출력

앞서 살펴보았듯이, MyController에서 리턴받아 처리하는 코드를 작성하면 더욱 정밀한 코딩을 구현할 수 있다.

19
MyBatis로 SQL 로그 출력하기

19.1 스프링 부트와 로깅

자바는 많은 로깅 프레임워크를 가지고 있다. log4j, logback, log4j2, apache common logging, SLF4J 등 다양한 프레임워크들이 있다. 스프링 부트는 logback을 기본적인 로깅 시스템으로 지원하고 있다. 스프링에서 logback을 사용하기 위해 별도로 추가할 디펜던시는 없으며, application.properties를 통한 로깅 설정을 할 수도 있고, xml 파일로 따로 설정 정보를 관리하면서 개발할 수 있는 로깅 커스터마이징(Spring Boot Logging Customizing)도 지원한다.

로깅 커스터마이징을 사용할 경우 스프링이나 일반 자바프로그램의 경우는 보통 logback.xml 파일을 resources 디렉토리에 만들어서 참조한다. logback은 이 설정 파일을 자동으로 찾는데 logback.groovy → logback-test.xml → logback.xml 순서로 찾고 없으면 디폴트 설정을 따른다. 스프링 부트의 경우 조금 다르게 logback.xml이라는 이름 대신, logback-spring.xml 을 사용한다.

19.2 MyBatis에 로깅 시스템 적용한 예제

MyBatis를 사용하면 편하기는 한데, 프로그래밍을 할 때 불편한 점이 한 가지 있다. SQL 관련해서 로그를 출력하여 볼 수가 없다는 것이다. 그래서 이번 예제에서는 SQL

로그를 출력하는 방법에 대해 알아보려 한다. MyBatis가 적용된 제일 간단한 예제인 Ex15_MyBatis를 이용해 테스트를 해본다.

19.2.1 프로젝트 복사하기

탐색기에서 Ex15_MaBatis 프로젝트를 복사해서 붙여 넣고 Ex19_SqlLog로 이름을 변경한다.

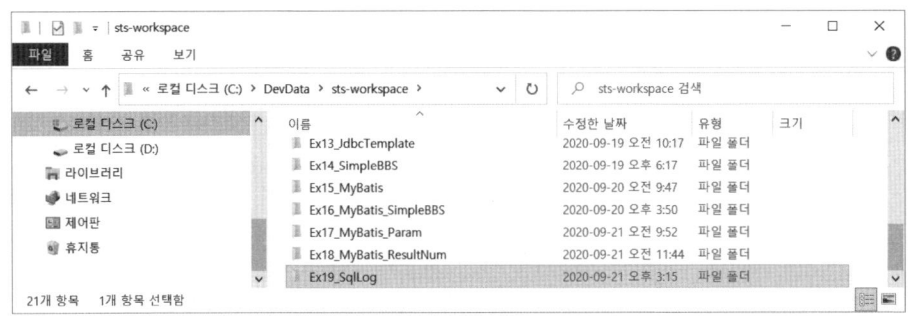

[그림 19-1] 프로젝트 폴더 복사 & 붙여 넣기

폴더로 들어가서 탐색기에서 .projects 와 settings.gradle 을 텍스트 에디터로 열어서 프로젝트명을 원하는 이름으로 변경하면 된다. 여기서는 Ex19_SqlLog로 변경한다. 다음 그림들에서 보듯이 세 군데를 수정하면 된다.

```
1  <?xml version="1.0" encoding="UTF-8"?>
2  <projectDescription>
3      <name>Ex19_SqlLog</name>
4      <comment>Project Ex19_SqlLog created by Buildship.</comment>
5      <projects>
6      </projects>
7      <buildSpec>
8          <buildCommand>
9              <name>org.eclipse.jdt.core.javabuilder</name>
10             <arguments>
11             </arguments>
12         </buildCommand>
```

[그림 19-2] .project 파일 변경

```
1  rootProject.name = 'Ex19_SqlLog'
2
```

[그림 19-3] settings.gradle 파일 변경

19.2.2 프로젝트 임포트

이제 STS에서 프로젝트를 임포트한다. 패키지를 펼쳐서 이전 클래스의 이름으로 된 클래스를 선택하고, 클래스명도 변경해준다. 클래스를 선택하고 우클릭으로 팝업 메뉴를 띄우고 Refactor → Rename을 선택하여 Ex19SqlLogApplication으로 변경한다.

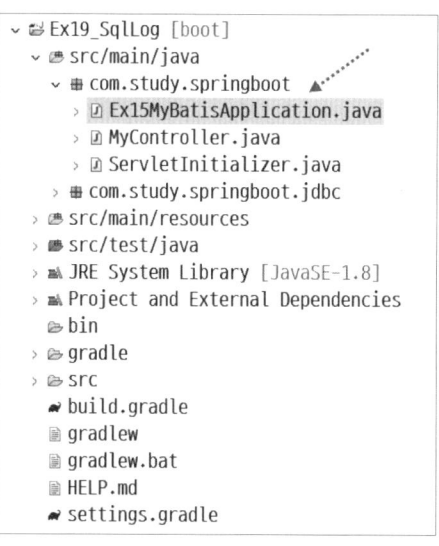

[그림 19-4] 클래스 이름 변경 전 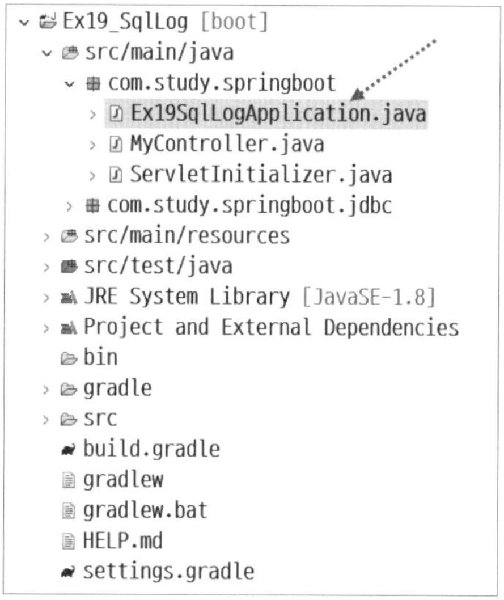   [그림 19-5] 클래스 이름 변경 후

19.2.3 로깅 설정 파일 추가

src / main / resources 에 logback.xml 파일을 새로 만들어 추가한다. application.properties 안에 설정을 할 수도 있지만, 설정 내용이 많으니 xml 파일에 별도로 관리하는 것이 좋다.

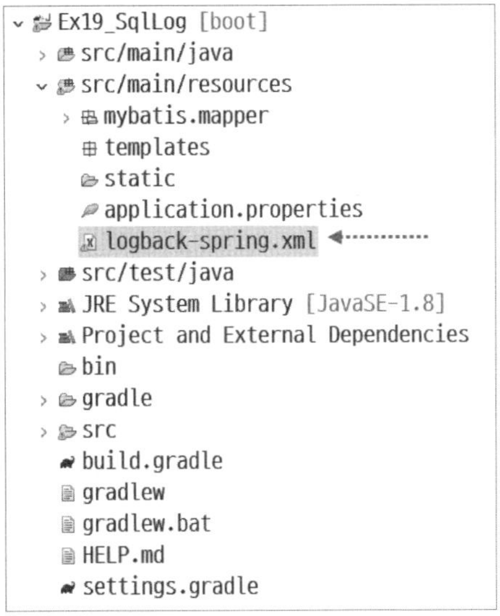

[그림 19-6] 로깅 설정 xml 추가

logback-spring.xml의 내용은 다음과 같이 작성한다.

[코드 19-1] logback-spring.xml

```xml
01 <?xml version="1.0" encoding="UTF-8"?>
02 <configuration>
03     <appender name="console" class="ch.qos.logback.core.ConsoleAppender">
04         <encoder>
05             <Pattern>[%d{yyyy-MM-dd HH:mm:ss}:%-3relative] [%thread]
                %-5level %logger{36} - %msg%n</Pattern>
06         </encoder>
07     </appender>
08
09     <logger name="com.study.springboot" level="debug"/>
10
11     <root level="info">
12         <appender-ref ref="console"/>
13     </root>
14 </configuration>
```

03라인의 어펜더(appender)에서 지정하는 클래스에 따라 로그의 출력 방법을 콘솔이나 파일, 데이터베이스, 메일 등으로 정할 수 있다. 우리는 콘솔에 출력하기 위한 클래스를 지정했고 어펜더의 이름은 console이라고 만들었다.

05라인에서는 출력되는 패턴을 지정한다.

11라인에서 프로그램 전체에 대해서는 info 수준으로 로그를 출력하도록 설정한다.

12라인에서 출력할 대상의 이름은 03라인에서 만든 console로 지정한다.

그리고 09라인의 com.study.springboot 하위 부분에 대해서는 debug 수준으로 로그를 출력하도록 추가 설정한다.

19.2.4 테스트

테스트를 위해 다른 부분의 수정은 필요 없다. 다음과 같이 로그 설정만 추가하면 된다. [그림 19-7]의 [Boot Dashboard]에서 프로젝트를 선택하고 실행 아이콘을 클릭하여 실행한다.

[그림 19-7] 프로젝트 실행

다음은 실행하자마자 http://localhost:8081/ 요청에 의해 root() 메서드가 호출되어 스트링 데이터만 리턴한 결과이다.

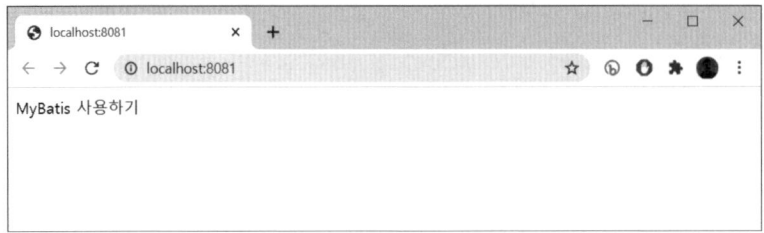

[그림 19-8] http://localhost:8081/

다음은 http://localhost:8081/user 요청에 의해 userlistPage() 메서드가 호출된 결과이다. 데이터베이스의 테이블에서 SQL문을 통한 쿼리 결과가 잘 출력되고 있다.

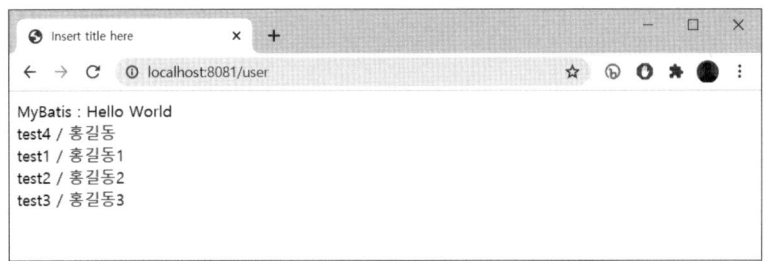

[그림 19-9] http://localhost:8081/user

이때, 콘솔창의 로그를 확인해보면 [그림 19-10]과 같이 로그가 출력된 것을 볼 수 있다.

```
INFO  com.zaxxer.hikari.HikariDataSource - HikariPool-1 - Starting...
INFO  com.zaxxer.hikari.pool.PoolBase - HikariPool-1 - Driver does not support get/set network
INFO  com.zaxxer.hikari.HikariDataSource - HikariPool-1 - Start completed.
DEBUG c.s.springboot.jdbc.IMyUserDao.list - ==>  Preparing: select id, name from myuser
DEBUG c.s.springboot.jdbc.IMyUserDao.list - ==> Parameters:
DEBUG c.s.springboot.jdbc.IMyUserDao.list - <==      Total: 4
```

[그림 19-10] 사용자 정의 로그 출력

우리가 설정한 레벨에 맞게 info 수준으로 로그가 출력이 되다가, com.study. springboot 하위 부분에 대해서는 debug 수준으로 로그를 출력되는 것을 확인할 수 있다. 우리가 사용한 SQL문이 출력이 되고 select 문의 총 결괏값 4도 출력이 된 것을 확인할 수 있다. SQL문의 로그 출력은 debug 레벨부터 가능하다.

19.3 SQL 쿼리문의 다양한 로그 출력

19.3.1 로깅 설정 파일 추가, 수정

SQL문의 출력이 만족스러운 수준은 아니다. SQL문의 출력을 좀 더 보기 편하게 만들어 보자. [그림 19-11]과 같은 이름으로 파일을 만들어 추가한다.

[그림 19-11] 로그 설정 파일 추가

log4jdbc.log4j2.Properties 내용은 다음과 같이 입력한다.

[코드 19-2] log4jdbc.log4j2.Properties

```
01 log4jdbc.spylogdelegator.name=net.sf.log4jdbc.log.slf4j.Slf4jSpyLogDelegator
02 log4jdbc.dump.sql.maxlinelength=0
```

logback-spring.xml은 다음과 같이 내용을 수정한다.

[코드 19-3] logback-spring.xml

```xml
01 <?xml version="1.0" encoding="UTF-8"?>
02 <configuration>
03     <appender name="console" class="ch.qos.logback.core.ConsoleAppender">
04         <encoder>
05             <Pattern>[%d{yyyy-MM-dd HH:mm:ss}:%-3relative] [%thread]
                 %-5level %logger{36} - %msg%n</Pattern>
06         </encoder>
07     </appender>
08
09     <logger name="com.study.springboot" level="info"/>
10
11     <!-- log4j2-jdbc4 -->
12     <logger name="jdbc" level="OFF" />
13     <logger name="jdbc.sqlonly" level="OFF" />
14     <logger name="jdbc.sqltiming" level="DEBUG" />
15     <logger name="jdbc.resultset" level="OFF" />
16     <logger name="jdbc.resultsettable" level="DEBUG" />
17     <logger name="jdbc.connection" level="OFF" />
18     <!-- log4j2-jdbc4 -->
19
20     <root level="off">
21         <appender-ref ref="console"/>
22     </root>
23 </configuration>
```

20라인에서 로그를 출력하기 위해 전체적으로 참조하는 레벨은 오프 상태로 꺼두었다.

21라인에서 출력할 대상의 이름은 03라인에서 만든 console로 지정한다.

09라인부터 18라인까지 개별적으로 출력할 대상과 출력 레벨을 정하고 있다.

19.3.2 application.properties 수정

이제, application.properties를 다음과 같이 수정한다.

[코드 19-4] application.properties

```
01 server.port = 8081
02 # JSP
03 spring.mvc.view.prefix=/WEB-INF/views/
04 spring.mvc.view.suffix=.jsp
05
06 # oracle set
07 #spring.datasource.driver-class-name=oracle.jdbc.OracleDriver
08 #spring.datasource.url=jdbc:oracle:thin:@localhost:1521/xe
09 spring.datasource.driver-class-name=net.sf.log4jdbc.sql.jdbcapi.DriverSpy
10 spring.datasource.url=jdbc:log4jdbc:oracle:thin:@localhost:1521/xe
11 spring.datasource.username=scott
12 spring.datasource.password=tiger
13
14 # mybatis
15 mybatis.mapper-locations=classpath:mybatis/mapper/**/**.xml
```

기존의 07라인, 08라인을 주석 처리한다. 09라인, 10라인을 추가한다. 09라인, 10라인의 설정으로 데이터베이스를 사용할 때 스프링의 로깅 시스템이 데이터베이스의 출력 로그를 후킹하는 처리를 한다.

19.3.3 build.gradle 수정

build.gradle도 다음의 디펜던시를 추가한다.

```
implementation 'org.bgee.log4jdbc-log4j2:log4jdbc-log4j2-jdbc4:1.16'
```

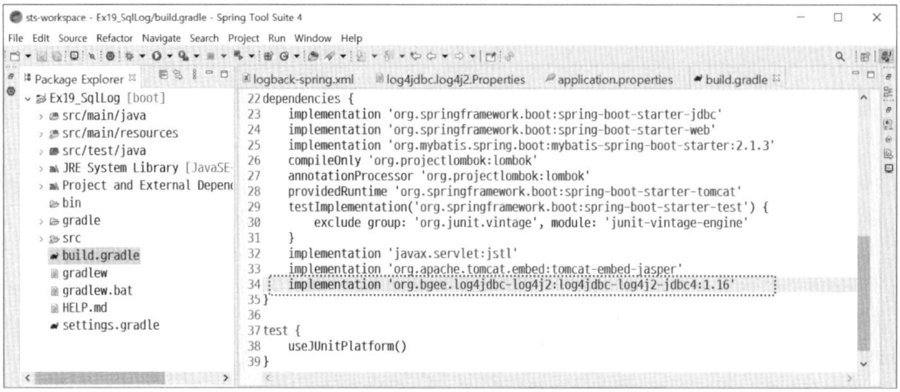

[그림 19-12] jdbc 로그 출력 디펜던시 추가

또한 Gradle → Gradle Project Refresh를 반드시 수행한다. 그렇게 해야 프로젝트에 변경 내용이 적용된다.

19.3.4 테스트

[Boot Dashboard]에서 프로젝트를 선택하고, 실행 아이콘을 클릭하여 실행한다. http://localhost:8081/user 를 브라우저 창에서 입력하고 콘솔창의 로그를 본다. [그림 19-13]과 같이 로그가 이전 출력보다는 다양한 정보와 함께 보기 좋게 출력된 것을 볼 수 있다. 사용한 쿼리문이 출력되고, 쿼리에 걸린 시간이 표시되며, ResultSet이 출력된다. 다만, 한글을 출력할 경우 세로선은 잘 맞지 않는다.

```
[2020-09-21 16:30:48:531] [main] INFO  c.s.springboot.Ex19SqlLogApplication - Starting
[2020-09-21 16:30:48:533] [main] INFO  c.s.springboot.Ex19SqlLogApplication - No active
[2020-09-21 16:30:50:2185] [main] INFO  c.s.springboot.Ex19SqlLogApplication - Started
[2020-09-21 16:30:59:10877] [http-nio-8081-exec-1] DEBUG jdbc.sqltiming -  com.zaxxer.h
1. select id, name from myuser ◀·········
 {executed in 4 msec}
[2020-09-21 16:30:59:10895] [http-nio-8081-exec-1] INFO  jdbc.resultsettable -
|------|-----|
|id    |name |
|------|-----|
|test4 |홍길동  |
|test1 |홍길동1 |
|test2 |홍길동2 |
|test3 |홍길동3 |
|------|-----|
```

[그림 19-13] 사용자 정의 로그 출력

CHAPTER

06

예제로 배우는 스프링 부트 입문

트랜잭션

20 서비스의 개념과 사용

20.1 스프링 웹 MVC와 서비스

20.1.1 스프링 웹 MVC의 구조

웹 개발에서 MVC 구조는 개발자와 디자이너의 분업이 가능한 구조를 만들었다. 그러나 여전히 흐름의 제어와 비즈니스 로직이 컨트롤러 하나에 집중되는 문제가 발생한다. 이러한 문제의 해결법이 프론트 컨트롤러 방식이다. 프론트 컨트롤러는 컨트롤러 앞에 존재하는 컨트롤러를 만들어 모든 흐름의 제어를 담당한다. 그리고 비즈니스 로직은 개별 컨트롤러에서 각각 담당하게 한다. 스프링 공식 사이트(spring.io)에서는 웹 MVC를 [그림 20-1]과 같이 표현하고 있다.

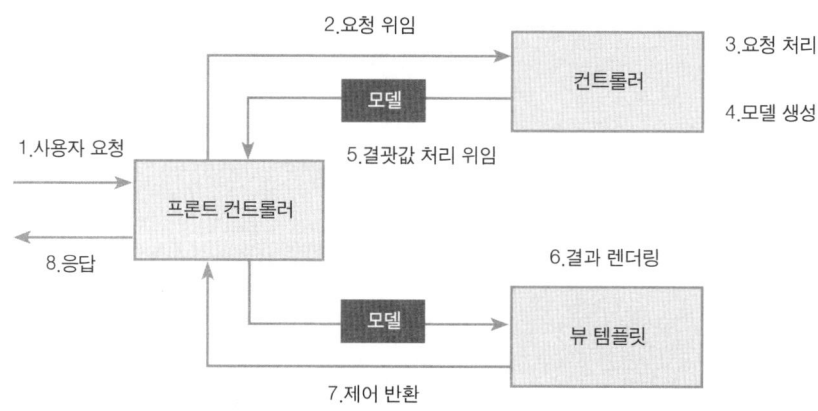

[그림 20-1] 스프링 웹 MVC의 요청 처리 시 흐름 - https://bit.ly/35VGH4x

앞서 작성한 Ex14_SimpleBBS를 위의 그림처럼 표시하면 [그림 20-2]와 같다. 데이터베이스의 테이블을 하나만 사용하는 간단한 구조이기 때문에 DAO가 컨트롤러의 역할을 하도록 해도 크게 무리가 없었다.

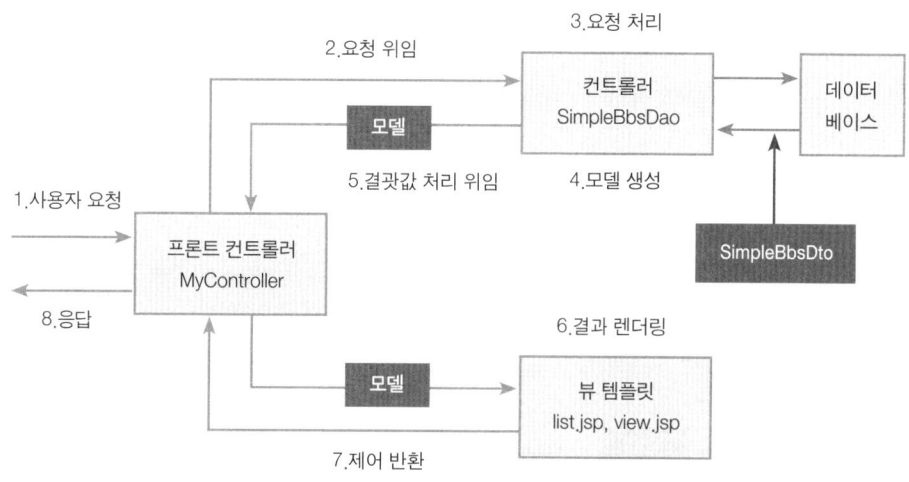

[그림 20-2] Ex14_SimpleBBS의 요청 처리 흐름도

테이블 하나당 하나의 DTO와 DAO를 만들어, DAO가 단일 테이블에 대한 데이터 접근 및 갱신만 처리하도록 만들면 데이터베이스의 처리가 간결해진다. 우리가 만든 Ex14_SimpleBBS가 이런 구조였다. 하지만 Ex14_SimpleBBS의 구조는 데이터 처리에 있어서 약간 유연성이 떨어진다. 여러 개의 테이블에 있는 정보를 한꺼번에 사용하기 위해서는 비지니스 로직이 맨 앞의 MyController에 만들어져야 하는데, 이는 바람직하지 않다.

그래서 중간에 서비스(Service) 단을 만든다. 서비스는 여러 DAO를 호출하여 여러 번의 데이터 접근 및 갱신을 하며, 그렇게 읽은 데이터에 대한 비즈니스 로직을 수행하고, 그것을 하나의 (또는 여러 개의) 트랜잭션으로 묶는다. 즉, 서비스가 데이터베이스의 트랜잭션 단위가 되는 것이다.

프론트 컨트롤러는 리퀘스트값을 받아서 서비스단으로 던져주고 결과를 받아 뷰페이지에서 보여주는 역할로만 사용하는 것이 좋다. 다시 말해, 비지니스 로직이 들어가지 않게 하고 요청 처리에 대한 흐름 제어만 하는 것이다. 이를 그림으로 표현하면 [그림 20-3]과 같다.

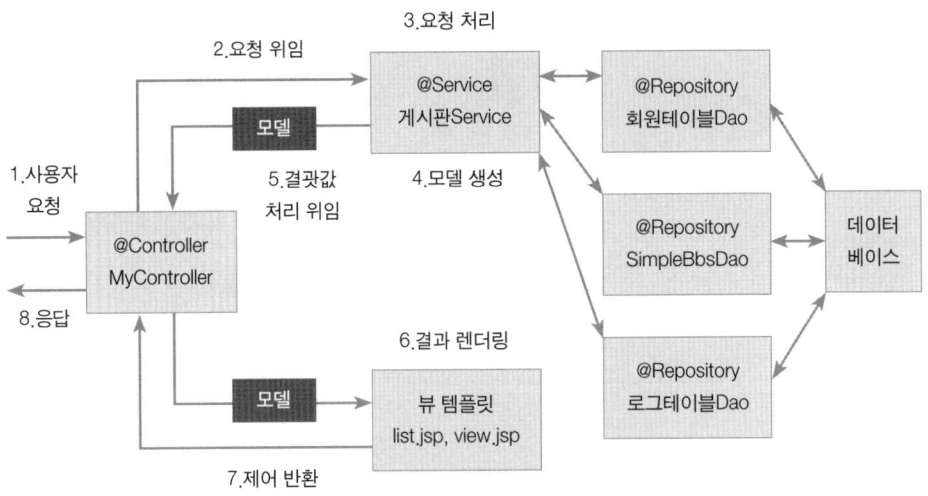

[그림 20-3] 서비스 사용의 요청 처리 흐름도

하나의 DAO는 하나의 테이블을 처리하는 것으로 만들었고, 서비스는 이것들을 모아 비즈니스 로직을 만들었다. 이처럼 서비스는 컨트롤러 부분을 더 세분화한 것이다. 여기서 하나 더 볼 것은 어노테이션의 사용이다.

@Controller, @Service, @Repository 모두 다 @Bean의 스테레오 타입(stereo type)이다. 즉, 스프링은 다 빈으로 처리하지만 개발자가 눈으로 보면서 의미를 구분하기 위한 것이라고 보면 된다. '컨트롤러로 사용되고 있으니 이 위치에서 동작하겠구나' '서비스로 사용되고 있으니 비즈니스 로직이 들어있겠구나' '레파지토리로 사용되고 있으니 데이터베이스 처리에 관련된 내용들이 들어 있겠구나' 이런 식으로 파악하기 위한 빈의 별칭이라고 이해하면 된다.

20.2 서비스 적용 예제 만들기

이번 예제에서는 MyBatis가 적용된 예제에 서비스를 적용해보도록 한다.

20.2.1 프로젝트 복사하기

탐색기에서 Ex18_MaBatis_ResultNum 프로젝트를 복사해서 붙여 넣고 Ex20_Service로 이름을 변경한다.

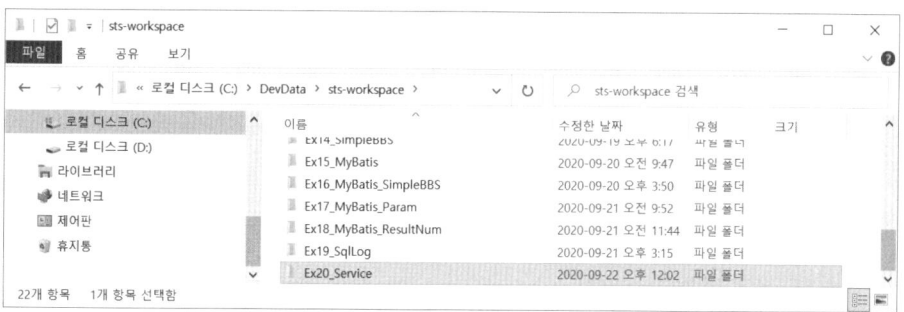

[그림 20-4] 프로젝트 폴더 복사 & 붙여 넣기

폴더로 들어가서 탐색기에서 .projects와 settings.gradle을 텍스트 에디터로 열어서 프로젝트명을 원하는 이름으로 변경하면 된다. 여기서는 Ex20_Service로 변경한다. 다음 그림들에서 보듯이 세 군데를 수정하면 된다.

```
 1  <?xml version="1.0" encoding="UTF-8"?>
 2  <projectDescription>
 3      <name>Ex20_Service</name>
 4      <comment>Project Ex20_Service created by Buildship.</comment>
 5      <projects>
 6      </projects>
 7      <buildSpec>
 8          <buildCommand>
 9              <name>org.eclipse.jdt.core.javabuilder</name>
10              <arguments>
11              </arguments>
12          </buildCommand>
```

[그림 20-5] .project 파일 변경

```
1  rootProject.name = 'Ex20_Service'
2
```

[그림 20-6] settings.gradle 파일 변경

20.2.2 프로젝트 임포트

이제 STS에서 프로젝트를 임포트한다. 패키지를 펼쳐서 이전 클래스의 이름으로 된 클래스를 선택하고, 클래스명도 변경해준다. 클래스를 선택하고 우클릭으로 팝업 메뉴를 띄우고 Refactor → Rename을 선택하여 Ex20ServiceApplication으로 변경한다.

[그림 20-7] 클래스 이름 변경 전

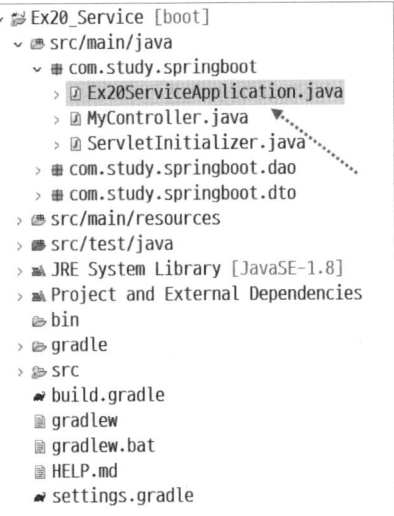

[그림 20-8] 클래스 이름 변경 후

20.2.3 서비스 구현

[그림 20-9]와 같이 패키지를 추가하고, 인터페이스와 클래스를 추가한다.

```
∨ ⲻEx20_Service [boot]
    ∨ ⲻsrc/main/java
        > ⲻcom.study.springboot
        > ⲻcom.study.springboot.dao
        > ⲻcom.study.springboot.dto
        ∨ ⲻcom.study.springboot.service
            > ⲻISimpleBbsService.java
            > ⲻSimpleBbsService.java
    > ⲻsrc/main/resources
    > ⲻsrc/test/java
    > ⲻJRE System Library [JavaSE-1.8]
    > ⲻProject and External Dependencies
      ⲻbin
    > ⲻgradle
    > ⲻsrc
      ⲻbuild.gradle
      ⲻgradlew
      ⲻgradlew.bat
      ⲻHELP.md
      ⲻsettings.gradle
```

[그림 20-9] 서비스용 패키지, 인터페이스, 클래스 추가

ISimpleBbsService 인터페이스의 내용은 다음과 같이 작성한다.

[코드 20-1] IsimpleBbsService.java

```java
01 package com.study.springboot.service;
02
03 import java.util.List;
04 import java.util.Map;
05
06 import org.apache.ibatis.annotations.Param;
07
08 import com.study.springboot.dto.SimpleBbsDto;
09
10 public interface ISimpleBbsService {
11
12     public List<SimpleBbsDto> list();
13     public SimpleBbsDto view(String id);
14     public int write(Map<String, String> map);
15     public int delete(@Param("_id")String id);
16     public int count();
17 }
```

SimpleBbsService 클래스의 내용은 다음과 같이 작성한다.

[코드 20-2] SimpleBbsService.java

```
01  package com.study.springboot.service;
02
03  import java.util.List;
04  import java.util.Map;
05
06  import org.springframework.beans.factory.annotation.Autowired;
07  import org.springframework.stereotype.Service;
08
09  import com.study.springboot.dao.ISimpleBbsDao;
10  import com.study.springboot.dto.SimpleBbsDto;
11
12  @Service
13  public class SimpleBbsService implements ISimpleBbsService {
14
15      @Autowired
16      ISimpleBbsDao dao;
17
18      @Override
19      public List<SimpleBbsDto> list() {
20          return dao.listDao();
21      }
22
23      @Override
24      public SimpleBbsDto view(String id) {
25          return dao.viewDao(id);
26      }
27
28      @Override
29      public int write(Map<String, String> map) {
30          int nResult = dao.writeDao(map);
31          return nResult;
32      }
33
34      @Override
```

```
35      public int delete(String id) {
36          int nResult = dao.deleteDao(id);
37          return nResult;
38      }
39
40      @Override
41      public int count() {
42          int nTotalCount = dao.articleCount();
43          return nTotalCount;
44      }
45
46  }
```

- 12라인: @Service 어노테이션은 이 클래스를 빈으로 사용하겠다는 의미이다.
- 16라인: dao 클래스를 자동 주입 받는다.
- 20라인: dao 클래스의 메서드를 호출하고 받은 리턴값을 별다른 처리 없이 바로 리턴한다.

기존의 DAO와 비교해보면 인터페이스와 구현부의 내용이 거의 비슷하다. DAO 자리에 서비스가 단순히 추가되었을 뿐, 서비스의 역할은 없다고 볼 수 있다.

NOTE

SimpleBbsDao 구현부의 내용은 매퍼로 구현하여 xml이므로 Ex14_SimpleBBS의 SimpleBbsDao 구현부와 비교해보면 될 것이다.

이렇게 비즈니스 로직이 하나의 DAO만 사용할 경우 서비스의 이점은 없고, 왠지 구조만 복잡해지는 것으로 보일 수 있다. 그러나 우리가 앞으로 만들 웹 애플리케이션은 이렇게 단순한 구조는 거의 없고 보통 여러 개의 테이블을 사용해서 비즈니스 로직을 구현하므로, 이런 구조를 자꾸 만들어보면서 익숙해지는 연습이 필요하다.

20.2.4 프런트 컨트롤러 수정

이제 MyController에서 DAO를 직접 부르던 부분을 서비스를 이용하는 것으로 수정한다.

[코드 20-3] MyController.java

```
01 package com.study.springboot;
02
03 import java.util.HashMap;
04 import java.util.Map;
05
06 import javax.servlet.http.HttpServletRequest;
07
08 import org.springframework.beans.factory.annotation.Autowired;
09 import org.springframework.stereotype.Controller;
10 import org.springframework.ui.Model;
11 import org.springframework.web.bind.annotation.RequestMapping;
12
13 import com.study.springboot.service.ISimpleBbsService;
14
15 @Controller
16 public class MyController {
17
18 //    @Autowired
19 //    ISimpleBbsDao dao;
20
21     @Autowired
22     ISimpleBbsService bbs;
23
24     @RequestMapping("/")
25     public String root() throws Exception{
26         // Service vs DAO
27         return "redirect:list";
28     }
29
30     @RequestMapping("/list")
31     public String userlistPage(Model model) {
```

```
32  //          model.addAttribute("list", dao.listDao());
33          model.addAttribute("list", bbs.list());
34
35          int nTotalCount = bbs.count();
36          System.out.println("Count : " + nTotalCount);
37
38          return "/list";
39      }
40
41      @RequestMapping("/view")
42      public String view(HttpServletRequest request, Model model) {
43          String sId = request.getParameter("id");
44          model.addAttribute("dto", bbs.view(sId));
45
46          return "/view";
47      }
48
49      @RequestMapping("/writeForm")
50      public String writeForm() {
51
52          return "/writeForm";
53      }
54
55      @RequestMapping("/write")
56      public String write(HttpServletRequest request, Model model) {
57
58          String sName = request.getParameter("writer");
59          String sTitle = request.getParameter("title");
60          String sContent = request.getParameter("content");
61
62          Map<String, String> map = new HashMap<String, String>();
63          map.put("item1", sName);
64          map.put("item2", sTitle);
65          map.put("item3", sContent);
66
67          int nResult = bbs.write(map);
68          System.out.println("Write : " + nResult);
69
70          return "redirect:list";
```

```
71      }
72
73      @RequestMapping("/delete")
74      public String delete(HttpServletRequest request, Model model) {
75          String sId = request.getParameter("id");
76          int nResult = bbs.delete(sId);
77          System.out.println("Delete : " + nResult);
78
79          return "redirect:list";
80      }
81
82  }
```

- 18라인, 19라인: DAO를 변수로 사용하던 코드 주석 처리한다.
- 21라인, 22라인: 서비스를 사용하기 위한 클래스 변수 추가한다.
- 32라인: dao 변수를 사용하던 부분 주석 처리한다.
- 33라인: 서비스 변수를 사용하는 것으로 변경 처리한다.

33라인 이후로 dao 변수가 사용되던 자리에 서비스 클래스로 만든 변수인 bbs를 사용하는 것으로 모두 수정하면 된다.

20.2.5 테스트

[그림 20-10]의 [Boot Dashboard]에서 프로젝트를 선택하고 실행 아이콘을 클릭하여 실행한다.

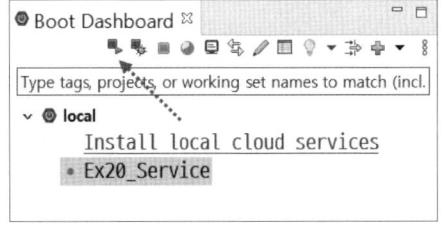

[그림 20-10] 프로젝트 실행

다음은 http://localhost:8081/list 요청에 의해 MyController의 메서드가 호출된 결과이다.

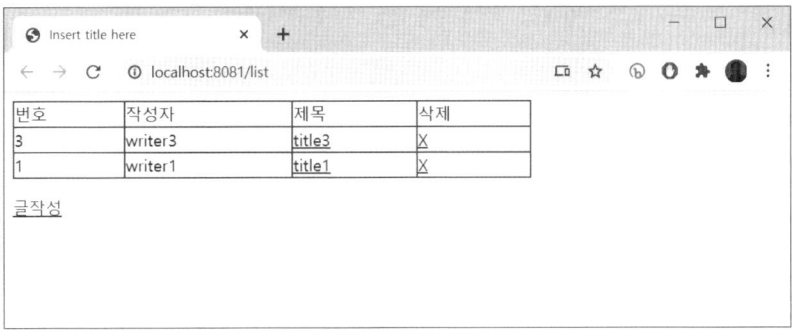

[그림 20-11] http://localhost:8081/list

사용자의 요청이 컨트롤러에서 서비스를 거쳐 DAO까지 가서 데이터베이스의 테이블에서 SQL문을 통한 쿼리 결과를 얻고 잘 리턴되어 뷰에서 출력되고 있는 것을 확인할 수 있다.

21
트랜잭션 미적용 시 에러 상황

21.1 서비스와 트랜잭션

스프링에서의 트랜잭션 설정은 지정된 범위 안에서 에러가 나면 그 범위 안에서 수행한 데이터베이스 작업의 롤백(rollback)을 수행하고, 에러가 없다면 커밋(commit)을 수행하는 작업 설정이다. 앞서 Ex20_Service 예제를 설명할 때 서비스는 트랜잭션(transaction)의 단위가 된다고 잠깐 언급한 바 있다. 그러나 예제에서 단순히 서비스만 추가했지, 서비스의 기능을 충분히 살려서 만들지는 않았다. 그래서 이번 장부터는 서비스에 트랜잭션 기능을 추가하여 서비스가 왜 필요한지 그리고 트랜잭션은 어떻게 구현해야 하는지 알아보도록 하겠다.

먼저, 서비스에 비즈니스 로직을 구현할 때 여러 개의 DAO를 사용하는 상황을 만들어 보겠다. 이때 트랜잭션 기능을 적용하지 않으면 에러가 발생했을 때 어떤 식으로 처리되는지 이번 장의 예제를 통해 알아보고, 다음 장의 예제에서 트랜잭션을 적용해 에러 발생 시 어떤 식으로 처리를 하는지 알아보도록 한다.

21.2 트랜잭션 미적용 시 에러 발생 상황 연출

21.2.1 테이블 생성

예제에 사용될 테이블을 다음과 같이 구성한다.

[코드 21-1] 테이블 생성 & 테스트

```
01 drop table TRANSACTION1;
02 create table TRANSACTION1 (
03     consumerid varchar2(20),
04     amount number );
05
06 drop table TRANSACTION2;
07 create table TRANSACTION2 (
08     consumerid varchar2(20),
09     amount number );
10
11 drop table TRANSACTION3;
12 create table TRANSACTION3 (
13     consumerid varchar2(20),
14     amount number );
15
16 insert into TRANSACTION1 values ('1', 100);
17 insert into TRANSACTION2 values ('1', 100);
18 insert into TRANSACTION3 values ('1', 100);
19 commit;
20
21 delete from TRANSACTION1;
22 delete from TRANSACTION2;
23 delete from TRANSACTION3;
24 commit;
25
26 select * from TRANSACTION1;
27 select * from TRANSACTION2;
28 select * from TRANSACTION3;
```

세 개의 테이블을 만들고 각각의 테이블에는 두 개의 컬럼을 만들었다. 세 개의 DAO를 만들기 위한 것이라 테이블과 컬럼 자체에는 큰 의미는 없다.

21.2.2 프로젝트 기본형 만들기

이름이 Ex21_TransactionX인 프로젝트를 만든다.

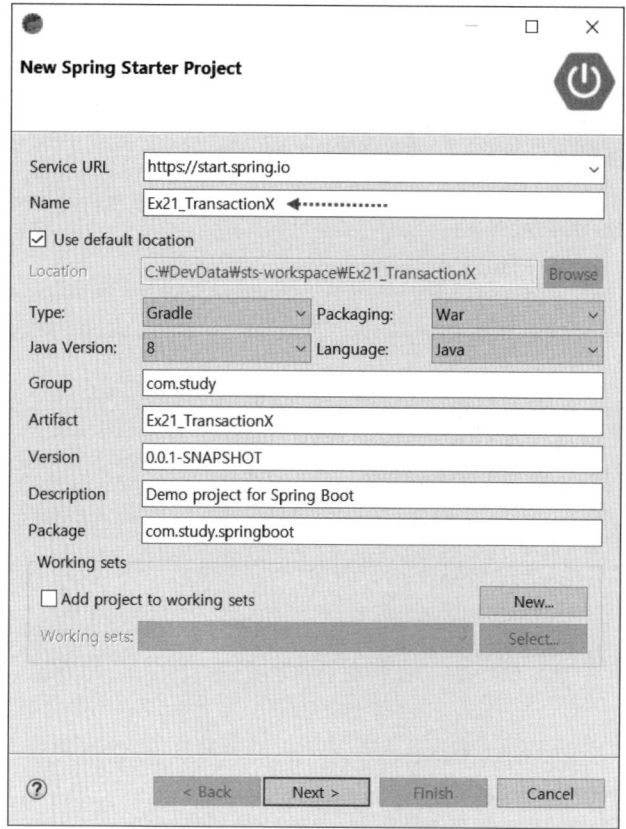

[그림 21-1] 프로젝트 생성 정보

이번 예제에서 추가할 디펜던시는 상단의 자주 사용하던 목록 위치에서 Spring Web, Lombok, JDBC API, MyBatis Framework를 선택한다.

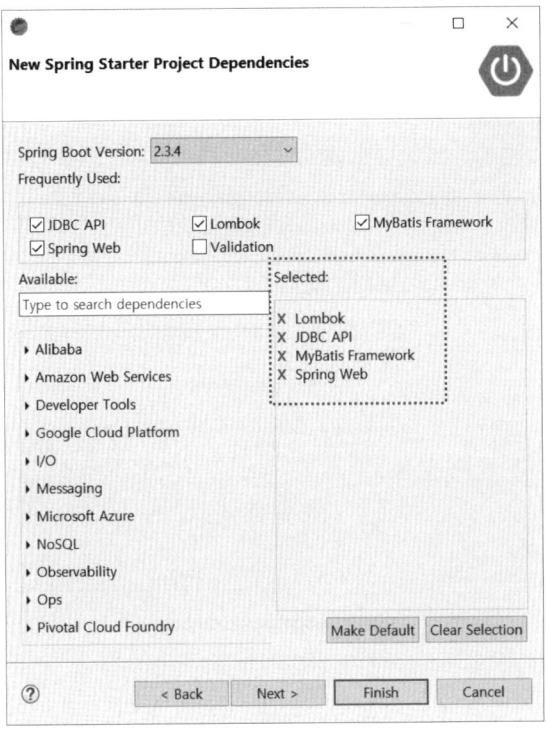

[그림 21-2] 의존성 주입 선택

이제, 프로젝트에서 JSP를 사용할 수 있도록 기본 설정을 바꾼다. 첫 번째로 build.gradle 파일에 JSP 사용을 위한 의존성을 추가한다. 간단한 방법은 이전 예제를 열고 해당 부분을 복사해서 붙여넣기하면 된다.

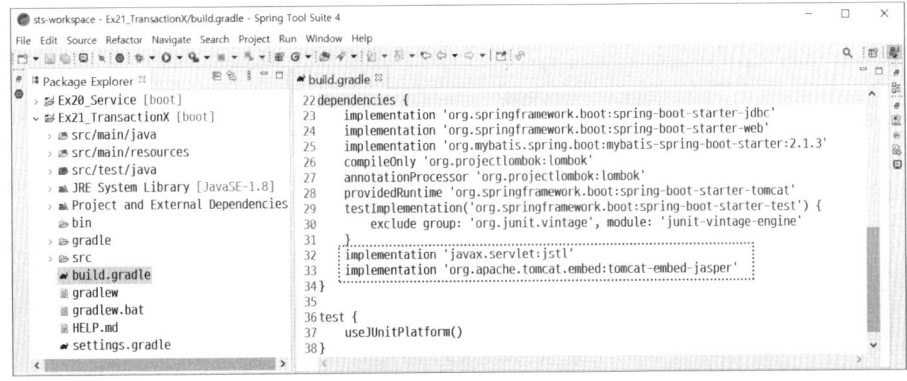

[그림 21-3] JSP 사용 설정 - build.gradle

또한 Gradle → Gradle Project Refresh를 반드시 수행한다. 그렇게 해야 프로젝트에 변경 내용이 적용된다. 두 번째로 application.properties를 열고 내용을 입력한다.

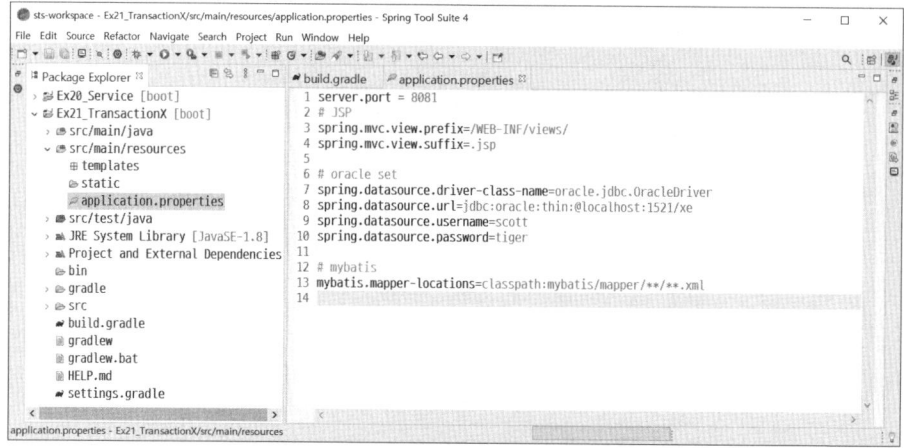

[그림 21-4] application.properties

세 번째로 JSP 사용을 위한 폴더를 만드는데, 새로 만들어도 되고 이전 예제로부터 폴더를 복사하고 파일들을 지워 구조만 유지해도 된다.

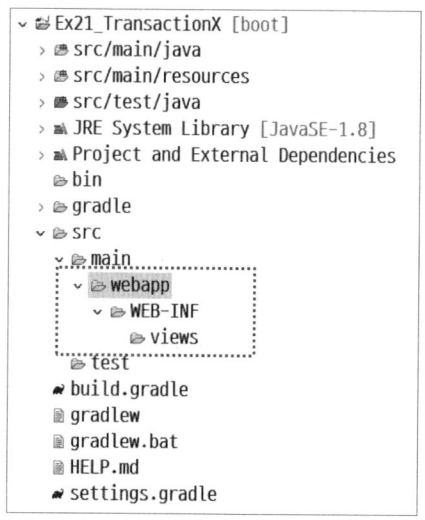

[그림 21-5] JSP 사용 설정 - 폴더 구성

리퀘스트 맵핑을 위한 MyController.java를 만든다. 이때, 메뉴를 통해서 새로 클래스를 만들어서 추가해도 되고 이전 예제에서 복사해와서 클래스의 필요 없는 내용을 지워도 된다.

[그림 21-6] 리퀘스트 맵핑용 클래스 추가

여기까지 프로젝트의 기본형을 만들었다.

21.2.3 DTO 추가

[그림 21-7]과 같이 패키지를 추가하고 클래스를 생성하여 DTO를 추가한다. 프로젝트에서 사용할 테이블에 맞는 DTO를 먼저 테이블 별로 만들어 주는 것이다.

[그림 21-7] DTO 클래스 추가

DTO 클래스의 내용은 각각 다음과 같이 작성한다. 이름 사이의 1, 2만 다를 뿐, 모든 내용이 동일하다.

[코드 21-2] Transaction1Dto.java

```
01 package com.study.springboot.dto;
02
03 import lombok.Data;
04
05 @Data
06 public class Transaction1Dto {
07     private String consumerId;
08     private int amount;
09 }
```

[코드 21-3] Transaction2Dto.java

```
01 package com.study.springboot.dto;
02
03 import lombok.Data;
04
05 @Data
06 public class Transaction2Dto {
07     private String consumerId;
08     private int amount;
09 }
```

21.2.4 DAO 추가

[그림 21-8]과 같이 패키지를 추가하고 클래스를 생성하여 DAO를 추가한다. 프로젝트에서 사용할 DAO를 테이블 별로 만들어주는 것이다.

```
     Ex21_TransactionX [boot]
       src/main/java
         com.study.springboot
         com.study.springboot.dao
           ITransaction1Dao.java
           ITransaction2Dao.java
         com.study.springboot.dto
       src/main/resources
       src/test/java
       JRE System Library [JavaSE-1.8]
       Project and External Dependencies
       bin
       gradle
       src
       build.gradle
       gradlew
       gradlew.bat
       HELP.md
       settings.gradle
```

[그림 21-8] DAO 인터페이스 추가

DAO의 인터페이스 내용은 각각 다음과 같이 작성한다. 이번 예제에서는 메서드 하나만 구현할 것이다. 이름 사이의 1, 2만 다를 뿐, 모든 내용이 동일하다.

[코드 21-4] Transaction1Dao.java

```java
1 package com.study.springboot.dao;
2
3 import org.apache.ibatis.annotations.Mapper;
4
5 @Mapper
6 public interface ITransaction1Dao {
7     public void pay(String consumerId, int amount);
8 }
```

[코드 21-5] Transaction2Dao.java

```java
1 package com.study.springboot.dao;
2
3 import org.apache.ibatis.annotations.Mapper;
4
```

```
5  @Mapper
6  public interface ITransaction2Dao {
7      public void pay(String consumerId, int amount);
8  }
```

인터페이스를 만들 때 보통의 경우 처음에는 테이블을 사용하는 기초적인 쿼리문에 대한 메서드를 정의한다. 비즈니스 로직 구현에 따라 복잡해지는 정의는 나중에 프로젝트를 진행하면서 하나둘씩 만들어 추가하면 된다.

21.2.5 매퍼 추가

[그림 21-9]와 같이 패키지로 서브 폴더까지 한꺼번에 구성하고 XML를 생성하여 매퍼를 추가한다.

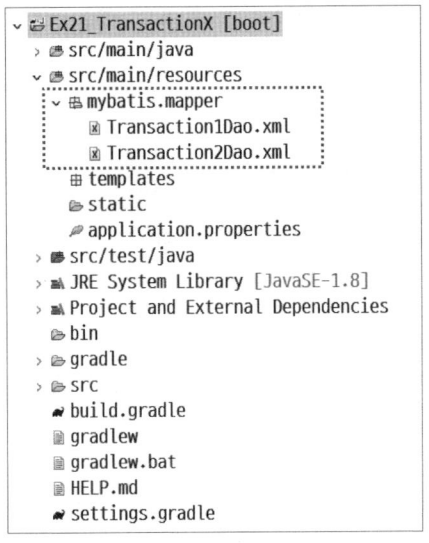

[그림 21-9] 매퍼 추가

매퍼의 내용은 각각 다음과 같이 작성한다. 이번 예제에서는 메서드 하나만 구현할 것이다. 이름 사이의 1, 2만 다를 뿐, 모든 내용이 동일하다.

[코드 21-6] Transaction1Dao.xml

```xml
01 <?xml version="1.0" encoding="UTF-8"?>
02 <!DOCTYPE mapper
03     PUBLIC "-//mybatis.org//DTD Mapper 3.0//EN"
04     "http://mybatis.org/dtd/mybatis-3-mapper.dtd">
05
06 <mapper namespace="com.study.springboot.dao.ITransaction1Dao">
07
08     <insert id="pay">
09         insert into transaction1 (consumerId, amount)
10             values (#{param1}, #{param2})
11     </insert>
12
13 </mapper>
```

[코드 21-7] Transaction2Dao.xml

```xml
01 <?xml version="1.0" encoding="UTF-8"?>
02 <!DOCTYPE mapper
03     PUBLIC "-//mybatis.org//DTD Mapper 3.0//EN"
04     "http://mybatis.org/dtd/mybatis-3-mapper.dtd">
05
06 <mapper namespace="com.study.springboot.dao.ITransaction2Dao">
07
08     <insert id="pay">
09         insert into transaction2 (consumerId, amount)
10             values (#{param1}, #{param2})
11     </insert>
12
13 </mapper>
```

21.2.6 서비스 추가

이제 [그림 21-10]과 같이 패키지와 인터페이스 그리고 클래스를 생성하여 서비스를 추가한다.

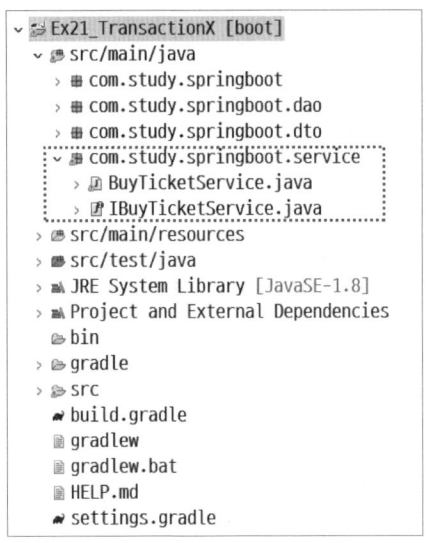

[그림 21-10] 서비스 추가

인터페이스의 내용은 다음과 같이 작성하여 메서드를 정의한다. 고객의 아이디와 금액을 받아 지불 처리하는 메서드이다.

[코드 21-8] IBuyTicketService.java

```
1 package com.study.springboot.service;
2
3 public interface IBuyTicketService {
4     public int buy(String consumerId, int money, String error);
5 }
```

클래스의 내용은 다음과 같이 작성하여 앞의 인터페이스를 구현한다.

[코드 21-9] BuyTicketService.java

```
01 package com.study.springboot.service;
02
03 import org.springframework.beans.factory.annotation.Autowired;
04 import org.springframework.stereotype.Service;
```

```
05
06 import com.study.springboot.dao.ITransaction1Dao;
07 import com.study.springboot.dao.ITransaction2Dao;
08
09 @Service
10 public class BuyTicketService implements IBuyTicketService {
11
12     @Autowired
13     ITransaction1Dao transaction1;
14     @Autowired
15     ITransaction2Dao transaction2;
16
17     @Override
18     public int buy(String consumerId, int amount, String error) {
19
20         try {
21             transaction1.pay(consumerId, amount);
22
23             // 의도적 에러 발생
24             if (error.equals("1")) { int n = 10 / 0;}
25
26             transaction2.pay(consumerId, amount);
27
28             return 1;
29         } catch(Exception e) {
30             return 0;
31         }
32     }
33
34 }
```

- 09라인: @Service 어노테이션을 지정하면 이 클래스를 빈으로 사용하겠다는 의미이다.
- 13라인: Transaction1Dao 클래스의 객체를 자동 주입 받아 변수를 만든다.
- 15라인: Transaction2Dao 클래스의 객체를 자동 주입 받아 변수를 만든다.
- 21라인: DAO 변수인 transaction1에서 pay 메서드를 호출한다.

- 26라인: DAO 변수인 transaction2에서 pay 메서드를 호출한다.

충분한 테스트를 거치면서 프로젝트를 만들었다면 데이터베이스를 사용할 때 개별 SQL문을 사용할 때 SQL문 자체에서 에러가 난다든지 하는 일은 발생하지 않을 것이다. 다만, 현실적인 업무에서는 개발자가 의도치 않았던 에러가 발생할 수 있다.

중간에 정전이 된다든지, 네트워크가 갑자기 안된다든지, 하드디스크가 모자라서 에러가 난다든지 하는 상황이 발생할 수 있다. 이런 상황이 24라인에서 발생하면 21라인은 수행이 되었는데 26라인이 수행이 안되게 된다. 그래서 이런 상황을 연출하기 위해 우리 예제에서는 파라미터 값에 따라 24라인에서 의도적으로 에러를 내보도록 한다.

21.2.7 컨트롤러 내용 작성

다음과 같이 리퀘스트 맵핑용 컨트롤러에서 서비스를 호출하는 코드를 작성한다. MyControllr 클래스는 이미 앞에서 만들어 추가해놓았다. 다음과 같이 내용을 작성한다.

[코드 21-10] MyController.java

```
01 package com.study.springboot;
02
03 import org.springframework.beans.factory.annotation.Autowired;
04 import org.springframework.stereotype.Controller;
05 import org.springframework.ui.Model;
06 import org.springframework.web.bind.annotation.RequestMapping;
07 import org.springframework.web.bind.annotation.RequestParam;
08 import org.springframework.web.bind.annotation.ResponseBody;
09
10 import com.study.springboot.service.IBuyTicketService;
11
12 @Controller
13 public class MyController {
14
```

```java
15      @Autowired
16      IBuyTicketService buyTicket;
17
18      @RequestMapping("/")
19      public @ResponseBody String root() throws Exception{
20          return "Transaction X (1)";
21      }
22
23      @RequestMapping("/buy_ticket")
24      public String buy_ticket() {
25          return "buy_ticket";
26
27      }
28
29      @RequestMapping("/buy_ticket_card")
30      public String buy_ticket_card(@RequestParam("consumerId") String consumerId,
31                                    @RequestParam("amount") String amount,
32                                    @RequestParam("error") String error,
33                                    Model model)
34      {
35          int nResult = buyTicket.buy(consumerId, Integer.parseInt(amount), error);
36
37          model.addAttribute("consumerId", consumerId);
38          model.addAttribute("amount", amount);
39          if (nResult == 1) {
40              return "buy_ticket_end";
41          } else {
42              return "buy_ticket_error";
43          }
44      }
45
46  }
```

- 임포트는 키보드에서 Ctrl + Shift + O 키를 동시에 누르면 쉽게 선택하여 추가할 수 있다.

- 23라인: 입력 폼이 있는 JSP 페이지를 호출한다.
- 29라인: 폼의 액션으로 오는 데이터들을 처리한다. error 파라미터 값에 따라 에러를 내거나 안 낼 수 있다.

35라인에서 서비스의 buy 메서드를 호출하고 결과를 리턴받는다. 서비스의 메서드는 에러가 발생하면 예외 처리를 통해 0을 리턴하고, 정상적으로 처리가 되었다면 1을 리턴한다. 이 리턴값에 따라 에러가 없다면 40라인의 JSP 페이지를 리턴하고, 에러가 있다면 42라인의 에러 페이지를 JSP 페이지로 리턴한다.

21.2.8 뷰 만들기

[그림 21-11]과 같이 내용을 보여줄 JSP를 만든다.

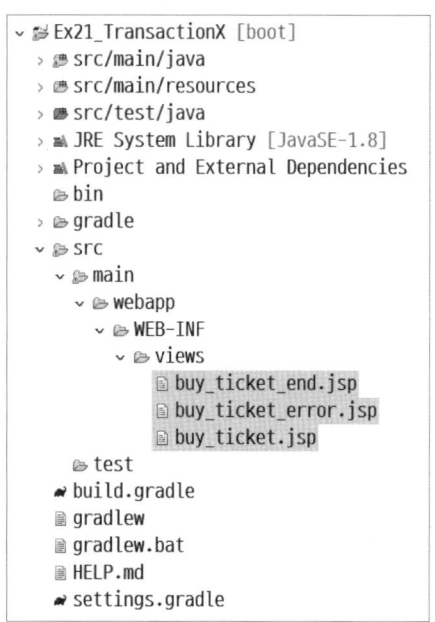

[그림 21-11] JSP 추가

앞서 사용했던 방식으로 JSP 파일을 추가하고, 다음과 같이 각각의 내용을 입력하여 코드를 작성한다. 다음은 데이터를 입력하는 폼이다.

[코드 21-11] buy_ticket.jsp

```jsp
01 <%@ page language="java" contentType="text/html; charset=UTF-8"
02     pageEncoding="UTF-8"%>
03 <!DOCTYPE html>
04 <html>
05 <head>
06 <meta http-equiv="Content-Type" content="text/html; charset=UTF-8">
07 <title>BuyTicket</title>
08 </head>
09 <body>
10
11 <p>카드 결제</p>
12
13 <form action="buy_ticket_card">
14     고객 아이디 : <input type="text" name="consumerId" > <br />
15     티켓 구매수 : <input type="text" name="amount" > <br />
16     에러 발생 여부 : <input type="text" name="error" value="0"> <br />
17     <input type="submit" value="구매" > <br />
18 </form>
19
20 <hr>
21 에러 발생 여부에 1을 입력하면 에러가 발생합니다.
22
23 </body>
24 </html>
```

다음은 서비스에서 두 개의 DAO를 이용하여 데이터베이스 처리가 끝나고 에러가 나지 않았을 때 호출되는 페이지이다.

[코드 21-12] buy_ticket_end.jsp

```jsp
01 <%@ page language="java" contentType="text/html; charset=UTF-8"
02     pageEncoding="UTF-8"%>
```

```
03 <!DOCTYPE html>
04 <html>
05 <head>
06 <meta http-equiv="Content-Type" content="text/html; charset=UTF-8">
07 <title>BuyTicketEnd</title>
08 </head>
09 <body>
10
11 buy_ticket_end.jsp 입니다. <br />
12
13 ${consumerId } <br />
14 ${amount } <br />
15
16
17 </body>
18 </html>
```

다음은 서비스에서 두 개의 DAO를 이용하여 데이터베이스 처리를 하는 중 에러가 났을 때 호출되는 페이지이다.

[코드 21-13] buy_ticket_error.jsp

```
01 <%@ page language="java" contentType="text/html; charset=UTF-8"
02     pageEncoding="UTF-8"%>
03 <!DOCTYPE html>
04 <html>
05 <head>
06 <meta http-equiv="Content-Type" content="text/html; charset=UTF-8">
07 <title>BuyTicketError</title>
08 </head>
09 <body>
10
11 buy_ticket_error.jsp 입니다. <br />
12
13 <h1>에러가 발생했습니다.</h1> <br />
14
15 ${consumerId } <br />
```

```
16  ${amount } <br />
17
18
19  </body>
20  </html>
```

21.2.9 테스트

[그림 21-12]의 [Boot Dashboard]에서 프로젝트를 선택하고 실행 아이콘을 클릭하여 실행한다.

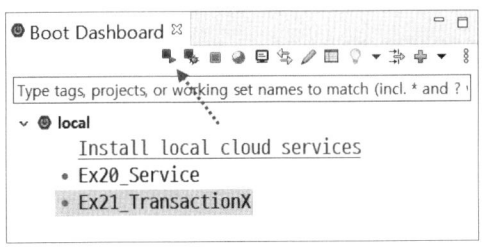

[그림 21-12] 프로젝트 실행

[그림21-13]은 실행하고 http://localhost:8081/buy_ticket 요청에 의해 입력 폼을 리턴한 결과이다.

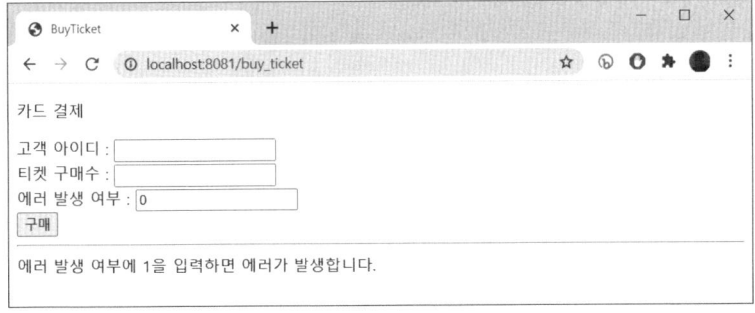

[그림 21-13] http://localhost:8081/buy_ticket

[그림 21-14]와 같이 입력하고, [구매] 버튼을 클릭한다.

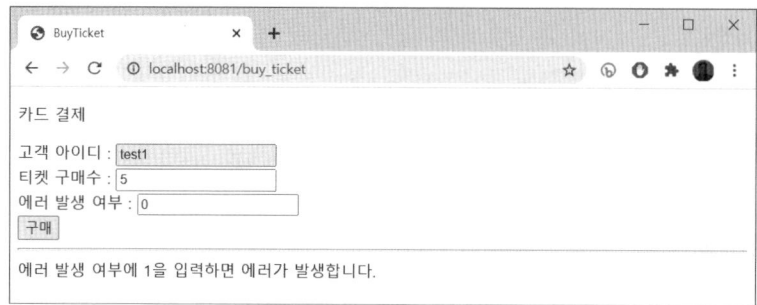

[그림 21-14] http://localhost:8081/buy_ticket - 정상 처리용 입력

데이터베이스 처리에 에러가 없다면 정상적인 페이지인 buy_ticket_end가 JSP 페이지로 리턴되어 다음과 같이 출력된다.

[그림 21-15] http://localhost:8081/buy_ticket_end 페이지 출력

이때, 데이터베이스를 보면 다음과 같다.

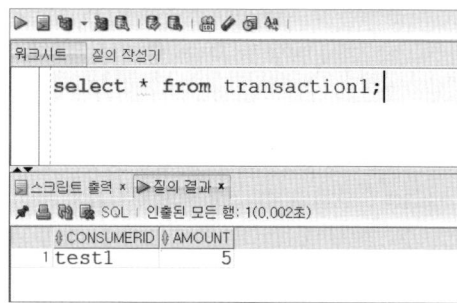 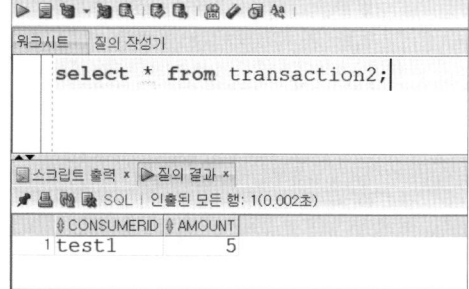

[그림 21-16] transaction1 테이블 - 정상 처리된 테이블의 데이터

[그림 21-17] transaction2 테이블 - 정상 처리된 테이블의 데이터

이번에는 일부러 에러를 발생시키고, 데이터베이스 처리가 어떻게 되는지 확인한다. 다음과 같이 입력하고, [구매] 버튼을 클릭한다.

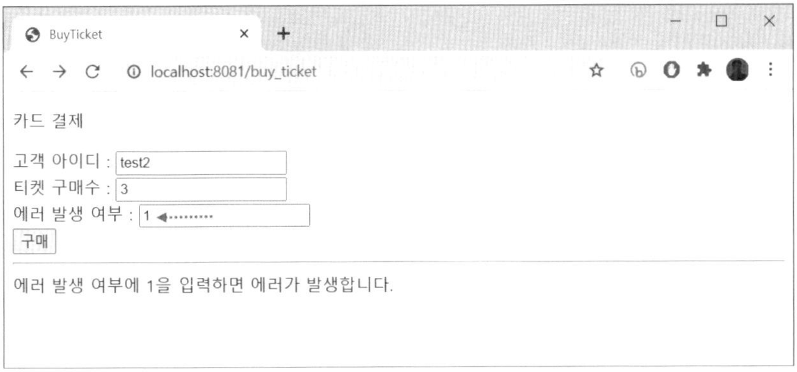

[그림 21-18] http://localhost:8081/buy_ticket - 에러 발생용 입력

데이터베이스 처리에 에러가 있다면 에러 페이지인 buy_ticket_error가 JSP 페이지로 리턴되어 [그림 21-19]와 같이 출력된다.

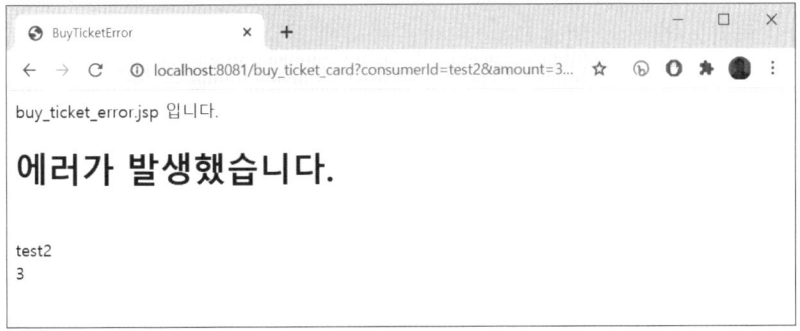

[그림 21-19] http://localhost:8081/buy_ticket_error 페이지 출력

이때, 데이터베이스를 보면 다음과 같다.

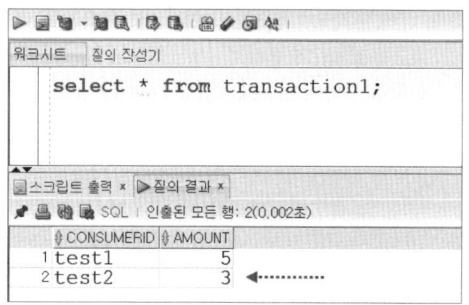

[그림 21-20] transaction1 테이블 - 에러 처리된 테이블의
데이터

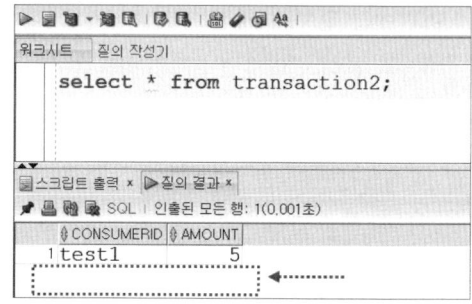

[그림 21-21] transaction2 테이블 - 에러 처리된 테이블의
데이터

첫 번째 DAO는 정상적으로 테이블에 데이터를 추가했고, 에러가 나서 예외 처리에 의해 프로그램이 강제 종료되었기 때문에 두 번째 DAO는 실행이 되지 않았고, 따라서 데이터가 테이블에 추가되지 않았다.

두 개의 DAO가 정상적으로 다 끝나야 서비스의 비즈니스 로직이 정상적으로 처리되었다고 봐야 할지, 하나라도 수행되었다면 그것으로도 충분한 것인지 정해야 한다. 만약 두 개의 DAO가 다 정상적으로 실행되어야 하는 경우는 다음과 같은 상황이 있다.

서비스의 비즈니스 로직이 계좌 간의 이체 처리였다고 한다면, 첫 번째 DAO는 계좌에서 출금 처리를 하고, 두 번째 DAO는 다른 계좌에 입금 처리를 하는 것이라고 가정할 수 있다. 그런데 이 경우 출금 처리 후에 에러가 발생하여 입금 처리가 되지 않았다면 출금 처리에 대해 데이터베이스에서의 롤백 처리가 필요하다. 이런 상황에서 데이터베이스 처리를 어떻게 할 것인지를 정하고, 처리해주는 것이 스프링에서의 트랜잭션 설정이다.

22
트랜잭션 매니저 사용하기

22.1 스프링에서 트랜잭션을 사용하는 방법

스프링에서 트랜잭션을 사용하는 방법은 다음의 두 가지가 있다.

- 선언적 방법
    - Ex24_Transaction_Propagation에서 구현한다.
- 프로그램적인 방법

프로그래밍적인 방법은 명시적으로 commit & rollback 선언을 통해 트랜잭션 처리를 하는 방법으로 메서드 단위보다 더 작은 단위로 트랜잭션 처리를 할 때 사용할 수 있다.

- PlatformTransactionManager
    - Ex22_TransactionManager에서 구현한다.
- TransactionTemplate
    - Ex23_TransactionTemplate에서 구현한다.

선언적 방법의 트랜잭션은 빈의 퍼블릭 메서드에 어노테이션을 이용하여 추가하는데, 미리 선언된 룰에 따라 트랜잭션을 제어하고 예외 발생 시 자동으로 롤백 처리된다. 그러므로 트랜잭션의 시작과 커밋, 롤백 등의 일반적인 처리를 비즈니스 로직 안에 기술할 필요가 없다.

22.2 트랜잭션 매니저 적용 예제

앞 장에서 두 개의 DAO가 모두 정상적으로 실행되어야 하는 경우는 다음과 같은 상황이라고 말한 바 있다. 서비스의 비즈니스 로직이 계좌 간의 이체 처리일 때 첫 번째 DAO는 계좌에서 출금 처리를 하고, 두 번째 DAO는 다른 계좌에 입금 처리를 하는 것이라고 가정할 수 있다. 그런데 이 경우 출금 처리 후에 에러가 발생하여 입금 처리가 되지 않았다면 출금 처리에 대해 데이터베이스에서의 롤백 처리가 필요하다. 이번 장에서는 서비스에 트랜잭션 기능을 추가하여 서비스에서 에러가 발생하면 데이터베이스에서 롤백 처리를 할 수 있도록 예제를 만든다.

22.2.1 프로젝트 복사하기

탐색기에서 Ex21_TransactionX 프로젝트를 복사해서 붙여 넣고 Ex22_TransactionManager로 이름을 변경한다.

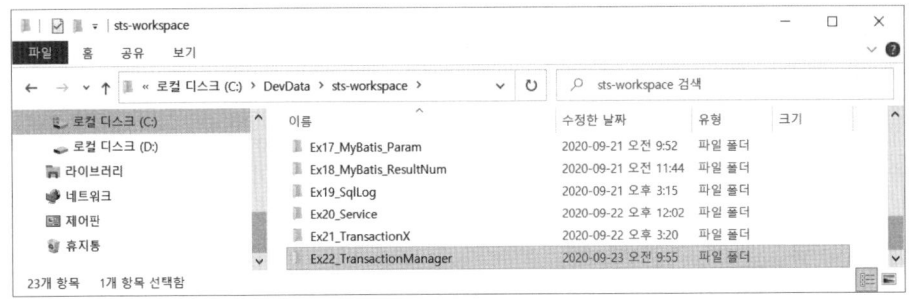

[그림 22-1] 프로젝트 폴더 복사 & 붙여 넣기

폴더로 들어가서 탐색기에서 .projects와 settings.gradle 을 텍스트 에디터로 열어서 프로젝트명을 원하는 이름으로 변경하면 된다. 여기서는 Ex22_TransactionManager로 변경한다. 다음 그림들에서 보듯이 세 군데를 수정하면 된다.

```
1  <?xml version="1.0" encoding="UTF-8"?>
2  <projectDescription>
3      <name>Ex22_TransactionManager</name>
4      <comment>Project Ex22_TransactionManager created by Buildship.</comment>
5      <projects>
6      </projects>
7      <buildSpec>
8          <buildCommand>
9              <name>org.eclipse.jdt.core.javabuilder</name>
10             <arguments>
11             </arguments>
12         </buildCommand>
```

[그림 22-2] .project 파일 변경

```
1  rootProject.name = 'Ex22_TransactionManager'
2
```

[그림 22-3] settings.gradle 파일 변경

22.2.2 프로젝트 임포트

이제 STS에서 프로젝트를 임포트한다. 패키지를 펼쳐서 이전 클래스의 이름으로 된 클래스를 선택하고, 클래스명도 변경해준다. 클래스를 선택하고 우클릭으로 팝업 메뉴를 띄우고 Refactor → Rename을 선택하여 Ex22TransactionManagerApplication으로 변경한다.

```
▾ ☕ Ex22_TransactionManager [boot]
  ▾ ⊞ src/main/java
    ▾ ⊞ com.study.springboot
      › ⓙ Ex21TransactionXApplication.java
      › ⓙ MyController.java
      › ⓙ ServletInitializer.java
    › ⊞ com.study.springboot.dao
    › ⊞ com.study.springboot.dto
    › ⊞ com.study.springboot.service
  › ⊞ src/main/resources
  › ⊞ src/test/java
  › ▪ JRE System Library [JavaSE-1.8]
  › ▪ Project and External Dependencies
    ▹ bin
  › ▹ gradle
  › ▹ src
    ⓖ build.gradle
    ⓖ gradlew
```

[그림 22-4] 클래스 이름 변경 전

```
▾ ☕ Ex22_TransactionManager [boot]
  ▾ ⊞ src/main/java
    ▾ ⊞ com.study.springboot
      › ⓙ Ex22TransactionManagerApplication.java
      › ⓙ MyController.java
      › ⓙ ServletInitializer.java
    › ⊞ com.study.springboot.dao
    › ⊞ com.study.springboot.dto
    › ⊞ com.study.springboot.service
  › ⊞ src/main/resources
  › ⊞ src/test/java
  › ▪ JRE System Library [JavaSE-1.8]
  › ▪ Project and External Dependencies
    ▹ bin
  › ▹ gradle
  › ▹ src
    ⓖ build.gradle
    ⓖ gradlew
```

[그림 22-5] 클래스 이름 변경 후

22.2.3 서비스 변경

서비스에 트랜잭션을 적용하기 위해서 다음과 같이 BuyTicketService 코드를 수정한다. 이 부분만 수정, 적용하면 트랜잭션 기능을 사용할 수 있다.

[코드 22-1] BuyTicketService.java

```
01 package com.study.springboot.service;
02
03 import org.springframework.beans.factory.annotation.Autowired;
04 import org.springframework.stereotype.Service;
05 import org.springframework.transaction.PlatformTransactionManager;
06 import org.springframework.transaction.TransactionDefinition;
07 import org.springframework.transaction.TransactionStatus;
08
09 import com.study.springboot.dao.ITransaction1Dao;
10 import com.study.springboot.dao.ITransaction2Dao;
11
12 @Service
13 public class BuyTicketService implements IBuyTicketService {
14
15     @Autowired
16     ITransaction1Dao transaction1;
17     @Autowired
18     ITransaction2Dao transaction2;
19
20     @Autowired
21     PlatformTransactionManager transactionManager;
22     @Autowired
23     TransactionDefinition definition;
24
25     @Override
26     public int buy(String consumerId, int amount, String error) {
27
28         TransactionStatus status = transactionManager.getTransaction
           (definition);
29
30         try {
```

```
31              transaction1.pay(consumerId, amount);
32
33              // 의도적 에러 발생
34              if (error.equals("1")) { int n = 10 / 0;}
35
36              transaction2.pay(consumerId, amount);
37
38              transactionManager.commit(status);
39              return 1;
40          } catch(Exception e) {
41              System.out.println("[PlatformTransactionManager] Rollback");
42              transactionManager.rollback(status);
43              return 0;
44          }
45      }
46
47 }
```

기존 코드에 20에서 23라인을 추가한다.

21라인에서 트랜잭션 매니저 변수를 선언하고 스프링으로부터 자동 주입을 받을 수 있도록 한다.

23라인에서는 트랜잭션 매니저에서 사용할 설정을 만드는 데 설정값은 기본으로 제공되는 값을 변경 없이 그대로 사용한다.

28라인에 트랜잭션 설정을 한다. 이 설정 이후의 데이터베이스 처리에 대해서 트랜잭션을 처리할 수 있게 된다.

38라인에서 트랜잭션에 대한 커밋 처리를 해주고 있다. 이전 설정부터 현재 38라인까지의 데이터베이스 처리 결과에 대해서 커밋한다.

42라인에서 트랜잭션에 대한 롤백 처리를 해주고 있다. 이전 설정부터 현재 42라인까지의 데이터베이스 처리 결과에 대해서 롤백한다.

22.2.4 리퀘스트 맵핑 리턴값 변경

다른 예제와의 구분을 위해 리퀘스트 맵핑에서 root() 메서드에서 리턴되는 값을 다음과 같이 수정한다.

[코드 22-2] MyController.java

```
… 생략 …
18      @RequestMapping("/")
19      public @ResponseBody String root() throws Exception{
20          return "Transaction Manager (2)";
21      }
… 생략 …
```

22.2.5 테스트

[그림 22-6]의 [Boot Dashboard]에서 프로젝트를 선택하고 실행 아이콘을 클릭하여 실행한다.

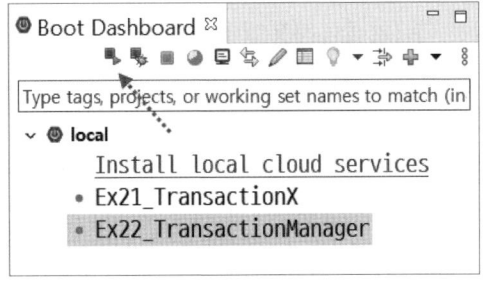

[그림 22-6] 프로젝트 실행

[그림 22-7]은 실행하고 http://localhost:8081/buy_ticket 요청에 의해 입력 폼을 리턴한 결과이다.

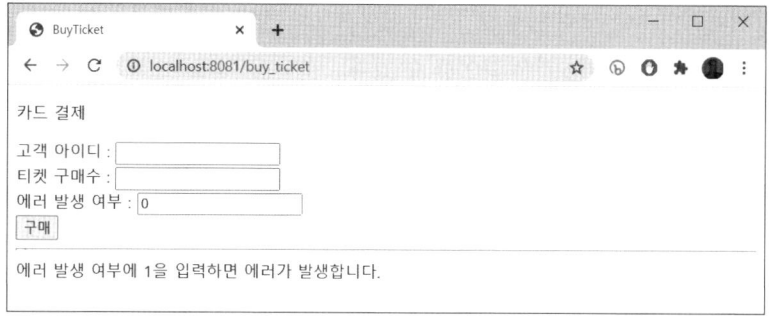

[그림 22-7] http://localhost:8081/buy_ticket

다음과 같이 입력하고, [구매] 버튼을 클릭한다.

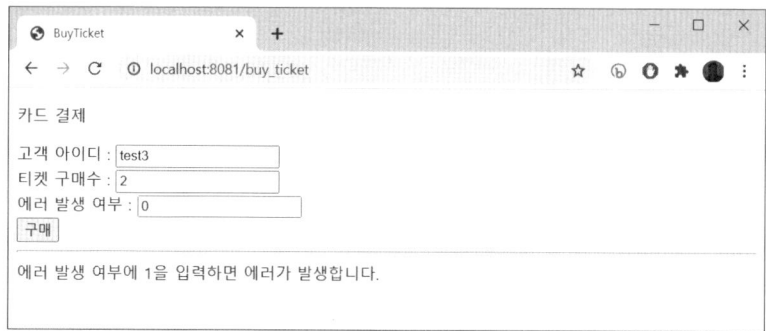

[그림 22-8] http://localhost:8081/buy_ticket - 정상 처리용 입력

데이터베이스 처리에 에러가 없다면 정상적인 페이지인 buy_ticket_end가 JSP 페이지로 리턴되어 다음과 같이 출력된다.

[그림 22-9] http://localhost:8081/buy_ticket_end 페이지 출력

이때, 데이터베이스를 보면 다음과 같다. 정상적으로 커밋 처리되었기 때문에 두 개의 테이블에서 모두 조회되는 것을 확인할 수 있다.

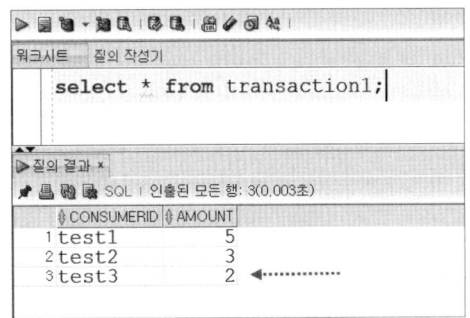

[그림 22-10] transaction1 테이블 - 정상 처리된 테이블의 데이터

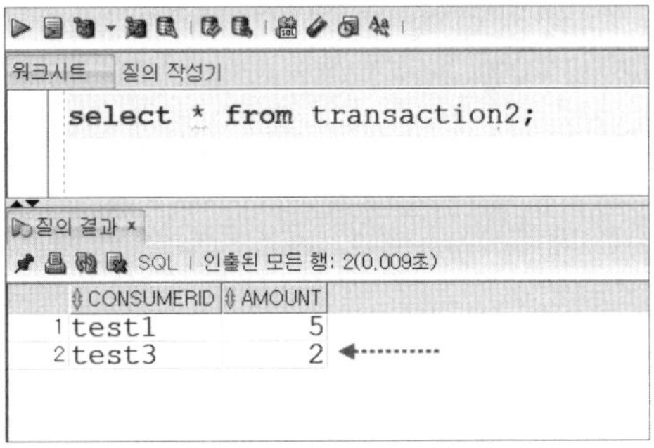

[그림 22-11] transaction2 테이블 - 정상 처리된 테이블의 데이터

이번에는 일부러 에러를 발생시키고 데이터베이스 처리가 어떻게 되는지 확인한다. [그림 22-12]와 같이 입력하고, [구매] 버튼을 클릭한다.

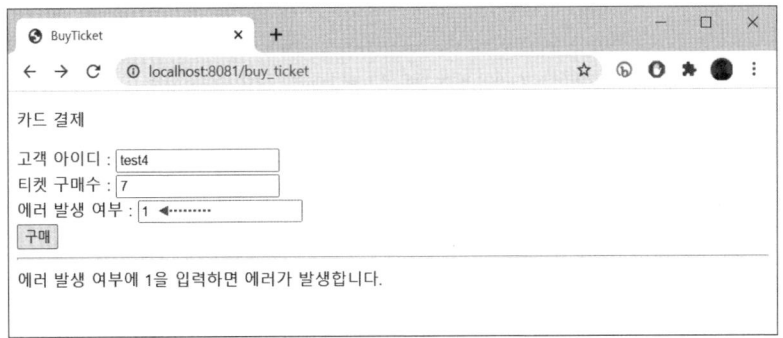

[그림 22-12] http://localhost:8081/buy_ticket - 에러 발생용 입력

데이터베이스 처리에 에러가 있다면 에러 페이지인 buy_ticket_error가 JSP 페이지로 리턴되어 다음과 같이 출력된다.

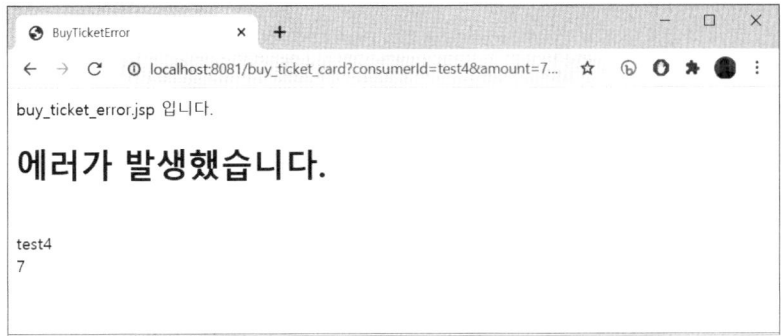

[그림 22-13] http://localhost:8081/buy_ticket_error 페이지 출력

이때, 데이터베이스를 보면 다음과 같다. 롤백 처리되었기 때문에 두 개의 테이블에 모두 데이터가 없음을 확인할 수 있다. 데이터베이스에서 보면 transaction1 테이블에는 insert 되었다가 롤백된 것이고, transaction2 테이블에는 insert 자체가 되지 않았다.

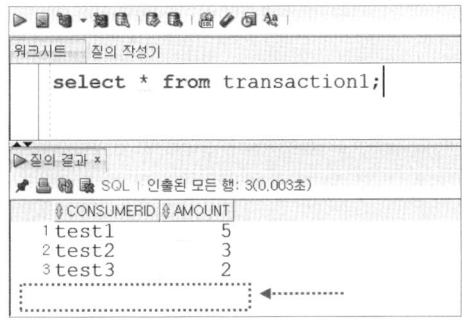

[그림 22-14] transaction1 테이블 - 에러 처리된 테이블의 데이터

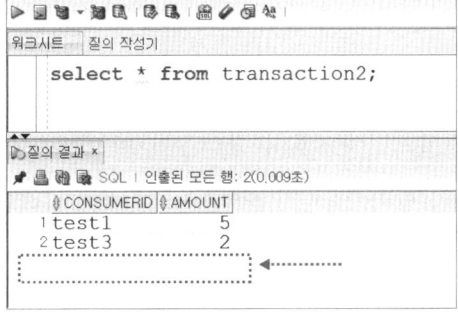

[그림 22-15] transaction2 테이블 - 에러 처리된 테이블의 데이터

서비스에 적용한 트랜잭션 처리를 통해 서비스에서 에러가 발생했을 때 데이터베이스에서 이미 완료된 작업에 대해서도 롤백 처리가 잘 되고 있음을 확인할 수 있다.

23 트랜잭션 템플릿 사용하기

23.1 트랜잭션 템플릿 적용 예제

프로그래밍적으로 명시적인 트랜잭션 처리를 하는 방법에 PlatformTransactionManager를 사용하는 방식과 TransactionTemplate를 사용하는 방식이 있다고 했는데, 앞의 예제에서 트랜잭션 매니저를 사용한 바 있다. 이번에는 트랜잭션 템플릿을 사용하여 예제를 구현해본다.

23.1.1 프로젝트 복사하기

탐색기에서 Ex22_TransactionManager 프로젝트를 복사해서 붙여 넣고 Ex23_TransactionTemplate으로 이름을 변경한다.

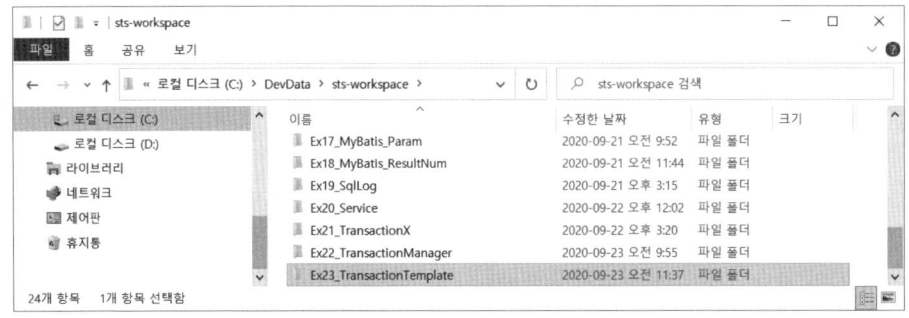

[그림 23-1] 프로젝트 폴더 복사 & 붙여 넣기

폴더로 들어가서 탐색기에서 .projects와 settings.gradle을 텍스트 에디터로 열어서 프로젝트명을 원하는 이름으로 변경하면 된다. 여기서는 Ex23_TransactionTemplate으로 변경한다. 다음 그림들에서 보듯이 세 군데를 수정하면 된다.

```xml
1  <?xml version="1.0" encoding="UTF-8"?>
2  <projectDescription>
3      <name>Ex23_TransactionTemplate</name>
4      <comment>Project Ex23_TransactionTemplate created by Buildship.</comment>
5      <projects>
6      </projects>
7      <buildSpec>
8          <buildCommand>
9              <name>org.eclipse.jdt.core.javabuilder</name>
10             <arguments>
11             </arguments>
12         </buildCommand>
```

[그림 23-2] .project 파일 변경

```
1  rootProject.name = 'Ex23_TransactionTemplate'
2
```

[그림 23-3] settings.gradle 파일 변경

23.1.2 프로젝트 임포트

이제 STS에서 프로젝트를 임포트한다. 패키지를 펼쳐서 이전 클래스의 이름으로 된 클래스를 선택하고, 클래스명도 변경해준다. 클래스를 선택하고 우클릭으로 팝업 메뉴를 띄우고 Refactor → Rename을 선택하여 Ex23TransactionTemplateApplication으로 변경한다.

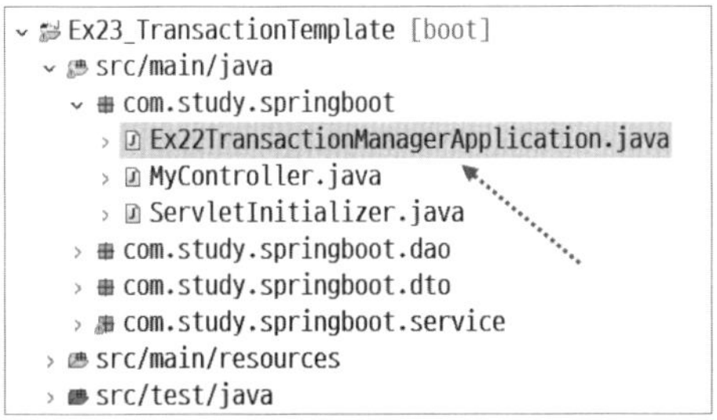

[그림 23-4] 클래스 이름 변경 전

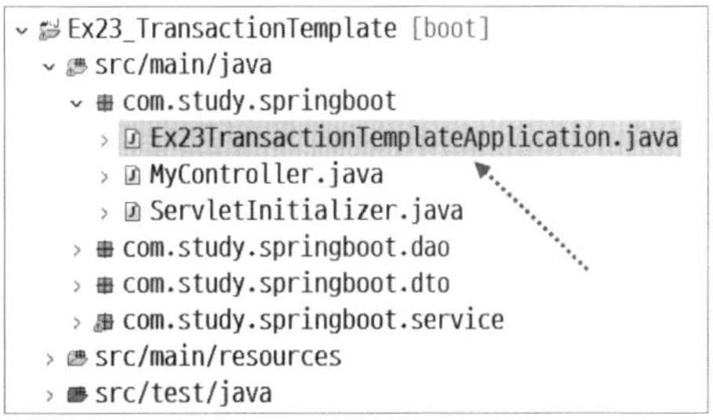

[그림 23-5] 클래스 이름 변경 후

23.1.3 서비스 변경

서비스에 트랜잭션을 적용하기 위해서 다음과 같이 BuyTicketService 코드를 수정한다. 이 부분만 수정, 적용하면 트랜잭션을 PlatformTransactionManager를 사용하는 방식에서 TransactionTemplate를 사용하는 방식으로 변경할 수 있다.

[코드 23-1] BuyTicketService.java

```
01 package com.study.springboot.service;
02
03 import org.springframework.beans.factory.annotation.Autowired;
04 import org.springframework.stereotype.Service;
05 import org.springframework.transaction.TransactionStatus;
06 import org.springframework.transaction.support.TransactionCallbackWithout
   Result;
07 import org.springframework.transaction.support.TransactionTemplate;
08
09 import com.study.springboot.dao.ITransaction1Dao;
10 import com.study.springboot.dao.ITransaction2Dao;
11
12 @Service
13 public class BuyTicketService implements IBuyTicketService {
14
15     @Autowired
16     ITransaction1Dao transaction1;
17     @Autowired
18     ITransaction2Dao transaction2;
19
20 //    @Autowired
21 //    PlatformTransactionManager transactionManager;
22 //    @Autowired
23 //    TransactionDefinition definition;
24     @Autowired
25     TransactionTemplate transactionTemplate;
26
27     @Override
28     public int buy(String consumerId, int amount, String error) {
```

```
29
30 //          TransactionStatus status = transactionManager.getTransaction
             (definition);
31
32        try {
33            transactionTemplate.execute(new TransactionCallbackWithout
             Result() {
34                @Override
35                protected void doInTransactionWithoutResult(TransactionSt
                  atus arg0) {
36
37                    transaction1.pay(consumerId, amount);
38
39                    // 의도적 에러 발생
40                    if (error.equals("1")) { int n = 10 / 0;}
41
42                    transaction2.pay(consumerId, amount);
43                }
44            });
45
46 //           transactionManager.commit(status);
47            return 1;
48        } catch(Exception e) {
49            System.out.println("[TransactionTemplate] Rollback");
50 //           transactionManager.rollback(status);
51            return 0;
52        }
53    }
54
55 }
```

기존 코드에서 20에서 23라인까지 주석 처리한다. 그리고 트랜잭션 템플릿을 사용하기 위한 변수를 24라인, 25인에 추가한다. 25라인에서 트랜잭션 템플릿 변수를 선언하고 스프링으로부터 자동 주입을 받을 수 있도록 한다. 기존 코드에서 트랜잭션 매니저를 사용하는 30라인의 설정 시작, 46라인의 커밋 처리, 50라인의 롤백 처리 구문을 주석 처리한다.

> **NOTE**
>
> 여러분이 작성한 코드의 라인 번호는 필자와 다를 수 있으므로 라인 번호가 아닌 라인 번호의 코드 내용을 잘 확인해야 한다.

그리고 트랜잭션을 적용할 부분을 트랜잭션 템플릿으로 감싼다. 33라인, 34라인, 35인으로 시작 부분을 감싸고 43라인, 44라인으로 끝나는 부분을 감싼다. doInTransactionWithoutResult 메서드 안에 트랜잭션을 적용시킬 비즈니스 로직을 작성한다. 익명 클래스를 사용하여 구현하면 된다.

이제 doInTransactionWithoutResult 메서드 안에 작성한 비즈니스 로직에서 에러가 발생하지 않는다면 정상적으로 커밋 처리가 될 것이고, 에러가 발생하면 자동으로 롤백 처리가 될 것이다. 트랜잭션 범위의 비즈니스 로직을 감싸서 볼 수 있고, 커밋, 롤백이 자동으로 처리된다는 점이 트랜잭션 매니저에 비교해볼 때 장점이라고 할 수 있다.

23.1.4 리퀘스트 매핑 리턴값 변경

다른 예제와의 구분을 위해 리퀘스트 매핑에서 root() 메서드에서 리턴되는 값을 다음과 같이 수정한다.

[코드 23-2] MyController.java

```
...생략
18     @RequestMapping("/")
19     public @ResponseBody String root() throws Exception{
20         return "Transaction Template (3)";
21     }
...생략
```

23.1.5 테스트

[그림 23-6]의 [Boot Dashboard]에서 프로젝트를 선택하고 실행 아이콘을 클릭하여 실행한다.

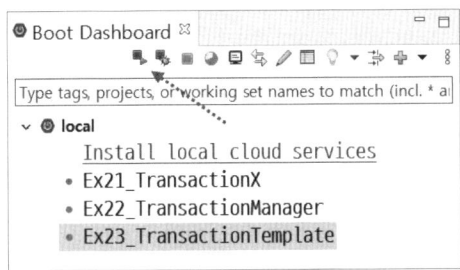

[그림 23-6] 프로젝트 실행

다음은 실행하고 http://localhost:8081/buy_ticket 요청에 의해 입력 폼을 리턴한 결과이다.

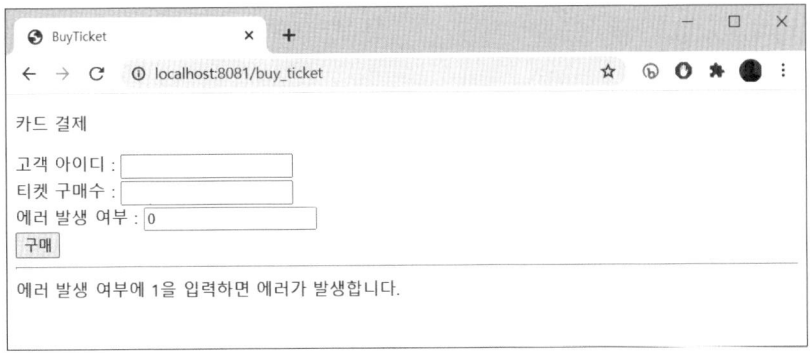

[그림 23-7] http://localhost:8081/buy_ticket

[그림 23-8]과 같이 입력하고, [구매] 버튼을 클릭한다.

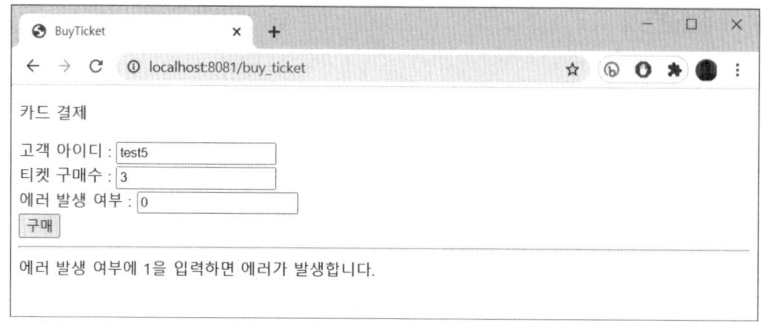

[그림 23-8] http://localhost:8081/buy_ticket - 정상 처리용 입력

데이터베이스 처리에 에러가 없다면 정상적인 페이지인 buy_ticket_end가 JSP 페이지로 리턴되어 다음과 같이 출력된다.

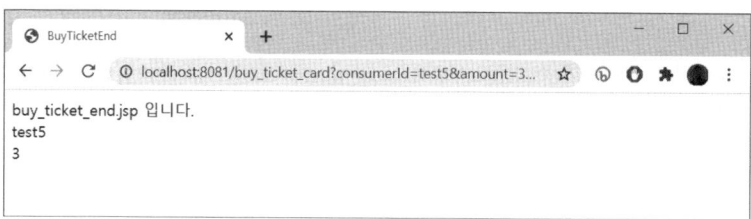

[그림 23-9] http://localhost:8081/buy_ticket_end 페이지 출력

이때, 데이터베이스를 보면 다음과 같다. 정상적으로 커밋 처리되었기 때문에 두 개의 테이블에서 모두 조회가 되는 것을 확인할 수 있다.

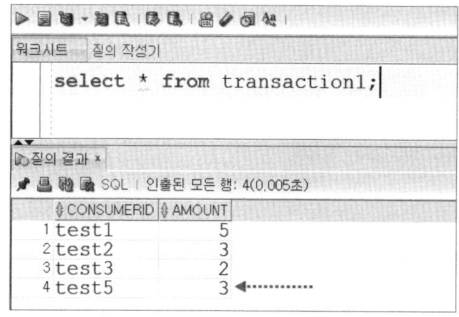

[그림 23-10] transaction1 테이블 - 정상 처리된 테이블의 데이터

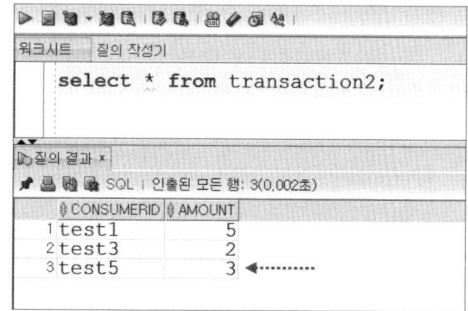

[그림 23-11] transaction2 테이블 - 정상 처리된 테이블의 데이터

이번에는 일부러 에러를 발생시키고 데이터베이스 처리가 어떻게 되는지 확인한다.
[그림 23-12]와 같이 입력하고, [구매] 버튼을 클릭한다.

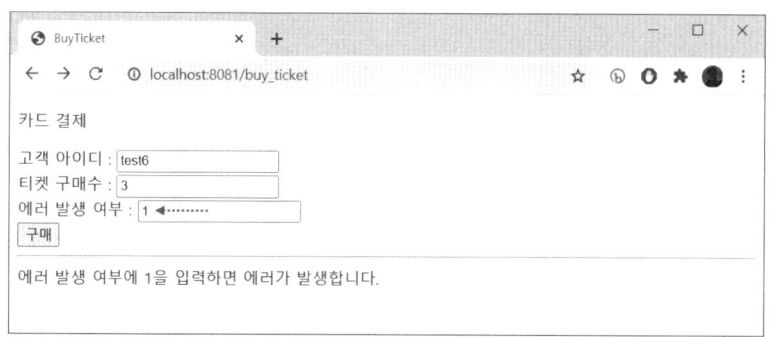

[그림 23-12] http://localhost:8081/buy_ticket - 에러 발생용 입력

데이터베이스 처리에 에러가 있다면 에러 페이지인 buy_ticket_error가 JSP 페이지로 리턴되어 다음과 같이 출력된다.

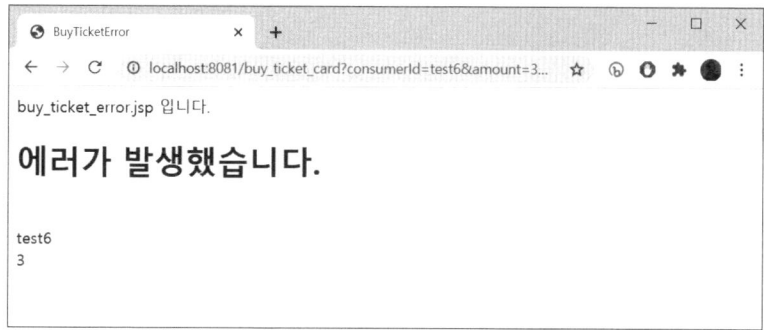

[그림 23-13] http://localhost:8081/buy_ticket_error 페이지 출력

이때, 데이터베이스를 보면 다음과 같다. 롤백 처리되었기 때문에 두 개의 테이블에 모두 데이터가 없음을 확인할 수 있다. 데이터베이스에서 보면 transaction1 테이블에는 insert되었다가 롤백된 것이고, transaction2 테이블에는 insert 자체가 되지 않았다.

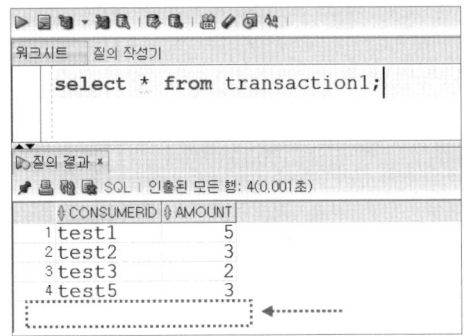
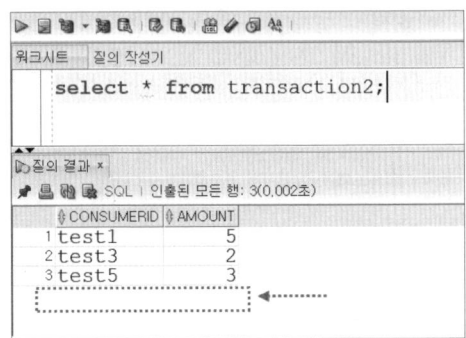

[그림 23-14] transaction1 테이블 - 에러 처리된 테이블의 데이터

[그림 23-15] transaction2 테이블 - 에러 처리된 테이블의 데이터

서비스에 적용한 트랜잭션 처리를 통해 서비스에서 에러가 발생했을 때 데이터베이스에서 이미 완료된 작업에 대해서도 롤백 처리가 잘 되고 있음을 확인할 수 있다.

24
트랜잭션 전파 속성

24.1 트랜잭션이 중첩된 상황의 이해

이번 장에서는 트랜잭션이 여러 개 있는 경우로, 중첩된 상황을 가정하여 살펴보기로 한다.

> [티켓 구입 서비스]에는 두 개의 DAO가 있어서 이 두 개를 트랜잭션 B로 묶었다.
> [로그 작성 서비스]에는 한 개의 DAO만 있어서 별도의 트랜잭션 처리는 하지 않았다.
> 그리고 [티켓 구입 & 로그 작성 서비스]에서는 티켓 구입과 로그 작성을 둘 다 해야 할 필요가 있어서 두 개의 서비스를 각각 부르고 이들 또한 데이터베이스 처리이기 때문에 이 두 개의 서비스 호출을 트랜잭션 A로 묶어 주었다. 결과적으로 트랜잭션 A에 트랜잭션 B가 포함되었다.

이럴 경우 상호 트랜잭션 간의 처리를 어떻게 할 것인지를 정하는 것이 트랜잭션의 전파 속성 설정이다.

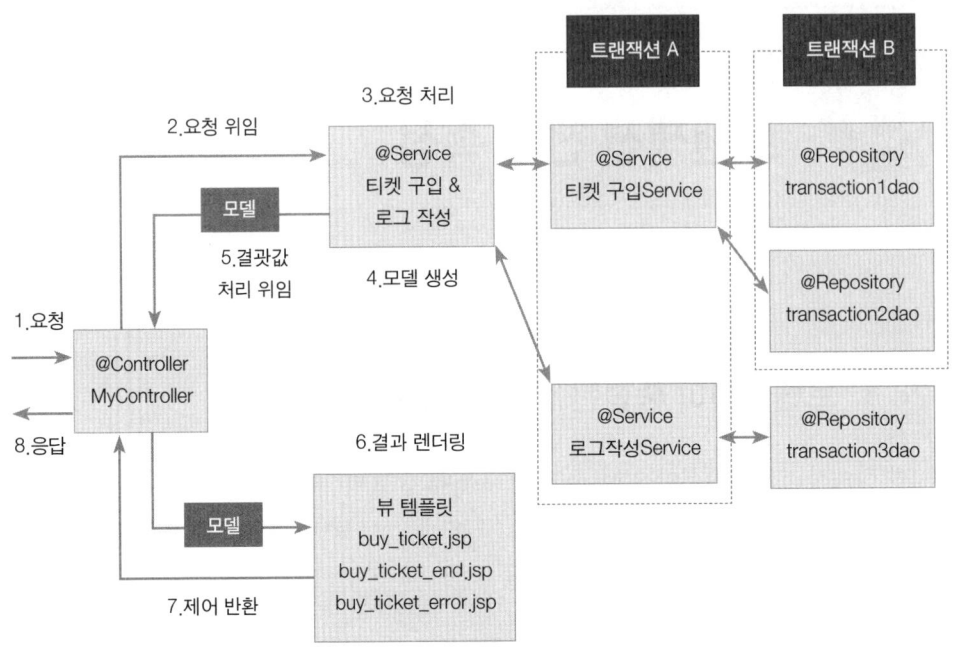

[그림 24-1] 트랜잭션이 중첩된 상황

이 부분을 이해 못하면 나중에 협업을 할 경우 프로그램 디버깅이 어렵게 느껴질 것이다. 협업을 할 경우 홍길동이 만든 트랜잭션 B는 자체 테스트를 할 때는 아무 이상이 없었다. 그런데 전우치가 만든 트랜잭션 A에 포함이 되면서 로그작성 Service의 transaction3.dao가 에러가 나면서 transaction1.dao와 transaction2.dao도 롤백이 되었다.

이럴 경우 홍길동은 롤백을 미처 생각하지 못하고 처리가 왜 안되는지 의아해하면서 엉뚱한 방향으로 에러를 찾아 헤맬 수도 있다. 이러한 이유로 트랜잭션의 전파 속성을 잘 이해하고 설정할 수 있어야 이런 부분의 처리를 깔끔하게 할 수 있다.

24.2 트랜잭션이 중첩된 예제 만들기

24.2.1 프로젝트 복사하기

탐색기에서 Ex23_TransactionTemplate 프로젝트를 복사해서 붙여 넣고 Ex24_Transaction_Propagation으로 이름을 변경한다.

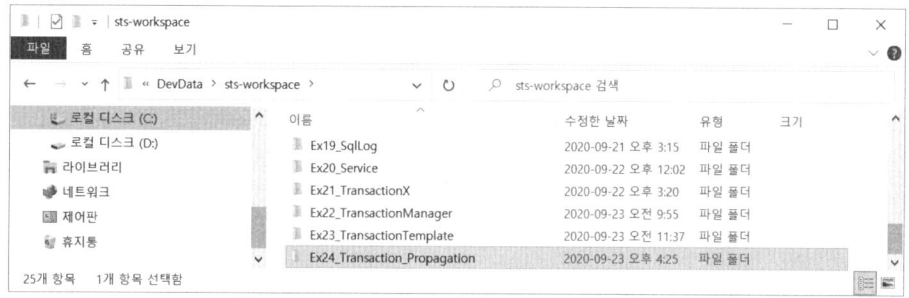

[그림 24-2] 프로젝트 폴더 복사 & 붙여 넣기

폴더로 들어가서 탐색기에서 .projects와 settings.gradle 을 텍스트 에디터로 열어서 프로젝트명을 원하는 이름으로 변경하면 된다. 여기서는 Ex24_Transaction_Propagation으로 변경한다. 다음 그림들에서 보듯이 세 군데를 수정하면 된다.

```
1  <?xml version="1.0" encoding="UTF-8"?>
2  <projectDescription>
3      <name>Ex24_Transaction_Propagation</name>
4      <comment>Project Ex24_Transaction_Propagation created by Buildship.</comment>
5      <projects>
6      </projects>
7      <buildSpec>
8          <buildCommand>
9              <name>org.eclipse.jdt.core.javabuilder</name>
10             <arguments>
11             </arguments>
12         </buildCommand>
```

[그림 24-3] .project 파일 변경

```
1  rootProject.name = 'Ex24_Transaction_Propagation'
2
```

[그림 24-4] settings.gradle 파일 변경

24.2.2 프로젝트 임포트

이제 STS에서 프로젝트를 임포트한다. 패키지를 펼쳐서 이전 클래스의 이름으로 된 클래스를 선택하고, 클래스명도 변경해준다. 클래스를 선택하고 우클릭으로 팝업 메뉴를 띄우고 Refactor → Rename을 선택하여 Ex24TransactionPropagationApplication 으로 변경한다.

[그림 24-5] 클래스 이름 변경 전   [그림 24-6] 클래스 이름 변경 후

24.2.3 DTO 추가

이미 앞에서 데이터베이스에 TRANSACTION3 테이블은 만들어 두었다. 관련해서 DTO 클래스를 다음과 같이 추가하고 코드를 작성한다.

[그림 24-7] DTO 추가

[코드 24-1] Transaction3Dto.java

```
1  package com.study.springboot.dto;
2
3  import lombok.Data;
4
5  @Data
6  public class Transaction3Dto {
7      private String consumerId;
8      private int amount;
9  }
```

24.2.4 DAO 추가

이제 DAO 인터페이스를 만들어서 추가하고 XML 매퍼도 추가한 후 코드를 다음과 같이 작성한다.

```
v ⊜ Ex24_Transaction_Propagation [boot]
  v ⊜ src/main/java
    > ⊞ com.study.springboot
    v ⊞ com.study.springboot.dao
      > ☕ ITransaction1Dao.java
      > ☕ ITransaction2Dao.java
      > ☕ ITransaction3Dao.java ◀·········
    > ⊞ com.study.springboot.dto
    > ⊞ com.study.springboot.service
  v ⊜ src/main/resources
    v ⊞ mybatis.mapper
      ⓧ Transaction1Dao.xml
      ⓧ Transaction2Dao.xml
      ⓧ Transaction3Dao.xml ◀·········
    ⊞ templates
    ⊜ static
    ☕ application.properties
  > ⊜ src/test/java
  > ⊞ JRE System Library [JavaSE-1.8]
  > ⊞ Project and External Dependencies
```

[그림 24-8] DAO 인터페이스, XML 매퍼 추가

[코드 24-2] ITransaction3Dao.java

```
1 package com.study.springboot.dao;
2
3 import org.apache.ibatis.annotations.Mapper;
4
5 @Mapper
6 public interface ITransaction3Dao {
7     public void pay(String consumerId, int amount);
8 }
```

[코드 24-3] Transaction3Dao.xml

```
01 <?xml version="1.0" encoding="UTF-8"?>
02 <!DOCTYPE mapper
03     PUBLIC "-//mybatis.org//DTD Mapper 3.0//EN"
04     "http://mybatis.org/dtd/mybatis-3-mapper.dtd">
05
06 <mapper namespace="com.study.springboot.dao.ITransaction3Dao">
07
08     <insert id="pay">
09         insert into transaction3 (consumerId, amount)
```

```
10              values (#{param1}, #{param2})
11      </insert>
12
13 </mapper>
```

24.2.5 서비스 변경, 추가

이번에는 서비스의 내용이 다 간단하므로 인터페이스 없이 바로 클래스로 만들어 준다. 기존의 IBuyTicketService.java 인터페이스 파일을 지운다. 이 파일은 코드를 수정하기 전까진 에러 표시가 날 것이다.

NOTE

초보 개발자들은 다루어야 할 파일이 많으면 전체 로직을 이해하는데 헷갈려 할 수 있다. 그래서 인터페이스를 지워서 프로젝트 구조를 조금이라도 간단하게 만들려는 것이다.

[그림 24-9]와 같이 두 개의 클래스를 추가한다.

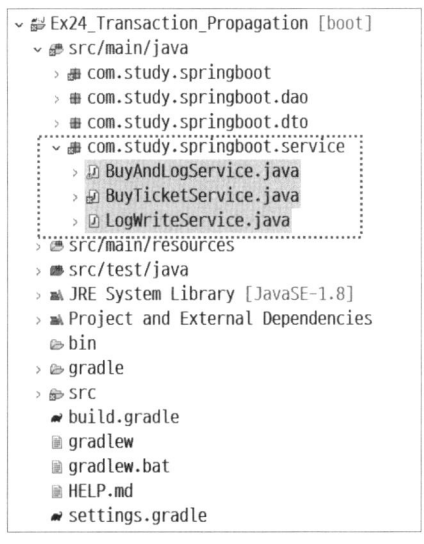

[그림 24-9] 서비스 클래스 정리

기존의 BuyTicketService.java는 인터페이스를 구현하는 부분을 제거해 준다. 그리고 이전 예제에서 주석 처리했던 부분도 제거한다.

[코드 24-4] BuyTicketService.java

```
01  package com.study.springboot.service;
02
03  import org.springframework.beans.factory.annotation.Autowired;
04  import org.springframework.stereotype.Service;
05  import org.springframework.transaction.TransactionStatus;
06  import org.springframework.transaction.support.TransactionCallbackWithout
    Result;
07  import org.springframework.transaction.support.TransactionTemplate;
08
09  import com.study.springboot.dao.ITransaction1Dao;
10  import com.study.springboot.dao.ITransaction2Dao;
11
12  @Service
13  public class BuyTicketService {
14
15      @Autowired
16      ITransaction1Dao transaction1;
17      @Autowired
18      ITransaction2Dao transaction2;
19
20      @Autowired
21      TransactionTemplate transactionTemplate;
22
23      public int buy(String consumerId, int amount, String error) {
24
25          try {
26              transactionTemplate.execute(new TransactionCallbackWithout
                Result() {
27                  @Override
28                  protected void doInTransactionWithoutResult(Transaction
                    Status arg0) {
29
30                      transaction1.pay(consumerId, amount);
```

```
31
32                      // 의도적 에러 발생
33                      if (error.equals("1")) { int n = 10 / 0;}
34
35                      transaction2.pay(consumerId, amount);
36                  }
37              });
38
39              return 1;
40          } catch(Exception e) {
41              System.out.println("[Transaction Propagation #2] Rollback");
42              return 0;
43          }
44      }
45
46 }
```

- 13라인 뒷부분의 인터페이스를 지정하는 부분을 제거한다.
- 23라인 앞의 인터페이스의 메서드를 오버라이딩 했다는 어노테이션을 제거한다.
- 41라인의 출력 내용을 앞의 트랜잭션의 에러와 구분하기 위해 조금 수정한다.
- 앞의 예제에서 주석 처리한 부분을 제거한다.

정상적으로 제거를 했다면 STS 툴에 에러 표시된 부분이 사라질 것이다.

로그를 작성하는 서비스는 다음과 같이 코드를 작성한다. 이번 예제에서 추가된 클래스이다.

[코드 24-5] LogWriteService.java

```
01 package com.study.springboot.service;
02
03 import org.springframework.beans.factory.annotation.Autowired;
04 import org.springframework.stereotype.Service;
05
06 import com.study.springboot.dao.ITransaction3Dao;
07
```

```
08  @Service
09  public class LogWriteService {
10
11      @Autowired
12      ITransaction3Dao transaction3;
13
14      public int write(String consumerId, int amount) {
15
16          try {
17              transaction3.pay(consumerId, amount);
18              return 1;
19          } catch(Exception e) {
20              return 0;
21          }
22      }
23
24  }
```

- 17라인 : DAO를 호출하는 부분이 이 라인 하나라 별도의 트랜잭션 처리를 하지 않는다.

티켓을 구매하고 로그를 작성하는 서비스를 둘 다 부르는 서비스를 다음과 같이 만들고 트랜잭션으로 묶어준다.

[코드 24-6] BuyAndLogService.java

```
01  package com.study.springboot.service;
02
03  import org.springframework.beans.factory.annotation.Autowired;
04  import org.springframework.stereotype.Service;
05  import org.springframework.transaction.TransactionStatus;
06  import org.springframework.transaction.support.TransactionCallbackWithout
    Result;
07  import org.springframework.transaction.support.TransactionTemplate;
08
09  @Service
10  public class BuyAndLogService {
```

352

```
11
12      @Autowired
13      BuyTicketService buyTicket;
14      @Autowired
15      LogWriteService logWrite;
16      @Autowired
17      TransactionTemplate transactionTemplate;
18
19      public int buy(String consumerId, int amount, String error) {
20
21          try {
22              transactionTemplate.execute(new TransactionCallbackWithout
                Result() {
23                  @Override
24                  protected void doInTransactionWithoutResult(Transaction
                    Status arg0) {
25
26                      buyTicket.buy(consumerId, amount, error);
27
28                      // 의도적 에러 발생
29                      if (error.equals("2")) { int n = 10 / 0;}
30
31                      logWrite.write(consumerId, amount);
32                  }
33              });
34
35              return 1;
36          } catch(Exception e) {
37              System.out.println("[Transaction Propagation #1] Rollback");
38              return 0;
39          }
40      }
41
42  }
```

- 26라인 : 티켓을 구매하는 서비스의 메서드를 호출한다.
- 31라인 : 로그를 작성하는 서비스의 메서드를 호출한다.

- 22라인, 23라인, 24라인 : 트랜잭션을 처리할 부분의 감싸기를 시작한다.
- 32라인, 33라인 : 트랜잭션을 처리할 부분의 감싸기를 끝낸다.

24.2.6 뷰 변경

buy_ticket.jsp를 열어서 에러 표시 조건을 추가한다.

[코드 24-7] buy_ticket.jsp

```
01  <%@ page language="java" contentType="text/html; charset=UTF-8"
02      pageEncoding="UTF-8"%>
03  <!DOCTYPE html>
04  <html>
05  <head>
06  <meta http-equiv="Content-Type" content="text/html; charset=UTF-8">
07  <title>BuyTicket</title>
08  </head>
09  <body>
10
11  <p>카드 결제</p>
12
13  <form action="buy_ticket_card">
14      고객 아이디 : <input type="text" name="consumerId" > <br />
15      티켓 구매수 : <input type="text" name="amount" > <br />
16      에러 발생 여부 : <input type="text" name="error" value="0"> <br />
17      <input type="submit" value="구매" > <br />
18  </form>
19
20  <hr>
21  에러 발생 여부에 1을 입력하면 포함되는 곳에서 에러가 발생합니다.<br>
22  에러 발생 여부에 2를 입력하면 포함시키는 곳에서 에러가 발생합니다.<br>
23
24  </body>
25  </html>
```

21라인은 수정하고 22라인의 내용은 추가한다. 이번에는 에러를 내는 조건이 2가지이다.

24.2.7 컨트롤러 변경

컨트롤러에서 호출하는 서비스를 BuyTicketService에서 BuyAndLogService로 바꾼다. 그리고 다른 예제와의 구분을 위해 리퀘스트 맵핑에서 root() 메서드에서 리턴되는 값도 다음 코드를 보고 수정한다.

[코드 24-8] MyController.java

```
01 package com.study.springboot;
02
03 import org.springframework.beans.factory.annotation.Autowired;
04 import org.springframework.stereotype.Controller;
05 import org.springframework.ui.Model;
06 import org.springframework.web.bind.annotation.RequestMapping;
07 import org.springframework.web.bind.annotation.RequestParam;
08 import org.springframework.web.bind.annotation.ResponseBody;
09
10 import com.study.springboot.service.BuyAndLogService;
11
12 @Controller
13 public class MyController {
14
15 //    @Autowired
16 //    IBuyTicketService buyTicket;
17     @Autowired
18     BuyAndLogService buyTicketLog;
19
20     @RequestMapping("/")
21     public @ResponseBody String root() throws Exception{
22         return "Transaction Propagation (4)";
23     }
24
```

```
25      @RequestMapping("/buy_ticket")
26      public String buy_ticket() {
27          return "buy_ticket";
28
29      }
30
31      @RequestMapping("/buy_ticket_card")
32      public String buy_ticket_card(@RequestParam("consumerId") String
        consumerId,
33                                    @RequestParam("amount") String amount,
34                                    @RequestParam("error") String error,
35                                    Model model)
36      {
37 //       int nResult = buyTicket.buy(consumerId, Integer.parseInt
            (amount), error);
38          int nResult = buyTicketLog.buy(consumerId, Integer.parseInt
            (amount), error);
39
40          model.addAttribute("consumerId", consumerId);
41          model.addAttribute("amount", amount);
42          if (nResult == 1) {
43              return "buy_ticket_end";
44          } else {
45              return "buy_ticket_error";
46          }
47      }
48
49 }
```

- 15라인, 16라인 : BuyTicketService 변수를 주석 처리한다.
- 17라인, 18라인 : BuyAndLogService 변수를 추가한다.
- 22라인 : 첫 페이지가 시작할 때 리턴되는 스트링값을 변경한다.
- 37라인 : 기존 서비스를 부르는 부분을 주석 처리한다.
- 38라인 : 신규로 추가한 서비스를 부르는 부분을 추가한다.

24.2.8 전파 속성 설정

트랜잭션의 설정값으로 지정할 수 있는 어노테이션 값들의 의미는 다음과 같다. 대표적인 값으로 required와 requires_new를 지정하여 테스트해볼 것이다.

[표 24-1] 트랜잭션 관련 어노테이션

값	의미
required (0)	Default, 전체 처리
supports (1)	기존 트랜잭션에 의존
mandatory (2)	트랜잭션에 꼭 포함 되어야 함. 트랜잭션이 있는 곳에서 호출해야 함.
requires_new (3)	각각 트랜잭션을 처리
not_supported (4)	트랜잭션에 포함 하지 않음. 기존의 트랜잭션이 존재하면 일시 중지하고 메소드 실행이 끝난 후에 트랜잭션을 계속 진행한다.
never (5)	트랜잭션에 절대 포함 하지 않음. 트랜잭션이 있는 곳에서 호출하면 에러 발생.

포함되는 트랜잭션에 다음과 같이 트랜잭션 속성을 어노테이션으로 지정한다.

[코드 24-9] MyController.java

```
01 package com.study.springboot.service;
02
03 import org.springframework.beans.factory.annotation.Autowired;
04 import org.springframework.stereotype.Service;
05 import org.springframework.transaction.TransactionStatus;
06 import org.springframework.transaction.annotation.Propagation;
07 import org.springframework.transaction.annotation.Transactional;
08 import org.springframework.transaction.support.TransactionCallbackWithoutResult;
09 import org.springframework.transaction.support.TransactionTemplate;
10
11 import com.study.springboot.dao.ITransaction1Dao;
12 import com.study.springboot.dao.ITransaction2Dao;
13
```

```
14  @Service
15  public class BuyTicketService {
16
17      @Autowired
18      ITransaction1Dao transaction1;
19      @Autowired
20      ITransaction2Dao transaction2;
21
22      @Autowired
23      TransactionTemplate transactionTemplate;
24
25      @Transactional(propagation=Propagation.REQUIRED)
26      public int buy(String consumerId, int amount, String error) {
27
28          try {
29              transactionTemplate.execute(new TransactionCallbackWithout
                    Result() {
30                  @Override
31                  protected void doInTransactionWithoutResult(Transaction
                        Status arg0) {
32  … 생략 …
```

트랜잭션의 전파 속성을 지정하기 위해 25라인의 어노테이션 부분을 추가한다. 트랜잭션을 구성할 때 프로그래밍 방식과 선언적 방법이 있다고 했는데, 여기서는 선언적 방법을 적용한 것이다.

24.2.9 전파 속성 바꾸면서 테스트

테스트를 진행하기 전에 transaction1, transaction2, transaction3 테이블의 값들을 전부 다 지운다. 그리고 다음의 [Boot Dashboard] 에서 프로젝트를 선택하고 실행 아이콘을 클릭하여 실행한다.

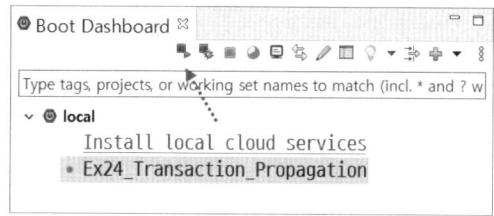

[그림 24-10] 프로젝트 실행

다음은 실행하고 http://localhost:8081/buy_ticket 요청에 의해 입력 폼을 리턴한 결과이다.

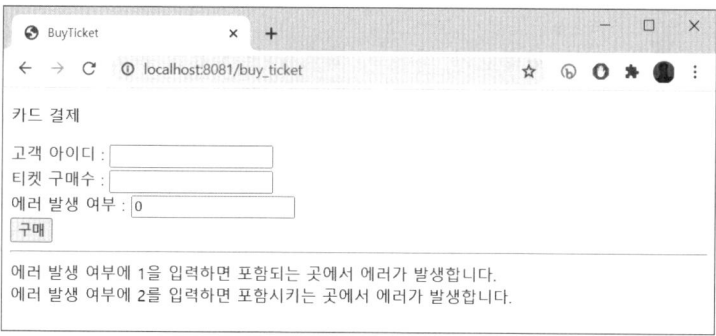

[그림 24-11] http://localhost:8081/buy_ticket

일단 정상적인 트랜잭션 처리부터 테스트를 해 본다. 다음과 같이 입력하고, [구매] 버튼을 클릭한다.

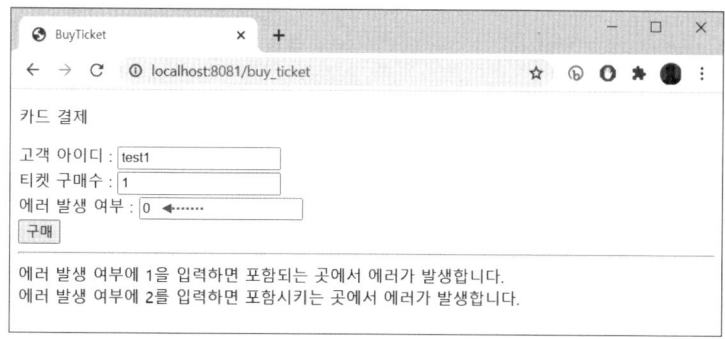

[그림 24-12] http://localhost:8081/buy_ticket - 정상 처리용 입력

06장 트랜잭션 **359**

데이터베이스 처리에 에러가 없다면 정상적인 페이지인 buy_ticket_end가 JSP 페이지로 리턴되어 다음과 같이 출력된다.

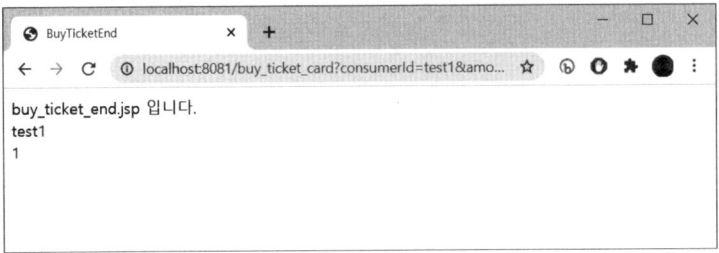

[그림 24-13] http://localhost:8081/buy_ticket_end 페이지 출력

이때 데이터베이스를 조회해보면, 다음과 같다. 정상적으로 커밋 처리되었기 때문에 세 개의 테이블에서 다 조회가 되는 것을 확인할 수 있다.

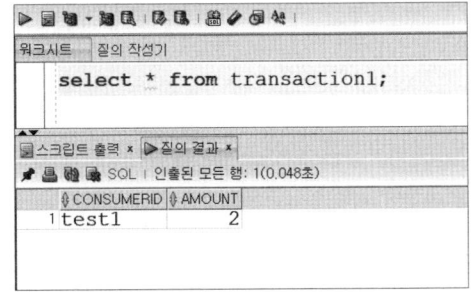

[그림 24-14] transaction1 테이블 - 정상 처리된 테이블의 데이터

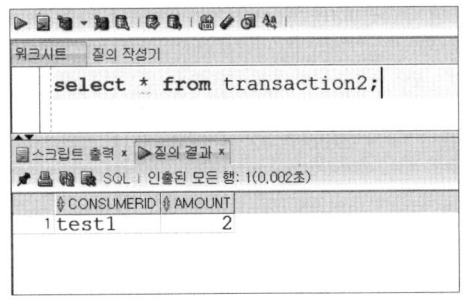

[그림 24-15] transaction2 테이블 - 정상 처리된 테이블의 데이터

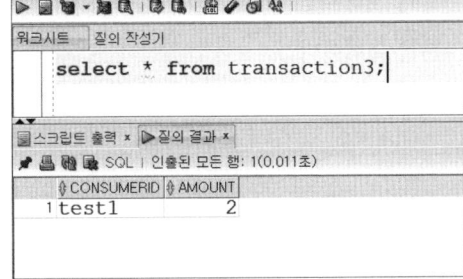

[그림 24-16] transaction3 테이블 - 정상 처리된 테이블의 데이터

정상적인 경우는 별 문제가 되지 않는다. 에러가 났을 때의 처리를 살펴볼 필요가 있다.

전파 속성에서 REQUIRED를 지정했기 때문에 포함되는 트랜잭션도 포함시키는 트랜잭션과 합쳐진다. 즉, 하나라도 에러가 난다면 롤백 처리된다.

다음과 같이 입력하고, [구매] 버튼을 클릭한다.

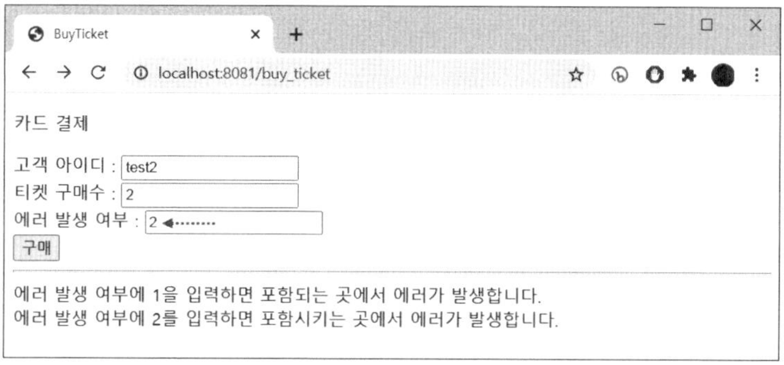

[그림 24-17] http://localhost:8081/buy_ticket - 포함시키는 쪽 트랜잭션 에러 발생

서비스의 메서드 처리에 에러가 있다면 에러 페이지인 buy_ticket_error가 JSP 페이지로 리턴되어 다음과 같이 출력된다.

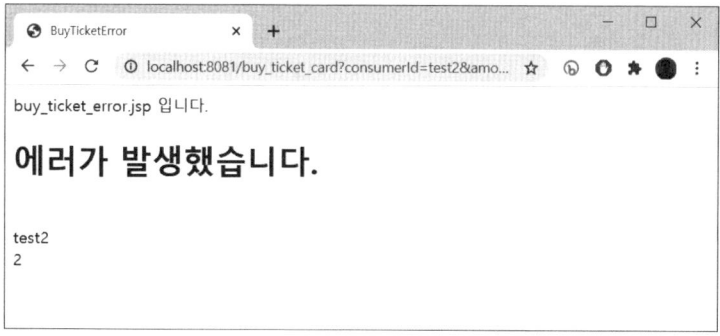

[그림 24-18] http://localhost:8081/buy_ticket_error 페이지 출력

이때 데이터베이스를 살펴보면 다음과 같다. 포함된 쪽의 트랜잭션은 잘 처리가 되었지만 트랜잭션이 합쳐졌기 때문에 포함시킨 쪽의 트랜잭션에서 에러가 나면서 모든 것이 롤백 된다.

전부 다 롤백 처리되었기 때문에 세 개의 테이블에서 다 조회가 안 되는 것을 확인할 수 있다.

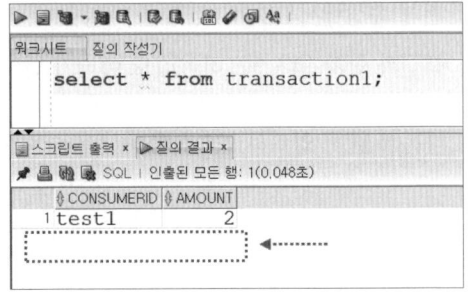

[그림 24-19] transaction1 테이블 - 롤백 처리된 테이블의 데이터

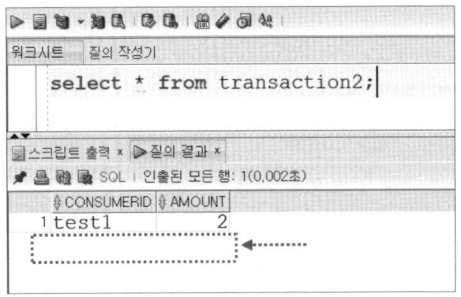

[그림 24-20] transaction2 테이블 - 롤백 처리된 테이블의 데이터

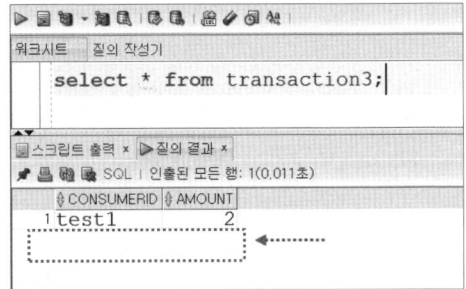

[그림 24-21] transaction3 테이블 - 롤백 처리된 테이블의 데이터

이번에는 전파 속성을 REQUIRES_NEW로 바꾸고 다시 실행을 한다. 포함되는 트랜잭션과 포함시키는 쪽의 트랜잭션을 별도의 트랜잭션으로 처리하겠다는 표시를 한 것이다.

```
24
25 //    @Transactional(propagation=Propagation.REQUIRED)
26     @Transactional(propagation=Propagation.REQUIRES_NEW)
27     public int buy(String consumerId, int amount, String error) {
28
```

[그림 24-22] 트랜잭션 전파 속성 변경

수정 후 웹 애플리케이션을 재시작한다. 그리고 입력폼에서 다음과 같이 입력하고, [구매] 버튼을 클릭한다.

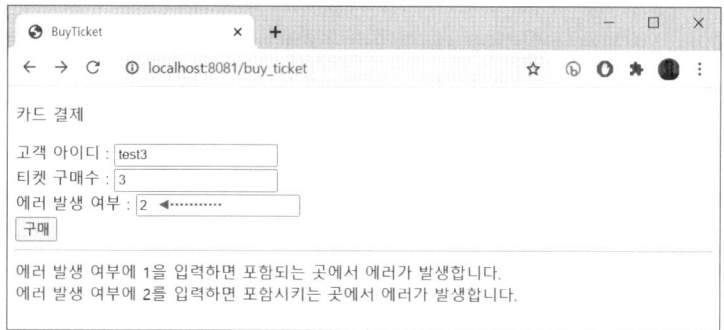

[그림 24-23] http://localhost:8081/buy_ticket - 에러 발생용 입력

서비스의 메서드 처리에 에러가 있다면 에러 페이지인 buy_ticket_error가 JSP 페이지로 리턴되어 다음과 같이 출력된다.

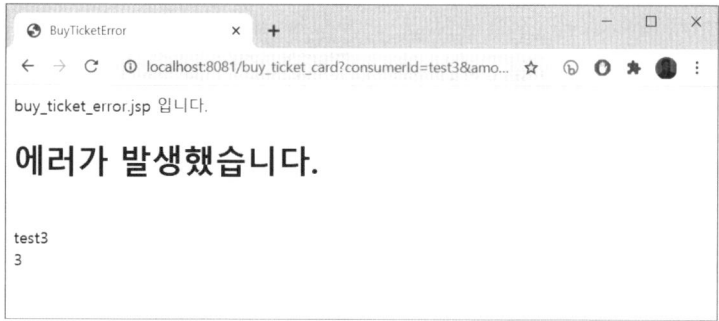

[그림 24-24] http://localhost:8081/buy_ticket_error 페이지 출력

이번에도 포함시키는 쪽의 트랜잭션에서 에러를 발생시켰다. 그런데 포함된 쪽에서는 에러가 발생하지 않았고, 트랜잭션의 전파 속성은 REQUIRES_NEW 어노테이션으로 지정하여 자신을 다른 트랜잭션에서 포함하더라도 트랜잭션을 합치지 않도록 지정하고 있다.

그러므로 지정된 전파 속성에 의해 포함된 쪽과 포함시킨 쪽의 트랜잭션이 각각 처리되므로, 포함된 쪽의 트랜잭션은 정상 처리되어 데이터베이스에 데이터가 인서트되고 커밋 처리까지 된다.

```
21        try {
22          transactionTemplate.execute(new TransactionCallbackWithoutResult() {
23              @Override
24              protected void doInTransactionWithoutResult(TransactionStatus arg0) {
25
26                  buyTicket.buy(consumerId, amount, error);
27
28                  // 의도적 에러 발생
29                  if (error.equals("2")) { int n = 10 / 0;}
30
31                  logWrite.write(consumerId, amount);
32              }
33          });
```

[그림 24-25] 포함시킨 쪽의 트랜잭션 범위

포함시킨 쪽의 트랜잭션은 에러가 있으므로 롤백 처리되는데, 26라인의 buyticket.buy 메서드 안에는 트랜잭션 처리가 있지만 무시하고 일반 메서드처럼 처리하고 31라인의 데이터베이스 처리만 트랜잭션으로 관리하는 것이다.

이제 데이터베이스를 조회해보면 다음과 같다. transaction1.dao와 transaction2.dao의 처리는 커밋 되었고, transaction3.dao의 작업은 롤백 되었다.

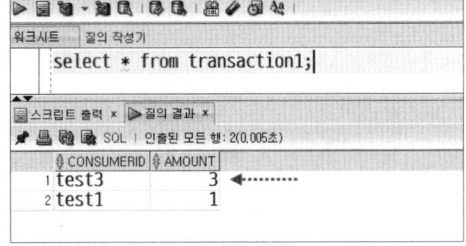

[그림 24-26] transaction1 테이블 - 정상 처리된 테이블의 데이터

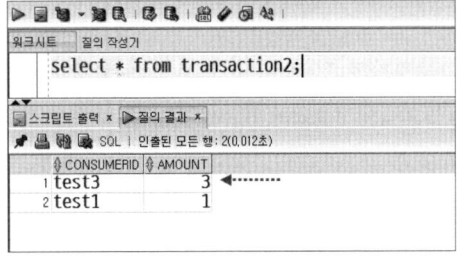

[그림 24-27] transaction2 테이블 - 정상 처리된 테이블의 데이터

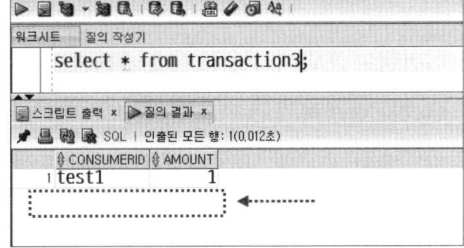

[그림 24-28] transaction3 테이블 - 에러 처리된 테이블의 데이터

이제 입력폼에서 다음과 같이 입력하고, [구매] 버튼을 클릭한다.

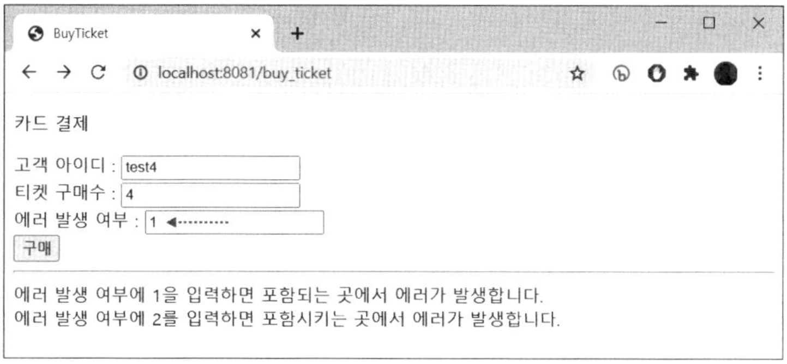

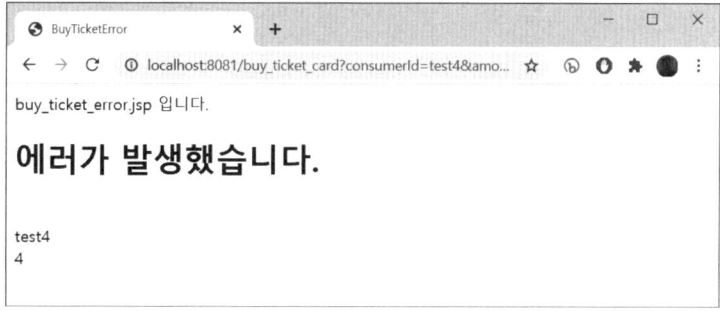

[그림 24-29] http://localhost:8081/buy_ticket - 에러 발생용 입력

서비스의 메서드 처리에 에러가 있기 때문에 에러 페이지인 buy_ticket_error가 JSP 페이지로 리턴되어 다음과 같이 출력된다.

[그림 24-30] http://localhost:8081/buy_ticket_error 페이지 출력

[그림 24-31]의 코드를 보면서 이번 트랜잭션 처리를 생각해보자.

```
21      try {
22          transactionTemplate.execute(new TransactionCallbackWithoutResult() {
23              @Override
24              protected void doInTransactionWithoutResult(TransactionStatus arg0) {
25
26                  buyTicket.buy(consumerId, amount, error);
27
28                  // 의도적 에러 발생
29                  if (error.equals("2")) { int n = 10 / 0;}
30
31                  logWrite.write(consumerId, amount);
32              }
33          });
```

[그림 24-31] 포함시킨 쪽의 트랜잭션 범위

이번에는 포함되는 쪽의 트랜잭션에서 에러를 발생시켰다. 26번 라인에서 이 점을 생각해보면 포함된 쪽 트랜잭션의 전파 속성이 REQUIRES_NEW로 지정되어 있기 때문에 메서드 안의 트랜잭션을 무시한다고 해도 26번 라인 자체에서 에러가 발생한 것이기 때문에 29라인 조차도 실행이 안되고 예외 처리 구문으로 넘어가게 된다. 이때 트랜잭션템플릿은 트랜잭션에 대해서 롤백 처리를 하게 된다. 즉, 앞쪽의 트랜잭션은 우리가 고의로 에러를 내지 않아도 예외처리가 발생한다.

콘솔창의 로그로 확인할 수 있다.

```
2020-09-23 23:21:25.165  INFO 10148 --- [nio-8081-exec-1] o.a.c.c.C.[Tomcat].[localhost].[/]
2020-09-23 23:21:25.165  INFO 10148 --- [nio-8081-exec-1] o.s.web.servlet.DispatcherServlet
2020-09-23 23:21:25.173  INFO 10148 --- [nio-8081-exec-1] o.s.web.servlet.DispatcherServlet
2020-09-23 23:21:25.311  INFO 10148 --- [nio-8081-exec-1] com.zaxxer.hikari.HikariDataSource
2020-09-23 23:21:25.888  INFO 10148 --- [nio-8081-exec-1] com.zaxxer.hikari.pool.PoolBase
2020-09-23 23:21:25.892  INFO 10148 --- [nio-8081-exec-1] com.zaxxer.hikari.HikariDataSource
[Transaction Propagation #2] Rollback
[Transaction Propagation #1] Rollback
```

[그림 24-32] 콘솔창의 로그 출력 확인

그래서 모든 트랜잭션에 대해서 롤백 처리가 일어나고 데이터베이스의 transaction1, transaction2, transaction3 모든 테이블에 어떤 데이터도 인서트 되지 않았다.

지금까지 트랜잭션의 전파 속성에 대해서 알아 보았다. 트랜잭션이 중첩된 상황에서 전파 속성을 어떻게 적용하느냐에 따라 포함시킨 쪽과 포함된 쪽의 트랜잭션 처리가 달라지므로 정확한 이해가 필요하다.

CHAPTER
07

예제로 배우는 스프링 부트 입문

시큐리티

25
시큐리티 기초

25.1 스프링 시큐리티

회원제이고, 메뉴마다 접근 권한이 다른 웹 애플리케이션을 개발한다고 가정해보자.

예전에 프레임워크 없이 프로그래밍을 할 때의 예를 들면, 웹의 모든 url 접근에 대해서 세션을 체크하여 로그인했는지 그리고 권한이 있는지를 체크하는 로직을 넣을 때, 이런 체크 로직들이 원래 만들고자 했던 비지니스 로직의 이해를 방해하기에 모든 웹 애플리케이션의 기능을 만들고 맨 나중에 한꺼번에 넣곤 했다. 그러다 실수로 빼먹은 url 접근이 있다면 문제가 생기곤 했다.

또한, 앞의 폼 데이터의 유효성 검증에서도 말한 바와 같이 서로 다른 사람들이 각자 자기만의 방법으로 인증과 접근권한의 설정 로직을 만들면 서로 간에도 파악해야 할 부분이 많이 생기고, 그래서 오랜 기간 같이 작업을 하던 팀원이 아니면 서로의 로직을 빠르게 파악하지 못하는 등 단점이 생기기도 했다.

NOTE

이런 상황에 회사에 신입사원이 들어오면 회사의 여러 아키텍쳐, 즉 그 회사만의 방식을 익히기 위한 노력이 많이 필요하고, 급박한 상황에서 투입된 신입사원인데 일의 배분은커녕 도리어 교육을 시켜야 하는 민폐 요인이 되는 일도 많았다. 이러한 이유로 프레임워크가 필요한 것이다.

스프링 시큐리티는 스프링 기반의 어플리케이션의 보안, 즉 사용자 인증과 접근 권한의 설정을 담당하는 프레임워크이다.

스프링 시큐리티는 보안과 관련해서 체계적으로 많은 옵션들을 지원해주기 때문에, 이런 단순 반복적인 작업이지만 매우 중요한 작업인 보안 작업을 쉽고 간단하게 적용할 수 있게 한다. 그리고 스프링 시큐리티를 이용하면 누가 만들어도 같은 방식으로 만들어지기 때문에 개발자 간의 의사소통이나 후임 또는 신입사원에게 인수인계를 했을 때 쉽게 이해시킬 수 있다. 이것이 프레임워크를 사용해서 개발하는 이유이자, 장점이다.

25.2 스프링 시큐리티 사용 예제 만들기

25.2.1 프로젝트 기본형 만들기

이름이 Ex25_Security인 프로젝트를 만든다.

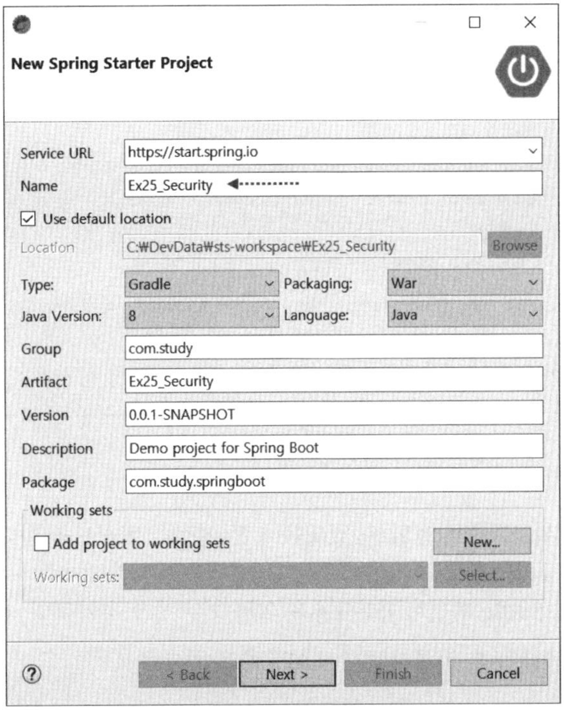

[그림 25-1] 프로젝트 생성 정보

먼저 상단의 자주 사용하던 목록 위치에서 Spring Web과 Lombok을 체크하여 디펜던시를 추가한다. 그리고 스프링 시큐리티 사용을 위한 디펜던시를 검색하여 추가한다. security를 입력하면 다음과 같이 여러 결과가 검색되어 나오는데, Spring Security를 선택하면 된다.

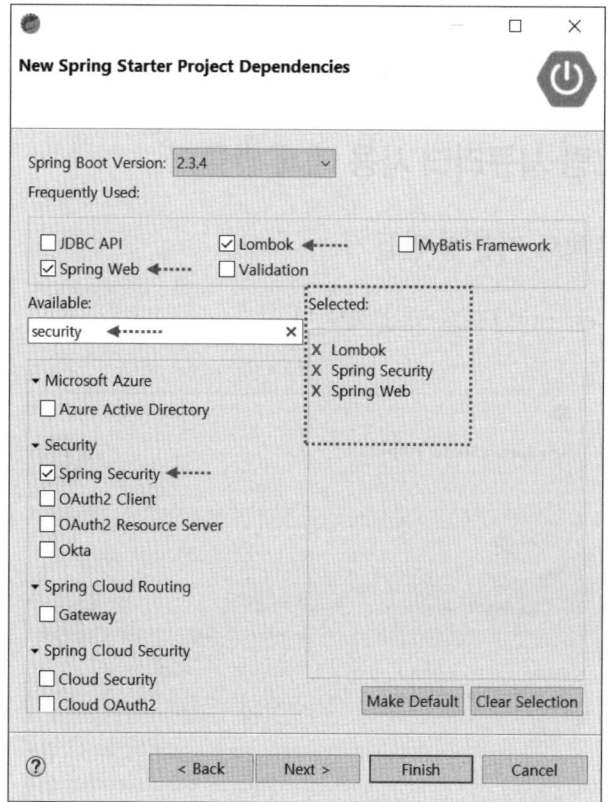

[그림 25-2] 의존성 주입 선택

이제 프로젝트에서 JSP를 사용할 수 있도록 기본 설정을 바꾸도록 한다.

첫 번째로 build.gradle 파일에 JSP사용을 위한 의존성을 추가한다. 간단한 방법은 이전 예제를 열고 해당 부분을 복사해서 붙여넣기하면 된다.

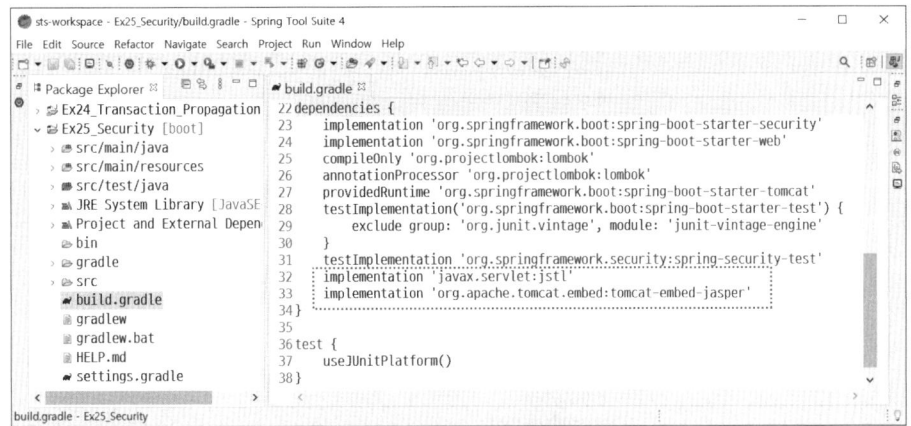

[그림 25-3] JSP 사용 설정 - build.gradle

Gradle → Gradle Project Refresh를 반드시 수행한다. 그렇게 해야 프로젝트에 변경 내용이 적용된다.

두 번째로 application.properties 를 열고 내용을 입력한다.

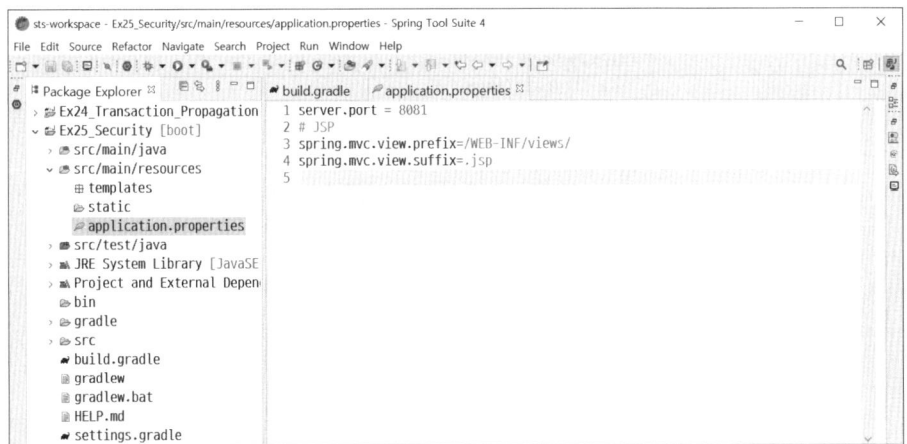

[그림 25-4] application.properties

세 번째로 JSP 사용을 위한 폴더를 만드는데, 새로 만들어도 되고 이전 예제로부터 폴더를 복사하고 파일들을 지워 구조만 유지해도 된다.

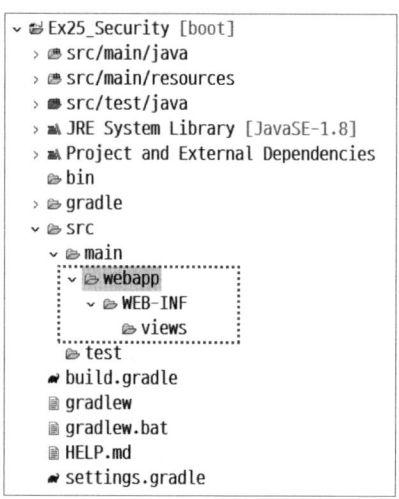

[그림 25-5] JSP 사용 설정 - 폴더 구성

리퀘스트 맵핑을 위한 MyController.java를 만든다. 이 때 메뉴를 통해서 새로 클래스를 만들어서 추가해도 되고, 이전 예제에서 복사해와서 클래스의 필요 없는 내용을 지워도 된다.

[그림 25-6] 리퀘스트 맵핑용 클래스 추가

여기까지 프로젝트의 기본형을 만들었다.

25.2.2 시큐리티 적용 메뉴 폴더 구성

다음과 같이 폴더를 추가하고 뷰로 사용될 JSP 파일을 만들어서 추가한다.

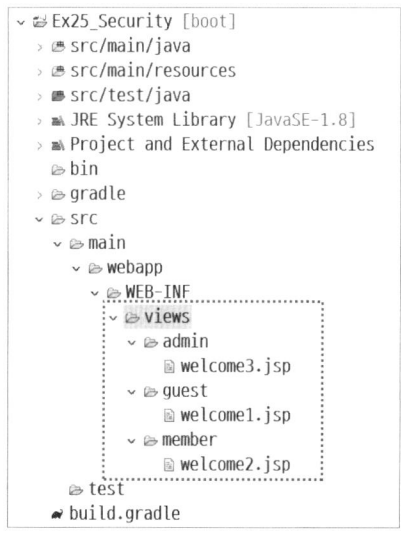

[그림 25-7] 시큐리티 적용 폴더 구성

각각의 JSP는 다음과 같이 코드를 작성한다. 세 개의 JSP 파일은 10라인만 내용이 서로 다르고 나머지 부분은 똑같다.

[코드 25-1] welcome1.jsp

```
01 <%@ page language="java" contentType="text/html; charset=UTF-8"
02     pageEncoding="UTF-8"%>
03 <!DOCTYPE html>
04 <html>
05 <head>
06 <meta http-equiv="Content-Type" content="text/html; charset=UTF-8">
07 <title>Welcome</title>
08 </head>
09 <body>
10 welcome : Guest
11 </body>
12 </html>
```

[코드 25-2] welcome2.jsp

```
01 <%@ page language="java" contentType="text/html; charset=UTF-8"
02     pageEncoding="UTF-8"%>
03 <!DOCTYPE html>
04 <html>
05 <head>
06 <meta http-equiv="Content-Type" content="text/html; charset=UTF-8">
07 <title>Welcome</title>
08 </head>
09 <body>
10 welcome : Member
11 </body>
12 </html>
```

[코드 25-3] welcome3.jsp

```
01 <%@ page language="java" contentType="text/html; charset=UTF-8"
02     pageEncoding="UTF-8"%>
03 <!DOCTYPE html>
04 <html>
05 <head>
06 <meta http-equiv="Content-Type" content="text/html; charset=UTF-8">
07 <title>Welcome</title>
08 </head>
09 <body>
10 welcome : Admin
11 </body>
12 </html>
```

25.2.3 시큐리티 설정 클래스 추가

스프링 시큐리티를 적용하기 위해 다음의 패키지와 클래스를 만들어서 추가한다. 패키지는 클래스가 많아질 때 서로 간의 구분을 위한 것이므로, 반드시 만들 필요는 없다.

```
  ✓ ⓢ Ex25_Security [boot]
    ✓ ⓜ src/main/java
      › ⓟ com.study.springboot
      ✓ ⓟ com.study.springboot.auth
        › ⓙ WebSecurityConfig.java
    › ⓜ src/main/resources
    › ⓜ src/test/java
    › ⓐ JRE System Library [JavaSE-1.8]
    › ⓐ Project and External Dependencies
      ⓕ bin
    › ⓕ gradle
    › ⓕ src
      ⓦ build.gradle
      ⓖ gradlew
      ⓖ gradlew.bat
      ⓗ HELP.md
      ⓦ settings.gradle
```

[그림 25-8] WebSecurityConfig 클래스 추가

이제 다음과 같이 WebSecurityConfig 클래스의 코드를 작성한다.

[코드 25-4] WebSecurityConfig.java

```
01 package com.study.springboot.auth;
02
03 import org.springframework.beans.factory.annotation.Autowired;
04 import org.springframework.context.annotation.Bean;
05 import org.springframework.context.annotation.Configuration;
06 import org.springframework.security.config.annotation.authentication.
   builders.AuthenticationManagerBuilder;
07 import org.springframework.security.config.annotation.web.builders.
   HttpSecurity;
08 import org.springframework.security.config.annotation.web.configuration.
   EnableWebSecurity;
09 import org.springframework.security.config.annotation.web.configuration.
   WebSecurityConfigurerAdapter;
10 import org.springframework.security.crypto.bcrypt.BCryptPasswordEncoder;
11
12 @Configuration
13 @EnableWebSecurity
14 public class WebSecurityConfig extends WebSecurityConfigurerAdapter {
15
```

```java
16    @Override
17    protected void configure(HttpSecurity http) throws Exception {
18        http.authorizeRequests()
19                .antMatchers("/").permitAll()
20                .antMatchers("/css/**", "/js/**", "/img/**").permitAll()
21                .antMatchers("/guest/**").permitAll()
22                .antMatchers("/member/**").hasAnyRole("USER", "ADMIN")
23                .antMatchers("/admin/**").hasRole("ADMIN")
24                .anyRequest().authenticated();
25
26        http.formLogin()
27                .permitAll();
28
29        http.logout()
30                .permitAll();
31    }
32
33    @Autowired
34    public void configureGlobal(AuthenticationManagerBuilder auth) throws Exception {
35        auth.inMemoryAuthentication()
36                .withUser("user").password(passwordEncoder().encode("1234")).roles("USER")
37                .and()
38                .withUser("admin").password(passwordEncoder().encode("1234")).roles("ADMIN");
39                // ROLE_ADMIN 에서 ROLE_ 는 자동으로 붙는다.
40    }
41
42    // passwordEncoder() 추가
43    @Bean
44    public BCryptPasswordEncoder passwordEncoder() {
45        return new BCryptPasswordEncoder();
46    }
47 }
```

- 임포트는 키보드에서 Ctrl + Shift + O 키를 동시에 누르면 쉽게 선택하여 추가할 수 있다.

- 12라인 : @Configuration 어노테이션은 이 클래스를 빈으로 등록하는데 스프링 설정으로 사용한다는 의미이다.
- 13라인 : @EnableWebSecurity 어노테이션은 스프링 시큐리티의 기능을 활성화하겠다는 의미이다.

스프링 시큐리티를 적용하기 위해 17라인의 configure 메서드를 오버라이딩해서 시큐리티 설정 내용을 구성하면 된다.

18라인부터는 url 요청에 대한 허용여부를 설정한다. 설정 내용은 겹치는 부분이 있다면 뒤의 설정이 앞의 설정 내용을 계속해서 덮어 쓴다. 그래서 앞 부분에서 가장 넓은 범위로 허용 범위를 정하고 뒤에서 범위를 좁혀 부분적으로 다시 지정하는 방식을 취한다.

- 19라인 : 루트(/) url 요청에 대해서 모두에게 허용하는 세팅을 한다.
- 20라인 : /css 아래 모든 url 요청, /js 아래 모든 url 요청 및 /img 아래 모든 url 요청에 대해서는 모두에게 허용하는 세팅을 한다.
- 21라인 : /guest 아래 모든 url 요청에 대해서 모두에게 허용하는 세팅을 한다.
- 22라인 : /member 아래 url 요청은 'USER'나, 'ADMIN' 역할(role)을 가지고 있어야 한다고 세팅을 한다.
- 23라인 : /admin 아래 url 요청은 'ADMIN' 역할을 가지고 있어야 한다고 세팅을 한다.
- 26라인 : 로그인 폼 url 은 모두에게 허용하는 세팅을 한다.
- 29라인 : 로그아웃 url 요청은 모두에게 허용하는 세팅을 한다.

이번 예제에서는 33라인에서 40라인까지 빠른 테스트를 위해 등록이 간단한 인메모리(inMemory) 방식의 인증 사용자를 등록한다. 뒤의 예제에서 데이터베이스의 테이블에서 사용자를 SQL문 쿼리로 구해오는 방식으로 바꿀 것이다.

- 36라인 : (사용자이름: user, 비밀번호:1234, 역할(role)이름:USER)로 사용자를 등록한다.

- 38라인 : (사용자이름: admin, 비밀번호:1234, 역할(role)이름:ADMIN)으로 사용자를 등록한다.

44라인에서는 비밀번호의 인코딩 방식을 정하고 있다. 디폴트를 사용하므로 임의로 코드를 변경할 필요가 없다.

간단히 요약하면 시큐리티를 적용하기 위해서는 이 설정 클래스에 19라인에서 24라인까지의 내용처럼 원하는 url 요청을 추가하고 허용 범위를 지정해 주면 된다.

25.2.4 스프링 시큐리티 암호화 클래스 종류

스프링 시큐리티는 PasswordEncoder 인터페이스를 구현한 클래스로 다음 3가지 클래스를 제공한다

- org.springframework.security.crypto.bcrypt.BCryptPasswordEncoder
  스프링 시큐리티에서 기본적으로 사용하는 암호화 방식이다.
- org.springframework.security.crypto.password.StandardPasswordEncoder
  SHA-256 암호화를 사용한다.
- org.springframework.security.crypto.password.NoOpPasswordEncoder
  암호화하지 않은 데이터를 암호화를 한 것처럼 사용할 때 사용한다.

NoOpPasswordEncoder 클래스는 암호화 기능을 수행하지 않는 암호화 클래스이다. 그래서 암호화하기 위해 encode 메소드에 암호화할 문자열을 넣어도 실제로는 암호화 기능을 수행하지 않고 입력받은 문자열을 그대로 리턴해준다. 이 클래스는 암호화 기능을 수행하는지에 대한 테스트용으로 만들어진 클래스이므로, 실제 프로젝트에서는 사용하면 안 된다.

스프링 시큐리티 측에서는 신규로 개발하는 시스템이라면 BCryptPasswordEncoder 클래스를 사용하는 bcrypt 해시 알고리즘 사용을 권장하고 있다. 다만 기존 sha 해시

알고리즘을 적용한 상황이라면 StandardPasswordEncoder 를 사용하면 된다.

25.2.5 리퀘스트 맵핑

이제 MyController 클래스에 다음과 같이 코드를 작성하여 url 호출에 대한 리퀘스트 맵핑을 한다.

[코드 25-5] MyController.java

```
01  package com.study.springboot;
02
03  import org.springframework.stereotype.Controller;
04  import org.springframework.web.bind.annotation.RequestMapping;
05  import org.springframework.web.bind.annotation.ResponseBody;
06
07  @Controller
08  public class MyController {
09
10      @RequestMapping("/")
11      public @ResponseBody String root() throws Exception{
12          return "Security (1)";
13      }
14
15      @RequestMapping("/guest/welcome")
16      public String welcome1() {
17
18          return "guest/welcome1";
19      }
20
21      @RequestMapping("/member/welcome")
22      public String welcome2() {
23
24          return "member/welcome2";
25      }
26
27      @RequestMapping("/admin/welcome")
```

```
28      public String welcome3() {
29
30          return "admin/welcome3";
31      }
32
33  }
```

- 임포트는 키보드에서 Ctrl + Shift + O 키를 동시에 누르면 쉽게 선택하여 추가할 수 있다.
- 10라인 : 루트 (/)에 대한 url 호출을 처리하고 있다.
- 15라인 : /guest 하위에 대한 url 호출을 처리하고 있다.
- 21라인 : /member 하위에 대한 url 호출을 처리하고 있다.
- 27라인 : /admin 하위에 대한 url 호출을 처리하고 있다.

25.2.6 테스트

[Boot Dashboard]에서 프로젝트를 선택하고 실행 아이콘을 클릭하여 실행한다.

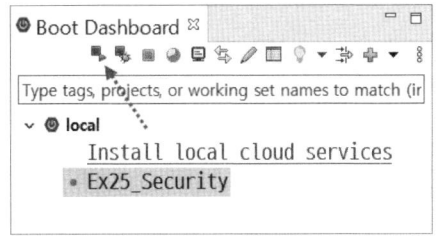

[그림 25-9] 프로젝트 실행

다음은 실행하자마자 http://localhost:8081/ 요청에 의해 root() 메서드가 호출되어 스트링 데이터만 리턴한 결과이다. 모두에게 허용한 url 요청이므로 사용자 인증을 요구하지 않는다.

[그림 25-10] http://localhost:8081/

다음은 http://localhost:8081/guest/welcome 요청에 의해 welcome1() 메서드가 호출된 결과이다. 모두에게 허용한 url 요청이므로 사용자 인증을 요구하지 않는다.

[그림 25-11] http://localhost:8081/guest/welcome

이제 http://localhost:8081/member/welcome 요청을 하면 시큐리티 설정에 의해 welcome2() 메서드가 바로 호출되지 않고 사용자 인증을 요구한다.

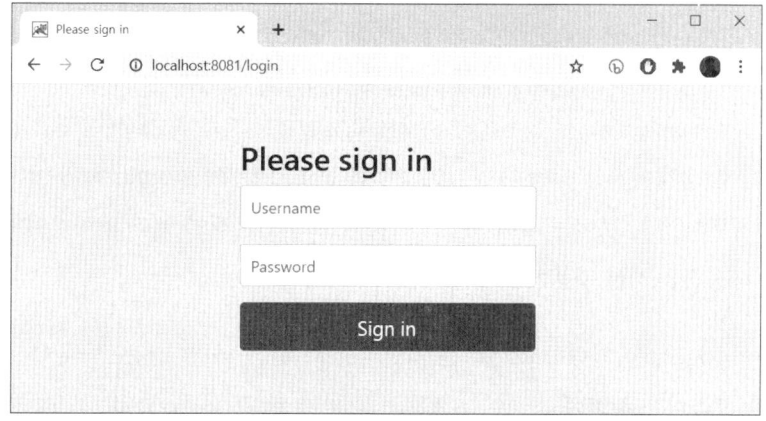

[그림 25-12] http://localhost:8081/member/welcome (1)

07장 시큐리티 **381**

아까 설정한 아이디 user와 비밀번호 1234로 로그인을 한다. /member 하위 url 요청은 user 아이디를 가진 사용자에게는 허용되어 있으므로 [그림 25-13]과 같은 화면이 출력된다.

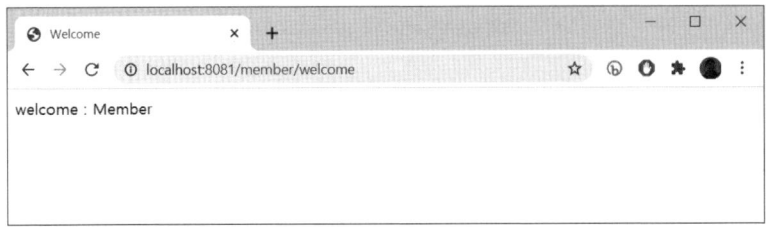

[그림 25-13] http://localhost:8081/member/welcome (2)

이 상태에서 다음과 같이 /admin/welcome에 접속한다.

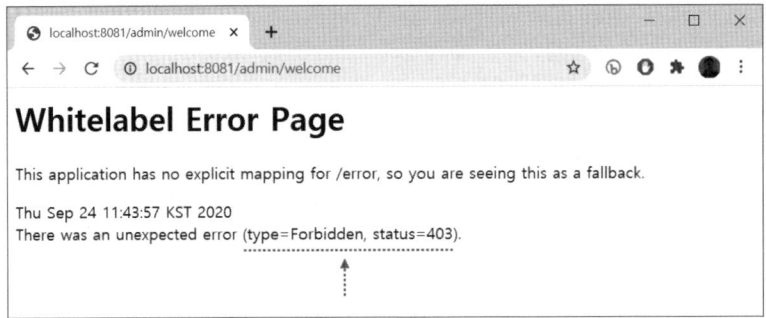

[그림 25-14] http://localhost:8081/admin/welcome (1)

로그인을 한 상태이지만 user 아이디의 역할은 USER이기에 /admin 하위 url에 대한 요청은 거부되었다. 보이는 페이지는 스프링 부트의 기본적인 에러 페이지이며, 자세한 에러 내용은 표시한 부분에 적혀 있다.

주소창에 /logout을 입력하고 엔터를 치면 다음과 같은 화면이 나오게 된다. 버튼을 클릭하여 로그아웃을 한다.

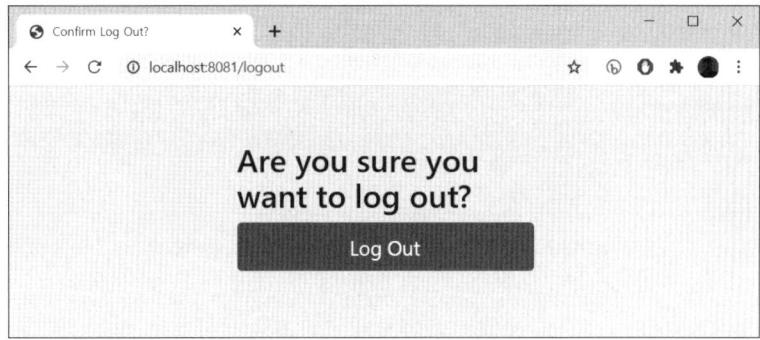

[그림 25-15] http://localhost:8081/logout

로그아웃을 하고 다음과 같은 화면이 나오면 admin 아이디와 비밀번호 1234를 입력하고 재로그인한다.

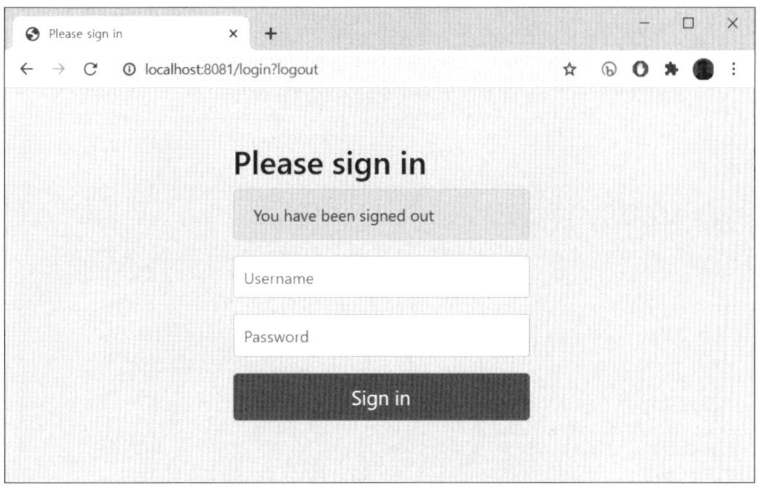

[그림 25-16] http://localhost:8081/login?logout

이제 다시 다음과 같이 /admin/welcome에 접속한다. 이번에는 ADMIN의 롤을 가진 admin 사용자로 로그인했기 때문에 정상적으로 접속이 될 것이다.

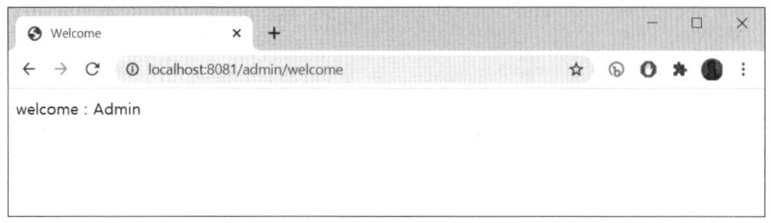

[그림 25-17] http://localhost:8081/admin/welcome (2)

이렇게 WebSecurityConfig 클래스에 작성한 간단한 코드만으로 사용자 인증과 접근 권한의 설정이 체계적으로 된 것을 확인할 수 있다. 그리고 이는 스프링을 배운 사람이라면 누구나 쉽게 이해할 수 있는 간단한 구조이기도 하다.

 NOTE

테스트를 위한 사용자는 인메모리 방법으로 추가하고 사용했다. 그러나 실제로는 데이터베이스의 회원 테이블에서 SQL 쿼리로 구해와서 사용하게 된다. 다음의 예제에서 구현할 것이다.

26 시큐리티 커스텀 로그인 폼

26.1 시큐리티 커스텀 로그인 폼 사용하기

기본으로 제공되는 로그인 폼의 디자인도 부트스트랩이 적용되어 있어 나쁘진 않았다. 그러나 자체 디자인이 필요할 경우 수정할 수가 없다. 그래서 이번 예제에서 다룰 커스텀 로그인 폼을 구성하는 것이 필요하다. 그렇게 해야 자유롭게 디자인을 적용시킬 수 있기 때문이다.

26.1.1 프로젝트 복사하기

탐색기에서 Ex25_Security 프로젝트를 복사해서 붙여 넣고 Ex26_Security_LoginForm 으로 이름을 변경한다.

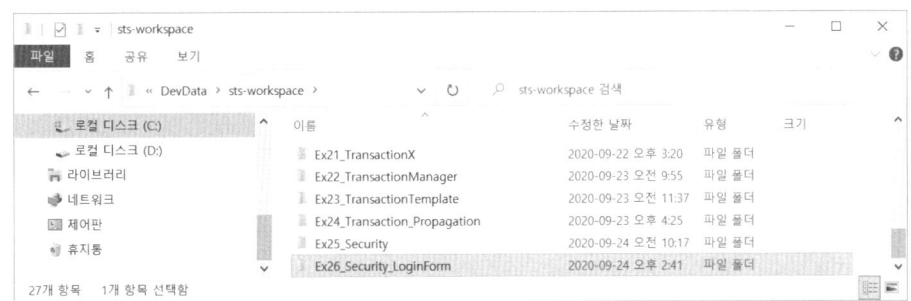

[그림 26-1] 프로젝트 폴더 복사 & 붙여 넣기

폴더로 들어가서 탐색기에서 .projects 와 settings.gradle 을 텍스트 에디터로 열어서 프로젝트명을 원하는 이름으로 변경하면 된다. 여기서는 Ex26_Security_LoginForm 으로 변경한다. 다음 그림들에서 보듯이 세 군데를 수정하면 된다.

```
 1  <?xml version="1.0" encoding="UTF-8"?>
 2  <projectDescription>
 3      <name>Ex26_Security_LoginForm</name>
 4      <comment>Project Ex26_Security_LoginForm created by Buildship.</comment>
 5      <projects>
 6      </projects>
 7      <buildSpec>
 8          <buildCommand>
 9              <name>org.eclipse.jdt.core.javabuilder</name>
10              <arguments>
11              </arguments>
12          </buildCommand>
```

[그림 26-2] .project 파일 변경

```
1  rootProject.name = 'Ex26_Security_LoginForm'
2
```

[그림 26-3] settings.gradle 파일 변경

26.1.2 프로젝트 임포트

이제, STS에서 프로젝트를 임포트한다. 패키지를 펼쳐서 이전 클래스의 이름으로 된 클래스를 선택하고, 클래스명도 변경해준다. 클래스를 선택하고 우클릭으로 팝업 메뉴를 띄우고 Refactor → Rename을 선택하여 Ex26SecurityLoginFormApplication으로 변경한다.

```
v 🗁 Ex26_Security_LoginForm [boot]
  v 🗁 src/main/java
    v ⊞ com.study.springboot
      > 🗋 Ex25SecurityApplication.java
      > 🗋 MyController.java
      > 🗋 ServletInitializer.java
    ⊞ com.study.springboot.auth
  > 🗁 src/main/resources
  > 🗁 src/test/java
  > 🗁 JRE System Library [JavaSE-1.8]
  > 🗁 Project and External Dependencies
```

```
v 🗁 Ex26_Security_LoginForm [boot]
  v 🗁 src/main/java
    v ⊞ com.study.springboot
      > 🗋 Ex26SecurityLoginFormApplication.java
      > 🗋 MyController.java
      > 🗋 ServletInitializer.java
    ⊞ com.study.springboot.auth
  > 🗁 src/main/resources
  > 🗁 src/test/java
  > 🗁 JRE System Library [JavaSE-1.8]
  > 🗁 Project and External Dependencies
```

[그림 26-4] 클래스 이름 변경 전   [그림 26-5] 클래스 이름 변경 후

26.1.3 커스텀 디자인 화면 추가

[그림 26-6]과 같이 폴더를 추가하고 로그인 폼으로 사용할 JSP와 에러를 보여줄 때 사용할 JSP 파일을 추가한다.

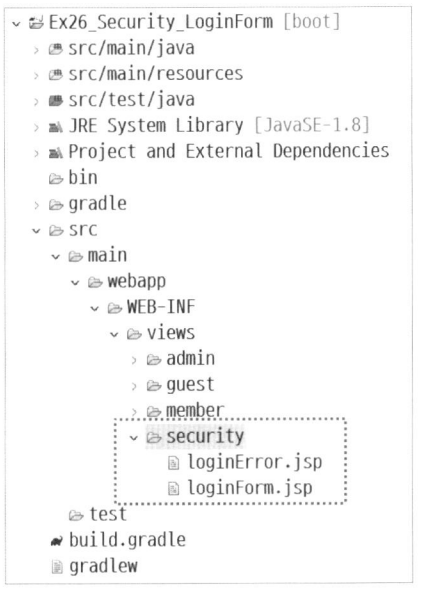

[그림 26-6] 커스텀 디자인 적용 파일 추가

다음은 로그인 폼을 구현한 JSP 파일이다. 기본으로 제공되는 것이 더 좋게 느껴질 수 있지만, 이는 나중에 디자인을 적용하면 해결되는 문제이다. 여기서 우리가 원하는 것은 변경이 필요할 때 수정할 수 있는 디자인의 자유도이다.

[코드 26-1] loginForm.jsp

```
01 <%@ page language="java" contentType="text/html; charset=UTF-8"
02     pageEncoding="UTF-8"%>
03 <%@ taglib uri="http://java.sun.com/jsp/jstl/core" prefix="c" %>
04 <!DOCTYPE html>
05 <html>
06 <head>
```

```
07 <meta http-equiv="Content-Type" content="text/html; charset=UTF-8">
08 <title>LoginForm</title>
09 </head>
10 <body>
11 <h1>loginForm.jsp</h1>
12
13 <form action="<c:url value="j_spring_security_check" />" method="post">
14     ID : <input type="text" name="j_username"> <br />
15     PW : <input type="text" name="j_password"> <br />
16     <input type="submit" value="LOGIN"> <br />
17 </form>
18
19 </body>
20 </html>
```

- 03라인: jstl을 사용하기 위해 태그 라이브러리를 추가한다.
- 13라인: 스프링에서 미리 정해져 있는 변수로 액션의 값을 제공한다.
- 14라인: 스프링 인증을 받을 때 사용할 사용자 이름의 값을 받을 태그 이름을 지정한다.
- 15라인: 스프링 인증을 받을 때 사용할 사용자 비밀번호의 값을 받을 태그 이름을 지정한다.

[코드 26-2] loginError.jsp

```
01 <%@ page language="java" contentType="text/html; charset=UTF-8"
02     pageEncoding="UTF-8"%>
03 <%@ taglib uri="http://java.sun.com/jsp/jstl/core" prefix="c" %>
04 <!DOCTYPE html>
05 <html>
06 <head>
07 <meta http-equiv="Content-Type" content="text/html; charset=UTF-8">
08 <title>LoginForm</title>
09 </head>
10 <body>
11 <h1>loginError.jsp</h1>
12
```

```
13 로그인 실패 <br><p>
14
15 <a href=loginForm>로그인 페이지로 가기</a>
16 </body>
17 </html>
```

- 03라인: jstl을 사용할 수도 있기 때문에 태그 라이브러리를 추가한다.

나중에 사용할지 몰라서 디자인을 위한 페이지를 만들었을 뿐, 현재는 어떤 에러의 출력도 하지 않았다.

26.1.4 스프링 시큐리티 설정 변경

이제 직접 제작한 로그인 폼 화면과 에러 출력 화면을 스프링 시큐리티와 연결해주기 위해 다음과 같이 WebSecurityConfig 클래스 파일을 수정한다.

[코드 26-3] WebSecurityConfig.java

```
01 package com.study.springboot.auth;
02
03 import org.springframework.beans.factory.annotation.Autowired;
04 import org.springframework.context.annotation.Bean;
05 import org.springframework.context.annotation.Configuration;
06 import org.springframework.security.config.annotation.authentication.
   builders.AuthenticationManagerBuilder;
07 import org.springframework.security.config.annotation.web.builders.
   HttpSecurity;
08 import org.springframework.security.config.annotation.web.configuration.
   EnableWebSecurity;
09 import org.springframework.security.config.annotation.web.configuration.
   WebSecurityConfigurerAdapter;
10 import org.springframework.security.crypto.bcrypt.BCryptPasswordEncoder;
11
12 @Configuration
13 @EnableWebSecurity
```

```java
14  public class WebSecurityConfig extends WebSecurityConfigurerAdapter {
15
16      @Override
17      protected void configure(HttpSecurity http) throws Exception {
18          http.authorizeRequests()
19                  .antMatchers("/").permitAll()
20                  .antMatchers("/css/**", "/js/**", "/img/**").permitAll()
21                  .antMatchers("/guest/**").permitAll()
22                  .antMatchers("/member/**").hasAnyRole("USER", "ADMIN")
23                  .antMatchers("/admin/**").hasRole("ADMIN")
24                  .anyRequest().authenticated();
25
26          http.formLogin()
27                  .loginPage("/loginForm")        // default : /login
28                  .loginProcessingUrl("/j_spring_security_check")
29                  .failureUrl("/loginError")      // default : /login?error
30                  //.defaultSuccessUrl("/")
31                  .usernameParameter("j_username") // default : j_username
32                  .passwordParameter("j_password") // default : j_password
33                  .permitAll();
34
35          http.logout()
36                  .logoutUrl("/logout")           // default
37                  .logoutSuccessUrl("/")
38                  .permitAll();
39
40          // ssl을 사용하지 않으면 true로 사용
41          http.csrf().disable();
42      }
43
44      @Autowired
45      public void configureGlobal(AuthenticationManagerBuilder auth) throws Exception {
46          auth.inMemoryAuthentication()
47              .withUser("user").password(passwordEncoder().encode("1234")).roles("USER")
48              .and()
49              .withUser("admin").password(passwordEncoder().encode("1234")).roles("ADMIN");
```

```
50      }
51
52      @Bean
53      public BCryptPasswordEncoder passwordEncoder() {
54          return new BCryptPasswordEncoder();
55      }
56  }
```

로그인 폼 설정에 27라인에서 32인까지가 추가되었다. 27라인에서는 로그인 폼의 url을 지정하고 29라인에서는 로그인이 실패할 때 호출될 url도 지정한다.

28라인의 설정은 스프링의 시큐리티 인증 url이다.

31라인, 32라인에서는 로그인 폼 JSP에서 지정한 변수명으로 파라미터명을 지정한다.

로그아웃의 경우에도 36라인에서 url을 지정해주었고, 37라인에서 로그아웃이 되면 리다이렉션 될 url도 지정한다.

13라인의 @EnableWebSecurity 어노테이션에 의해 CSRF 프로텍션이 활성화된다. 사이트 간 요청 위조(CSRF: Cross Site Request Forgery)는 개발 중에는 매우 불편한 기능으로 http에서 https에 대한 요청을 제출하는 등의 상황에서 잘못된 토큰 예외(403)를 발생시킨다. 그러므로 41라인처럼 개발 중에는 꺼놓자.

NOTE

사용자가 A 도메인의 서비스에 로그인하면 브라우저에 A 서비스의 로그인 관련 쿠키 정보가 남는다. 이후 헤더에 이 정보를 계속 포함시켜서 리퀘스트를 하게 되는데, 동일 브라우저에서 악의적인 코드가 있는 B 도메인의 서비스로 접속하게 되면 B 서비스의 페이지에서는 리퀘스트 헤더에서 이 정보를 얻을 수 있고, 이를 악용하여 A 서비스로 임의의 권한이 필요한 리퀘스트를 전송할 수 있게 된다.

CSRF(Cross-Site Request Forgery)는 이런 문제를 해결하기 위해 A 서비스에서 리스폰시 토큰(Token)을 발행하여 그 다음 리퀘스트에 발행된 토큰을 넣어서 리퀘스트하게 하고, 리퀘스트에 헤더에 이 토큰이 없는 경우 권한이 없는 요청으로 인식할 수 있도록 한다.

26.1.5 리퀘스트 맵핑 변경

리퀘스트 맵핑용 클래스로 사용되는 MyController 클래스를 다음과 같이 수정한다.

[코드 22-2] MyController.java

```
01 package com.study.springboot;
02
03 import org.springframework.stereotype.Controller;
04 import org.springframework.web.bind.annotation.RequestMapping;
05 import org.springframework.web.bind.annotation.ResponseBody;
06
07 @Controller
08 public class MyController {
09
10     @RequestMapping("/")
11     public @ResponseBody String root() throws Exception{
12         return "Security-LoginForm (2)";
13     }
14
15     @RequestMapping("/guest/welcome")
16     public String welcome1() {
17
18         return "guest/welcome1";
19     }
20
21     @RequestMapping("/member/welcome")
22     public String welcome2() {
23
24         return "member/welcome2";
25     }
26
27     @RequestMapping("/admin/welcome")
28     public String welcome3() {
29
30         return "admin/welcome3";
31     }
32
33     @RequestMapping("/loginForm")
```

```
34    public String loginForm() {
35
36        return "security/loginForm";
37    }
38
39    @RequestMapping("/loginError")
40    public String loginError() {
41
42        return "security/loginError";
43    }
44 }
```

- 12라인: 다른 예제와의 구분을 위해 리턴되는 값을 수정한다.
- 33라인: /loginForm 호출에 대한 리퀘스트 매핑을 추가한다.
- 39라인: /loginError 호출에 대한 리퀘스트 매핑을 추가한다.

26.1.6 테스트

[그림 26-7]의 [Boot Dashboard]에서 프로젝트를 선택하고 실행 아이콘을 클릭하여 실행한다.

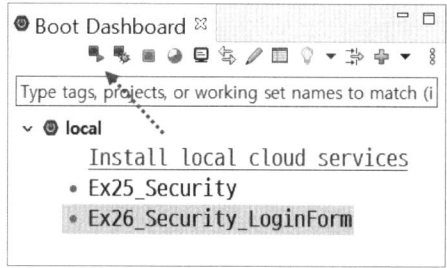

[그림 26-7] 프로젝트 실행

실행이 되고 http://localhost:8081/member/welcome 요청을 하면 시큐리티 설정에 의해 welcome2() 메서드가 바로 호출되지 않고 사용자 인증을 요구한다. 그리고 다음과 같이 우리가 작성한 입력 폼이 나오게 된다.

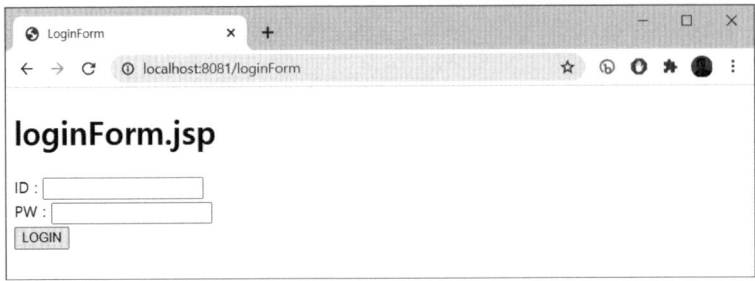

[그림 26-8] 시큐리티 커스텀 로그인 창

사용자 아이디에 user, 비밀번호로 1234를 입력하고 로그인하면 정상적으로 인증 처리되어 다음과 같은 화면이 나온다.

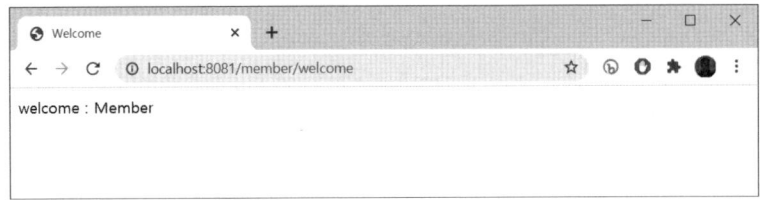

[그림 26-9] 시큐리티 인증 성공

주소창에 /logout을 입력하고 엔터를 치면 이전 예제는 로그인창으로 이동했지만, 이번에는 우리가 설정한 /로 리다이렉션되는 것을 확인할 수 있다. 이번에는 잘못된 비밀번호를 입력하여 일부러 에러를 발생시킨다.

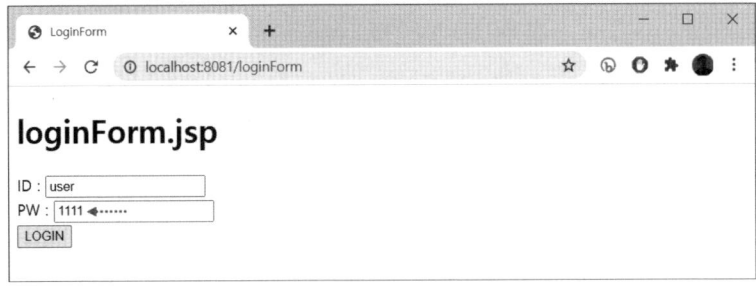

[그림 26-10] 시큐리티 인증 에러를 위한 잘못된 비밀번호 입력

[그림 26-11]과 같이 우리가 만든 커스텀 에러 출력창이 뜨는 것을 확인할 수 있다.

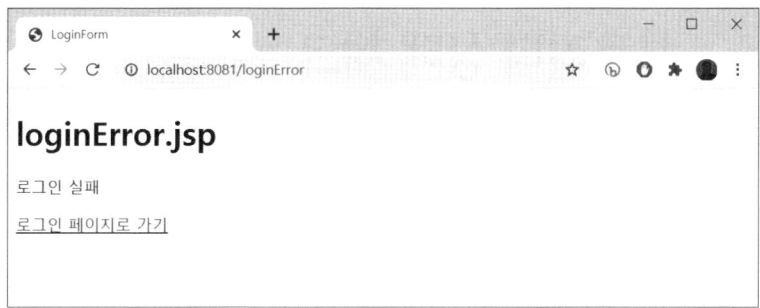

[그림 26-11] 시큐리티 커스텀 에러창

이로써 기본으로 제공되는 로그인 폼과 에러 출력 화면을 우리가 만든 커스텀 디자인 화면으로 변경했다. 이보다 더욱 세련된 화면은 디자이너의 몫이다.

27
시큐리티 상태 체크

> 27.1 스프링 시큐리티 상태 체크

사용자 인증에 관한 처리를 할 때 인증 거부 상황은 다양하게 발생한다. 앞의 예제에서는 다양한 인증 거부 상황에 모두 실패로 처리했다. 이번 예제에서는 인증 실패 시 왜 실패를 했는지 상태 메시지를 체크해서 상황별 에러 메시지를 보여주도록 하는 예제를 만든다.

27.1.1 프로젝트 복사하기

탐색기에서 Ex26_Security_LoginForm 프로젝트를 복사해서 붙여 넣고 Ex27_Security_StatusCheck 로 이름을 변경한다.

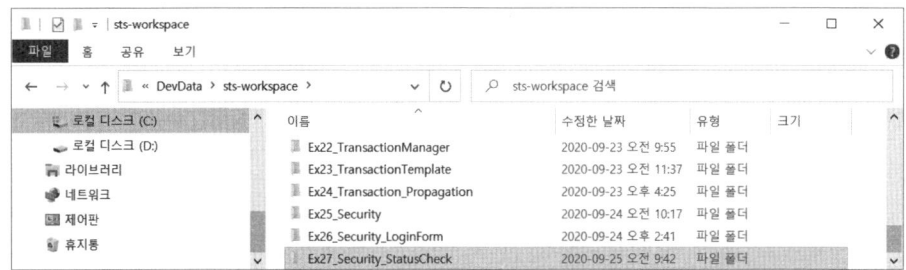

[그림 27-1] 프로젝트 폴더 복사 & 붙여 넣기

폴더로 들어가서 탐색기에서 .projects와 settings.gradle을 텍스트 에디터로 열어서 프로젝트명을 원하는 이름으로 변경하면 된다. 여기서는 Ex27_Security_StatusCheck로 변경한다. 다음 그림들에서 보듯이 세 군데를 수정하면 된다.

```
1  <?xml version="1.0" encoding="UTF-8"?>
2  <projectDescription>
3      <name>Ex27_Security_StatusCheck</name>
4      <comment>Project Ex27_Security_StatusCheck created by Buildship.</comment>
5      <projects>
6      </projects>
7      <buildSpec>
8          <buildCommand>
9              <name>org.eclipse.jdt.core.javabuilder</name>
10             <arguments>
11             </arguments>
12         </buildCommand>
```

[그림 27-2] .project 파일 변경

```
1  rootProject.name = 'Ex27_Security_StatusCheck'
2
```

[그림 27-3] settings.gradle 파일 변경

27.1.2 프로젝트 임포트

이제 STS에서 프로젝트를 임포트한다. 패키지를 펼쳐서 이전 클래스의 이름으로 된 클래스를 선택하고, 클래스명도 변경해준다. 클래스를 선택하고 우클릭으로 팝업 메뉴를 띄우고 Refactor → Rename을 선택하여 Ex27SecurityStatusCheckApplication으로 변경한다.

[그림 27-4] 클래스 이름 변경 전

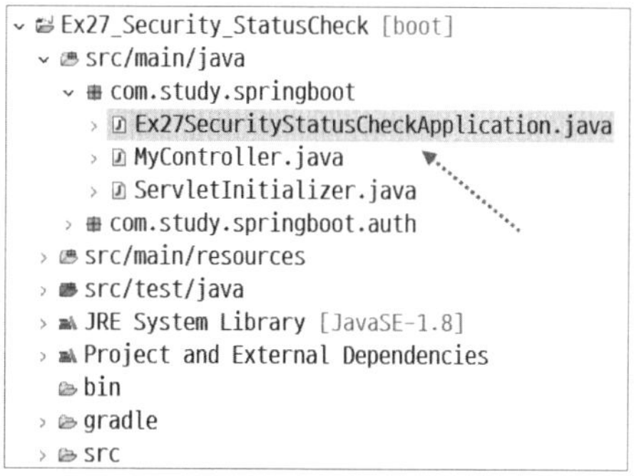

[그림 27-5] 클래스 이름 변경 후

27.1.3 에러 처리 - 뷰 수정, 클래스 추가

이번 예제에서는 에러 발생시 에러 페이지로 바로 보내지 않고, 로그인 페이지로 다시 보내면서 로그인 페이지에서 에러 내용을 보여줄 것이다. 그러므로 이제 필요 없어진 에러를 보여주던 loginError.jsp를 삭제한다.

```
v ⊜ Ex27_Security_StatusCheck [boot]
  > ⊜ src/main/java
  > ⊜ src/main/resources
  > ⊜ src/test/java
  > ⊜ JRE System Library [JavaSE-1.8]
  > ⊜ Project and External Dependencies
    ⊜ bin
  > ⊜ gradle
  v ⊜ src
    v ⊜ main
      v ⊜ webapp
        v ⊜ WEB-INF
          v ⊜ views
            > ⊜ admin
            > ⊜ guest
            > ⊜ member
            v ⊜ security
                 ▫ loginForm.jsp
    ⊜ test
```

[그림 27-6] 뷰 파일 삭제

MyController.java 파일을 열고 root() 메서드에서 리턴하는 스트링값을 수정을 하고, 방금 삭제한 loginError.jsp 페이지를 보여주던 리퀘스트 맵핑을 MyController 클래스에서 제거한다. 39라인에서 43라인까지의 loginError() 메서드를 삭제하면 된다.

```
10  @RequestMapping("/")
11  public @ResponseBody String root() throws Exception{
12      return "Security-StatusCheck (3)";
13  }
14
```

```
38
39  @RequestMapping("/loginError")
40  public String loginError() {
41
42      return "security/loginError";
43  }
44 }
```

[그림 27-7] MyController.java 수정

이제, WebSecurityConfig.java 파일을 열고 다음과 같이 수정한다.

```
26          http.formLogin()
27              .loginPage("/loginForm")                        // default : /login
28              .loginProcessingUrl("/j_spring_security_check")
29              .failureUrl("/loginForm?error")                 // default : /login?error
30              //.defaultSuccessUrl("/")
31              .usernameParameter("j_username")                // default : j_username
32              .passwordParameter("j_password")                // default : j_password
33              .permitAll();
```

[그림 27-8] WebSecurityConfig.java - 29라인: 에러시 처리 Url 변경

이전에는 에러가 나면 /loginError로 url을 호출했지만, 이제는 /loginForm?error로 url을 호출하게 된다. 다시 말해, 로그인 페이지를 다시 부르는데 뒤에 파라미터를 붙여 호출하게 되는 것이다. 즉, 이것으로 구분을 하려는 것이다. 최초 로그인이면 뒤에 파라미터가 없이 로그인 페이지의 url을 호출하고, 로그인 처리 후 에러가 발생한 경우라면 파라미터를 붙여 로그인 페이지의 url을 다시 호출하게 하는 것이다. 이제 로그인 폼에서 이 둘을 구분하여 출력하도록 코드를 다음과 같이 수정한다.

[코드 27-1] loginForm.jsp

```
01 <%@ page language="java" contentType="text/html; charset=UTF-8"
02     pageEncoding="UTF-8"%>
03 <%@ taglib uri="http://java.sun.com/jsp/jstl/core" prefix="c" %>
04 <!DOCTYPE html>
05 <html>
06 <head>
07 <meta http-equiv="Content-Type" content="text/html; charset=UTF-8">
08 <title>LoginForm</title>
09 </head>
10 <body>
11 <h1>loginForm.jsp</h1>
12
13 <c:url value="j_spring_security_check" var="loginUrl"/>
14 <form action="${loginUrl}" method="post">
15     <c:if test="${param.error != null}">
```

```
16      <p>
17          Login Error! <br />
18          ${error_message}
19      </p>
20      </c:if>
21      ID : <input type="text" name="j_username" value="${username}"> <br />
22      PW : <input type="text" name="j_password"> <br />
23      <input type="submit" value="LOGIN"> <br />
24  </form>
25
26  </body>
27  </html>
```

- 03라인: jstl을 사용하기 위해 태그 라이브러리를 추가한다.
- 13라인: jsdtl을 이용하여 loginUrl이라는 변수 선언을 하고 값을 지정했다.
- 14라인: 13라인에서 만든 변수를 사용하여 액션에 값을 지정했다.

13라인, 14라인은 jstl을 단지 사용해 본 것이다. 크게 의미는 없다. 15라인에서 20라인까지의 코드가 추가되었다. 파라미터의 값을 체크하거나 비교하는 것이 아니라, error라는 파라미터 자체가 있다면 에러 메시지를 보여주는 코드이다. 그리고 18라인의 error_message 변수에는 아직 에러 내용을 추가해 주지 않았기 때문에 내용은 출력되지 않는다. 현재까진 여기에 에러를 출력할 것이라고 자리만 잡아놓은 상태라고 보면 된다.

27.1.4 테스트

[그림 27-9]의 [Boot Dashboard]에서 프로젝트를 선택하고 실행 아이콘을 클릭하여 실행한다.

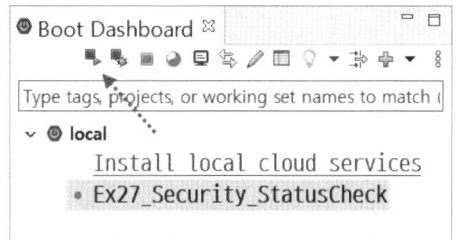

[그림 27-9] 프로젝트 실행

실행되고 http://localhost:8081/member/welcome 요청을 하면, 시큐리티 설정에 의해 welcome2() 메서드가 바로 호출되지 않고 사용자 인증을 요구한다. 그리고 다음과 같이 우리가 작성한 입력 폼이 나오게 된다.

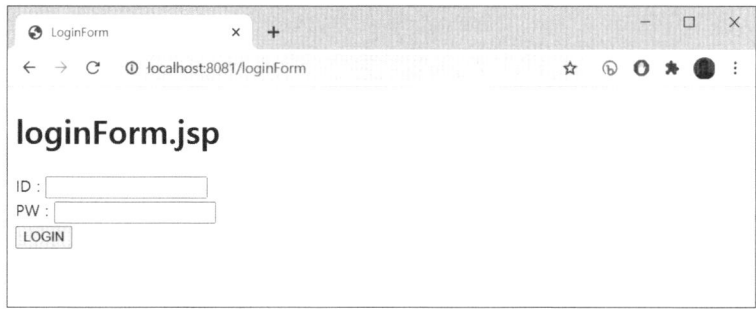

[그림 27-10] http://localhost:8081/member/welcome - 사용자 인증

정상적으로 로그인을 해보고 주소창에 /logout을 입력하여 로그아웃까지 테스트한다. 정상적으로 잘 동작하는 것을 확인했다면 다시 http://localhost:8081/member/welcome 요청하여 로그인 입력 폼이 나오게 한다. 이번에는 잘못된 비밀번호를 입력하여 로그인 에러 처리를 발생시킨다. 사용자 아이디에 user, 비밀번호에 1111을 입력한다.

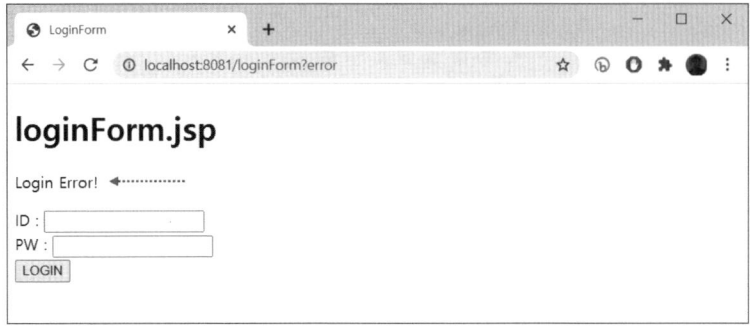

[그림 27-11] http://localhost:8081/loginForm?error - 사용자 인증 실패 시 화면

사용자 인증 처리 시 에러가 발생하면 로그인 페이지로 다시 돌아오는 것을 확인했고, 에러가 있다는 표시까지 출력되는 것을 확인했다. 이제 다시 정상적으로 입력해보자.

[그림 27-12] http://localhost:8081/member/welcome - 사용자 인증 성공

중간에 에러가 발생해서 주소창의 주소가 바뀌었지만, 다시 정상적으로 로그인을 하니 원래 목적했던 url로 들어온 것을 확인할 수 있다.

 NOTE

이 부분도 우리가 직접 코드를 작성한다면 꽤나 수고로운 부분이다. 원래 주소를 세션 등에 보관을 하고 로그인 처리와 에러 처리를 한 후 다시 세션에서 꺼내 원래 주소로 보내줘야 하기 때문이다. 스프링 시큐리티를 사용하면 이런 귀찮은 작업을 하지 않아도 된다.

27.2 시큐리티 상태 값을 이용한 에러 메시지 출력

27.2.1 사용자 정의 클래스 추가

사용자 인증 실패 시의 여러 가지 상황에 따른 에러 메시지를 구분해서 출력을 한다거나, 로그인 실패 횟수를 기록해서 몇 회 이상이면 일정 시간 더 이상 로그인 시도를 못하게 막는 등의 처리를 하기 위해서는 사용자 정의 클래스를 이용하여 에러 처리를 해주어야 한다. 에러 처리를 하기 위해 [그림 27-11]과 같이 CustomAuthenticationFailureHandler 클래스를 만들어 추가한다.

[그림 27-13] 에러 핸들링 클래스 추가

코드는 다음과 같이 작성한다.

[코드 27-2] CustomAuthenticationFailureHandler.java

```
01 package com.study.springboot.auth;
02
03 import java.io.IOException;
04
05 import javax.servlet.ServletException;
```

```java
06 import javax.servlet.http.HttpServletRequest;
07 import javax.servlet.http.HttpServletResponse;
08
09 import org.springframework.context.annotation.Configuration;
10 import org.springframework.security.authentication.BadCredentialsException;
11 import org.springframework.security.authentication.CredentialsExpiredException;
12 import org.springframework.security.authentication.DisabledException;
13 import org.springframework.security.authentication.InternalAuthenticationServiceException;
14 import org.springframework.security.core.AuthenticationException;
15 import org.springframework.security.web.authentication.AuthenticationFailureHandler;
16
17 @Configuration
18 public class CustomAuthenticationFailureHandler implements AuthenticationFailureHandler {
19
20     @Override
21     public void onAuthenticationFailure(HttpServletRequest request,
22                                         HttpServletResponse response,
23                                         AuthenticationException exception)
24     throws IOException, ServletException
25     {
26         String loginid = request.getParameter("j_username");
27         String errormsg = "";
28
29         if (exception instanceof BadCredentialsException) {
30             loginFailureCount(loginid);
31             errormsg = "아이디나 비밀번호가 맞지 않습니다. 다시 확인해주세요.";
32         } else if (exception instanceof InternalAuthenticationServiceException) {
33             loginFailureCount(loginid);
34             errormsg = "아이디나 비밀번호가 맞지 않습니다. 다시 확인해주세요.";
35         } else if (exception instanceof DisabledException) {
36             errormsg = "계정이 비활성화되었습니다. 관리자에게 문의하세요.";
37         } else if (exception instanceof CredentialsExpiredException) {
38             errormsg = "비밀번호 유효기간이 만료 되었습니다. 관리자에게 문의하세요.";
```

```
39        }
40
41        request.setAttribute("username", loginid);
42        request.setAttribute("error_message", errormsg);
43
44        request.getRequestDispatcher("/loginForm?error=true").forward
          (request, response);
45     }
46
47     // 비밀번호를 3번 이상 틀릴 시 계정 잠금 처리
48     protected void loginFailureCount(String username) {
49         /*
50         // 틀린 횟수 업데이트
51         userDao.countFailure(username);
52         // 틀린 횟수 조회
53         int cnt = userDao.checkFailureCount(username);
54         if(cnt==3) {
55             // 계정 잠금 처리
56             userDao.disabledUsername(username);
57         }
58         */
59     }
60
61 }
```

- 임포트는 키보드에서 Ctrl + Shift + O 키를 동시에 누르면 쉽게 선택하여 추가할 수 있다.
- 26라인: 리퀘스트에서 getParameter() 메서드로 폼 데이터의 값을 구해와 변수에 저장한다.

스프링 시큐리티 인증 처리를 할 때 이 사용자 정의 클래스를 사용할 수 있도록 지정하면 인증 실패 시 21라인의 메서드가 호출된다.

26라인에서는 리퀘스트에서 getParameter() 메서드로 폼 데이터의 값을 구해와 변수에 저장한다.

29라인부터 39라인까지 에러 내용을 비교하여 해당 에러에 대한 한글 메시지를 작성한다. 29라인과 32라인의 영문 에러 메시지는 다른데 한글 메시지는 같게 처리한 것은 너무 자세한 정보를 주면 해커한테 유리한 정보를 줄 수 있기 때문에 두루 뭉실한 정보를 제공하기 위해서이다.

21라인에서 리퀘스트를 후킹하여, 메서드에서 필요한 체크를 하고, 41라인과 42라인에서 다시 리퀘스트에 세팅을 하고, 44라인에서 리퀘스트 디스패쳐를 통해 포워딩시키고 있다.

30라인에서는 로그인 실패 시마다 횟수를 체크하는 메서드를 호출하고 있다. 이 메서드는 간단히 슈도 코딩으로 이런 일을 할 것이라고 의도만 표시해 놓았고 주석 처리되어 있으므로 실제로 동작을 하지는 않는다. 단순히 에러 메시지를 구분해서 보여주는 것보다는 이런 비즈니스 로직을 구현하는 것이 이 사용자 정의 클래스를 사용하는 진정한 목적일 것이다.

27.2.2 사용자 정의 클래스를 사용하기 위해 설정 변경

이제 사용자 정의 클래스를 사용하기 위해 WebSecurityConfig클래스의 코드를 다음과 같이 변경한다.

[코드 27-3] CustomAuthenticationFailureHandler.java

```
01 package com.study.springboot.auth;
02
03 import org.springframework.beans.factory.annotation.Autowired;
04 import org.springframework.context.annotation.Bean;
05 import org.springframework.context.annotation.Configuration;
06 import org.springframework.security.config.annotation.authentication.
   builders.AuthenticationManagerBuilder;
07 import org.springframework.security.config.annotation.web.builders.
   HttpSecurity;
```

```
08  import org.springframework.security.config.annotation.web.configuration.
    EnableWebSecurity;
09  import org.springframework.security.config.annotation.web.configuration.
    WebSecurityConfigurerAdapter;
10  import org.springframework.security.crypto.bcrypt.BCryptPasswordEncoder;
11  import org.springframework.security.web.authentication.Authentication
    FailureHandler;
12
13  @Configuration
14  @EnableWebSecurity
15  public class WebSecurityConfig extends WebSecurityConfigurerAdapter {
16
17      @Autowired
18      public AuthenticationFailureHandler authenticationFailureHandler;
19
20      @Override
21      protected void configure(HttpSecurity http) throws Exception {
22          http.authorizeRequests()
23                  .antMatchers("/").permitAll()
24                  .antMatchers("/css/**", "/js/**", "/img/**").permitAll()
25                  .antMatchers("/guest/**").permitAll()
26                  .antMatchers("/member/**").hasAnyRole("USER", "ADMIN")
27                  .antMatchers("/admin/**").hasRole("ADMIN")
28                  .anyRequest().authenticated();
29
30          http.formLogin()
31                  .loginPage("/loginForm")            // default : /login
32                  .loginProcessingUrl("/j_spring_security_check")
33                  //.failureUrl("/loginForm?error")   // default : /login?error
34                  .failureHandler(authenticationFailureHandler)
35                  //.defaultSuccessUrl("/")
36                  .usernameParameter("j_username")    // default : j_username
37                  .passwordParameter("j_password")    // default : j_password
38                  .permitAll();
39  … 생략 …
```

- 임포트는 키보드에서 Ctrl + Shift + O 키를 동시에 누르면 쉽게 선택하여 추가할 수 있다.

- 18라인: 우리가 만든 클래스를 이용한 변수를 선언한다.
- 17라인: 어노테이션을 이용하여 자동 주입 설정을 한다.
- 33라인: 기존 코드는 주석 처리한다.
- 34라인: 우리가 만든 클래스로 에러 처리를 한다고 지정한다.

27.2.3 뷰 페이지 변경

이제 로그인 상태와 로그인하지 않은 상태를 구분하기 위해 뷰 페이지를 다음과 같이 변경한다.

[코드 27-4] welcome2.jsp

```
01 <%@ page language="java" contentType="text/html; charset=UTF-8"
02     pageEncoding="UTF-8"%>
03 <%@ taglib uri="http://java.sun.com/jsp/jstl/core" prefix="c" %>
04 <!DOCTYPE html>
05 <html>
06 <head>
07 <meta http-equiv="Content-Type" content="text/html; charset=UTF-8">
08 <title>Welcome</title>
09 </head>
10 <body>
11 welcome : Member
12
13 <hr>
14
15 <c:if test="${not empty pageContext.request.userPrincipal }">
16 <p> is Log-In</p>
17 </c:if>
18
19 <c:if test="${empty pageContext.request.userPrincipal }">
20 <p> is Log-Out</p>
21 </c:if>
22
```

```
23 USER ID : ${pageContext.request.userPrincipal.name}<br/>
24 <a href="/logout">Log Out</a> <br />
25
26 </body>
27 </html>
```

- 03라인: jstl을 사용하기 위해 태그 라이브러리를 추가한다.
- 15라인: 로그인 상태라면 request.userPrincipal에 사용자의 로그인 정보가 들어 있다.
- 23라인: usernameParameter에 들어온 값을 출력해 주고 있다.

19라인부터 21라인까지는 코드를 추가하긴 했지만, 불리지는 않는다. 사용자 인증이 되지 않으면 이 페이지는 어차피 출력되지 않기 때문이다. 15라인에서 17라인까지의 코드와 비교를 하고 이해를 돕기 위해 추가한 것일 뿐이다.

[코드 27-5] welcome3.jsp

```
01 <%@ page language="java" contentType="text/html; charset=UTF-8"
02     pageEncoding="UTF-8"%>
03 <%@ taglib uri="http://java.sun.com/jsp/jstl/core" prefix="c" %>
04 <!DOCTYPE html>
05 <html>
06 <head>
07 <meta http-equiv="Content-Type" content="text/html; charset=UTF-8">
08 <title>Welcome</title>
09 </head>
10 <body>
11 welcome : Admin
12
13 <hr>
14
15 <c:if test="${not empty pageContext.request.userPrincipal }">
16 <p> is Log-In</p>
17 </c:if>
18
```

```
19  <c:if test="${empty pageContext.request.userPrincipal }">
20    <p> is Log-Out</p>
21  </c:if>
22
23  USER ID : ${pageContext.request.userPrincipal.name}<br/>
24  <a href="/logout">Log Out</a> <br />
25
26  </body>
27  </html>
```

welcome2.jsp와 동일하다. 11라인의 내용 표시만 다를 뿐이다.

27.2.4 테스트

[그림 27-14]의 [Boot Dashboard]에서 프로젝트를 선택하고 실행 아이콘을 클릭하여 다시 실행한다.

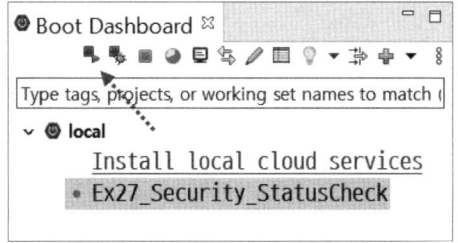

[그림 27-14] 프로젝트 실행

실행이 되고 http://localhost:8081/member/welcome 요청을 하면, 시큐리티 설정에 의해 welcome2() 메서드가 바로 호출되지 않고 사용자 인증을 요구한다. 그리고 다음과 같이 우리가 작성한 입력 폼이 나오게 된다. 여기서 사용자 아이디로 user, 비밀번호로 1111을 입력하여 일부러 사용자 인증 실패를 만들어보자.

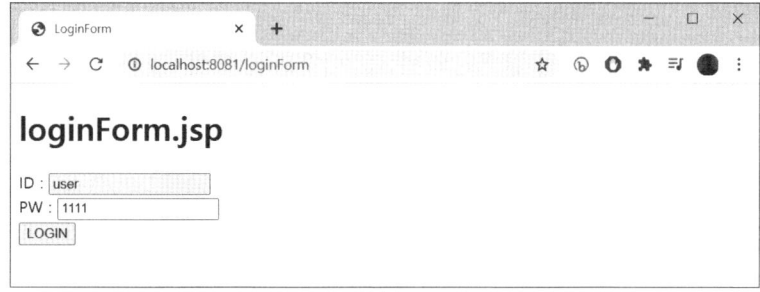

[그림 27-15] 사용자 인증 실패를 위한 정보 입력

[로그인] 버튼을 클릭하면 [그림 27-16]과 같이 다시 로그인 페이지가 나오는데, 이제는 에러 표시와 함께 에러 메시지도 출력되고 있는 것을 확인할 수 있다.

[그림 27-16] 사용자 인증 실패 에러 메시지 출력

이제 비밀번호에 1234를 입력하고, [로그인] 버튼을 클릭하여 정상적으로 로그인한다.

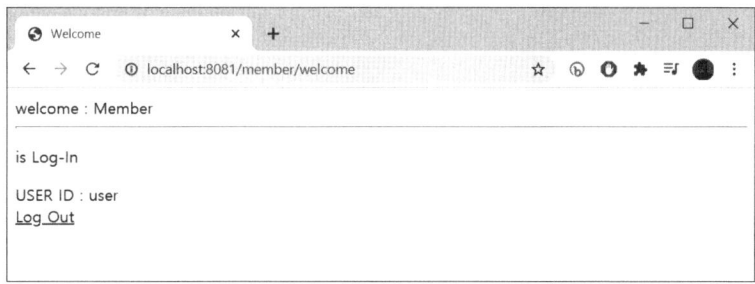

[그림 27-17] 사용자 인증 성공

뷰에 사용자 인증 상태에 따라 구분하여 작성한 코드에 따라 결과 화면이 출력된 것을 확인할 수 있다. 이제 링크를 클릭만 하면 로그아웃도 쉽게 할 수 있다. 여기까지 사용자 정의 클래스를 이용하여 시프링 시큐리티의 에러 핸들링 방법을 살펴보았다.

28 시큐리티 태그 라이브러리 사용하기

28.1 JSTL

앞서 이미 JSTL(JSP Standard Tag Library)을 많이 사용했지만, 이번 장에서 다시 한 번 간단히 정리해보도록 한다. Html에서 기본적으로 제공되는 것이 아닌 자신이 추가한 태그를 커스텀 태그라고 하는데, JSP를 작성할 때도 자주 사용되는 자바 코드를 커스텀 태그를 이용해서 태그 형태로 만들어서 사용하는 것들이 있다. 이렇게 JSP 안에서 사용할 수 있는 커스텀 태그 라이브러리들을 표준화한 것을 JSTL이라고 한다. 이를 사용하기 위해서는 별도의 라이브러리를 프로젝트에 추가해야 하는데, 우리는 이미 다음과 같이 build.gradle에 추가해서 사용하고 있었다.

```
22 dependencies {
23     implementation 'org.springframework.boot:spring-boot-starter-security'
24     implementation 'org.springframework.boot:spring-boot-starter-web'
25     compileOnly 'org.projectlombok:lombok'
26     annotationProcessor 'org.projectlombok:lombok'
27     providedRuntime 'org.springframework.boot:spring-boot-starter-tomcat'
28     testImplementation('org.springframework.boot:spring-boot-starter-test') {
29         exclude group: 'org.junit.vintage', module: 'junit-vintage-engine'
30     }
31     testImplementation 'org.springframework.security:spring-security-test'
32     implementation 'javax.servlet:jstl'  ◄··········
33     implementation 'org.apache.tomcat.embed:tomcat-embed-jasper'
34 }
```

[그림 28-1] JSTL 사용 설정

스프링 시큐리티 관련하여 사용할 수 있는 태그 라이브러리도 있는데, 이 내용은 이미 추가한 라이브러리에는 포함되어 있지 않기에 별도로 추가해 주어야 사용할 수 있다.

28.2 스프링 시큐리티 태그 라이브러리 사용하기

이번 예제는 스프링 시큐리티용 태그 라이브러리를 세팅해서, JSP에서 JSTL로 사용할 수 있도록 하는 내용이다. 이번 예제는 별도로 만들기엔 내용이 좀 적을 수도 있다. 하지만 예제 하나당 개념 하나씩 만들어왔기에 다른 예제에 섞이지 않게 하기 위해서 내용이 짧아도 별도의 예제로 구현한다.

28.2.1 프로젝트 복사하기

탐색기에서 Ex27_Security_StatusCheck 프로젝트를 복사해서 붙여 넣고 Ex28_Security_taglibs로 이름을 변경한다.

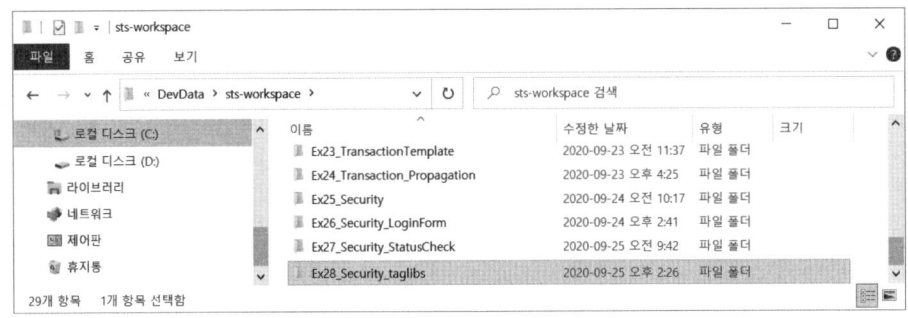

[그림 28-2] 프로젝트 폴더 복사 & 붙여 넣기

폴더로 들어가서 탐색기에서 .projects와 settings.gradle을 텍스트 에디터로 열어서 프로젝트명을 원하는 이름으로 변경하면 된다. 여기서는 Ex28_Security_taglibs 로 변경한다. 다음 그림들에서 보듯이 세 군데를 수정하면 된다.

```
1  <?xml version="1.0" encoding="UTF-8"?>
2  <projectDescription>
3      <name>Ex28_Security_taglibs</name>
4      <comment>Project Ex28_Security_taglibs created by Buildship.</comment>
5      <projects>
6      </projects>
7      <buildSpec>
8          <buildCommand>
9              <name>org.eclipse.jdt.core.javabuilder</name>
10             <arguments>
11             </arguments>
12         </buildCommand>
```

[그림 28-3] .project 파일 변경

```
1  rootProject.name = 'Ex28_Security_taglibs'
2
```

[그림 28-4] settings.gradle 파일 변경

28.2.2 프로젝트 임포트

이제, STS에서 프로젝트를 임포트한다. 패키지를 펼쳐서 이전 클래스의 이름으로 된 클래스를 선택하고, 클래스명도 변경해준다. 클래스를 선택하고 우클릭으로 팝업 메뉴를 띄우고 Refactor → Rename을 선택하여 Ex28SecurityTaglibsApplication으로 변경한다.

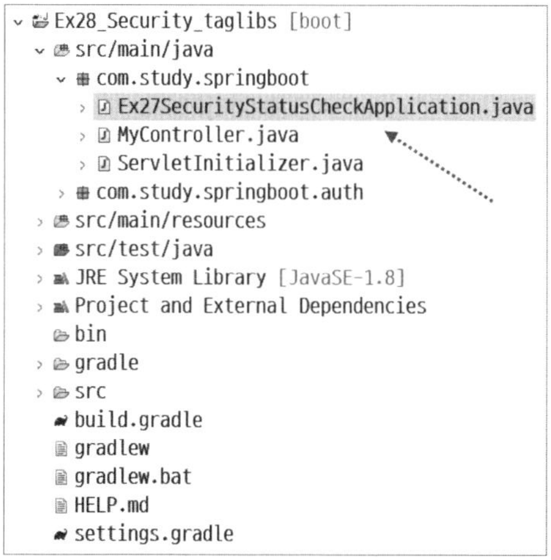

[그림 28-5] 클래스 이름 변경 전

[그림 28-6] 클래스 이름 변경 후

28.2.3 build.gradle 에 디펜던시 추가

스프링 부트는 기본적으로 JSP를 지원하지 않기에 추가적인 세팅을 했다. 그리고 스프링 시큐리티 관련 JSTL도 이런 JSP에서 사용할 태그 라이브러리이기 때문에 수작업으로 추가하고 모듈을 다운로드해야 한다. 다음의 코드에서 34라인을 보면서 build.gradle에 내용을 추가한다.

```
22 dependencies {
23     implementation 'org.springframework.boot:spring-boot-starter-security'
24     implementation 'org.springframework.boot:spring-boot-starter-web'
25     compileOnly 'org.projectlombok:lombok'
26     annotationProcessor 'org.projectlombok:lombok'
27     providedRuntime 'org.springframework.boot:spring-boot-starter-tomcat'
28     testImplementation('org.springframework.boot:spring-boot-starter-test') {
29         exclude group: 'org.junit.vintage', module: 'junit-vintage-engine'
30     }
31     testImplementation 'org.springframework.security:spring-security-test'
32     implementation 'javax.servlet:jstl'
33     implementation 'org.apache.tomcat.embed:tomcat-embed-jasper'
34     implementation 'org.springframework.security:spring-security-taglibs'
35 }
```

[그림 28-7] build.gradle - 디펜던시 추가

또한 Gradle → Gradle Project Refresh를 반드시 수행한다. 그렇게 해야 프로젝트에 변경 내용이 적용된다.

28.2.4 뷰에 태그 라이브러리 적용

이제, 스프링 시큐리티 관련 태그 라이브러리를 JSP에 각각 다음과 같이 적용한다.

[코드 27-1] welcome2.jsp

```
01 <%@ page language="java" contentType="text/html; charset=UTF-8"
02     pageEncoding="UTF-8"%>
03 <%@ taglib uri="http://java.sun.com/jsp/jstl/core" prefix="c" %>
04 <%@ taglib uri="http://www.springframework.org/security/tags" prefix=
    "sec" %>
05 <!DOCTYPE html>
```

```
06 <html>
07 <head>
08 <meta http-equiv="Content-Type" content="text/html; charset=UTF-8">
09 <title>Welcome</title>
10 </head>
11 <body>
12 welcome : Member
13
14 <hr>
15
16 <%-- <c:if test="${not empty pageContext.request.userPrincipal }">
17 <p> is Log-In</p>
18 </c:if>
19
20 <c:if test="${empty pageContext.request.userPrincipal }">
21 <p> is Log-Out</p>
22 </c:if> --%>
23
24 <sec:authorize access="isAuthenticated()">
25 <p> Log-In</p>
26 </sec:authorize>
27
28 <sec:authorize access="!isAuthenticated()">
29 <p> Log-Out</p>
30 </sec:authorize>
31
32 <%-- USER ID : ${pageContext.request.userPrincipal.name}<br/> --%>
33 USER ID : <sec:authentication property="name"/><br/>
34
35 <c:url value="/logout" var="logoutUrl" />
36 <a href="${logoutUrl}">Log Out</a> <br />
37
38 </body>
39 </html>
```

- 03라인: jstl을 사용하기 위해 태그 라이브러리를 추가한다.
- 04라인: 스프링 시큐리티 관련 태그 라이브러리를 추가한다.

- 16라인에서 22라인까지 주석 처리한다.
- 16라인에서 18라인까지의 체크 코드를 태그 라이브러리를 사용하여 24라인에서 26라인처럼 사용할 수 있다.
- 20라인에서 22라인까지의 체크 코드를 태그 라이브러리를 사용하여 28라인에서 30라인처럼 사용할 수 있다.
- 32라인을 태그 라이브러리를 사용하여 33라인처럼 사용할 수 있다.

[코드 27-2] welcome3.jsp

```jsp
01 <%@ page language="java" contentType="text/html; charset=UTF-8"
02     pageEncoding="UTF-8"%>
03 <%@ taglib uri="http://java.sun.com/jsp/jstl/core" prefix="c" %>
04 <%@ taglib uri="http://www.springframework.org/security/tags" prefix=
   "sec" %>
05 <!DOCTYPE html>
06 <html>
07 <head>
08 <meta http-equiv="Content-Type" content="text/html; charset=UTF-8">
09 <title>Welcome</title>
10 </head>
11 <body>
12 welcome : Admin
13
14 <hr>
15
16 <%-- <c:if test="${not empty pageContext.request.userPrincipal }">
17 <p> is Log-In</p>
18 </c:if>
19
20 <c:if test="${empty pageContext.request.userPrincipal }">
21 <p> is Log-Out</p>
22 </c:if> --%>
23
24 <sec:authorize access="isAuthenticated()">
25 <p> Log-In</p>
26 </sec:authorize>
```

```
27
28 <sec:authorize access="!isAuthenticated()">
29 <p> Log-Out</p>
30 </sec:authorize>
31
32 <%-- USER ID : ${pageContext.request.userPrincipal.name}<br/> --%>
33 USER ID : <sec:authentication property="name"/><br/>
34
35 <c:url value="/logout" var="logoutUrl" />
36 <a href="${logoutUrl}">Log Out</a> <br />
37
38 </body>
39 </html>
```

welcome2.jsp와 동일하다. 12라인의 내용 표시만 다를 뿐이다.

28.2.5 테스트

[그림 28-8]의 [Boot Dashboard]에서 프로젝트를 선택하고 실행 아이콘을 클릭하여 실행한다.

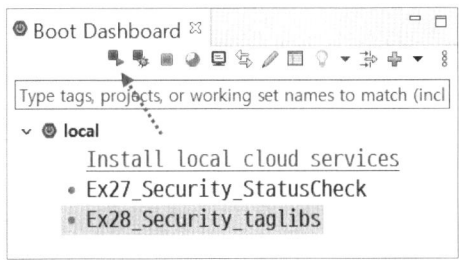

[그림 28-8] 프로젝트 실행

실행이 되면 http://localhost:8081/member/welcome 요청을 하고, 사용자 인증에서 정상적으로 로그인 처리를 한다.

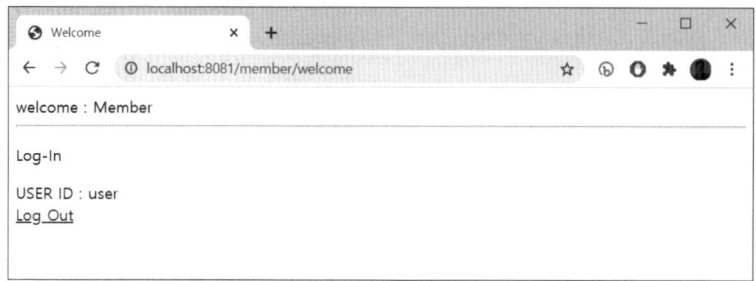

[그림 27-9] http://localhost:8081/member/welcome - 사용자 인증 후 화면

사용자 인증이 정상적으로 처리되었을 때 이런 화면이 나온다면 스프링 시큐리티 관련하여 조건문 처리 등 추가한 태그 라이브러리가 잘 동작한 것이다.

29
시큐리티 데이터베이스 사용하기

29.1 데이터베이스 테이블 생성

스프링 시큐리티를 이용하여 데이터베이스의 테이블에서 사용자를 조회하기 위해서 먼저 사용자 인증에 필요한 회원 테이블을 만들고 회원 데이터를 다음과 같이 추가하도록 한다.

[코드 29-1] 테이블 생성

```
01 create table user_list (
02     name varchar2(20) primary key,
03     password varchar2(100),
04     authority varchar(20),
05     enabled number(1)
06 );
07
08 insert into user_list values ('user', '암호화된 패스워드', 'ROLE_USER', 1);
09 insert into user_list values ('admin', '암호화된 패스워드', 'ROLE_ADMIN', 1);
10 commit;
```

비밀번호는 암호화를 해서 넣을 것이기 때문에 필드의 값의 크기를 넉넉하게 100으로 설정했다. 지금은 일단 위와 같이 데이터를 추가하고, 잠시 후 코드에서 암호화된 값을 구해서 업데이트한다. 역할의 경우 코드상 "USER"로 사용하려면 데이터베이스에는 "ROLE_USER"로 등록해야 한다.

29.2 시큐리티에서 데이터베이스 사용하는 예제 만들기

29.2.1 프로젝트 복사하기

탐색기에서 Ex28_Security_taglibs 프로젝트를 복사해서 붙여 넣고 Ex29_Security_Database로 이름을 변경한다.

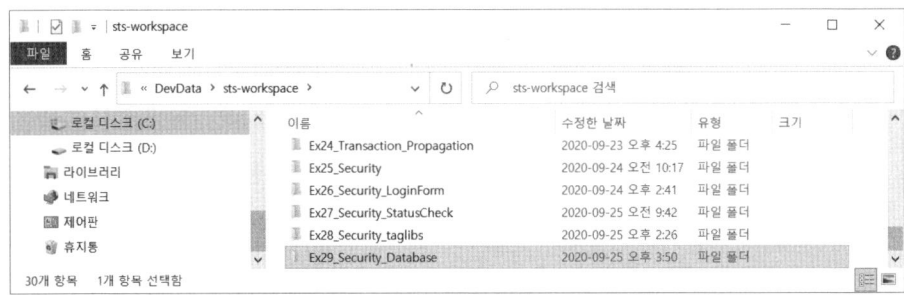

[그림 29-1] 프로젝트 폴더 복사 & 붙여 넣기

폴더로 들어가서 탐색기에서 .projects와 settings.gradle 을 텍스트 에디터로 열어서 프로젝트명을 원하는 이름으로 변경하면 된다. 여기서는 Ex29_Security_Database로 변경한다. 다음 그림들에서 보듯이 세 군데를 수정하면 된다.

```
 1  <?xml version="1.0" encoding="UTF-8"?>
 2  <projectDescription>
 3      <name>Ex29_Security_Database</name>
 4      <comment>Project Ex29_Security_Database created by Buildship.</comment>
 5      <projects>
 6      </projects>
 7      <buildSpec>
 8          <buildCommand>
 9              <name>org.eclipse.jdt.core.javabuilder</name>
10              <arguments>
11              </arguments>
12          </buildCommand>
```

[그림 29-2] .project 파일 변경

```
1  rootProject.name = 'Ex29_Security_Database'
2
```

[그림 29-3] settings.gradle 파일 변경

29.2.2 프로젝트 임포트

이제 STS에서 프로젝트를 임포트한다. 패키지를 펼쳐서 이전 클래스의 이름으로 된 클래스를 선택하고, 클래스명도 변경해준다. 클래스를 선택하고 우클릭으로 팝업 메뉴를 띄우고 Refactor → Rename을 선택하여 Ex29SecurityDatabaseApplication으로 변경한다.

[그림 29-4] 클래스 이름 변경 전   [그림 29-5] 클래스 이름 변경 후

29.2.3 디펜던시 추가

데이터베이스를 사용해야 하므로 데이터베이스 관련 디펜던시를 다음과 같이 추가한다. 만약, 처음에 추가하지 못한 디펜던시가 프로젝트 진행 중에 필요해지면 이런 방식으로 추가해서 사용할 수도 있다. build.gradle을 더블 클릭하여 파일을 열고 다음과 같이 코드를 입력한다. 혹시라도 잘못 입력하여 에러가 날까 걱정된다면, 데이터베이스를 사용하던 이전 예제에서 복사해오면 된다.

```
22 dependencies {
23     implementation 'org.springframework.boot:spring-boot-starter-jdbc'
24     implementation 'org.springframework.boot:spring-boot-starter-security'
25     implementation 'org.springframework.boot:spring-boot-starter-web'
26     compileOnly 'org.projectlombok:lombok'
27     annotationProcessor 'org.projectlombok:lombok'
28     providedRuntime 'org.springframework.boot:spring-boot-starter-tomcat'
29     testImplementation('org.springframework.boot:spring-boot-starter-test') {
30         exclude group: 'org.junit.vintage', module: 'junit-vintage-engine'
31     }
32     testImplementation 'org.springframework.security:spring-security-test'
33     implementation 'javax.servlet:jstl'
34     implementation 'org.apache.tomcat.embed:tomcat-embed-jasper'
35     implementation 'org.springframework.security:spring-security-taglibs'
36 }
```

[그림 29-6] build.gradle - 디펜던시 추가

또한 Gradle → Gradle Project Refresh를 반드시 수행한다. 그렇게 해야 프로젝트에 변경 내용이 적용된다.

29.2.4 데이터베이스 사용 정보 추가

apllicaiton.properites 파일을 더블 클릭하여 열고 데이터베이스 사용 관련 정보를 추가한다. 역시 이전 예제를 열고 복사한 후에 붙여 넣는 것이 제일 편한 방법이다.

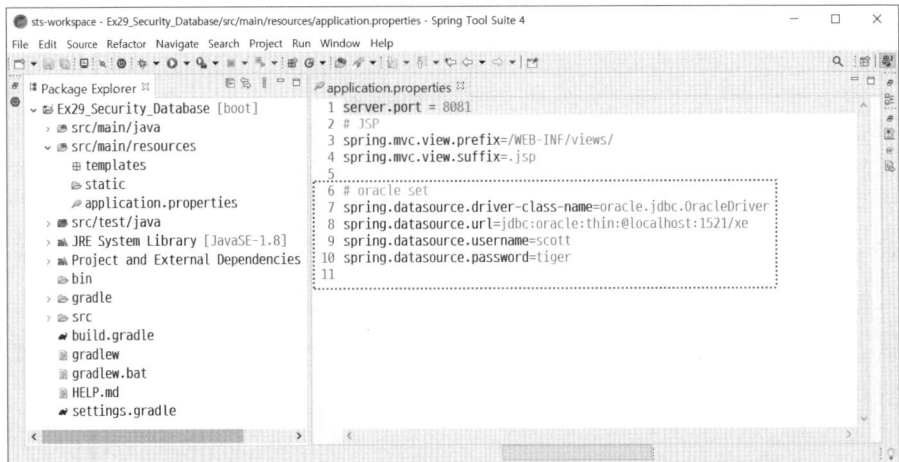

[그림 29-7] application.properties - 데이터베이스 관련 정보 추가

29.2.5 WebSecurityConfig 수정

데이터베이스의 테이블에서 회원 정보를 조회해 올 수 있도록 WebSecurityConfig 클래스의 내용을 다음과 같이 수정한다.

[코드 29-2] WebSecurityConfig.java

```
01 package com.study.springboot.auth;
02
03 import javax.sql.DataSource;
04
05 import org.springframework.beans.factory.annotation.Autowired;
06 import org.springframework.context.annotation.Bean;
07 import org.springframework.context.annotation.Configuration;
08 import org.springframework.security.config.annotation.authentication.
   builders.AuthenticationManagerBuilder;
09 import org.springframework.security.config.annotation.web.builders.
   HttpSecurity;
10 import org.springframework.security.config.annotation.web.configuration.
   EnableWebSecurity;
11 import org.springframework.security.config.annotation.web.configuration.
   WebSecurityConfigurerAdapter;
12 import org.springframework.security.crypto.bcrypt.BCryptPasswordEncoder;
13 import org.springframework.security.web.authentication.Authentication
   FailureHandler;
14
15 @Configuration
16 @EnableWebSecurity
17 public class WebSecurityConfig extends WebSecurityConfigurerAdapter {
18
19     @Autowired
20     public AuthenticationFailureHandler authenticationFailureHandler;
21
22     @Override
23     protected void configure(HttpSecurity http) throws Exception {
24         http.authorizeRequests()
25             .antMatchers("/").permitAll()
26             .antMatchers("/css/**", "/js/**", "/img/**").permitAll()
```

```
27                .antMatchers("/guest/**").permitAll()
28                .antMatchers("/member/**").hasAnyRole("USER", "ADMIN")
29                .antMatchers("/admin/**").hasRole("ADMIN")
30                .anyRequest().authenticated();
31
32            http.formLogin()
33                .loginPage("/loginForm")                    // default : /login
34                .loginProcessingUrl("/j_spring_security_check")
35                //.failureUrl("/loginForm?error") // default : /login?error
36                .failureHandler(authenticationFailureHandler)
37                //.defaultSuccessUrl("/")
38                .usernameParameter("j_username") // default : j_username
39                .passwordParameter("j_password") // default : j_password
40                .permitAll();
41
42            http.logout()
43                .logoutUrl("/logout")                        // default
44                .logoutSuccessUrl("/")
45                .permitAll();
46
47            // 개발중에는 꺼 놓는다.
48            http.csrf().disable();
49        }
50
51 //    @Autowired
52 //    public void configureGlobal(AuthenticationManagerBuilder auth) throws Exception {
53 //        auth.inMemoryAuthentication()
54 //            .withUser("user").password(passwordEncoder().encode("1234")).roles("USER")
55 //            .and()
56 //            .withUser("admin").password(passwordEncoder().encode("1234")).roles("ADMIN");
57 //    }
58
59        @Autowired
60        private DataSource dataSource;
61
62        @Override
```

```
63    protected void configure(AuthenticationManagerBuilder auth) throws
      Exception {
64        System.out.println(passwordEncoder().encode("123"));
65
66        auth.jdbcAuthentication()
67            .dataSource(dataSource)
68            .usersByUsernameQuery("select name as userName, password,
                 enabled"
69                    + " from user_list where name = ?")
70            .authoritiesByUsernameQuery("select name as userName,
                 authority "
71                    + " from user_list where name = ?")
72            .passwordEncoder(new BCryptPasswordEncoder());
73    }
74
75    @Bean
76    public BCryptPasswordEncoder passwordEncoder() {
77        return new BCryptPasswordEncoder();
78    }
79 }
```

51라인에서 57라인까지 인메모리 방식으로 테스트용 사용자를 추가하던 부분을 주석 처리한다.

59라인, 60라인에서 데이터베이스 관련 변수 설정을 하고 자동주입받는다.

63라인의 configure 메서드는 같은 이름의 메서드가 앞에서 사용되었지만, 메서드의 파라미터 종류와 개수가 다른 오버로딩된 메서드이므로 지금처럼 사용 가능하다.

64라인의 코드는 암호화된 비밀번호를 얻기 위해 사용한 테스트용 코드다. 한 번 실행 후 암호화된 비밀번호를 얻은 뒤엔 주석 처리하거나 지워야 한다.

데이터베이스의 테이블에서 사용자를 조회해 사용자 인증을 하기 위해서는 67라인에서 데이터베이스 접속 정보를 먼저 이용하고, 68라인의 usersByUsernameQuery 쿼리로 해당 사용자가 있는지를 먼저 조회한다.

사용자가 있다면 70라인에서 사용자의 역할을 구해온다.

72라인에서는 입력한 비밀번호를 암호화해서 데이터베이스의 암호와 비교를 해서 올바른 값인지 검증한다.

> **NOTE**
>
> 해쉬 알고리즘의 특성상 데이터베이스의 비밀번호를 가져와서 복호화해서 보여줄 수는 없다. 입력값을 암호화한 비교만 가능하다. 또한 실무에서 비밀번호는 해킹에 대비해서 단방향 암호화를 사용한다.

쿼리문이 두 번 이용되있는데, 두 개의 테이블로 구성해도 되고, 테이블 하나에 모든 정보를 구성한 후 쿼리문을 나눠서 실행해도 된다. 우리는 하나의 테이블로 구성해서 두 번의 쿼리를 실행했다.

68라인의 쿼리문에 대해서 조금 더 살펴보자. 스프링 시큐리티가 사용자 인증에 사용하는 컬럼 이름은 username과 password이다. 그런데 우리가 만든 테이블의 컬럼 이름은 name과 password이다. 이렇게 서로 이름이 다르더라도 우리 테이블의 컬럼명을 변경할 필요는 없다. 68라인의 쿼리문에서 사용한 것처럼 컬럼명에 별칭을 지정하여 사용하면 기존 컬럼명을 변경하지 않아도 된다.

29.2.6 테이블의 사용자 정보 업데이트

[그림 29-8]의 [Boot Dashboard]에서 프로젝트를 선택하고 실행 아이콘을 클릭하여 실행한다.

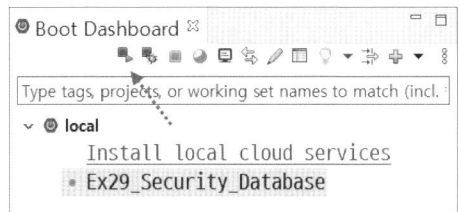

[그림 29-8] 프로젝트 실행

콘솔창에서 다음과 같은 부분을 찾는다. 앞에서 비밀번호 123을 암호화해서 출력한 부분이다. 기존 비밀번호와 다르게 1234에서 123으로 살짝 변형했다. 이렇게 하면 암호화와 상관없이 1234를 입력했을 때 로그인되지 않는다.

```
2020-09-25 16:26:01.347  INFO 14104 --- [           main] c.s.s.Ex29SecurityDatabaseApplication
2020-09-25 16:26:01.350  INFO 14104 --- [           main] c.s.s.Ex29SecurityDatabaseApplication
2020-09-25 16:26:02.332  INFO 14104 --- [           main] o.s.b.w.embedded.tomcat.TomcatWebServer
2020-09-25 16:26:02.339  INFO 14104 --- [           main] o.apache.catalina.core.StandardService
2020-09-25 16:26:02.339  INFO 14104 --- [           main] org.apache.catalina.core.StandardEngine
2020-09-25 16:26:02.564  INFO 14104 --- [           main] org.apache.jasper.servlet.TldScanner
2020-09-25 16:26:02.569  INFO 14104 --- [           main] o.a.c.c.C.[Tomcat].[localhost].[/]
2020-09-25 16:26:02.570  INFO 14104 --- [           main] w.s.c.ServletWebServerApplicationContext
$2a$10$c0ZKAFU2C1yqCkzZpY9iiuU8PR7Q2nvBCrqRogDXCE5/oaXAjkB9C  ◀········
2020-09-25 16:26:02.926  INFO 14104 --- [           main] o.s.s.web.DefaultSecurityFilterChain
2020-09-25 16:26:03.019  INFO 14104 --- [           main] o.s.s.concurrent.ThreadPoolTaskExecutor
2020-09-25 16:26:03.199  INFO 14104 --- [           main] o.s.b.w.embedded.tomcat.TomcatWebServer
2020-09-25 16:26:03.207  INFO 14104 --- [           main] c.s.s.Ex29SecurityDatabaseApplication
```

[그림 29-9] 암호화된 패스워드 출력

저 부분을 복사해서 데이터베이스의 테이블에 다음과 같이 업데이트를 하고, 커밋 처리까지 해준다.

```
select * from user_list;
```

	NA...	PASSWORD	AUTHORITY	ENABLED
1	user	암호화된 패스워드	ROLE_USER	1
2	admin	암호화된 패스워드	ROLE_ADMIN	1

[그림 29-10] 테이블의 기존 데이터 출력

[그림 29-11] 테이블의 기존 데이터 암호화된 데이터로 업데이트

 **NOTE**

데이터베이스에서 직접 작업한 내용은 커밋 처리를 해주지 않으면 자바 프로젝트에서 조회 시 조회가 안될 수 있다. 주의해야 한다.

이제 코드에서 암호화된 비밀번호를 출력하도록 한 64라인의 코드를 주석 처리하거나 지운다. 필자는 나중에 또 테스트를 할지 몰라서 주석 처리를 했다.

29.2.7 테스트

[그림 29-12]의 [Boot Dashboard]에서 프로젝트를 선택하고 실행 아이콘을 클릭하여 실행한다.

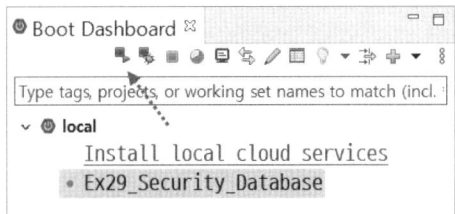

[그림 29-12] 프로젝트 실행

실행이 되고 http://localhost:8081/member/welcome 요청을 하면 시큐리티 설정에 의해 welcome2() 메서드가 바로 호출되지 않고 사용자 인증을 요구한다. 그러면 [그

림 29-13]과 같이 우리가 작성한 입력 폼이 나오게 된다.

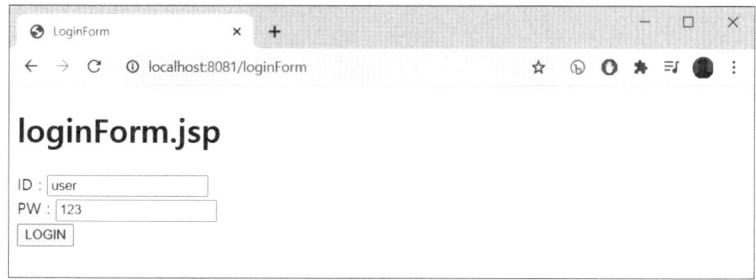

[그림 29-13] http://localhost:8081/member/welcome - 사용자 인증 (1)

사용자 아이디에 user, 비밀번호에 123을 입력하고 [로그인] 버튼을 클릭한다. 다음과 같이 정상적으로 로그인이 되었다면 스프링 시큐리티와 데이터베이스의 연동이 잘된 것이다.

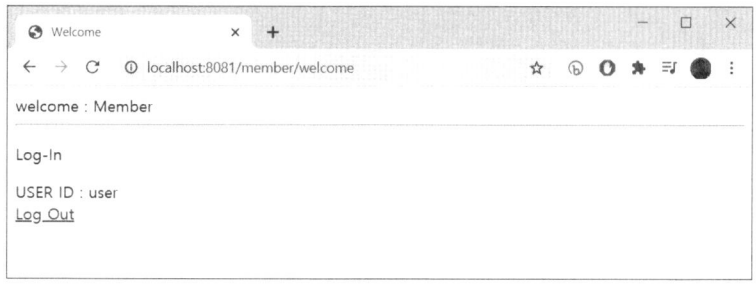

[그림 29-14] http://localhost:8081/member/welcome - 사용자 인증 (2)

07장 시큐리티 431

CHAPTER

08

예제로 배우는 스프링 부트 입문

기타

30
WebJars 사용하기

30.1 WebJars

클라이언트에서 사용하는 웹 라이브러리들, 즉 부트스트랩(BootStrap)이나 제이쿼리(jQuery) 등은 CDN 방식으로 많이 사용한다. 이렇게 하면 외부 라이브러리를 프로젝트에 포함시키지 않고도 편리하게 사용할 수 있다.

그런데 가끔 우리 사이트는 멀쩡한데, CDN에서 라이브러리를 가져오지 못해서 CSS 등이 적용이 되지 않고 이상한 모양의 화면이 나올 때가 있다. 만에 하나, 이런 화면이 나온다면 회사 이미지 관리에 좋지 않은 영향을 미친다. 그렇다고, CDN방식을 사용하지 않고 다운로드하여 프로젝트에 포함시켜 버리면 이제는 외부 라이브러리의 버전업에 따른 버전 관리에 어려움을 겪을 수 있다.

WebJars는 이렇게 클라이언트에서 사용하는 웹 라이브러리들을 Jar 파일로 패키징하여 메이븐이나 그레이들로 버전 관리를 할 수 있도록 돕는다.

30.1.1 WebJars 사용하기

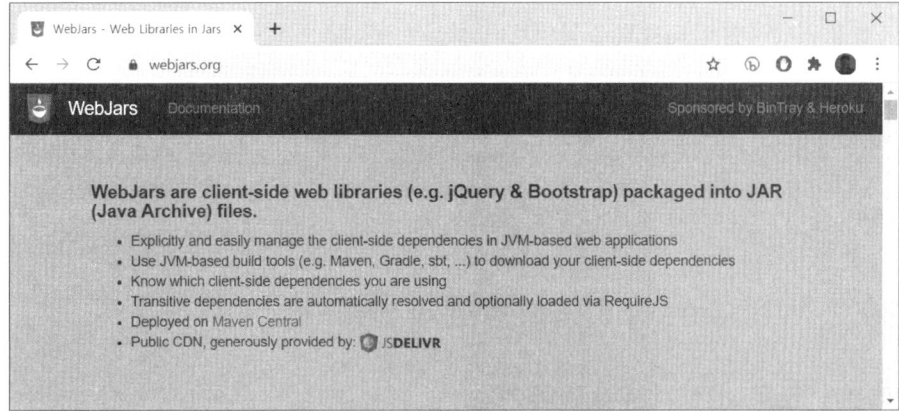

[그림 30-1] https://www.webjars.org

WebJars를 사용하기 위해서는 http://www.webjars.org/에 접속한 후 제공하는 라이브러리를 검색하여 사용한다. 사용하고자 하는 라이브러리가 없다면 직접 만들어서 사용할 수도 있다. 우리 예제에서는 제이쿼리와 부트스트랩을 사용한다.

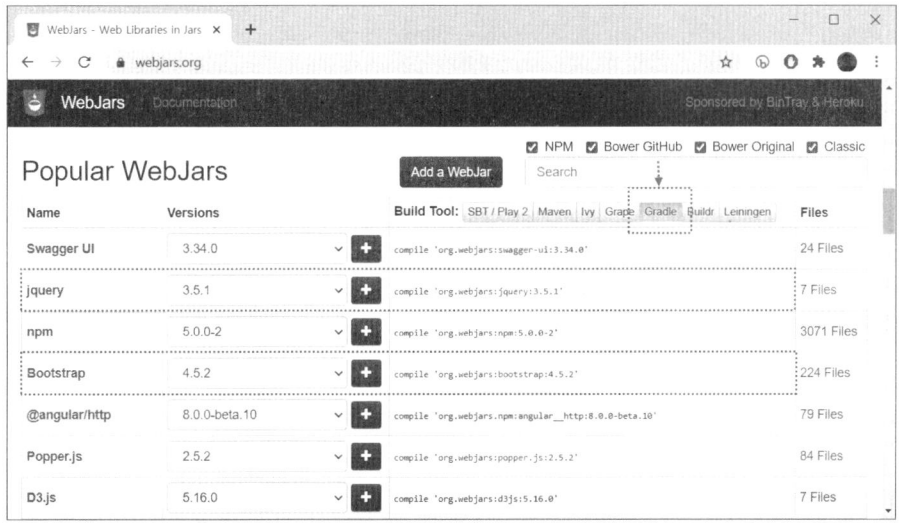

[그림 30-2] Popular WebJars

우리가 사용하려고 하는 라이브러리들은 이미 많은 사람들이 사용하고 있다. 따라서 검색할 필요 없이 상위권에 랭크되어 있으므로 바로 선택할 수 있다. 상단 우측의 빌드 툴을 선택하면 빌드 툴별로 라이브러리 옆에 사용할 수 있는 명령어를 볼 수 있다. [Gradle]을 선택하고 그레이들에서 사용할 수 있는 명령어를 복사한다. 그리고 복사한 내용을 우리가 만든 예제의 build.gradle에 추가하면 된다.

30.2 WebJars를 사용하는 예제 만들기

30.2.1 프로젝트 기본형 만들기

이름이 Ex30_WebJars인 프로젝트를 만든다.

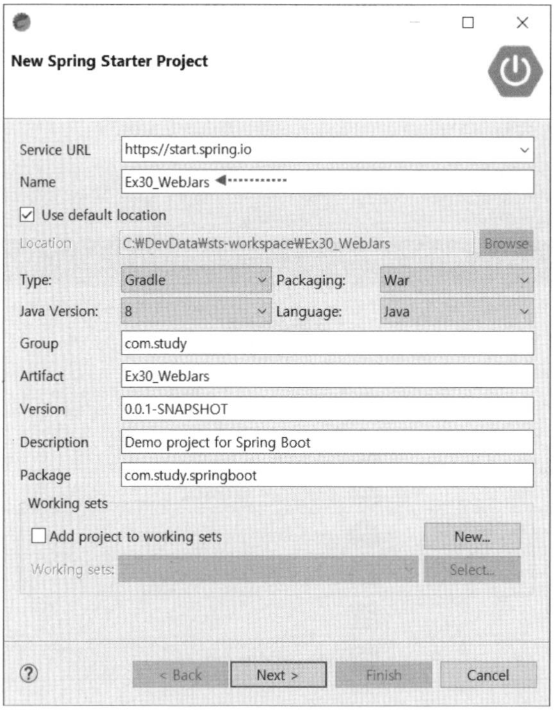

[그림 30-3] 프로젝트 생성 정보

이번 예제에서 추가할 디펜던시는 상단의 자주 사용하던 목록 위치에서 Spring Web 만 체크하여 추가한다.

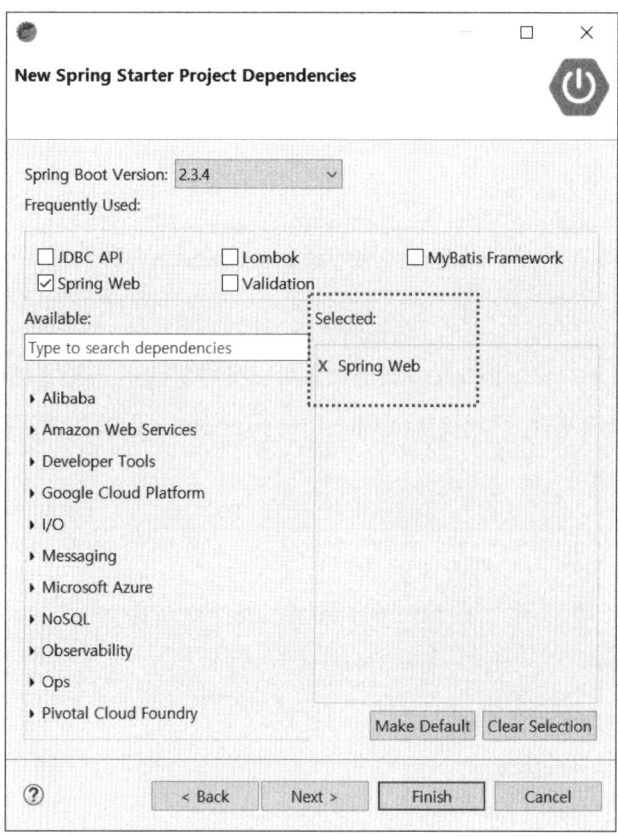

[그림 30-4] 의존성 주입 선택

프로젝트의 기본 설정을 JSP를 사용할 수 있도록 바꾼다. 첫 번째로 build.gradle 파일에 JSP 사용을 위한 의존성을 추가한다. 간단한 방법은 이전 예제를 열고 해당 부분을 복사해서 붙여넣기하면 된다.

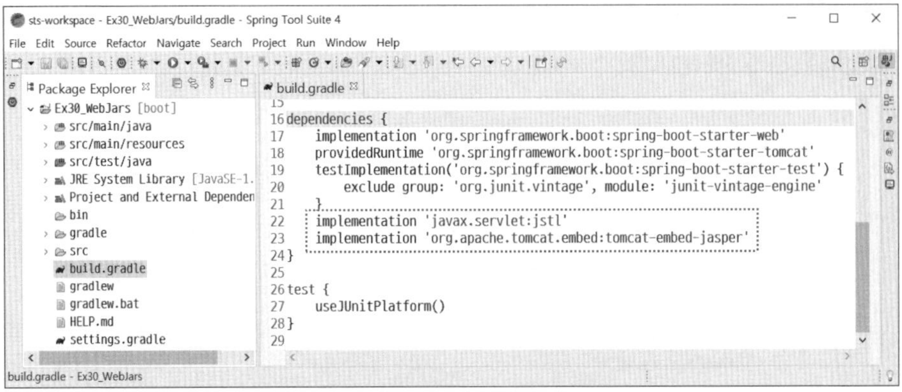

[그림 30-5] JSP 사용 설정 - build.gradle

또한 Gradle → Gradle Project Refresh를 반드시 수행한다. 그렇게 해야 프로젝트에 변경 내용이 적용된다. 두 번째로 application.properties를 열고 내용을 입력한다.

[그림 30-6] JSP 사용 설정 - application.properties

세 번째로 JSP 사용을 위한 폴더를 만드는데, 새로 만들어도 되고 이전 예제로부터 폴더를 복사하고 파일들을 지워 구조만 유지해도 된다.

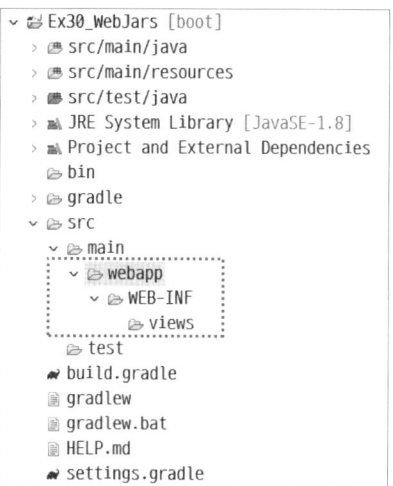

[그림 30-7] JSP 사용 설정 - 폴더 구성

리퀘스트 맵핑을 위한 MyController.java를 만든다. 이때, 메뉴를 통해서 새로 클래스를 만들어서 추가해도 되고 이전 예제에서 복사해와서 클래스의 필요 없는 내용을 지워도 된다.

[그림 30-8] 리퀘스트 맵핑용 클래스 추가

여기까지 프로젝트의 기본형을 만들었다.

30.2.2 build.gradle 에 WebJars 의존성 추가

build.gradle 파일에 WebJars사용을 위한 의존성을 추가한다. 파일을 열고 앞의 사이트에서 찾은 명령어를 복사해서 붙여넣기하면 된다. 이때 원하는 버전이 있다면 해당 버전을 지정해도 된다.

```
16 dependencies {
17     implementation 'org.springframework.boot:spring-boot-starter-web'
18     providedRuntime 'org.springframework.boot:spring-boot-starter-tomcat'
19     testImplementation('org.springframework.boot:spring-boot-starter-test') {
20         exclude group: 'org.junit.vintage', module: 'junit-vintage-engine'
21     }
22     implementation 'javax.servlet:jstl'
23     implementation 'org.apache.tomcat.embed:tomcat-embed-jasper'
24     compile 'org.webjars:jquery:3.5.1'
25     compile 'org.webjars:bootstrap:4.5.2'
26 }
27
```

[그림 30-9] build.gradle에 의존성 추가

그리고 Gradle → Gradle Project Refresh를 반드시 수행한다. 그렇게 해야 프로젝트에 변경 내용이 적용된다.

 NOTE

compile 은 implements로 수정해도 된다. 같은 의미이다. 이전 버전의 STS에서는 compile로 작성하면 implements로 수정하라고 경고(Warning)가 표시되기도 했다.

30.2.3 라이브러리 확인

프로젝트에 포함된 라이브러리를 [그림 30-10]과 같이 [Project and External Dependencies]에서 확인할 수 있다.

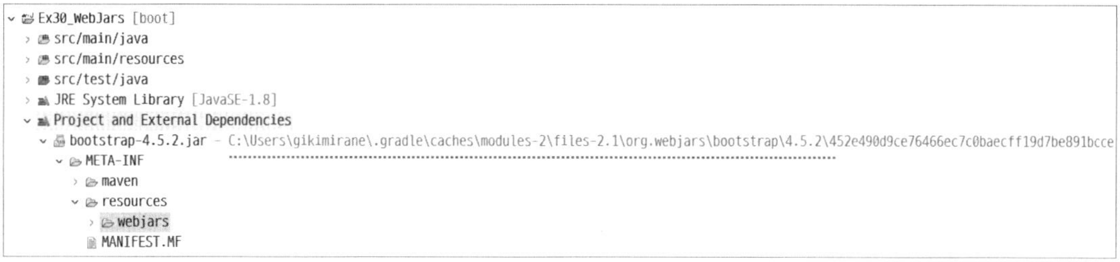

```
∨ ⛁ Ex30_WebJars [boot]
  > ⊕ src/main/java
  > ⊕ src/main/resources
  > ⊕ src/test/java
  > ⬛ JRE System Library [JavaSE-1.8]
  ∨ ⬛ Project and External Dependencies
    ∨ 🗎 bootstrap-4.5.2.jar - C:\Users\gikimirane\.gradle\caches\modules-2\files-2.1\org.webjars\bootstrap\4.5.2\452e490d9ce76466ec7c0baecff19d7be891bcce
      ∨ ⊕ META-INF
        > ⊕ maven
        ∨ ⊕ resources
          > ⊕ webjars
        🗎 MANIFEST.MF
```

[그림 30-10] 의존성 파일이 다운로드된 폴더

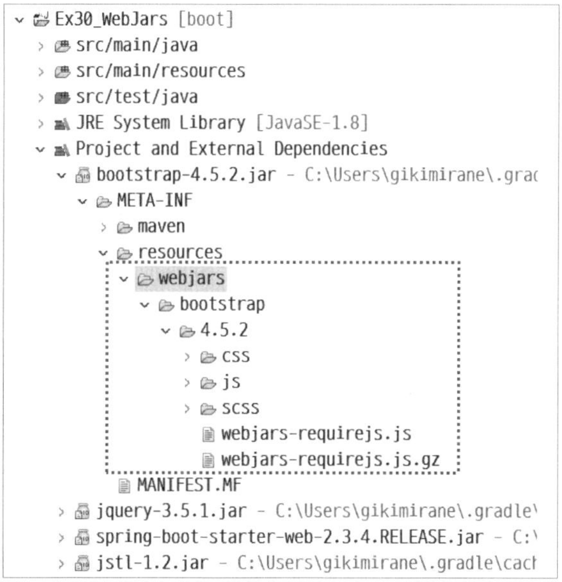

```
∨ ⛁ Ex30_WebJars [boot]
  > ⊕ src/main/java
  > ⊕ src/main/resources
  > ⊕ src/test/java
  > ⬛ JRE System Library [JavaSE-1.8]
  ∨ ⬛ Project and External Dependencies
    ∨ 🗎 bootstrap-4.5.2.jar - C:\Users\gikimirane\.grad
      ∨ ⊕ META-INF
        > ⊕ maven
        ∨ ⊕ resources
          ∨ ⊕ webjars
            ∨ ⊕ bootstrap
              ∨ ⊕ 4.5.2
                > ⊕ css
                > ⊕ js
                > ⊕ scss
                  🗎 webjars-requirejs.js
                  🗎 webjars-requirejs.js.gz
        🗎 MANIFEST.MF
    > 🗎 jquery-3.5.1.jar - C:\Users\gikimirane\.gradle\
    > 🗎 spring-boot-starter-web-2.3.4.RELEASE.jar - C:
    > 🗎 jstl-1.2.jar - C:\Users\gikimirane\.gradle\cach
```

[그림 30-11] 코드에서 참조할 경로

30.2.4 뷰 만들기

내용을 보여줄 JSP를 만든다. 리퀘스트 맵핑에서 리턴할 페이지는 [그림 30-12]의 한 페이지이다.

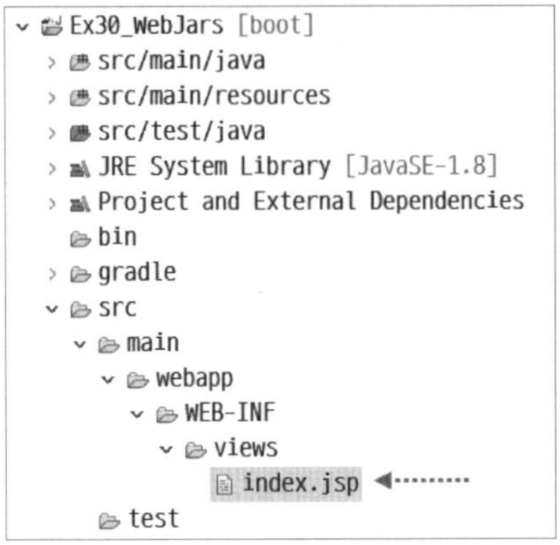

[그림 30-12] JSP 추가

앞에서 사용했던 방식으로 JSP 파일을 추가하고 다음과 같이 내용을 입력하여 코드를 작성한다.

[코드 30-1] index.html

```
01 <%@ page language="java" contentType="text/html; charset=UTF-8"
02     pageEncoding="UTF-8"%>
03 <%@ taglib prefix="c" uri="http://java.sun.com/jsp/jstl/core" %>
04 <!DOCTYPE html>
05 <html>
06 <head>
07 <meta http-equiv="Content-Type" content="text/html; charset=UTF-8">
08 <title>Insert title here</title>
09 <meta http-equiv="X-UA-Compatible" content="IE=edge">
10 <meta name="viewport" content="width=device-width, initial-scale=1">
11 <link rel="stylesheet" href="/webjars/bootstrap/4.5.2/css/bootstrap.min.css">
12 </head>
13 <body>
14
15     <p>
16         <button type="button" class="btn btn-lg btn-default">Default</button>
17         <button type="button" class="btn btn-lg btn-primary">Primary
```

```
18          <button type="button" class="btn btn-lg btn-success">Success
            </button>
19          <button type="button" class="btn btn-lg btn-info">Info</button>
20          <button type="button" class="btn btn-lg btn-warning">Warning
            </button>
21          <button type="button" class="btn btn-lg btn-danger">Danger
            </button>
22          <button type="button" class="btn btn-lg btn-link">Link</button>
23      </p>
24
25  <script src="/webjars/jquery/3.5.1/jquery.min.js"></script>
26  <script src="/webjars/bootstrap/4.5.2/js/bootstrap.min.js"></script>
27  </body>
28  </html>
```

11라인, 25라인, 26라인에 입력한 경로는 [그림 30-11]에서 확인한 경로를 입력한다.

16라인에서 22라인까지 버튼에 부트스트랩의 CSS를 적용한 코드를 만든다.

30.2.5 리퀘스트 맵핑

이제, MyController 클래스에 다음과 같이 코드를 작성하여 url 호출에 대한 리퀘스트 맵핑을 한다.

[코드 30-2] MyController.java

```
01  package com.study.springboot;
02
03  import org.springframework.stereotype.Controller;
04  import org.springframework.web.bind.annotation.RequestMapping;
05
06  @Controller
07  public class MyController {
08
```

```
09    @RequestMapping("/")
10    public String root() throws Exception{
11        return "index";
12    }
13
14 }
```

30.2.6 테스트

[그림 30-13]의 [Boot Dashboard]에서 프로젝트를 선택하고 실행 아이콘을 클릭하여 실행한다.

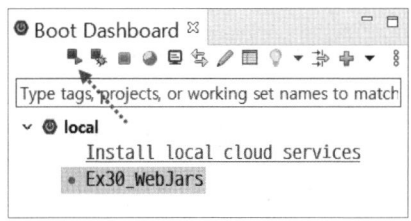

[그림 30-13] 프로젝트 실행

다음은 실행하자마자 http://localhost:8081/ 요청에 의해 root() 메서드가 호출되어 index.jsp가 리턴된 결과이다.

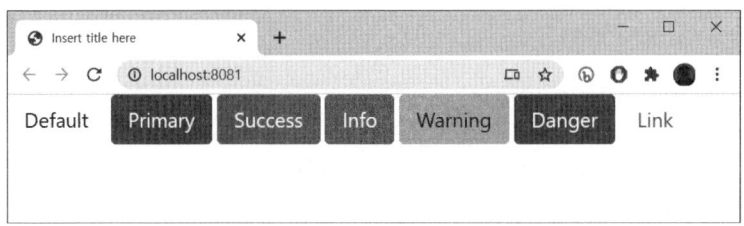

[그림 30-14] http://localhost:8081/

부트스트랩이 잘 적용된 결과 화면을 확인할 수 있다.

31
외부 라이브러리 사용하기

31.1 로컬 프로젝트의 라이브러리 의존성 추가

31.1.1 중앙 저장소의 라이브러리 의존성 추가

그레이들에서는 자바 프로젝트 빌드 시 포함할 외부 라이브러리를 [그림 31-1]과 같이 build.gradle 파일에 외부 중앙 저장소와 라이브러리를 명시한다. 그러면 그레이들이 자동으로 라이브러리를 다운로드해서 프로젝트에 포함시킨다. 홈페이지에서 jar 파일을 직접 다운로드할 필요가 없어 매우 편리하다.

```
repositories {
    mavenCentral()
}

dependencies {
    implementation 'org.springframework.boot:spring-boot-starter-web'
    providedRuntime 'org.springframework.boot:spring-boot-starter-tomcat'
    testImplementation 'org.springframework.boot:spring-boot-starter-test'
    implementation 'javax.servlet:jstl'
    implementation 'org.apache.tomcat.embed:tomcat-embed-jasper'
}
```

[그림 31-1] 중앙 저장소와 의존성 추가

31.1.2 로컬 프로젝트의 라이브러리 의존성 추가

하지만 종종 중앙 저장소에 존재하지 않는 라이브러리의 의존성을 추가해야 하는 상황이 발생하기도 한다. 예를 들어, 프로젝트에 /libs 폴더를 생성하고 추가할 라이브러리의 jar 파일을 폴더 안에 복사하여 해당 위치에 있는 모든 라이브러리의 의존성을 추가하고자 한다면 [그림 31-2]와 같이 명시한다. 이렇게 직접 추가해서 사용하는 것을 로컬 프로젝트의 라이브러리 의존성 추가라고 말한다.

```
repositories {
    mavenCentral()
}

dependencies {
    implementation 'org.springframework.boot:spring-boot-starter-web'
    providedRuntime 'org.springframework.boot:spring-boot-starter-tomcat'
    testImplementation 'org.springframework.boot:spring-boot-starter-test'
    implementation 'javax.servlet:jstl'
    implementation 'org.apache.tomcat.embed:tomcat-embed-jasper'
    implementation fileTree(dir: 'libs', include: ['*.jar'])
}
```

[그림 31-2] 로컬 프로젝트의 라이브러리 의존성 추가

31.1.3 Json 처리 라이브러리 다운로드

Json 처리를 위한 라이브러리를 다음 사이트에 접속해서 다운로드한다.

https://code.google.com/archive/p/json-simple/downloads

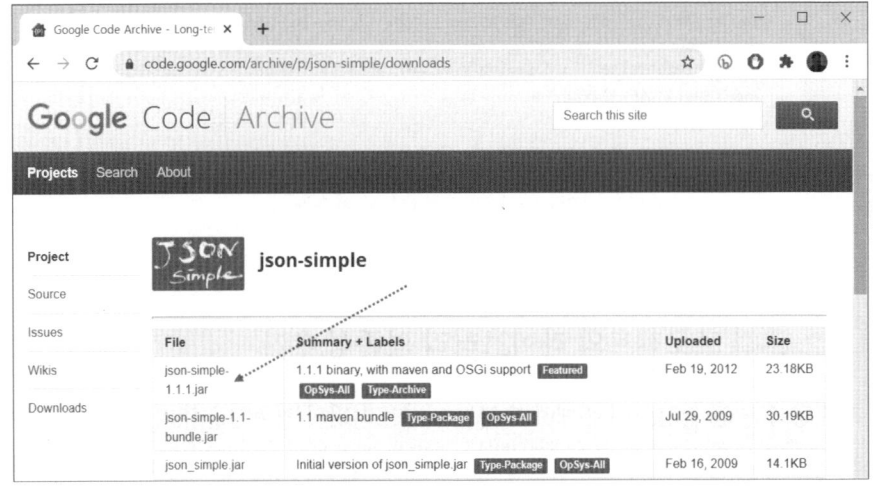

[그림 31-3] https://code.google.com/archive/p/json-simple/downloads

31.1.4 파일 업로드용 라이브러리 다운로드

파일 업로드 처리를 위한 라이브러리를 다음 사이트에 접속해서 다운로드한다.

https://code.google.com/archive/p/json-simple/downloads

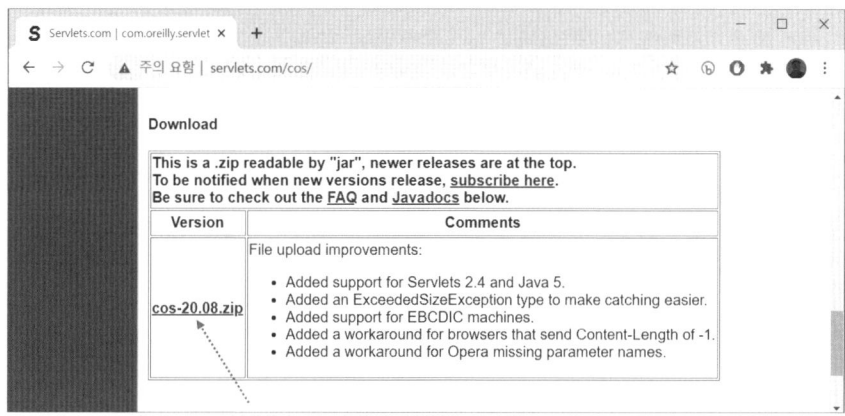

[그림 31-4] https://code.google.com/archive/p/json-simple/downloads

다운로드한 파일의 압축을 풀고 하위 폴더인 lib 폴더를 확인해보면, cos.jar 파일이 있다. 이 파일을 사용하면 된다.

31.2 외부 라이브러리를 사용하는 예제 만들기

이번에는 방금 다운로드한 업로드와 관련된 cos.jar 파일과 json을 사용하기 위한 json-simple-1.1.1.jar 라이브러리를 우리 프로젝트에 추가해서 사용하는 예제를 만든다.

31.2.1 프로젝트 기본형 만들기

이름이 Ex31_FileUpload인 프로젝트를 만든다.

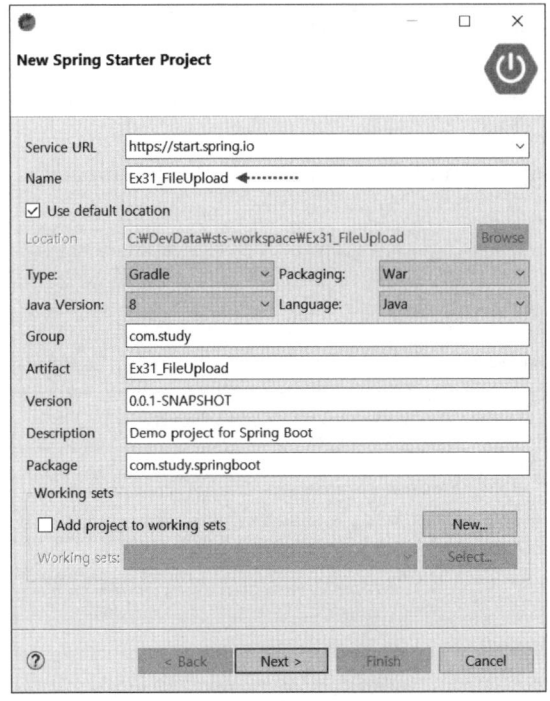

[그림 31-5] 프로젝트 생성 정보

이번 예제에서 추가할 디펜던시는 [그림 31-6]과 같이 상단의 자주 사용하던 목록 위치에서 Spring Web만 체크하여 추가한다.

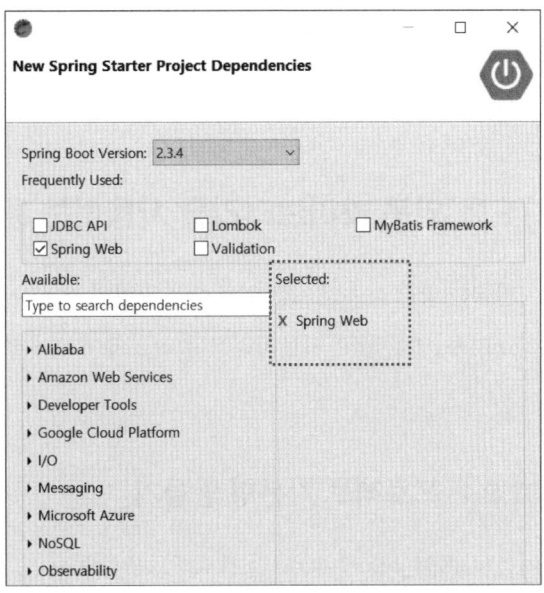

[그림 31-6] 의존성 주입 선택

프로젝트의 기본 설정을 JSP를 사용할 수 있도록 바꾼다. 첫 번째로 build.gradle 파일에 JSP사용을 위한 의존성을 추가한다. 간단한 방법은 이전 예제를 열고 해당 부분을 복사해서 붙여넣기하면 된다.

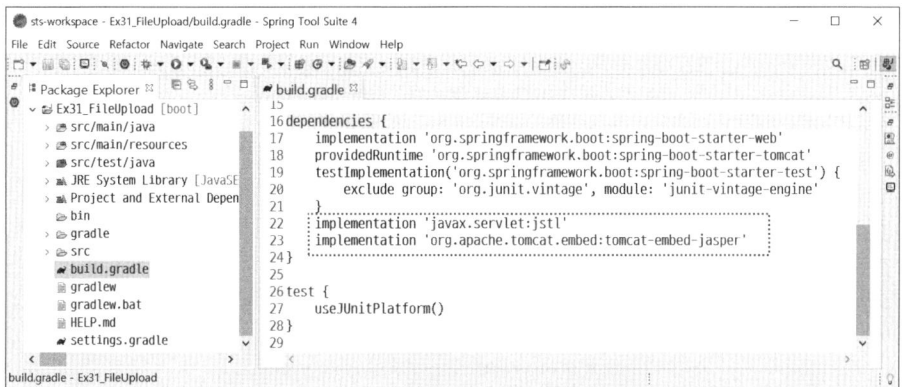

[그림 31-7] JSP 사용 설정 - build.gradle

그리고 Gradle → Gradle Project Refresh를 반드시 수행한다. 그렇게 해야 프로젝트에 변경 내용이 적용된다. 두 번째로 application.properties를 열고 내용을 입력한다.

[그림 31-8] JSP 사용 설정 - application.properties

08장 기타 **449**

세 번째로 JSP 사용을 위한 폴더를 만드는데, [그림 31-9]와 같이 새로 만들어도 되고 이전 예제로부터 폴더를 복사하고 파일들을 지워 구조만 유지해도 된다.

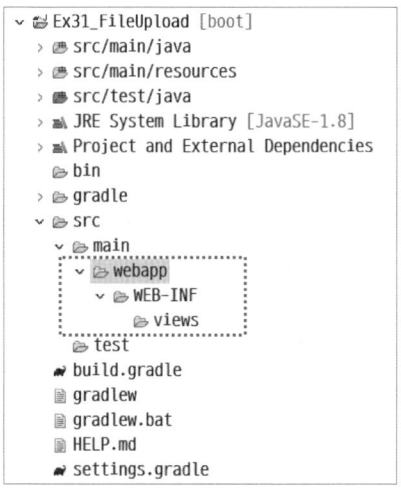

[그림 31-9] JSP 사용 설정 - 폴더 구성

리퀘스트 매핑을 위한 MyController.java를 만든다. 이때, 메뉴를 통해서 새로 클래스를 만들어서 추가해도 되고 이전 예제에서 복사해와서 클래스의 필요 없는 내용을 지워도 된다.

[그림 31-10] 리퀘스트 매핑용 클래스 추가

여기까지 프로젝트의 기본형을 만들었다.

31.2.2 로컬 프로젝트의 라이브러리 의존성 추가

먼저, 프로젝트를 선택하고 우클릭으로 팝업 메뉴를 띄운 다음 폴더를 선택하여 새로운 폴더로 libs를 입력하여 추가한다.

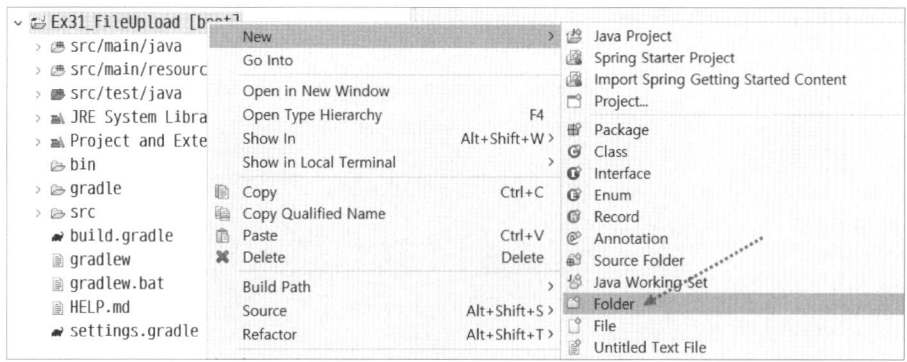

[그림 31-11] 폴더 추가 메뉴 선택

[그림 31-12] libs 폴더 추가

다운로드 받은 파일을 여기로 복사한다.

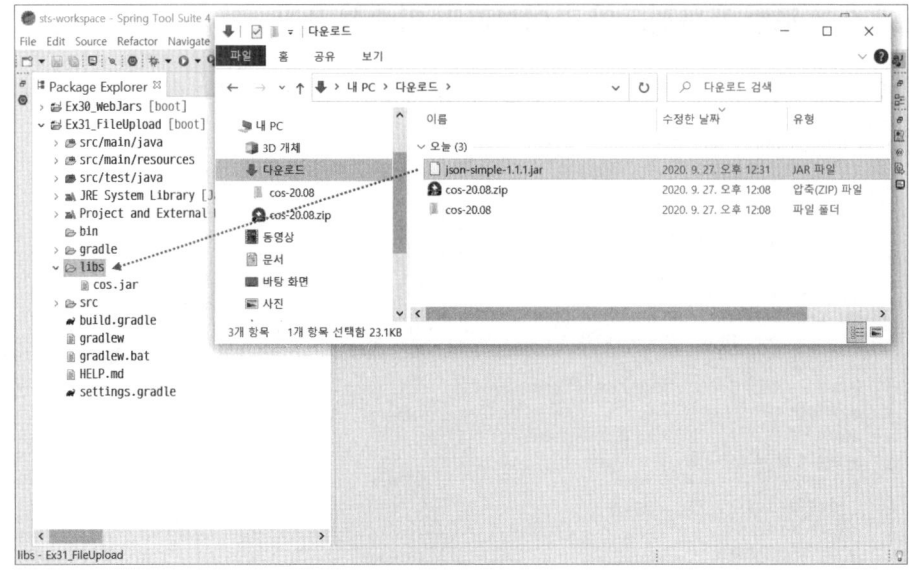

[그림 31-13] libs 폴더에 파일 추가 (1) : 드래그 앤 드랍

파일을 복사할 때 [그림 31-14]와 같은 창이 뜨면 [Copy Files]를 선택한다. [Link to files]를 선택했다가 나중에 원본 파일이 지워지면 프로젝트에서도 에러가 나기 때문에 여기에서는 복사를 선택하는 것이 좋다.

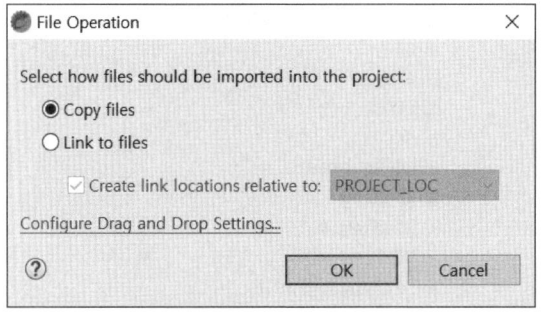

[그림 31-14] libs 폴더에 파일 추가 (2)

다운받은 두 개의 파일을 다 복사하면 [그림 31-15]와 같은 모양이 된다. 저장소를 이렇게 꼭 프로젝트 내에 만들 필요는 없지만 프로젝트 밖의 폴더를 지정하면 지워질지도

모르고, 프로젝트를 옮길 때 빠뜨리고 옮길 수도 있으므로 프로젝트 내에 포함시키는 것이 안전한 방법이다.

[그림 31-15] libs 폴더에 파일 추가 (3)

이제, 다시 build.gradle 파일을 열고 로컬 저장소 사용을 위한 의존성을 추가한다. [그림 31-16]과 같이 작성하여 로컬 저장소를 추가한다.

```
dependencies {
    implementation 'org.springframework.boot:spring-boot-starter-web'
    providedRuntime 'org.springframework.boot:spring-boot-starter-tomcat'
    testImplementation('org.springframework.boot:spring-boot-starter-test') {
        exclude group: 'org.junit.vintage', module: 'junit-vintage-engine'
    }
    implementation 'javax.servlet:jstl'
    implementation 'org.apache.tomcat.embed:tomcat-embed-jasper'
    implementation fileTree(dir: 'libs', include: ['*.jar'])
}
```

[그림 31-16] build.gradle에 로컬 저장소 추가

이는 저장소를 추가한 것이지 우리 프로젝트에 라이브러리를 추가한 것이 아니다. 그러므로 Gradle → Gradle Project Refresh를 반드시 수행한다. 그렇게 해야 프로젝트에 변경 내용이 적용된다. 적용된 모습은 [Project and External Dependencies]에서 다음과 같이 확인할 수 있다.

```
> opentest4j-1.2.0.jar - C:\Users\gikim
> asm-5.0.4.jar - C:\Users\gikimirane\.
> junit-jupiter-engine-5.6.2.jar - C:\U
> junit-platform-engine-1.6.2.jar - C:\
> cos.jar - C:\DevData\sts-workspace\Ex
> json-simple-1.1.1.jar - C:\DevData\st
  bin
> gradle
v libs
    cos.jar
    json-simple-1.1.1.jar
> src
  build.gradle
  gradlew
  gradlew.bat
  HELP.md
  settings.gradle
```

[그림 31-17] 라이브러리 관리 폴더에 로컬 저장소가 참조된 모습

31.2.3 스프링 업로드 설정

스프링 부트에서 cos.jar 라이브러리를 설정 없이 사용하면 [그림 31-18]과 같은 에러가 발생한다.

```
2020-09-27 16:55:20.481  INFO 10332 --- [           main] c.s.s.Ex31FileUploadApplication
2020-09-27 16:55:29.616  INFO 10332 --- [nio-8081-exec-1] o.a.c.c.C.[Tomcat].[localhost].[/]
2020-09-27 16:55:29.617  INFO 10332 --- [nio-8081-exec-1] o.s.web.servlet.DispatcherServlet
2020-09-27 16:55:29.623  INFO 10332 --- [nio-8081-exec-1] o.s.web.servlet.DispatcherServlet
java.io.IOException: Corrupt form data: premature ending
        at com.oreilly.servlet.multipart.MultipartParser.<init>(MultipartParser.java:207)
        at com.oreilly.servlet.MultipartRequest.<init>(MultipartRequest.java:223)
        at com.study.springboot.MyController.uploadOk(MyController.java:44)
```

[그림 31-18] 멀티파트 리퀘스트 에러

스프링 프레임워크에는 파일업로드와 관련해서 멀티파트 메세지를 처리하도록 구현된 멀티파트필터(multipartFilter)가 미리 설정이 되어 있다. 그래서 com.oreilly.servlet 패키지 안에 있는 멀티파트 리퀘스트(multipartRequest) 객체를 사용해서 멀티파트 메세지를 처리하려고 했지만, 이미 스프링의 멀티파트 필터가 처리했기 때문에 처리할 리퀘스트가 없어져서 에러가 발생하는 것이다.

따라서 에러를 방지하기 위해 다음과 같이 application.properties에 다음의 설정을 추가한다. 스프링 프레임워크에 파일업로드와 관련해 미리 설정되어 있는 기능을 끄는 것이다.

```
1 server.port=8081
2 # JSP
3 spring.mvc.view.prefix=/WEB-INF/views/
4 spring.mvc.view.suffix=.jsp
5
6 spring.servlet.multipart.enabled=false
7
```

[그림 31-19] application.properties - 멀티파트 리퀘스트 세팅

31.2.4 뷰 추가

파일을 업로드하면, 이렇게 업로드된 파일들을 저장할 폴더가 필요하다. 이 폴더는 웹에서 동적으로 변하는 리소스가 아니므로 리소스의 static 폴더 아래 다음과 같이 'upload'라는 이름을 만들어서 추가한다. 그리고 업로드 폼으로 사용할 뷰를 만들어서 추가한다.

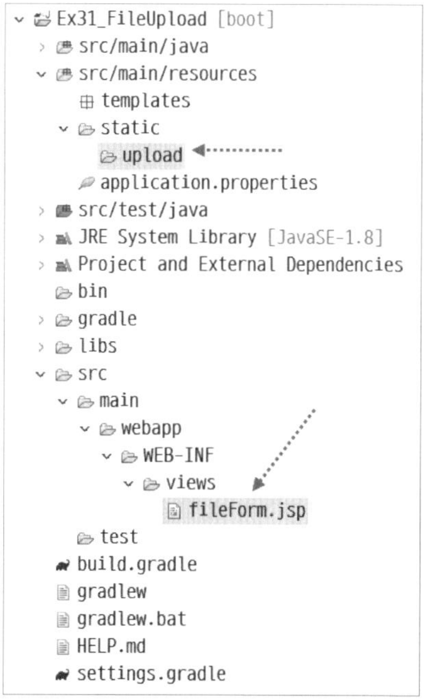

[그림 31-20] JSP 추가

fileForm.jsp는 다음과 같이 코드를 작성한다.

[코드 31-1] fileForm.jsp

```jsp
01  <%@ page language="java" contentType="text/html; charset=UTF-8"
02      pageEncoding="UTF-8"%>
03  <!DOCTYPE html>
04  <html>
05  <head>
06  <meta http-equiv="Content-Type" content="text/html; charset=UTF-8">
07  <title>FileUpload</title>
08  </head>
09  <body>
10
11      <form action="uploadOk" method="post" enctype="multipart/form-data">
12          파일 : <input type="file" name="filename"><br />
13          <input type="submit" value="File Upload">
14      </form>
15
16  </body>
17  </html>
```

11라인에 enctype을 "multipart/form-data"로 지정해야 파일 업로드를 할 수 있다. 이 예제에서는 한 개의 파일만 업로드하지만 필드를 여러 개 만들어 한꺼번에 여러 개를 동시에 업로드할 수도 있다. 또한 폼 데이터에 일반적인 입력 태그도 같이 사용할 수 있다.

31.2.5 리퀘스트 맵핑

이제, MyController 클래스에 다음과 같이 코드를 작성하여 url 호출에 대한 리퀘스트 맵핑을 한다.

[코드 30-2] MyController.java

```
01  package com.study.springboot;
02
03  import java.util.Enumeration;
04
05  import javax.servlet.http.HttpServletRequest;
06
07  import org.json.simple.JSONObject;
08  import org.springframework.stereotype.Controller;
09  import org.springframework.util.ResourceUtils;
10  import org.springframework.web.bind.annotation.RequestMapping;
11  import org.springframework.web.bind.annotation.ResponseBody;
12
13  import com.oreilly.servlet.MultipartRequest;
14  import com.oreilly.servlet.multipart.DefaultFileRenamePolicy;
15
16  @Controller
17  public class MyController {
18
19      @RequestMapping("/")
20      public @ResponseBody String root() throws Exception{
21          return "FileUpload";
22      }
23
24      @RequestMapping("/uploadForm")
25      public String uploadForm(){
26
27          return "FileUpload/fileForm";
28      }
29
30      @RequestMapping("/uploadOk")
31      public @ResponseBody String uploadOk(HttpServletRequest request)
32      {
33          int size = 1024 * 1024 * 10; //10M
34          String file = "";
35          String oriFile = "";
36
37          JSONObject obj = new JSONObject();
```

```
38
39          try {
40              String path = ResourceUtils
41                      .getFile("classpath:static/upload/").toPath().
                        toString();
42              //System.out.println(path);
43
44              MultipartRequest multi = new MultipartRequest(request, path,
                  size,
45                                         "UTF-8", new DefaultFileRename
                                                   Policy());
46              System.out.println("111111");
47              Enumeration files = multi.getFileNames();
48              String str = (String)files.nextElement();
49
50              file = multi.getFilesystemName(str);
51              oriFile = multi.getOriginalFileName(str);
52
53              obj.put("success", new Integer(1));
54              obj.put("desc", "업로드 성공");
55          } catch (Exception e) {
56              e.printStackTrace();
57              obj.put("success", new Integer(0));
58              obj.put("desc", "업로드 실패");
59          }
60
61          return obj.toJSONString();
62      }
63 }
```

- 33라인: 업로드될 파일의 최대 크기를 지정한다.
- 37라인: json 객체 변수를 만든다.
- 41라인: 업로드된 파일을 저장할 폴더의 위치를 지정한다.
- 44라인: 폼에서 올라온 멀티파트 리퀘스트로부터 정보를 추출할 변수를 만든다.
- 47라인: 업로된 파일들에 대한 정보를 가져온다.

- 50라인: 실제로 저장된 파일 이름을 가져온다.
- 51라인: 사용자가 실제로 업로드한 파일 이름을 가져온다.
- 53라인, 54라인: 업로드 성공에 대한 정보를 json 객체에 넣는다.
- 57라인, 58라인: 업로드 실패에 대한 정보를 json 객체에 넣는다.

50라인과 51라인에서 두 가지 이름을 가져오는 것은 사용자가 업로드한 파일 이름이 서버 쪽에 이미 같은 이름의 파일이 존재하면 cos.jar 업로드 라이브러리에 의해 자동으로 이름이 변경되기 때문이다. 그래서 원래 사용자가 업로드한 정보를 가지고 있어야 나중에 사용자가 다운로드할 때 원래 이름으로 다운로드해줄 수 있다.

61라인에서는 json 객체 변수를 리턴한다. 이 변수 안에는 json 값이 들어 있는데 일반 스트링 타입이다. 31라인에서 @ResponseBody 어노테이션으로 지정했기 때문에 jsp 파일을 찾아서 리턴하는 것이 아니고, 여기서 리턴한 스트링값 자체를 리턴하게 된다.

31.2.6 테스트

[그림 31-21]의 [Boot Dashboard]에서 프로젝트를 선택하고 실행 아이콘을 클릭하여 실행한다.

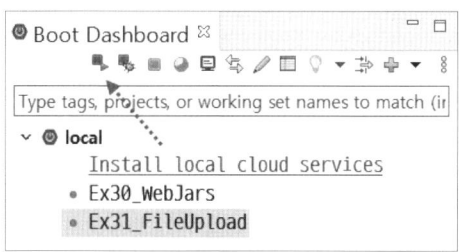

[그림 31-21] 프로젝트 실행

[그림 31-22]는 실행하고 http://localhost:8081/uploadForm 요청에 의한 화면이다.

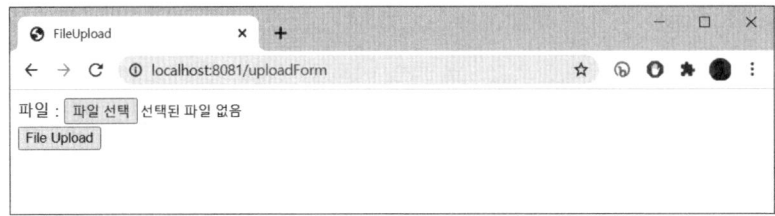

[그림 31-22] http://localhost:8081/uploadForm

파일을 선택하고 [File Upload] 버튼을 누른다. 파일이 정상적으로 업로드되면 [그림 31-23]과 같은 화면이 나오게 된다.

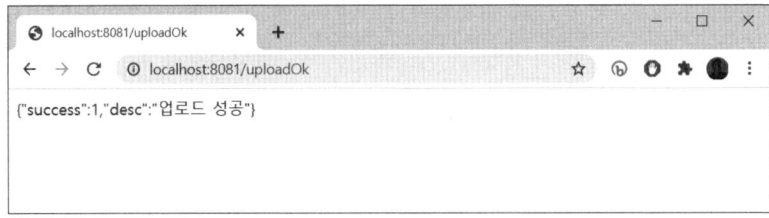

[그림 31-23] 업로드 성공

화면을 우클릭하고 메뉴에서 [페이지 소스 보기]를 선택해보면, html 태그가 하나도 없이 json 스트링만 리턴된 것을 확인할 수 있다.

[그림 31-24] 페이지 소스 보기

업로드된 파일은 [그림 31-25]에서 확인할 수 있다.

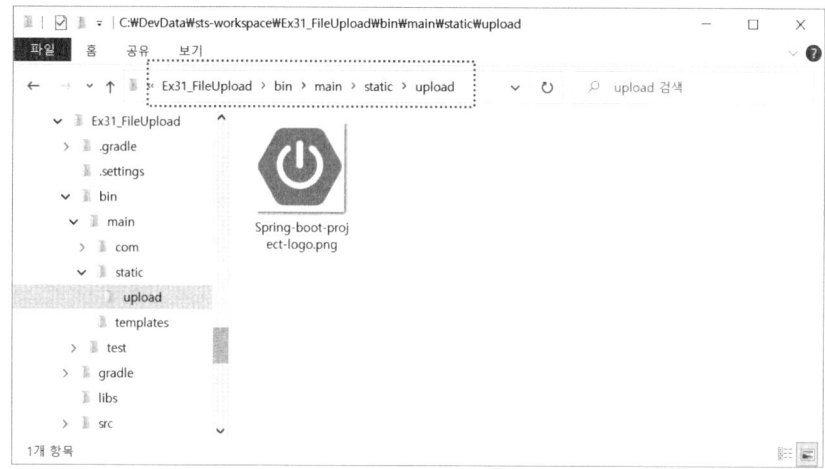

[그림 31-25] 업로드 된 파일의 위치

똑같은 파일을 한 번 더 업로드해보자.

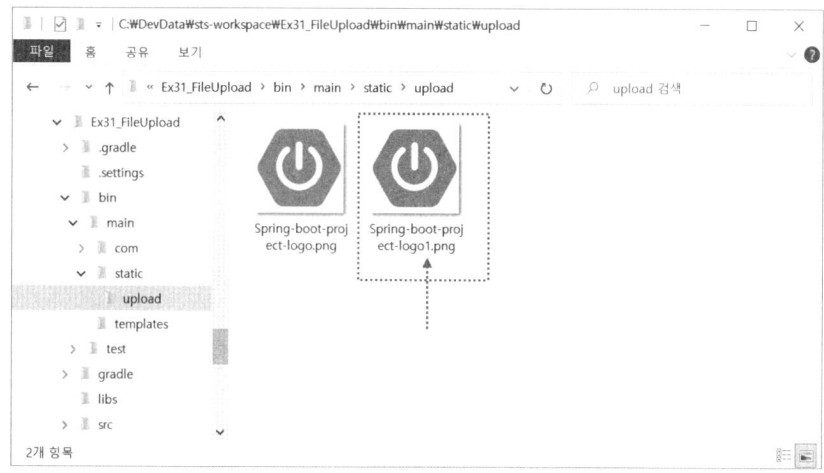

[그림 30-26] 중복된 이름의 파일 업로드 - 자동 변경

업로드 라이브러리에 의해 물리적인 파일 이름에 자동으로 숫자가 붙어서 이름이 변경되었다. 이 경우, 앞에 작성한 코드에는 없지만 변수의 값을 출력하는 코드를 추가하고 실행해서 콘솔창에서 로그를 확인해보면 50번 라인의 file은 숫자가 붙어 있는 파일의

이름이 들어가고, 51라인의 oriFile은 사용자가 올린 원래 이름이 변수에 저장되는 것을 확인할 수 있다.

```
2020-09-27 16:58:16.392  INFO 15200 --- [nio-8081-exec-1]
2020-09-27 16:58:16.392  INFO 15200 --- [nio-8081-exec-1]
2020-09-27 16:58:16.397  INFO 15200 --- [nio-8081-exec-1]
111111
file:Spring-boot-project-logo2.png
oriFile:Spring-boot-project-logo.png
```

[그림 31-27] 변수 값 출력 확인

NOTE

예제를 간단하게 만들기 위해 파일 업로드를 MyController에서 처리했는데, 파일 업로드 기능도 별도의 비즈니스 로직이므로 서비스 클래스를 만들어 처리하는 것이 좋다.

32
War 파일 배포하기

32.1 실행 가능한 War 파일 배포

32.1.1 실행 가능한 War 파일 생성

앞서 스프링 부트의 특징 중에 한 가지로, 실행 가능한 Jar 파일 및 War 파일을 만들 수 있다고 밝혔다. 스프링 부트는 내장 웹 애플리케이션 서버를 포함하고 있어서, 웹 서버 없이 우리 프로젝트만으로도 실행 가능한 서비스를 만들 수 있다. 다만, 실행 가능한 Jar 파일 안에서는 JSP가 정상적으로 동작하지 않고 에러를 발생시키므로 우리는 War 파일 타입을 선택했다고 말한 바 있다.

실행 가능한 War 파일만 만들면 되기 때문에 이번 장에서는 별도의 예제를 만들지는 않고, 앞에서 만든 Ex31_FileUpload 예제를 이용하여 작업한다. 먼저, 메뉴에서 다음과 같이 Window → Show View → Other …를 선택한다.

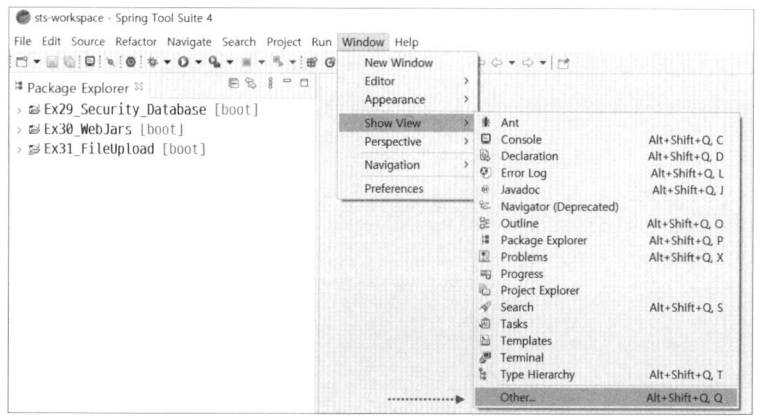

[그림 32-1] 메뉴 선택

그리고 Gradle → Gradle Tasks를 선택한다.

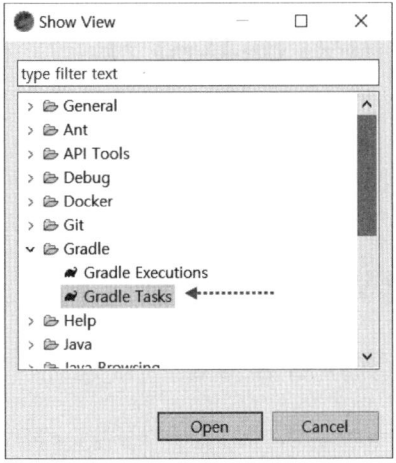

[그림 32-2] 메뉴 선택

콘솔창 옆에 Gradle Tasks 창이 뜨는데, 이를 선택하고 우리가 작업할 프로젝트인 Ex31_FileUpload를 [그림32-3]과 같이 선택해서 프로젝트를 펼친다.

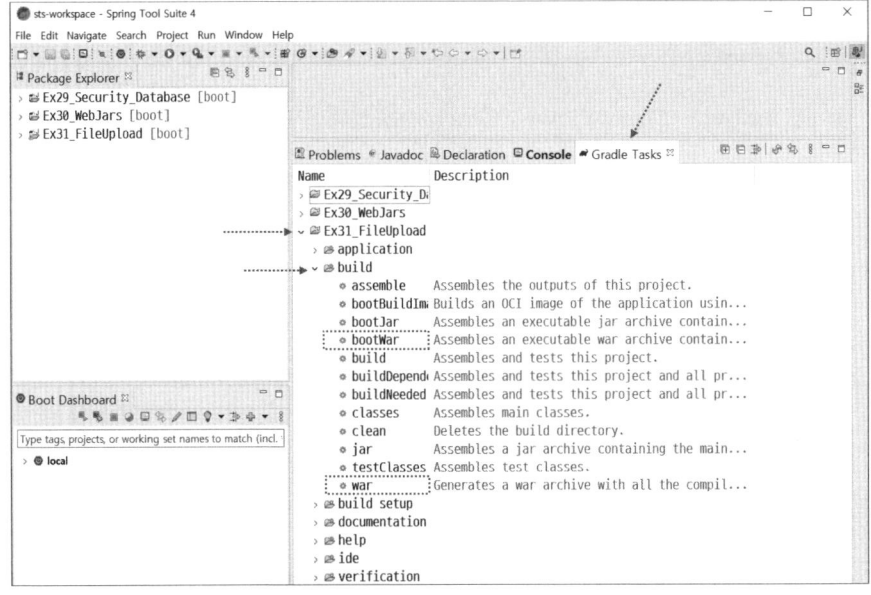

[그림 32-3] Gradle Tasks

build에 보면 다양하게 빌드를 할 수 있는 형태가 있는데, 이 중에서 단독으로 실행 가능한 bootWar 타입과 기존 웹 애플리케이션 서버에 배포하기 위한 war 타입 이렇게 두 가지를 만들어 볼 것이다. 먼저, bootWar 타입을 선택하고 우클릭하여 팝업 메뉴를 띄우고 [Run Gradle Tasks]를 선택한다.

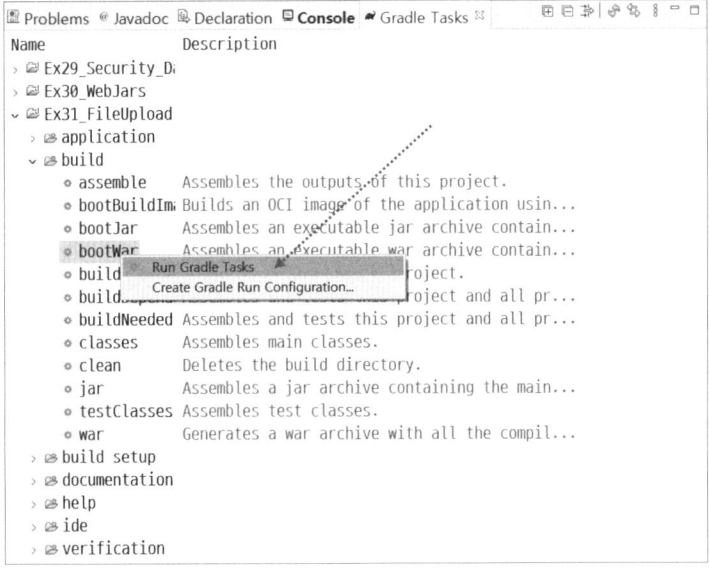

[그림 32-4] Run Gradle Tasks

[그림 32-5]와 같이 새로운 창이 뜨면서 그레이들의 태스크가 실행이 되고 로그가 출력된다.

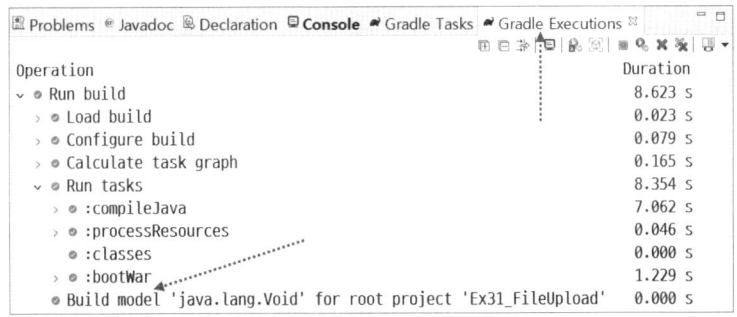

[그림 32-5] Gradle Executions

태스크 실행이 끝나고 콘솔창을 보면 [그림 32-6]과 같이 로그가 출력되어 있다.

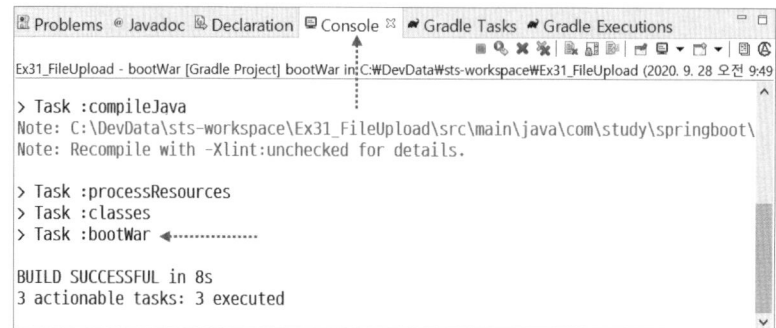

[그림 32-6] 콘솔창의 로그 출력 확인

이 로그까지 확인했다면 정상적으로 빌드된 것이다. 이제 탐색기에서 만들어진 파일을 [그림 32-7]과 같이 확인한다. 프로젝트 폴더 아래 build 폴더가 생기고, 그 하위 폴더인 libs 폴더에 실행 가능한 war 파일이 생성된다.

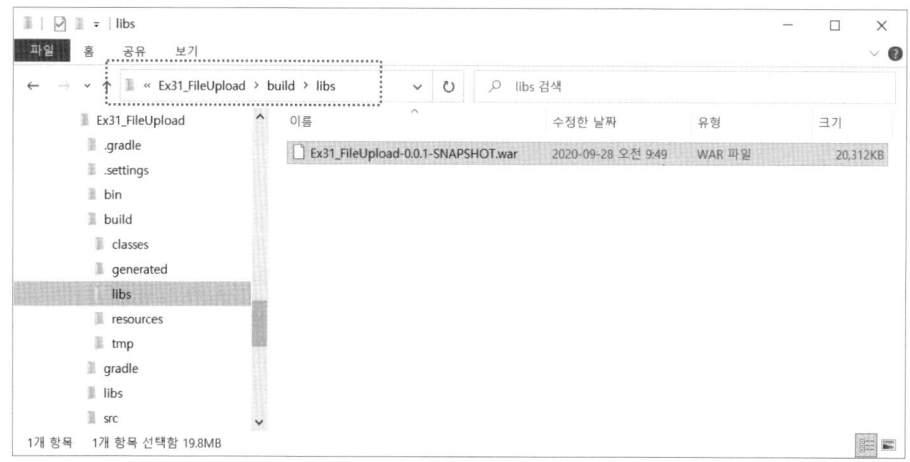

[그림 32-7] 빌드된 war 파일 확인

32.1.2 war 파일 실행해 보기

이제, 만들어진 war 파일이 실행 가능한 war 파일이었으므로 실행시켜본다. 명령 프롬프트 창을 열고 이 파일이 만들어진 폴더로 이동한다. 그 다음, 실행하기 위한 명령어를 [그림 32-8]과 같이 입력하고 엔터를 친다.

이때 STS에 실행중인 프로젝트가 있다면 실행에 필요한 포트번호가 충돌하므로 종료 후 실행시킨다.

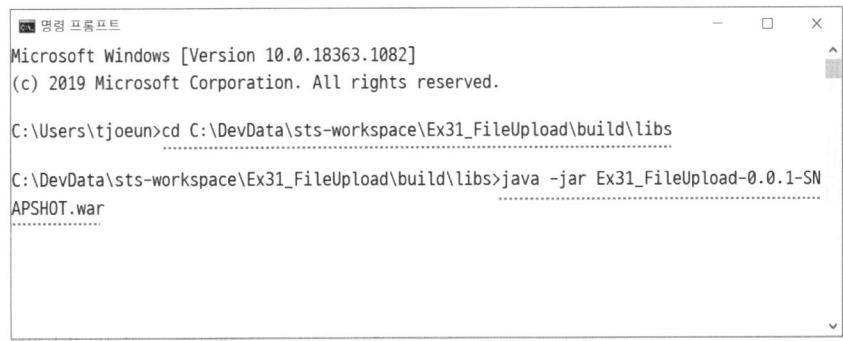

[그림 32-8] 명령 프롬프트에서 실행

[그림 32-9]와 같이 스프링 부트 로고가 뜨면서, 웹 애플리케이션 서버가 실행된다. 그리고 우리가 만든 웹 애플리케이션도 같이 실행된다.

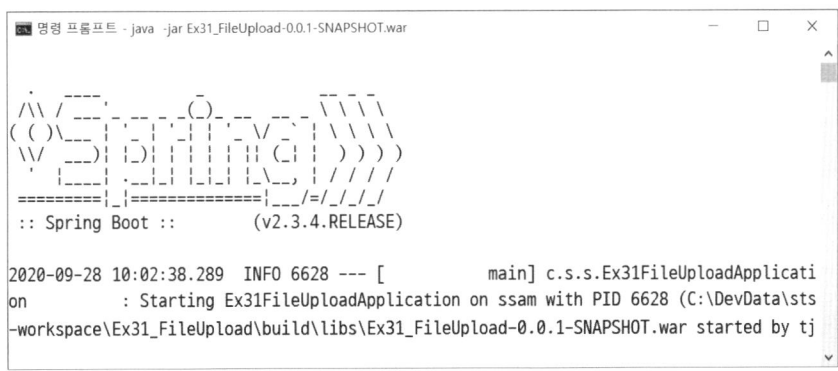

[그림 32-9] 스프링 부트 웹 애플리케이션 서버 실행

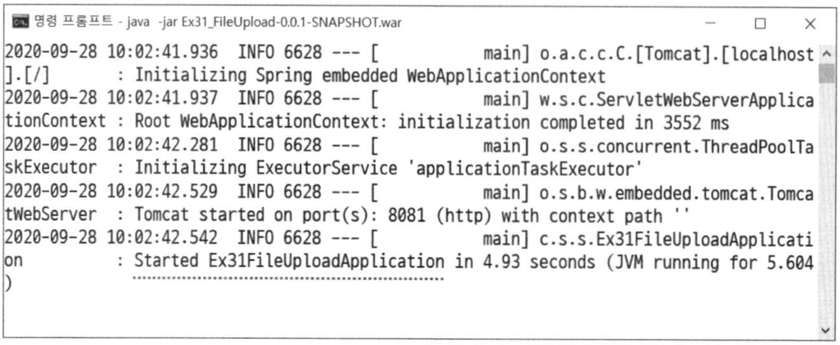

[그림 32-10] 웹 애플리케이션 실행된 모습

32.1.2 웹 브라우저에서 테스트

이제, 웹 브라우저에서 우리가 만든 웹 애플리케이션이 정상적으로 실행되는지 확인한다. [그림 32-11]과 같이 주소창에 http://localhost:8081/이라고 주소를 입력한다.

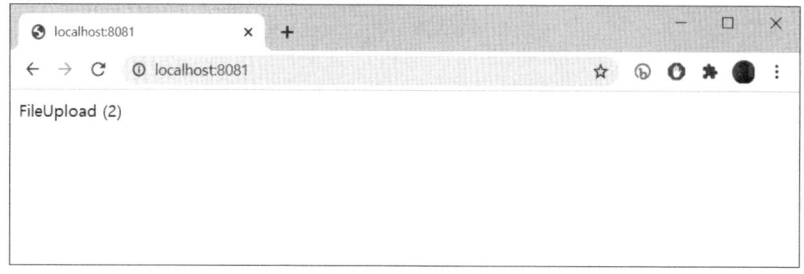

[그림 32-11] http://localhost:8081/

이제 업로드 폼의 주소를 입력하여 입력 폼을 호출한다. [그림 32-12]와 같이 나오면 우리가 만든 실행 가능한 war 파일이 정상적으로 동작하고 있는 것이다. 웹 애플리케이션 서버 없이도 우리가 만든 war 파일만으로 웹 서비스가 되고 있음을 확인할 수 있다. 바로 이것이 실행 가능한 war 파일을 만드는 이유이다.

[그림 32-12] http://localhost:8081/uplodForm

이제, 실제로 파일을 선택하고 업로드를 실행하면[그림 32-13]과 같이 에러가 발생한다.

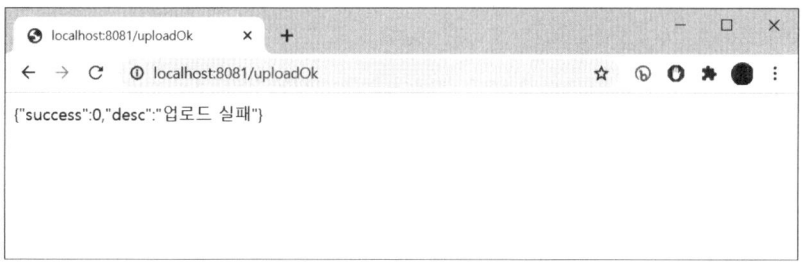

[그림 32-13] 업로드 실패 화면

War 파일도 Zip 파일과 같은 압축 파일이다. 그러므로 우리가 미리 만들었던 파일들을 꺼내서 실행하는 것은 문제되지 않지만, 지금처럼 파일 업로드 등을 하게 되면 기존 war 파일 안에 만들어져 있는 upload 폴더에 우리가 업로드한 파일을 추가할 수 없기 때문에 이와 같은 에러가 발생하는 것이다.

32.2 외부 와스에 War 파일 배포

앞서 실행 가능한 War 파일은 웹 애플리케이션 서버를 내장한다고 말한 바 있다. 하지만 외부 와스(WAS)에 배포를 할 때 이는 필요 없는 부분이다. 그러므로 war 파일을 만들 때 두 가지 옵션이 있는 것이다. bootWar를 선택하여 내장 웹 애플리케이션 서버를 포함시키거나, 단순히 war 타입을 선택하여 배포용으로만 만드는 것을 선택할 수 있다.

32.2.1 배포용 war 파일 만들기

이번에는 웹 애플리케이션 서버를 내장시키지 않고 배포용으로만 만들어보자. 이를 위해서는 메뉴만 바꿔서 선택하면 되는 것이 아니고 [그림 32-14]와 같이 설정을 추가해야 한다. 먼저, build.gradle 파일을 열고 다음과 같이 내용을 추가한다.

```
16 dependencies {
17     implementation 'org.springframework.boot:spring-boot-starter-web'
18     providedRuntime 'org.springframework.boot:spring-boot-starter-tomcat'
19     testImplementation('org.springframework.boot:spring-boot-starter-test') {
20         exclude group: 'org.junit.vintage', module: 'junit-vintage-engine'
21     }
22     implementation 'javax.servlet:jstl'
23     implementation 'org.apache.tomcat.embed:tomcat-embed-jasper'
24     implementation fileTree(dir: 'libs', include: ['*.jar'])
25 }
26
27 test {
28     useJUnitPlatform()
29 }
30
31 bootWar.enabled = false
32 war.enabled = true
33
```

[그림 32-14] build.gradle 설정 추가

bootWar 파일이 기본 설정이어서, 이렇게 바꾸고 작업을 해야 빌드 시 에러가 발생하지 않는다. 이제 웹 애플리케이션 서버가 실행 중인 명령 프롬프트 창을 닫아서 서버를 종료시킨다.

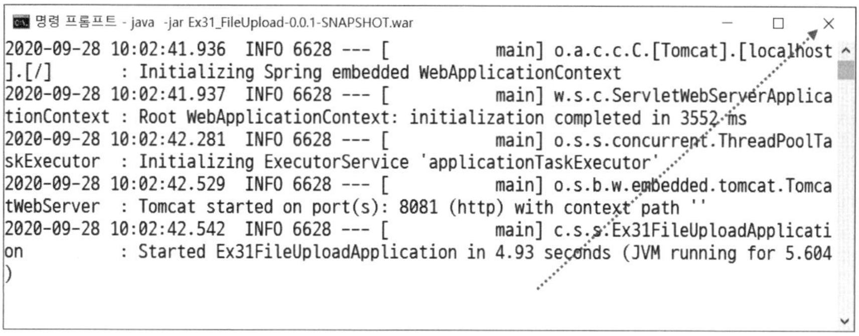

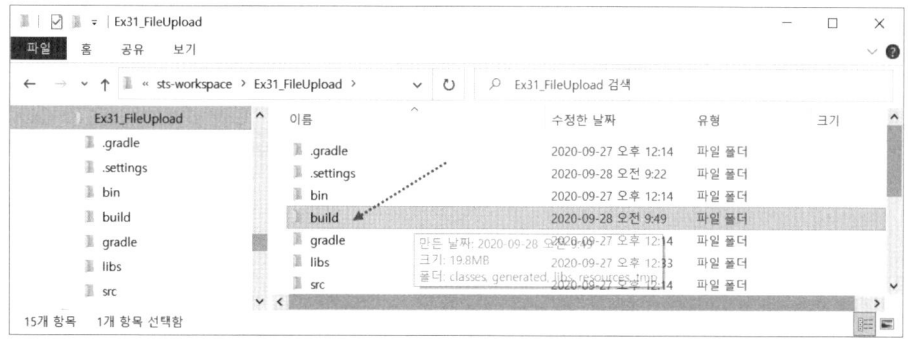

[그림 32-15] 웹 애플리케이션 서버 종료

그런 다음, 탐색기에서 [그림 32-16]의 폴더를 지운다. 기존 폴더가 있으면 빌드 시 에러가 나더라도 이전에 만들어진 것인지 지금 만들어진 것인지 판단하기가 쉽지 않아, 아예 폴더를 지우고 만든다. 이때, 에러가 발생하지 않으면 폴더가 생성되고 파일도 정상적으로 생성될 것이라 판단이 편하다.

[그림 32-16] 빌드 태스크로 만들어진 build 폴더 삭제

이제 다시 [Gradle Tasks] 탭을 선택하고, build 옵션에서 war을 선택하고 우클릭하여 팝업 메뉴를 띄우고 [Run Gradle Tasks]를 선택한다.

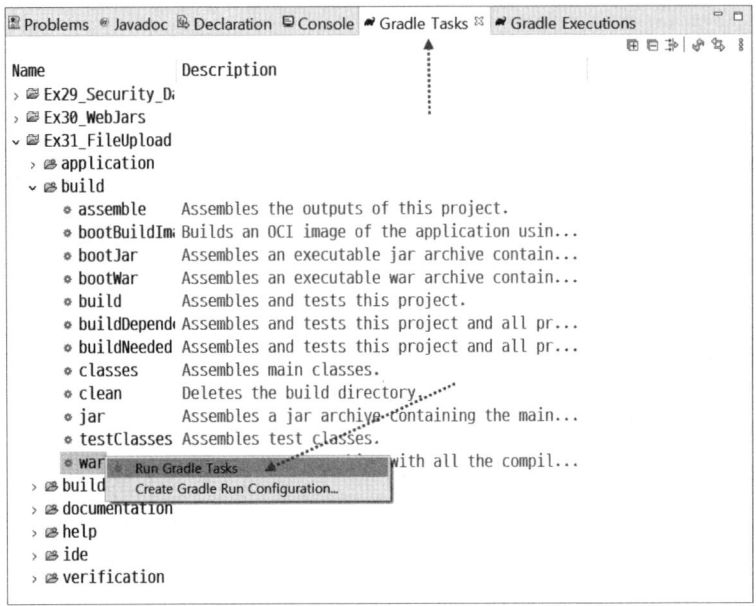

[그림 32-17] Run Gradle Tasks

그레이들 태스크가 수행이 되면 상단의 탭이 [Gradle Excutions]로 변경되면서 로그가 출력된다. 끝나면 콘솔창에서도 다음과 같은 출력 메시지를 확인할 수 있다.

[그림 32-18] 콘솔창의 로그 출력 확인

이제, 프로젝트에 build 폴더가 다시 생성되었다. 또한 그 하위 폴더인 libs에 war 파일이 만들어진 것도 확인할 수 있다.

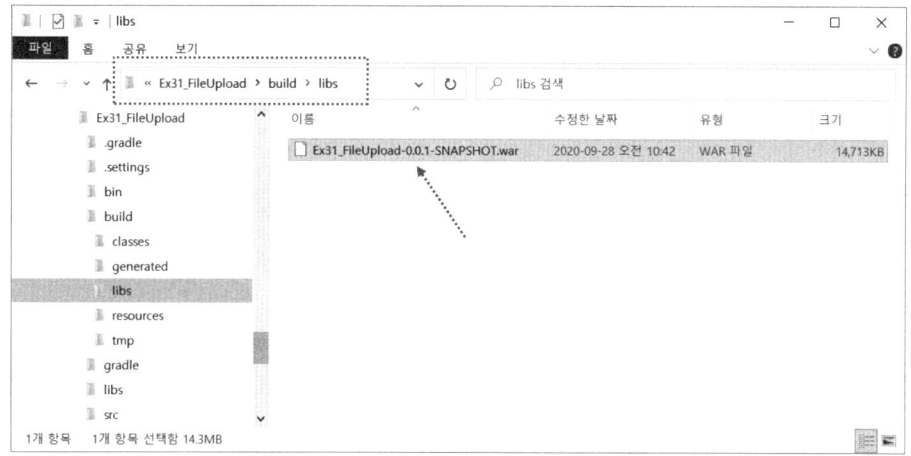

[그림 32-19] 빌드 결과 확인

이제 war 파일을 복사하여 와스로 사용하고 있는 톰캣의 webapps 폴더에 다음과 같이 붙여넣기한다.

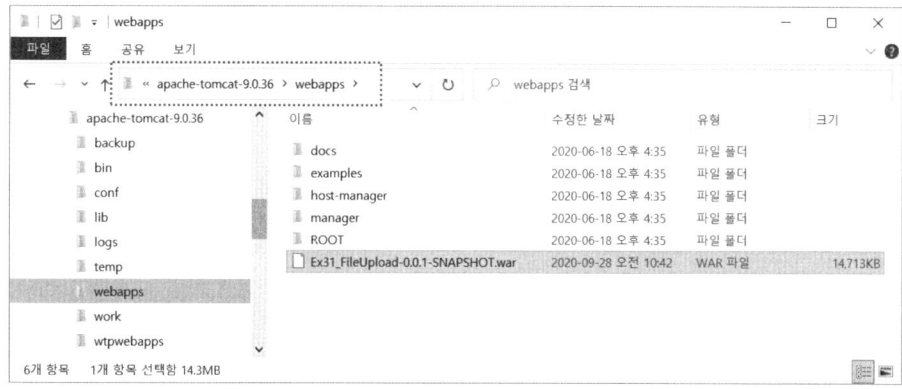

[그림 32-20] 와스로 war 파일 복사

파일 이름이 너무 길기 때문에 [그림 32-21]과 같이 이름을 변경하여 줄인다. 이때 변경된 파일 이름이 해당 웹 애플리케이션의 컨텍스트 루트로 사용된다.

08장 기타 **473**

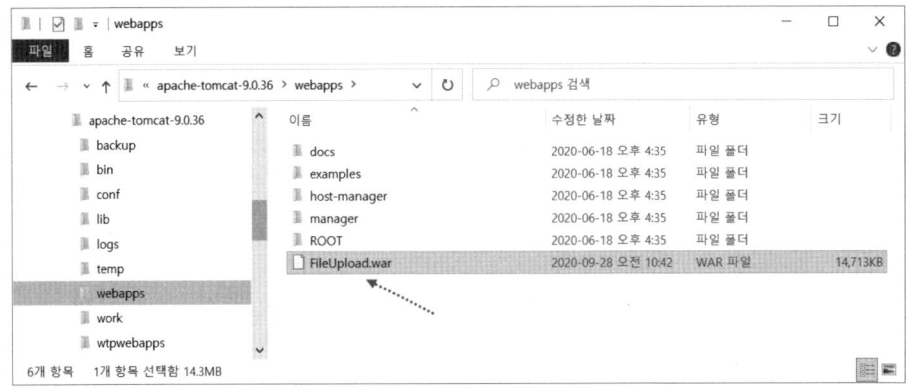

[그림 32-21] 파일 이름 변경

32.2.2 테스트

먼저, 명령 프롬프트 창을 열고 톰캣이 설치된 폴더로 이동을 한다. 그리고 톰캣 서버를 실행하기 위한 명령어를 [그림 32-22]와 같이 입력하고 엔터를 친다.

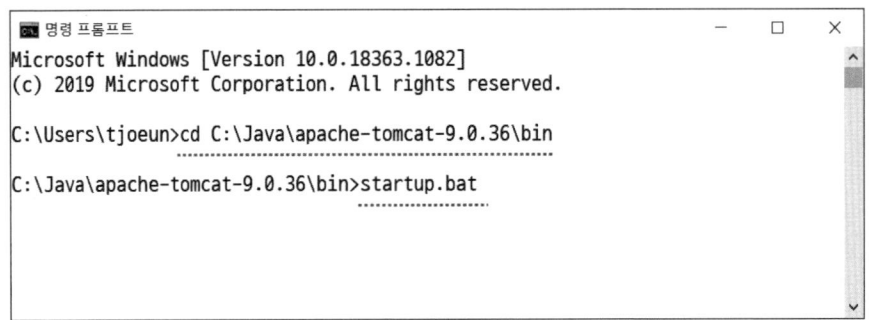

[그림 32-22] 톰캣 서버 실행 (1)

그러면 우리가 명령어를 입력한 창은 다음과 같이 실행이 되고, 톰캣 실행 로그가 출력되는 새로운 커맨드 창이 하나 더 뜬다.

```
C:\Users\tjoeun>cd C:\Java\apache-tomcat-9.0.36\bin

C:\Java\apache-tomcat-9.0.36\bin>startup.bat
Using CATALINA_BASE:   "C:\Java\apache-tomcat-9.0.36"
Using CATALINA_HOME:   "C:\Java\apache-tomcat-9.0.36"
Using CATALINA_TMPDIR: "C:\Java\apache-tomcat-9.0.36\temp"
Using JRE_HOME:        "C:/Java/jdk18"
Using CLASSPATH:       "C:\Java\apache-tomcat-9.0.36\bin\bootstrap.jar;C:\Java
\apache-tomcat-9.0.36\bin\tomcat-juli.jar"
C:\Java\apache-tomcat-9.0.36\bin>
```

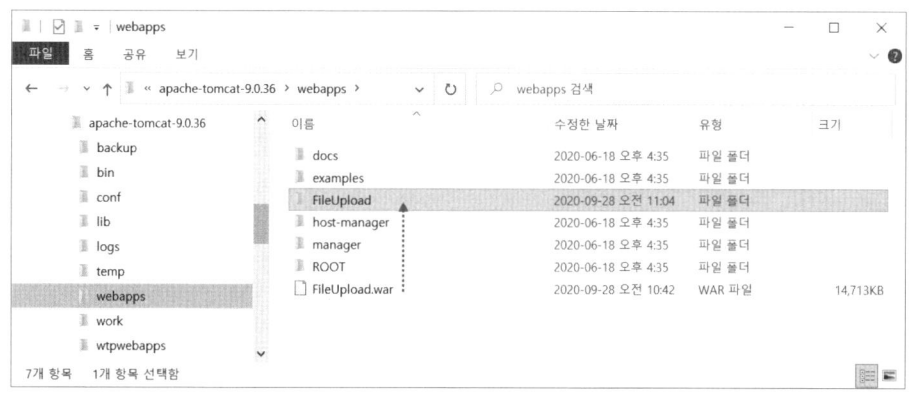

[그림 32-23] 톰캣 서버 실행 (2)

이제 아까 우리가 배포한 war 파일이 있는 폴더를 확인한다. [그림 32-24]와 같이 war 파일이 압축해제되어 FileUpload라는 폴더가 생성되어 있는 것을 확인할 수 있다.

[그림 32-24] 웹 애플리케이션 압축 해제 확인

자세한 구조를 살펴보면 [그림 32-25]와 같다. static 폴더 아래 파일 업로드에 사용될 upload 폴더가 있음을 확인할 수 있다.

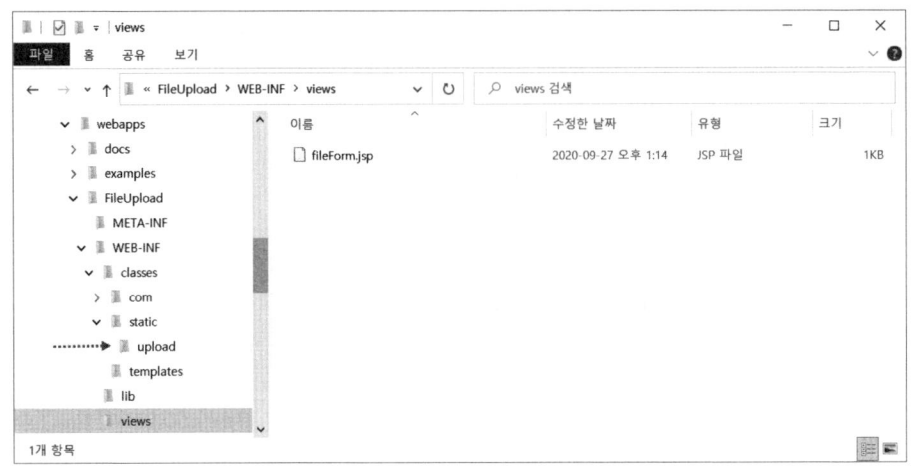

[그림 32-25] 웹 애플리케이션 폴더 구조

이제, 브라우저에서 http://localhost:8081/이라고 주소창에 입력한다.

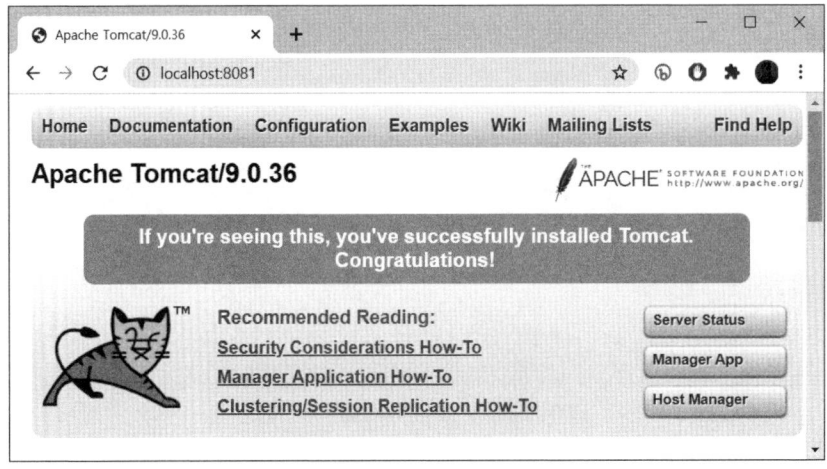

[그림 32-26] 톰캣 서버 루트 주소 호출

그리고 주소창에 http://localhost:8081/FileUpload/이라고 입력하여 우리가 만든 웹 애플리케이션을 호출한다. 중간의 FileUpload는 우리가 만든 웹 애플리케이션의 컨텍스트 루트이고, 아까 우리가 만든 war 파일의 이름이기도 하다.

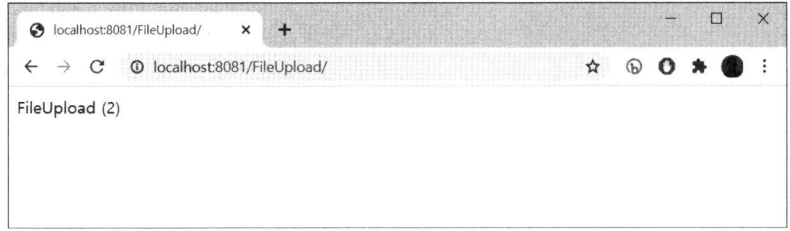

[그림 32-27] 우리가 만든 웹 애플리케이션의 컨텍스트 루트 호출

이제, 주소창에 http://localhost:8081/FileUpload/uploadForm이라고 입력하여 파일 업로드 폼을 호출한다.

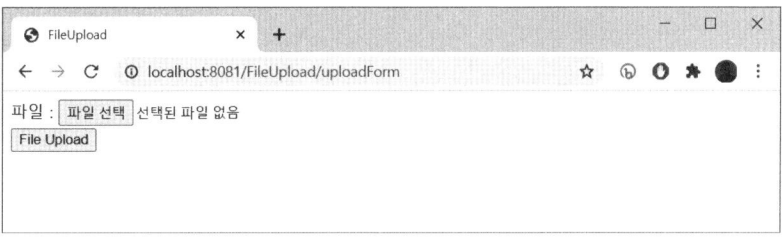

[그림 32-28] 파일 업로드 폼

업로드할 파일을 선택하여 업로드를 실행하면 [그림 32-29]와 같이 업로드가 성공했다는 화면을 확인할 수 있다.

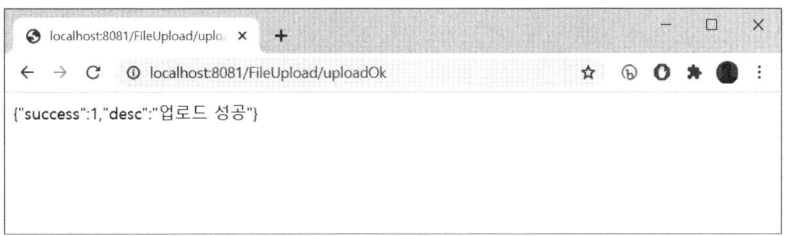

[그림 32-29] 파일 업로드 성공 화면

static 폴더의 하위 폴더에 있던 upload 폴더를 탐색기에서 확인하면 업로드된 파일도 확인할 수 있다.

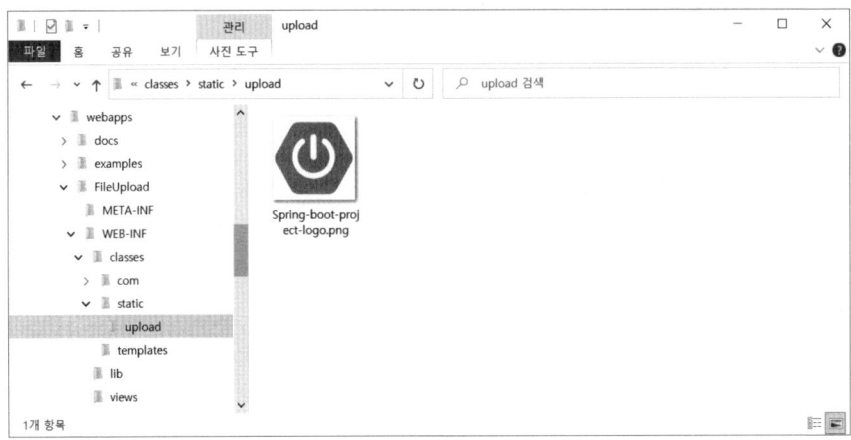

[그림 32-30] 업로드된 파일 확인

아까 실행 가능한 war 파일을 이용해 업로드를 할 때와는 달리 물리적인 폴더가 실제로 존재해서 에러 없이 파일이 업로드가 되는 것을 확인할 수 있다. 이번 장의 예제에서 살펴본 바와 같이 실행 가능한 war 파일을 이용해 만들면서 빠르게 테스트를 하다가 실제 서비스를 위해 배포용 war를 만들어 배포할 수도 있다.

찾아보기

ㄱ ~ ㄴ

강한 결합	38
권한의 설정	368
그레이들 테스크	464
느슨한 결합	38

ㄷ ~ ㄹ

데이터 트랜스퍼 오브젝트	118
라이브러리 의존성	445
로깅 커스터마이징	281
로깅 프레임워크	281
롤백	304
롬복	127
리네임	163
리다이렉트	219, 257
리퀘스트	120
리퀘스트 맵핑	116
리팩터	163

ㅁ ~ ㅂ

매퍼	238 254
멀티파트 리퀘스트	454
멀티파트 필터	454
모델	100 106
배포용 war	470
부트 대시보드	31
부트스트랩	434
뷰 리졸버	78
뷰 템플릿	292, 293, 294

ㅅ ~ ㅇ

사용자 인증	368
사이트 간 요청 위조	391
서블릿 리퀘스트	125
서비스	293, 294
선언적 방법	325
스타터	80
스테레오 타입	202, 294
스프링 웹 MVC	292
시큐리티	368
실행 가능한 war	463
약한 결합	38
어노테이션	54
어노테이션으로 DI 사용하기	65
업로드	454, 456
와스	25
유효성 검증	142
의존 주입	26, 36, 47, 144
이클립스 환경 설정	17
인코딩	17
인터페이스 생성	50

ㅈ ~ ㅊ

전자정부 표준 프레임워크	88, 231
전파 속성	343
정적 리소스	78
정적 문서	82
제네릭	217
제어의 역전	37
제이쿼리	434
중앙 저장소	445

ㅋ ~ ㅎ

커맨드 객체	112, 118
커밋	304
컨테이너	37
컨텍스트 루트	476
트랜잭션	293, 304
트랜잭션이 중첩된 상황	344
패키지 추가	48
퍼스펙티브	13
폼 데이터	112
프론트 컨트롤러	292, 293, 294

A ~ B

BCryptPasswordEncoder	378
Boot Dashboard	31
BootStrap	434

C ~ D

CDN	434
Command Object	112
commit	304
compile	440
CRUD	208, 248
CSRF	391
datasource	198
DI	36
DTO	118

E ~ F

EJB	3
equals	127
FreeMarker	78

G ~ I

Gradle Tasks	464
Groovy	78
hashCode	127
iBatis	231
implements	440
IoC	37
IoC 컨테이너	38

J ~ L

JDBC	188
JDBC API	190
JdbcTemplate	188
jQuery	434
Json	446
JSP	78

logback	281
logback-spring.xml	281
Lombok	127

M ~ N

MariaDB	195, 199
ModelAndView	107
MultipartFilter	454
MultipartRequest	454
MySQL	194, 199
namespace	255
NoOpPasswordEncoder	378

O ~ P

Outline 창	137
Perspective	13
PlatformTransactionManager	328
POJO	3
Propagation.REQUIRED	358
Propagation.REQUIRED_NEW	362

Q ~ R

query 메서드	217
queryForObject 메서드	217
redirect	219, 257
Refactor	162
Rename	162
Request	120
RequestMapping	72, 116
required	357

required_new	357
resultType	255
rollback	304

S ~ T

Service	293
StandardPasswordEncoder	378
stereo type	202, 294
STS	10, 15
Thymeleaf	78
toString	127
transaction	304
TransactionDefinition	328
TransactionStatus	328
TransactionTemplate	336

U ~ Z

url 패스 형식 파라미터	126
ValidationUtils	164, 165
Validator	143, 149
Velocity	78
View Resolver	78
WAS	25
WebJars	434

기타

@Autowired	69
@Bean	59
@Component	72
@ComponentScan	71

@Configuration	59, 71	@PathVariable	121
@Controller	294	@Qualifier	69
@Data	136, 147	@Repository	202, 294
@EnableAutoConfiguration	71	@RequestParam	120, 125
@EnableWebSecurity	391	@ResponseBody	74, 98
@InitBinder	174, 175	@Service	294, 315
@Mapper	237	@Size	182
@NotEmpty	182	@SpringBootApplication	60, 70
@NotNull	182	@Valid	175
@Override	54	@Value	69
@Param	267		

예제로 배우는 스프링 부트 입문
JSP, Oracle, MyBatis와 연동한 웹 애플리케이션 만들기

출간일 | 2020년 11월 30일 | 1판 3쇄

지은이 | 이재환
펴낸이 | 김범준
기획·책임편집 | 이동원
교정교열 | 최현숙
편집디자인 | 한지혜
표지디자인 | 이승미

발행처 | (주)비제이퍼블릭
출판신고 | 2009년 05월 01일 제300-2009-38호
주소 | 서울시 중구 청계천로 100 시그니처타워 서관 9층 949호
주문·문의 | 02-739-0739   **팩스** | 02-6442-0739
홈페이지 | http://bjpublic.co.kr   **이메일** | bjpublic@bjpublic.co.kr

가격 | 30,000원
ISBN | 979-11-6592-030-2
한국어판 © 2020 (주)비제이퍼블릭

이 책은 저작권법에 따라 보호받는 저작물이므로 무단 전재와 무단 복제를 금지하며,
전부 또는 일부를 이용하려면 반드시 저작권자와 (주)비제이퍼블릭의 서면 동의를 받아야 합니다.

잘못된 책은 구입하신 서점에서 교환해드립니다.

소스코드 다운로드 | https://github.com/bjpublic/springboot